HEINRICH KRAFT

EINFÜHRUNG IN DIE PATROLOGIE

DIE THEOLOGIE

Einführungen in Gegenstand, Methoden und Ergebnisse
ihrer Disziplinen und Nachbarwissenschaften

WISSENSCHAFTLICHE BUCHGESELLSCHAFT
DARMSTADT

HEINRICH KRAFT

EINFÜHRUNG IN DIE PATROLOGIE

WISSENSCHAFTLICHE BUCHGESELLSCHAFT
DARMSTADT

Einbandgestaltung: Studio Franz & McBeath, Stuttgart.

Die Deutsche Bibliothek – CIP-Einheitsaufnahme

Kraft, Heinrich:
Einführung in die Patrologie / Heinrich Kraft. –
Darmstadt: Wiss. Buchges., 1991
(Die Theologie)
ISBN 3-534-02441-9

Bestellnummer 02441-9

Gedruckt auf säurefreiem und alterungsbeständigem Offsetpapier
Satz: Setzerei Gutowski, Weiterstadt
Druck und Einband: Wissenschaftliche Buchgesellschaft, Darmstadt
Printed in Germany
Schrift: Linotype Garamond, 9.5/11

ISSN 0174-1063
ISBN 3-534-02441-9

INHALT

I. GEGENSTAND UND GESCHICHTE DER PATROLOGIE

1. Der Begriff „Patrologie"

Die Patrologie ist eine Disziplin der historischen Theologie. Ihr wesentlicher Gegenstand sind die Kirchenväter mit ihren Schriften, ihrer Gedankenwelt und ihren Lebensumständen.

Die Kirchenväter erschöpfen nicht das Interesse der Patrologie. Auch wenn man den Begriff des Kirchenvaters noch so weit faßt, könnte er sich nicht auf alle Autoren erstrecken, die von der Patrologie behandelt werden müssen. Häretiker und Schismatiker haben die kirchlichen Schriftsteller zur Auseinandersetzung gezwungen und damit die Ausformung der Kirchenlehre und die Entstehung kirchlichen Schrifttums beeinflußt. Ihre Erwähnung und Beschreibung ist für das Verständnis der Kirchenväter unerläßlich. Dazu kommt, daß die Normen, die Rechtgläubigkeit und Häresie scheiden, unter Glaubenskämpfen entstehen. Der rechte Glauben ist die Auffassung, die aus dem Streit um den rechten Glauben siegreich hervorgeht. Wer die Geschichte der Glaubenskämpfe schreibt, darf redlicherweise ihr Ergebnis nicht in seiner Bewertung vorwegnehmen. Ob ein Autor Kirchenvater oder Häretiker sei, wurde oft unterschiedlich beurteilt, doch die Patrologie hat ihn in jedem Fall zu behandeln. In ihrer Mehrzahl haben sich die Kirchenväter mit den geistigen Strömungen außerhalb der Kirche und deren Vertretern auseinandergesetzt; auch diesen muß darum die Patrologie, will sie ihren Gegenstand überhaupt verstehen, Aufmerksamkeit schenken.

Ungeachtet ihrer Zugehörigkeit zur Theologie ist die Patrologie zugleich ein Teilgebiet der Altertumswissenschaft; sie kann von der Geistes-, Kultur- und Literaturgeschichte der Spätantike nicht abgetrennt werden. Die Altertumswissenschaft hatte sich ursprünglich als Wissenschaft vom klassischen Altertum verstanden; die großen Wörterbücher sind über dieses Selbstverständnis nicht hinausgekommen. Mit der Einsicht, daß die Verabsolutierung der Wertmaßstäbe einer einzelnen Epoche jede historische Erkenntnis ausschließt, hat etwa seit dem Beginn dieses Jahrhunderts die Altertumswissenschaft ihr Interesse auf die Spätantike ausgedehnt und damit zwangsläufig die Kirchenväter einbezogen. Gleichzeitig hatten die Kirchenhistoriker gelernt, den Zusammenhang der Kirchenväter mit der geistigen Welt ihrer Zeit zu beachten. Die Grenzen zwischen profaner und christlicher Literaturgeschichte verloren ihre Bedeutung; man erkannte, daß die Beschränkung auf einen der beiden Teilbereiche zu einem mangelhaften Verständnis der ganzen Epoche und ihrer Literatur führt. Die Zugehörigkeit der Patrologie zur Theologie zeigt sich in der Organisation des akademischen Unterrichts, nicht in Voraussetzungen oder Methoden. In der historischen Patrologie gilt, wie in jeder anderen historischen Disziplin, in erster Linie die historisch-kritische Methode. Darüber hinaus haben moderne Arbeitsweisen, die beispielsweise Linguistik und Statistik anbieten, soweit ihr Recht, wie sie sich als historisch-kritisch verstehen lassen und wie sie zu nachprüfbaren und reproduzierbaren Ergebnissen kommen, die unsere Kenntnis und unser Verständnis des Altertums erweitern.

In der Geschichte der alten Kirche bezeugen die Kirchenväter den Glauben ihrer Zeit. Selbst wenn wir voraussetzen, daß die Glaubenslehren in der Verkündigung der Apostel bereits angelegt waren, ist der Glaube der Väter ein Glaube auf dem Wege. Wenn wir die Väter als die rechtgläubigen Lehrer in der Zeit der alten Kirche definieren, messen wir als Historiker sie an Maßstäben, die wir ihrer Zeit und ihrer Theologie entnommen haben. Wir fragen, ob sie sich treu geblieben sind, und richten sie nach ihren eigenen Gesetzen. Anders die Dogmatik. Sie sieht ebenfalls die Väter als Glaubenszeugen, aber zum Unterschied von den historischen Wissenschaften als Zeugen, die bereits in der Vergangenheit den gegenwärtigen Glauben der Kirche bezeugt haben. Sie muß sich darum auf einen engeren Begriff des Kirchenvaters beschränken und hinnehmen, daß ein Autor, den sie als Zeugen für einen Glaubenssatz nennt, über einen anderen Gegenstand vom späteren Dogma abweichende Lehren vertritt. Hier zeigt sich eine Spannung, aus der folgt, daß sich die Patrologie, wie die Kirchengeschichte überhaupt, nicht als Hilfswissenschaft für die Dogmatik eignet. Die Vermischung historischer und dogmatischer Urteile führt stets zu absurden Konsequenzen.

Verschiedentlich hat man versucht, eine dogmatisch brauchbare Väterkunde von der Geschichte der altchristlichen Literatur zu unterscheiden. Zu diesem Zweck schien sich neben „Patrologie“ der Name „Patristik“ anzubieten, mit dem die Väterkunde bisweilen benannt wird. Dieser Name ist früher gebraucht worden, um die Theologie der Väter, die Theologia patristica, von der biblischen und scholastischen Theologie und der Theologie der Glaubensbekenntnisse zu unterscheiden.

Sehr aussichtsreich sind solche Versuche nicht, weil „Patrologie“ und

„Patristik" in ihren Namen keinen Hinweis enthalten, für welchen von beiden die historische, für welchen die dogmatische Verwendung natürlich ist. Dazu kommt, daß es neuerdings, seit den fünfziger Jahren, üblich wurde, die Kirchengeschichte der Väterzeit mit sämtlichen Teildisziplinen unter dem Namen Patristik von der Geschichte des Mittelalters, der Mediaevistik, abzugrenzen. Dieser nachlässige Sprachgebrauch hat sich durchgesetzt. Einmal darum, weil man einen die ganze Geschichte der alten Kirche umfassenden fächerübergreifenden Namen brauchte. Zum andern, weil man gelernt hatte, daß die Beschränkung auf einen Teilaspekt – den literaturgeschichtlichen, den theologischen oder gar einen weltanschaulichen – die historische Erkenntnis unmöglich macht.

Für die Festlegung der Zeiten, die die Aufgaben der Patrologie eingrenzen, wäre es konsequent, mit den Schriften zu beginnen, die im Christentum im Augenblick seiner Entstehung gelesen und gebraucht wurden. Das waren die Bücher des Alten Testaments. Die heilige Schrift der Juden war die heilige Schrift der ersten Christen. Zum Alten Testament als dem ersten Buch der Christen kommen in der zweiten Hälfte des ersten und der ersten Hälfte des zweiten Jahrhunderts als christliche Literatur die Schriften des Neuen Testaments hinzu. So müßte die Patrologie mit der Behandlung der biblischen Bücher ihren Anfang machen. Dies ist nicht üblich. Die Literaturgeschichte des Alten und Neuen Testaments ist unter dem Namen „Einleitung" eine Spezialdisziplin der Bibelwissenschaft und bedient sich subtiler, im Bereich der Patrologie nicht immer anwendbarer Methoden. Die Grenze zwischen Bibelwissenschaft und Patrologie wird in der Regel bei den Schriften gezogen, die zugleich mit den späteren neutestamentlichen Büchern entstanden sind, aber nicht Aufnahme in den neutestamentlichen Kanon gefunden haben, weil sie nicht als von Aposteln verfaßt oder autorisiert angesehen wurden.

Die untere Zeitgrenze wird im lateinischen Westen und im griechischen Osten verschieden gezogen. Sie ergibt sich aus der Zugehörigkeit der Kirchenväter zur antiken Kultur; darum bezeichnen die Grenzen der Antike in der Regel die Grenzen der Patrologie. Die Antike ist eine politische, sprachliche, kulturelle und geistige Einheit. Ihr Ende im Westen stellen die Germanenreiche dar, die auf dem Boden des Römerreiches entstanden sind. Dort mag das antike Erbe noch überliefert und gehütet worden sein, aber es besaß nicht mehr die Fähigkeit, weiterzuwachsen und sich fortzuentwickeln.

Im griechischen Osten hat die Geschichte keine ebenso tiefe Zäsur zu bieten. Dem oströmischen Reich gelang es, die wandernden Germanenvölker abzuwehren und nach dem Westen zu lenken. Die folgenden Erschütterungen durch Perserkriege und Arabersturm brachten Einbußen an Ausdehnung und Macht, aber nicht den Untergang. Darum erlitt die kulturelle und geistige Entwicklung hier nicht Ende und Neubeginn, die den Verlauf im Westen beschreiben, sondern erlaubt, von Kontinuität zu sprechen. Man muß das Wort nicht pressen. Die Kontinuität besteht im Bewußtsein der Griechen, und sie besteht darin, daß der Übergang vom oströmischen zum byzantinischen Reich ein kontinuierlicher Wandel ist. Als Grenze wählt man üblicherweise das siebte ökumenische Konzil in Nikaia (787). Der Bilderstreit, der auf dem Konzil in dogmatischer Hinsicht seinen Abschluß findet, ist die letzte große spekulative Anstrengung der griechischen Theologie auf dem Gebiet der Erlösungs- und Heiligungslehre und bringt die dogmengeschichtliche Entwicklung zu Ende. Eine gewisse Willkür ist dabei im Spiel; man wird sich ihrer durch die Feststellung bewußt, daß dieser Zäsur in der Byzantinistik, der mit der Kultur und Geschichte des byzantinischen Reiches befaßten Wissenschaft, geringere Bedeutung zukommt.

Wie die Zeitgrenzen ergeben sich auch die räumlichen und sprachlichen Grenzen für die Aufgaben der Patrologie aus ihrer Zugehörigkeit zur Altertumswissenschaft und zur Geschichte der alten Kirche. Die Kirche ist auf dem Boden des Römerreiches entstanden und fand innerhalb des Reiches günstige Bedingungen für ihre Ausbreitung vor. Günstig waren zunächst die politischen Voraussetzungen, die Pax Augusta, die Handel und Wandel auf einem dichten und verzweigten Verkehrsnetz gewährte und damit die spontane wie die organisierte Ausbreitung des Christentums ermöglichte. Günstig waren ferner die sprachlichen Voraussetzungen. Das Römerreich war zweisprachig. Lateinisch war die Amtssprache, Griechisch die Verkehrssprache. Dazu kam in vielen Provinzen die Landessprache. Die dreisprachige Inschrift am Kreuze Christi in der Landes-, Verkehrs- und Amtssprache bezeichnet die sprachliche Situation. Das Christentum breitete sich mit dem Verkehr und auf seinen Wegen aus, und die Kirche entstand im Römerreich als Kirche griechischer Sprache. Griechisch war aber nicht allein die Verkehrssprache, sondern auch die Sprache der Bildung. Weil die Kirche als griechische Kirche entstand, breitete sie sich mit der griechischen Sprache nicht nur räumlich aus, sondern drang auch in einen Kulturbereich vor, in dem sich Überlieferung und geistige Auseinandersetzung vornehmlich des geschriebenen Worts als Medium bedienten.

Dies war nicht selbstverständlich. Entstanden ist das Christentum in einem Bereich, wo dem gesprochenen Wort die bei weitem überwiegende Bedeutung für Überlieferung und Auseinandersetzung zukam. Das Urchristentum besaß nur ein Buch, die Heilige Schrift. In ihrer schriftlichen Gestalt kam ihre Unabänderlichkeit zum Ausdruck. Der lebendige Umgang mit der Schrift geschah in mündlicher Form, und ihre Auslegung, durch die sich das Urchristentum von den Juden unterschied, wurde wie bei diesen mündlich weitergegeben. Es gibt keine literarischen Quellen aus dem Urchristentum; wir kennen die Sprache Jesu und seiner Jünger nur aus wenigen Wörtern, die in die Evangelien eingedrungen sind, als einen unliterarischen aramäischen Dialekt.

Die Bedeutung dieser Voraussetzungen, des römischen Imperiums und der griechischen Kultur, für die Ausbreitung des Christentums und die Entstehung der Kirche veranschaulicht der Vergleich zwischen der Expansion nach Westen und der nach Osten. Zugleich mit der Ausbreitung nach Westen in das Römerreich hat sich das Christentum auch nach Osten in das Reich der Parther ausgebreitet und darüber hinaus. Hier spielte die syrische Sprache als Verkehrssprache dieselbe Rolle wie die griechische für das Imperium Romanum und war der Ausbreitung des Christentums nach Osten ähnlich förderlich, wie die griechische der Ausbreitung nach Westen. Aber das Christentum drang dabei nicht in einen Bereich literarischer Kultur ein, und für die griechische Bildung gab es im Osten keine Entsprechung. Darum erlangte das Christentum, das hier entstand, keine eigene Gestalt. Kirche und Theologie konnten nur so leben, daß sie die Verbindung mit der Kirche im Reich und den sie bewegenden Fragen aufrechterhielten, und wo diese Verbindung nicht mehr möglich war, starben sie ab, und mit ihnen erlosch das Christentum.

Der Übergang des Christentums von der aramäischen in die griechische Sprache vollzog sich schnell und leicht, weil die hellenistische Mission der Juden die Bahn bereitet hatte und weil die griechische Bibel zur Verfügung stand. Mittels der griechischen Sprache breitete sich das Christentum auf den Verkehrswegen mit großer Geschwindigkeit aus. Der Übergang in die Landessprachen geht unterschiedlich schnell; in der Regel sind mit der Sprachbarriere auch soziale Schranken zu überwinden. Der erste Schritt ist immer die Übersetzung der Heiligen Schrift, und wenn die Sprache nicht literarisch ist, müssen die Missionare sich zuvor ein Alphabet für ihre Übersetzung schaffen.

Die erste Sprachgrenze, die das griechische Christentum überwand, war die zur lateinischen Sprache, und sie war dort am leichtesten zu überwinden, wo nicht zugleich soziale Grenzen hinderten; dort nämlich, wo es städtische Bevölkerung lateinischer Sprache gab. Das war in Italien und vor allem in Rom der Fall; ähnlich lagen die Verhältnisse im römischen Nordafrica. Eine sichere Datierung des Übergangs ist weder hier noch dort möglich; er beginnt gegen Mitte des zweiten Jahrhunderts, aber die Frage, ob die römische oder die africanische Bibelübersetzung älter ist, läßt sich nicht beantworten. Mit dem Übergang in die lateinische Sprache eröffnete sich dem Christentum eine eigene Gedankenwelt, die sich von der der Griechen in Denkweise und Interesse charakteristisch unterschied. Das älteste christliche Zeugnis lateinischer Sprache ist der sog. Canon Muratori, ein Kanonsverzeichnis aus der römischen Kirche in verwildertem Latein, nicht lang nach der Mitte des zweiten Jahrhunderts entstanden. Das älteste datierte Zeugnis sind die Akten der Märtyrer von Scili in Numidien aus dem Jahr 180. In den 90er Jahren begann Tertullian zunächst griechisch zu schreiben; seit etwa 195 gebrauchte er die lateinische Sprache und wird so zum ersten lateinischen christlichen Schriftsteller.

Die Kirchenschriftsteller aller nichtgriechischen Sprachen folgen in ihrem Denken der Spekulation der Griechen. Der Grund dafür sind die engen Beziehungen zu den die Zeiten überragenden Leistungen der griechischen Philosophie. Auch die Lateiner können in der Gotteslehre nicht mehr tun, als daß sie die Gedanken der Griechen in ihre Sprache und ihr Denken übertragen. Ihre Eigenart zeigt sich indessen von Anfang an in der stärkeren Betonung der Ethik. Der lateinischen Theologie eröffnet sich ein neuer Aspekt. Sünde, Schuld und Gnade werden zu Kategorien, in denen sich die Erlösung in lateinischer Sprache auf eine Weise beschreiben läßt, die dem Denken der Bibel näher steht, als die ontologischen Kategorien der Griechen.

Bei den Väterschriften in orientalischen Sprachen muß man zwischen Übersetzungen aus dem Griechischen und originalen Schriften unterscheiden. Übersetzungen aus dem Griechischen liegen in vielen orientalischen Sprachen vor; zum Teil handelt es sich um Tochter- und Enkelübersetzungen aus einer orientalischen Sprache in die andere. Solche Übersetzungen können im Zusammenhang der Mission entstanden sein. Das Christentum in Georgien hat sich nach der Christianisierung Armeniens von dort her ausgebreitet, und Väterschriften wurden aus dem Armenischen ins Georgische übersetzt. Auf ähnliche Weise sind ursprünglich griechische Väterschriften zunächst in das Koptische und danach ins Äthiopische übersetzt worden. Viele griechische Väterschriften sind nur in orientalischen Übersetzungen und Tochterübersetzungen auf uns gekommen.

Originale Väterliteratur gibt es in syrischer, armenischer und koptischer Sprache. Darunter kommt den Schriften der syrischen Väter die größte Bedeutung zu. Obwohl das Christentum syrischer Sprache kaum jünger als das griechische ist, dauerte es relativ lang, bis Väterschriften in syrischer Sprache entstanden. Der Vorgang hängt mit der Entwicklung des syrischen Nationalbewußtseins zusammen; in ihm kam die politische Ablehnung des Römerreiches und die geistige Ablehnung der griechischen Bildung und Denkweise zum Ausdruck. Den Anfang macht eine Evangelienharmonie, die der Apologet Tatian um 175 nach dem Vorbild einer griechischen Harmonie seines Lehrers Justin verfaßte. Eine Übersetzung des Alten Testaments gab es bereits. Die syrischen Väter finden eigentümliche, den Griechen fremde literarische Formen. Wenn sie aber im theologischen Gespräch bleiben wollten, mußten sie Griechisch schreiben.

Eigene Bedeutung hat auch die armenische Literatur, die gegen Ende des 4. Jh. mit der Schaffung eines armenischen Alphabets und einer Bibelübersetzung beginnt. Der Gegensatz gegen die griechische Bildung, der sich in den syrischen Schriften oft spüren läßt, hat hier keine Entsprechung. Die Armenier haben vielmehr bewußt Anschluß an die griechische Theologie gesucht und systematisch die Werke der griechischen und der syrischen Schriftsteller ins Armenische übertragen.

Originale Schriften sind ferner in koptischer Sprache entstanden. Um die Mitte des 3. Jh. beginnt in Oberägypten der Übergang des Christentums zur Landbevölkerung, die an der griechischen Bildung und Geisteswelt keinen Anteil hat. Gleichzeitig, und nicht unabhängig von diesem Übergang, erwirbt die Umgangssprache dieses Bevölkerungsteils die Möglichkeit des schriftlichen Ausdrucks. An Stelle der bis dahin zum Schreiben gebrauchten demotischen Sprachform beginnt man, in einem aus den griechischen und einigen demotischen Buchstaben gebildeten Alphabet zu schreiben. Als Sprache der christlichen einfachen Bevölkerung Ägyptens breitet sich das Koptisch nach Norden aus.

Nicht viel anders hat sich das Christentum zu den Goten ausgebreitet; die Schaffung eines Alphabets und einer Bibelübersetzung haben auch hier den Anfang gemacht. Die Goten, die sich an der theologischen Auseinandersetzung, dem trinitarischen Streit, beteiligten, haben ihre Schriften in lateinischer Sprache abgefaßt. Die katholische Kirche war allerdings nicht geneigt, theologische Schriften der arianischen Goten zu überliefern.

2. Die Kirchenväter

Die unterschiedlichen Namen der Disziplin, Patrologie oder Patristik, altchristliche oder altkirchliche Literaturgeschichte, sollen erhebliche Unterschiede in der Zielsetzung zum Ausdruck bringen. Davon bleibt bei der praktischen Durchführung nichts übrig. Es geht stets um denselben Stoff, und wenn er wissenschaftlich behandelt wird, so wird er stets auf dieselbe Weise behandelt. Im Mittelpunkt stehen die Kirchenväter, ihre Schriften, ihre Theologie, ihr Leben und ihre geschichtliche Bedeutung. Kirchenväter sind die rechtgläubigen Lehrer der alten Kirche. Das ist ein historisches, kein dogmatisches Urteil. Ob wir einen Autor den Kirchenvätern zurechnen, hängt von seiner Bedeutung für die Entfaltung der christlichen Lehre ab.

Einer dogmatisch brauchbaren Definition des Begriffs Kirchenvater stellen sich historische und logische Probleme. In dogmatischer Hinsicht gelten als Kirchenväter die Autoren, bei denen sich außer der Antiquitas als Kennzeichen Fides orthodoxa, Sanctitas vitae und Approbatio ecclesiae nachweisen lassen. Historische Probleme erwachsen daraus, daß die Kirchenväter an den theologischen Auseinandersetzungen ihrer Zeit teilgenommen haben, Freunde und Gegner hatten, und in ihrer Rechtgläubigkeit unterschiedlich beurteilt wurden. Nicht selten haben die Väter ihre Erkenntnisse nach längerer Bemühung gefunden und haben, bisweilen bewußt und ausdrücklich, Meinungen abgelehnt, die sie zuvor vertreten hatten. Ferner gibt es Glaubenslehren, die erst im Lauf der Kirchengeschichte formuliert und vorher nicht gedacht werden konnten. Die logischen Schwierigkeiten bestehen darin, daß die Lehren der Kirche durch Kirchenväter erwiesen werden, deren Rechtgläubigkeit durch die Übereinstimmung mit den von ihnen selbst bezeugten Lehren festgestellt wird.

Der Vatertitel drückt im Altertum, bei Juden, Griechen und Römern, Autorität und Verbundenheit aus. Er spricht von einer Ordnung, die durch die Natur gegeben und durch göttliches Recht geheiligt ist. Die Auflehnung gegen die Väter wird in der Antike als Hybris empfunden, als frevelhafte Auflehnung gegen die göttlichen Gesetze, auf deren Geltung der Bestand des Gemeinwesens beruht. Natürlich wurde die Autorität der Väter auch in der Antike immer wieder in Frage gestellt. Auch die Antike kannte notwendigerweise den Generationenkonflikt, weil er in der Entwicklung des menschlichen Individuums angelegt ist und in der Geschichte der menschlichen Gesellschaft seine notwendige Funktion hat. Aber solche Kenntnis konnte nicht zu einer grundsätzlichen Infragestellung der Autorität der Väter führen. Die Antike blieb sich immer bewußt, daß nicht die Emanzipation der Kinder, sondern die Autorität der Väter den Bestand der Gesellschaft sichert. Wenn die Antike von Vätern spricht, dann spricht sie auch von deren Autorität.

Nicht allein natürliche Autorität, sondern auch natürliche Verbundenheit kommt in dem Vatertitel zum Ausdruck. Mit dem Vatertitel beruft man sich auf die Vorfahren, rühmt sich ihrer und identifiziert sich mit ihnen. Wo man Existenz und Identität als bedroht empfindet und zu verteidigen sucht, da verleihen die Väter das Bewußtsein der Sicherheit und des eigenen Wertes. Der feste Platz, den die Väter in der Geschichte haben, sichert den eigenen Platz in der Gegenwart.

Die Kirche besaß im Augenblick ihrer Entstehung bereits das Bewußtsein, Väter und durch sie Geschichte zu haben, und mehr noch, Ziel einer langen Geschichte zu sein. Entstanden ist die Kirche als ein Teil der jüdischen Volks- und Glaubensgemeinschaft. Sie konnte darum in denselben geschichtlichen Gestalten ihre Väter sehen wie die Juden. Das waren zunächst die Frommen des alten Bundes, denen sich Gott unmittelbar offenbart und denen er die Verheißung künftiger Herrlichkeit gegeben hatte. Zu ihnen traten die geschichtlichen Gestalten, die Gott dazu ausersehen hatte, seine Heilsgaben abzubilden und durch die Abbildung anzukündigen. Erzväter und Patriarchen, Mose, Josua und der König David werden von den ersten Christen gemeinsam mit den Juden als Väter angesehen und durch den Vatertitel ausgezeichnet. Die besondere Hochschätzung der Prophetie durch das Urchristentum hat zur Folge, daß Israels Propheten vorzügliche Bedeutung als Vorfahren der Kirche zukam. Denn sie hatten die Offenbarung empfangen und waren der unmittelbaren Ansprache Gottes so gewürdigt, wie das alle Christen für sich in der Heilszeit erhofften. Als Abbild künftigen, der Kirche verheißenen Heils wird ferner die Wüstengeneration, das wandernde Gottesvolk, mit dem Väternamen ausgezeichnet, der die geschichtlichen Gestalten und die eigene Gegenwart zur Einheit zusammenbindet. Derart sind die Väter für die ersten Christen Quelle und Inhalt der Überlieferung. Wenn sich die Kirche auch ihren besonderen Platz am Ende der Zeit und am Ende der Geschichte vor Augen hält, bleibt sie sich doch bewußt, daß sie die Väter voraussetzt, um sie zu überbieten. Der Vatertitel drückt im Urchristentum das Bewußtsein einer ungebrochenen Kontinuität mit der Heilsgeschichte des jüdischen Volkes aus, und das Urchristentum bedarf dieser Kontinuität, um seine eigene heilsgeschichtliche Existenz zu verstehen und zu deuten.

Bei der Ausbreitung des Christentums zu den Griechen bleibt dieses Kontinuitätsbewußtsein erhalten, auch wenn es in einem anderen Sinn aufgenommen und gedeutet wird. Davon gibt es Ausnahmen. Bei Ignatios von Antiochien ist die Neuheit des Christentums auf Kosten der Kontinuität betont, noch stärker bei Markion. Aber im allgemeinen nimmt die heidenchristliche Kirche die Frommen der biblischen Geschichte ebenso als Väter in Anspruch wie vor ihr das Urchristentum.

Die Geschichte ist im Bereich griechischen Denkens anders bewertet als bei den Juden. Für die Juden ist Geschichte vornehmlich Heilsgeschichte, das heißt der Raum, in dem Gott zum Heil der Menschen handelt, und das Heilsgeschehen ist, bis zu seiner Vollendung, eine Reihe geschichtlicher Ereignisse. Für die Griechen ist in den beiden ersten christlichen Jahrhunderten die Geschichte ein Prozeß, der sich nur in Richtung zunehmender Unordnung entwickeln kann. Das Heil kann nicht im geschichtlichen Fortschritt liegen, weil jeder Fortschritt ein Fortschritt zum Schlechteren ist. Eine neue Religion kann nur die Depravation einer vorhandenen sein oder menschlicher Hybris entspringen. Wenn man Wahrheit in der Geschichte sucht, dann muß man zu den ursprünglichen und unverfälschten Quellen der Offenbarung zurückkehren. Diese Quellen der Offenbarung sind die Väter, durch die sich Gott untrüglich und rein offenbart hat. Wer Wahrheit sucht, muß zu den Vätern zurückkehren, und der Wahrheitsanspruch des Christentums läßt sich allein durch seine Übereinstimmung mit den Vätern erweisen.

Obwohl sich der Geschichtsbegriff im jüdischen und griechischen Denken fundamental unterscheidet, ist die Bedeutung der Väter vergleichbar. Im jüdischen Christentum werden sie als Empfänger der Verheißung, im griechischen als Empfänger der Offenbarung verstanden. Als das Christentum sich zu den Römern ausbreitet, bringen auch diese eine eigentümliche Komponente in den Vaterbegriff als aus der Vergangenheit verpflichtender Autorität ein. Ähnlich wie bei den Juden, nur noch viel ausgeprägter, fallen für die Römer die Bereiche der Sitte, der Sittlichkeit und der Frömmigkeit ineinander. Die Sitte der Väter ist der Inhalt der Sittlichkeit, das Festhalten an der Sitte der Väter ist Inbegriff der Frömmigkeit. Unfromm, gottlos ist es, von der Sitte der Väter abzuweichen. Der Mensch muß sich in seinem Verhalten nach dem richten, was die Väter gesagt und geübt haben, um das Wohlgefallen Gottes zu finden und göttlichen Segen erwarten zu können. Gegenüber den Juden verschiebt sich der Vaterbegriff vom Beispiel zum Vorbild, und die Autorität der Väter ist bei den Römern noch stärker verpflichtend.

Auch die Frömmigkeit der Mysterien hat einen Beitrag zur Entstehung des Begriffs Kirchenvater geleistet. Wer sich in die Mysterien einweihen läßt, wird Gegenstand einer heiligen Handlung, die er als Empfang einer neuen Existenz versteht. Für den Eingeweihten liegt es darum nah, daß er den Weihepriester, dem er das neue Leben verdankt, mit dem Vatertitel auszeichnet und ihm väterliche Autorität zugesteht. Die Mission des hellenistischen Judentums und die christliche Mission haben sich der Mysterienreligionen als Modell bedient und haben die Einweihung in das Juden- und Christentum durch die Taufe als Empfang einer neuen Existenz gedeutet. Der Verkünder des Evangeliums oder der Täufer konnten als geistliche Väter der Neophyten erscheinen. Der Apostel Paulus macht von dieser Möglichkeit gegenüber den Korinthern Gebrauch; mit seiner geistlichen Vaterschaft begründet er einen speziellen Autoritätsanspruch, den er aus seinem Apostolat wegen dessen gesamtkirchlicher Ausrichtung nicht ableiten könnte. Er kann sich auch als Vater des Onesimos bezeichnen, den er „in seinen Banden gezeugt", d.i. den er als Gefangener zum Christentum bekehrt hat.

In dieser Bedeutung, als Spender geistlichen Lebens, werden seit Beginn des 3. Jh. vornehmlich die Bischöfe mit dem Vatertitel ausgezeichnet. Wenn in dem 202/3 geschriebenen, dem Montanismus freundlichen Perpetuamartyrium auch Diakone den Vatertitel erhalten, so läßt sich daraus schließen, daß in der Großkirche zu dieser Zeit die Beschränkung des Vatertitels auf die Bischöfe üblich geworden war. Er brachte ihre geistliche Autorität zum Ausdruck. Diese Autorität ist dann wieder Ursache dafür, daß Oberbischöfe in Rom, Karthago, Alexandrien und anderen Vororten von ihren Mitbischöfen regelmäßig mit dem Vatertitel angeredet werden. Daneben kann der Vatertitel auch als höfliche Anrede im Verkehr der Bischöfe untereinander gebraucht werden und die Autorität des derart Angeredeten hervorheben.

Das Ende des zweiten Jahrhunderts ist zugleich die Zeit, in der nach dem Ausscheiden des Montanismus dem Bischof die Lehraufsicht zufällt. Der Vatertitel wird auf die nun als Nachfolger der Apostel gedeuteten Bischöfe der Vergangenheit übertragen und bezeichnet diese als Zeugen für die Reinheit der apostolischen Überlieferung. Dieser neue Gebrauch läßt sich zuerst gegen Ende des Jahrhunderts bei Polykrates von Ephesos beobachten und für seinen Gesprächspartner Victor von Rom erschließen. Es war jetzt möglich, die Übereinstimmung der in einer bestimmten Gemeinde geltenden Lehren mit der apostolischen Überlieferung durch den Rückgriff auf die früheren Bischöfe (wörtlich: „Presbyter") zu erweisen. Die Väter in der speziellen Bedeutung als Nachfolger der Apostel verleihen dem Autorität, der sich mit nachweisbarem Recht auf sie beruft und seine Ansichten mit ihren Lehren sichert. Zweifellos liegt hier eine gewisse Ähnlichkeit mit dem mittelplatonischen Erkenntnisprinzip vor, das die Wahrheit in der früher ergangenen, von sekundären Entstellungen noch freien Offenbarung sucht und darum die Alten befragt. Dieser Gedanke begegnet uns beispielsweise im Altersbeweis der Apologeten oder in den Anklagen des Kelsos gegen das Christentum. Es handelt sich jedoch um ein anderes Prinzip, nämlich das der Katholizität, das in der zweiten Hälfte des zweiten Jahrhunderts in der Kirche entdeckt und zur Findung ihrer Identität, nämlich zur Ausscheidung der Häresie, gebraucht wurde. Kennzeichnend dafür ist, daß die Übereinstimmung nicht allein mit den Autoritäten der Vergangenheit, sondern auch mit denen der Gegenwart erst den vollständigen Beweis für die Richtigkeit einer Ansicht ergibt.

Dieses Moment, die Sicherung einer Meinung durch Instanzen der Gegenwart, hat für die Entwicklung des Begriffs Kirchenvater ebenfalls eine Rolle gespielt. Die Voraussetzung dafür war in der zweiten Hälfte des zweiten Jahrhunderts in Kleinasien bei der Ausscheidung des Montanismus entstanden. Bischöfe versammelten sich zu Synoden, um dem Autoritätsanspruch der montanistischen Propheten, die sich auf den Heiligen Geist beriefen, eine vergleichbare Autorität entgegenzusetzen. Auch die Bischofssynoden konnten die Inspiration ihrer Beschlüsse durch den Heiligen Geist beanspruchen. Dieses neue Instrument, die Bischofssynode, erlangte von Beginn des dritten Jahrhunderts an beim Ausbau der katholischen Kirche große kirchenpolitische Bedeutung. Oberbischöfe umgaben sich mit den Bischöfen ihrer Kirchenprovinzen, um höchstmögliche Autorität für ihre Auffassungen in den Fragen des Glaubens und der Sitte zu erreichen. Schließlich erkannte Kaiser Konstantin in der Bischofssynode als Vertretung der Kirche seines ganzen Reiches das Mittel, die Vereinheitlichung des Glaubens zu erzwingen, in der er das erklärte Ziel seiner Religionspolitik sah. Schon 314 hatte er die Bischöfe seines Reichsteils in Arles versammelt, um das donatistische Schisma zu beendigen; nach dem Erringen der Gesamtherrschaft rief er 325 in Nicaea abermals die Bischöfe des Reiches zusammen, um den arianischen Streit beizulegen. Die Reichssynode war damit zur obersten Instanz der sich durch sie als katholisch erweisenden Kirche geworden. Das Glaubenbekenntnis, das die Synode von Nicäa beschlossen hatte, war zwei Generationen lang heftig umstritten. Dabei wurde es üblich, den Bischöfen dieser Synode insgesamt den ihnen als einzelnen bereits zukommenden Vatertitel zu geben. Nachdem die Formel von Nicaea zur allgemein anerkannten Norm der Rechtgläubigkeit geworden war, konnte man sich auf die Väter von Nicaea berufen, um die Rechtgläubigkeit einer Ansicht zu erweisen. In derselben Art werden hinfort auch die Synodalen der folgenden großen Konzilien als „Väter" in Anspruch genommen, um den Nachweis für die Richtigkeit von Lehrmeinungen zu führen. Damit ist die Voraussetzung dafür gegeben, daß man vom fünften Jahrhundert an sich auch auf einzelne, anerkannte Väter beruft. Mit der Möglichkeit des Väterbeweises, das heißt des Rückgriffs auf die Ansichten einzelner Kirchenväter, ist die Entwicklung des Begriffs Kirchenvater als anerkanntermaßen rechtgläubigen Lehrers des kirchlichen Altertums zum Abschluß gekommen.

3. Geschichte der Patrologie

Die Kirche hat von Anfang an in dem Bewußtsein gelebt, „Väter" zu haben, konnte aber erst nach Nicäa darunter Kirchenväter verstehen. Verdienst um die Entwicklung des Begriffs kommt dem Kirchenhistoriker Euseb von Cäsarea zu, weil er als erster die Bedeutung des theologischen Lehrers der Vergangenheit für die Kirche zu erfassen und in ein Geschichtsbild einzuordnen vermochte. Er nennt sie noch nicht Kirchenväter, aber die Geschichte der Väter, ihre Rolle in dem in der Kirchengeschichte sich verwirklichenden Heilsplan Gottes, hat für seinen großen Entwurf den Rang eines Hauptziels. Euseb konnte nicht an Vorarbeiten anknüpfen. Lediglich die doxographischen Beschreibungen großer Philosophen, ihrer Lehrmeinungen und ihrer Schulen, die es seit dem zweiten vorchristlichen Jahrhundert gab, konnten ihm Hinweise dafür liefern, wie eine solche Arbeit angegriffen werden müsse.

Die leitende Idee für seine Geschichtsschreibung, die Gestaltung der sichtbaren Welt durch den offenbaren Logos, hatte Euseb bei den Apologeten gefunden. Bei der Entfaltung seines Geschichtsbilds hatte ihm die Offenbarung des Johannes ein Modell geliefert. Dort werden drei göttlichen Mächten, Gott selber, dem Messias und dem wahren Propheten, drei feindliche Mächte gegenübergestellt, der Satan, der Antichrist und der Lügenprophet. In einer solchen Konfiguration stellt Euseb den drei Beauftragten Gottes, die das Werk des Logos in der Welt betreiben, den Priestern, Lehrern und Märtyrern, drei Exponenten des Satans gegenüber, die Juden, Irrlehrer und Heiden. Das besondere Interesse des Euseb an den Lehrern zeigt sich darin, daß nur sie in den Irrlehrern ein Gegenbild haben. Das Werk des Logos in der Welt, das Euseb beschreiben wollte, wird durch die Lehrer verrichtet. Zugleich gedachte er, die einzigartige Bedeutung des Origenes für die Kirche zum Mittelpunkt seiner Darstellung zu machen, und der war in erster Linie als Lehrer zu erfassen. So ergibt sich aus dem Entwurf die zentrale Bedeutung, die den Lehrern für die Geschichte der Kirche zukommt. Unter diesem Gesichtspunkt hat Euseb reichlich Nachrichten über christliche Schriftsteller und Exzerpte aus ihren Schriften in seine Kirchengeschichte aufgenommen; die Bibliothek des Origenes in Cäsarea, die ihm zur Verfügung stand, setzte ihn dazu in die Lage. Sein Werk ist ungeachtet der hervorragenden Rolle, die die Kirchenväter darin spielen, ein Geschichtswerk und kein Kompendium der Patrologie. Doch ließ sich ein solches daraus exzerpieren.

Die erste patrologische Arbeit im eigentlichen Sinn ist der Katalog christlicher Schriftsteller, den Hieronymus unter dem Titel ›De viris inlustribus‹ im Jahre 392 verfaßte. Den Titel hat er von dem ebenso benannten Werk des Suetonius übernommen, in dem dieser biographische und literaturgeschichtliche Daten von berühmten lateinischen Autoren aus der Zeit bis zum Tode Domitians, d.h. dem Ende des ersten Jahrhunderts, mitgeteilt hatte. Von Suetons Werk ist wenig erhalten. Im vierten Jahrhundert war es bekannt. Ein durch seine hohe Stellung als Praefectus praetorio ausgezeichneter Freund und Gönner des Hieronymus namens Dexter empfahl es diesem als Vorbild und Muster; Hieronymus solle die literarischen Berühmtheiten des Christentums zusammen- und den berühmten Heiden des Suetonius gegenüberstellen. So berichtet Hieronymus in der Einleitung, in der er sein Werk dem Minister widmete. Hieronymus hat sich die Abfassung seines Katalogs leicht gemacht. Er stellte kurze Nachrichten über 135 Autoren zusammen; den größeren Teil hatte er bei Euseb gefunden. Erst mit dem 79. Autor, Arnobius, beginnt sein eigener Beitrag, als letzten nennt er sich selber. Er hat die Juden Philon, Iosephus und Iustinus von Tiberias unter die christlichen Schriftsteller aufgenommen, dazu den Heiden Seneca als Korrespondenten des Paulus, vielleicht, um dem Katalog einen möglichst großen Umfang zu geben.

Das kleine Buch hat als erster Versuch einer christlichen Literaturbeschreibung den Anfang der ganzen Gattung gemacht und in den folgenden Jahrhunderten im lateinischen Westen Fortsetzer und Nachahmer gefunden.

Die ersten drei Fortsetzer gehören in die ausgehende Antike. Der Presbyter Gennadius aus Massilia hat gegen 480 den Katalog des Hieronymus um 96 Nummern auf 231 Autoren erweitert, und ein späterer Ergänzer hat in einem Schlußkapitel den Gennadius in der Weise angehängt, in der Hieronymus sich selbst als letzten Autor behandelt hatte. Gennadius kannte die von ihm behandelten Schriften aus eigener Lektüre. Im Unterschied von der lässigen Arbeitsweise des Hieronymus war er um Sorgfalt bemüht. Zwischen 616 und 618 hat Isidor von Sevilla unter demselben Titel versucht, die Arbeit des Hieronymus und Gennadius zu ergänzen und weiterzuführen. Dessen Schüler Ildefons von Toledo hat schließlich Titel und Thema noch einmal aufgegriffen und 14

Persönlichkeiten dargestellt, Gregor den Großen und 13 Spanier, um zu zeigen, daß auch in Spanien Viri illustres zu finden seien.

Der Katalog des Hieronymus ist mit seinen Fortsetzungen als patristisches Speziallexikon zu bezeichnen. In griechischer Sprache ist kein vergleichbares Originalwerk entstanden. Ein Mann namens Sophronios, von dem wir sonst nichts wissen, hat die Arbeit des Hieronymus ins Griechische übersetzt. Nachrichten über die christlichen Autoren wurden bei den Griechen in großen Lexiken zusammengetragen. Im 6. Jh. hatte Hesychios von Milet Mitteilungen über heidnische Schriftsteller und ihre Werke in einem Lexikon ›Onomatologos‹ zusammengestellt. Dieses Buch wurde im 9. Jh. durch christliche Autoren ergänzt; es ist zum größten Teil untergegangen. Der Stoff ist jedoch in der Suda bewahrt, einem umfangreichen Reallexikon aus dem 10. Jh. Von der größten Bedeutung für unsere Väterkenntnis ist die „Bibliothek" des Patriarchen Photios (810 – nach 886). Photios las und erklärte gegen Mitte des neunten Jahrhunderts in einem Lesekreis Schriften antiker Autoren und berichtete darüber mit Inhaltsangabe, Rezension und häufig auch Beifügung von Exzerpten. Es gibt unter den 280 abgehandelten Schriften viele, die wir nur durch seine Referate kennen. Außerdem hat er ein enzyklopädisches Lexikon verfaßt.

Im Westen erlebt in der Zeit des Photios das Frankenreich unter Karl dem Großen den Gipfel seiner Entwicklung und kurz darauf seinen jähen Zerfall unter Ludwig dem Frommen. Die geistige Blüte, die Karls des Großen Bildungspolitik eingeleitet hatte, die karolingische Renaissance, endete nicht ebenso plötzlich. Ein Menschenalter jünger als Photios ist Notker Balbulus von Sankt Gallen (um 840–912), einer der größten Dichter des Mittelalters. Die gründliche Väterkenntnis, die all seine Schriften kennzeichnet, setzte ihn instand, eine Einführung in die Bibelexegese der lateinischen Väter und die lateinischen Dichter mit einem Hinweis auf Hieronymus und seine Fortsetzer zu schreiben, die ›Notatio de illustribus viris, qui sacras scripturas exponebant‹.

Die Größe der Leistung Eusebs erkennt man erst richtig, wenn man sieht, daß das ganze Mittelalter bei dem unzulänglichen Verfahren des Hieronymus stehen blieb und sich auf die Weiterführung seines Katalogs beschränkte.

Im elften Jahrhundert erwacht mit dem Geschichtsbewußtsein das Interesse für die Chronistik und die Schriftsteller der Vergangenheit. Honorius von Augustodunum / Autun (Lebenszeit vom späten 11. bis in die Mitte des 12. Jahrhunderts) strebte mit seinem Werk ›De luminaribus ecclesiae‹ eine Weiterführung des Hieronymus, Gennadius, Isidor an. Seine Absicht war, alle kirchlichen Schriftsteller von Christi Geburt an aufzuzählen, soweit er sie durch seine Vorgänger kennengelernt hatte. Wichtiger als er ist Sigebert von Gemblacum/Gembloux (ca. 1030–1112), Verfasser einer einflußreichen Chronik, mit der er die Chronik des Hieronymus bis in die eigene Zeit fortführte. Auch mit der Abfassung eines ›Liber de viris illustribus‹ trat er in dessen Nachfolge. Sigebert hat sich um Selbständigkeit bemüht und Nachrichten über 171 Autoren gesammelt; nach dem Vorbild des Hieronymus behandelt er sich selbst im letzten Artikel. Nach Honorius und Sigebert schrieb in dem Kloster Prüfening bei Regensburg der nach dem Fundort Melk der Handschrift genannte Anonymus Mellicensis ein ›De scriptoribus ecclesiasticis‹, ebenfalls um Hieronymus und Gennadius fortzusetzen. Die Arbeit kam nach 1130 zum Abschluß; der Verfasser hat bis um 1170 in seinem Kloster gelebt. Das Werk umfaßt 118 Kapitel; über die meisten Autoren berichtet der Anonymus aus eigener Kenntnis. Mit dem Humanismus erwachte das Interesse an der Vergangenheit und ihren Quellen. An der Wende zwischen Mittelalter und Neuzeit steht der gelehrte, nach seinem Geburtsort Trittenheim benannte Johannes Trithemius, Abt von Sponheim. Er schrieb 1492 einen ›Liber de scriptoribus ecclesiasticis seu catalogus scriptorum ecclesiasticorum‹ von 963 Kapiteln. Das Buch wurde in der ersten Hälfte des 17. Jh. durch Aubertus Miraeus in Antwerpen um Schriftsteller des 16. und 17. Jh. ergänzt. Das Vorbild war immer noch Hieronymus.

Die Humanisten waren bestrebt, sich einen unmittelbaren Zugang zu den seit tausend Jahren verschütteten Quellen zu erschließen. Darum lernten sie Griechisch und suchten und veröffentlichten die Handschriften der antiken Autoren einschließlich der Kirchenväter. Die Erfindung der Buchdruckerkunst kam der Ausbreitung des Humanismus zugute; sie gab der ganzen Gelehrtenwelt die Möglichkeit, aktiven Anteil an der Bewegung zu nehmen, und stellte ein Heer von Druckern, Verlegern und Buchhändlern in ihren Dienst. Das neue Medium des Buchdrucks und das Bewußtsein, am Anfang eines neuen Zeitalters zu stehen, erschlossen gemeinsam einen neuen Weg zu den Kirchenvätern. Auf beiden Seiten des Glaubensstreits führte der Humanismus zu einem gesteigerten Interesse an den Vätern, die nicht nur in ihrem Bildungswert, sondern auch in ihrer Brauchbarkeit für Apologetik und Polemik erkannt wurden. Der Zweifrontenkrieg, in dem die Theologen der Reformation zwischen der am Mittelalter festhaltenden altgläubigen Kirche und den Schwärmern standen, hatte während des ganzen 16. Jh. regelmäßige Beteuerungen des Wertes der Väter für das Verständnis des Glaubens zur Folge. Doch kam es durch diese Inanspruchnahme der Väter nicht zu nennenswerter Vertiefung der Einsichten und Vermehrung der Kenntnisse, zumal den altprotestantischen Theologen historische Forschung nicht näher lag als den Scholastikern, an die sie sich methodisch anschlossen.

Die Verunsicherung der katholischen Kirche durch den Humanismus fand erst durch das tridentinische Konzil ihren Abschluß. Mit seinen Entscheidungen waren die Voraussetzungen dafür geschaffen, daß nun, zum Unterschied von dem unfruchtbaren 16., im 17. Jahrhundert die Väterstudien aufblühen konnten. An den Anfang stellt man gewöhnlich das 1613 zum ersten Mal erschienene Buch des Kardinals Robert Bellarmin ›De scriptoribus ecclesiasticis‹, weil sich mit ihm zuerst die Zuwendung des nachtridentinischen Katholizismus zu den Vätern zeigt. Den wirklichen Fortschritt der Väterkunde, den Anbruch einer neuen Epoche der Patrologie, brachten jedoch erst die Arbeiten der Mauriner. Die Kongregation vom heiligen Maurus war 1618 zur Reform des Benediktinerordens gegründet worden. Von 1630 an wandten sich die Mauriner mit einem bis dahin noch nicht gekannten Aufwand an Fleiß und Sorgfalt wissenschaftlichen Studien zu, darunter der Väterkunde und der Edition von Väterschriften. Die konsequente Anwendung der schon von den Humanisten gefundenen Regeln historischer Kritik erbrachte musterhafte Textausgaben, die für Jahrhunderte die Maßstäbe setzten und die mit den Maurinern wetteifernden Orden und Gelehrten zu vergleichbaren Leistungen nötigten.

Der Schwerpunkt der patristischen Forschung lag zunächst ausschließlich, hernach überwiegend in Frankreich. Die Gelehrten in dem vom großen Krieg verwüsteten Deutschland konnten so rasch nicht den Anschluß finden. In den Niederlanden und England kam gegen Ende des Jahrhunderts die Väterkunde ebenfalls zur Blüte. Mit der Bemühung um die Texteditionen war in Frankreich auch die Fähigkeit zu geschichtlicher und literaturgeschichtlicher Arbeit erwachsen. Eine erste umfangreiche kritische Literaturgeschichte veröffentlichte Louis Ellies Du Pin (1686–1711) ›Bibliothèque universelle des auteurs ecclésiastiques‹. Zur selben Zeit erschienen die ›Mémoires pour servir à l'histoire ecclésiastique des six premiers siècles‹ (1693–1712) von Le Nain de Tillemont, eine unerschöpfliche Fundgrube von Nachrichten über die Väter. Du Pins Literaturgeschichte erregte wegen ihrer kritischen Haltung Anstoß, und lang bevor die 47 Bände des Werkes vollständig vorlagen, wurden die ersten 5 Bände indiziert (1693) und von Du Pin durch eine Nouvelle bibliothèque ersetzt. Die jansenistischen Streitigkeiten in der französischen Kirche und die von der Bulle Unigenitus verursachte Unruhe veranlaßten den Benediktiner R. Ceillier, den Gegenstand weniger selbständig als Du Pin in einer ›Histoire générale des auteurs sacrés et ecclésiastiques‹ (1729–1763) erneut darzustellen.

Die wissenschaftliche Patrologie ist in Frankreich im 17. und 18. Jh. entstanden und zu höchster Blüte gelangt. Bis nach der Mitte des 18. Jh. bleibt die Beteiligung der Gelehrten außerhalb Frankreichs relativ gering. Das ausgeprägte Nationalbewußtsein der französischen Kirche hat diese Studien eher gefördert als behindert. Erst die Aufklärung mit ihrem Fortschrittsglauben dämpfte den Schwung, und zu einer deutlich erkennbaren Unterbrechung kam es mit der französischen Revolution und den Wirren der napoleonischen Ära. Zu dieser Zeit waren außerhalb Frankreichs die Geschichtswissenschaft und die Wissenschaft vom klassischen Altertum in der uns geläufigen Gestalt als kritische Wissenschaften entstanden, und ihre Entwicklung leitete einen neuen, bis in unsre Tage reichenden Abschnitt der Patrologie ein. Als eine Art Bilanz der vorausgegangenen Periode kann man das Erscheinen des riesigen Sammelwerks ansehen, das der Abbé Migne 1844 bis 1867 unter dem Titel ›Patrologiae cursus completus‹ herausgab. Migne druckte in den 221 Bänden der lateinischen und den 161 Bänden der griechischen Reihe die besten für ihn erreichbaren Texte ab, so daß seine Ausgabe das Ergebnis der Arbeiten des 17. und 18. Jh. zusammenfaßt.

Der Titel der Sammlung ›Patrologie‹ hat eine eigene Geschichte. Er begegnet zuerst in einem posthum (1653) gedruckten Väterkatalog des 1637 gestorbenen lutherischen Dogmatikers Johann Gerhard und danach, ebenso oder abgewandelt, in einigen späteren lutherischen Kompendien. 1840 nahm ihn Joh. Adam Möhlers ›Patrologie oder christliche Literärgeschichte‹ wieder auf; davon erschien bis z. J. 1844 eine italienische und eine französische Übersetzung. In der zweiten Hälfte des 19. Jh. treffen wir auch auf „Patristik" als Bezeichnung der Vätertheologie und von da an auf das Unsicherheit verratende Schwanken zwischen Patrologie und Patristik zur Bezeichnung der Väterkunde.

Der Aufschwung, den die Patristik in der zweiten Hälfte des 19. Jahrhunderts nahm, ist nicht die Fortsetzung der Arbeit der französischen Ordensgelehrten, sondern hängt unmittelbar zusammen mit der Belebung der Altertumswissenschaft am Ende des 18. Jh., mit den Humboldtschen Reformen, die den klassischen Studien günstig waren, und danach mit dem gesteigerten Interesse an der Geschichte als Folge der Hegelschen Geschichtsphilosophie. Kennzeichnend ist, daß die neue philologische Arbeit ihren Schwerpunkt an den Akademien der Wissenschaften und den Universitäten fand, und daß sie sich weniger als theologische, sondern vielmehr als philologische Bemühung verstand.

Den Anfang machte das seit 1828 im Auftrag der preußischen Akademie der Wissenschaften erscheinende Bonner Corpus der byzantinischen Historiker (Corpus scriptorum historiae Byzantinae). Von 1866 an begann die Wiener Akademie das Corpus Scriptorum Ecclesiasticorum Latinorum herauszugeben. Das Bestreben, die handschriftliche Grundlage dieser Edition so breit wie möglich zu legen, war nicht in allen Fällen erfolgreich, und der Wunsch der Berliner Akademie, die Fehler des Wiener Unternehmens zu vermeiden, verzögerte den Beginn, so daß erst von 1897 an als Gegenstück ›Die griechischen christlichen Schriftsteller‹ ursprünglich „der ersten drei Jahrhunderte" erscheinen konnten. Um wichtige Vorarbeiten zu den Editionen zu veröffentlichen, ohne die Reihe mit ihnen zu belasten, hatten A. v. Harnack und O. v. Gebhardt 1882 begonnen, die ›Texte und Untersuchungen zur Geschichte der altchristlichen Literatur‹ herauszugeben. Das Modell für das Unternehmen hatte Th. Zahn mit den seit 1881 erscheinenden ›Forschungen zur Geschichte des neutestamentlichen Kanons und der altkirchlichen Literatur‹ geliefert. Vergleichbar in Zielsetzung und Gestalt waren die seit 1891 von J. Armitage Robinson herausgegebenen ›Texts and Studies, contributions to biblical and patristical litterature‹. Die Berliner Akademie hat besondere Aktivität entfaltet. Neben der Förderung umfangreicher Einzelausgaben griechischer Väter waren schon vor den Griechischen Christlichen Schriftstellern seit 1877 im Zusammenhang der Monumenta Germaniae historica als Auctores antiquissimi eine Reihe lateinischer Kirchenväter erschienen. Als letzte der großen Akademieausgaben begann Ed. Schwartz (1914) im Auftrag der Göttinger Gelehrten Gesellschaft mit der Edition der Akten der ökumenischen Konzilien. Umfangreiche Ausgaben der Konzilsakten waren schon in der klassischen Zeit entstanden (Baluze 1683, Hardouin 1715, Mansi 1759). Die Herausgeber waren durchweg bestrebt gewesen, die Urkunden in chronologischer Ordnung nach dem Gang der Konziliengeschichte vorzulegen. Schwartz' Edition ging demgegenüber vom Zustand der Überlieferung aus, d. h. von den Aktensammlungen, und von der Umfang und Inhalt bestimmenden Tendenz, in der sie angelegt und redigiert waren.

Es war selbstverständlich, daß die Editionstechnik keinen methodischen Unterschied zwischen Vätertexten und profanen Texten zu machen hatte. Bei den Literaturgeschichten spielten die Grenzen zwischen den Disziplinen länger eine Rolle, und merkwürdigerweise war es die Philologie, die sich gegen die Einbeziehung der christlichen in die antike Literatur sperrte. Die Hochschätzung des Bildungswertes der Klassik hinderte die Philologen an der Erkenntnis, daß die antike Literatur in ihrer letzten Periode zwangsläufig christliche Literatur wird, wie sie sie auch an einer angemessenen Würdigung der heidnischen Spätantike hinderte. Erst seit Beginn dieses Jh. haben die christlichen Autoren in den Handbüchern (Christ–Schmidt–Stählin für die griechische, Schanz–Hosius–Krüger für die lateinische Literatur) einen angemessenen Raum erhalten.

Auch von Seiten der Theologen wurde kein Versuch gemacht, christliche und heidnische Literatur gemeinsam als Ganzes zu erfassen. Das ist darum bemerkenswert, weil Philologen und Historiker sich mit monographischen Arbeiten längst schon einzelnen Vätern zugewandt hatten und weil im Bereich der neutestamentlichen Wissenschaft und der Religionsgeschichte die Zusammenschau christlicher und heidnischer Literaturwerke den Kenntnisstand auf eine neue Stufe gehoben hatte. Erwähnung verdient die ›Geschichte der christlichen Literatur bis Eusebius‹, die A. v. Harnack 1893–1897 unter großem Aufwand an kritischem Scharfsinn geschrieben hat. Zu dieser Zeit wollten G. Krüger (›Geschichte der altchristlichen Literatur‹ [1895]) und H. Jordan (›Geschichte der altchristlichen Literatur‹ [1911]) neue Wege gehen, indem sie den literarischen Formen vermehrte Aufmerksamkeit schenkten und deren Geschichte mehr programmatisch als faktisch zum Inhalt der Literaturgeschichte zu machen versuchten. Dabei ist es nicht zu wichtigen Erkenntnissen gekommen. Merkwürdigerweise ist die Patrologie von der Entdeckung der Formgeschichte nicht ebenso befruchtet worden wie die Bibelwissenschaft.

Die Eigenart der Patrologie als theologischer Wissenschaft hat Otto Bardenhewer in seiner von 1902 an erschienenen fünfbändigen ›Geschichte der altkirchlichen Literatur‹ herauszuarbeiten versucht. Die Fülle des Stoffes und die uneingeschränkte Berücksichtigung der historischen Kritik haben dieses Handbuch zum Standardwerk der Patrologie gemacht. Sein Aufriß, der nach der Chronologie die geographische Zusammengehörigkeit der Autoren der Anordnung zugrundelegt, kommt zu der Einteilung, die nicht nur in den Darstellungen der Kirchen- oder Dogmengeschichte, sondern auch der politischen Geschichte des Römerreiches angewandt wird; diese Einteilung ergibt sich daraus, daß die im Vielvölkerstaat des Imperium Romanum vereinigten Volksgruppen ihre Geistesart, ihre nationalen Besonderheiten und ihr Gemeinschaftsbewußtsein beibehalten haben und bei der Antwort auf die zeitbewegenden Fragen unterschiedliche Wege gegangen sind. Da es sich um ein organisches Schema handelt, haben die späteren Gesamtdarstellungen keinen grundsätzlich anderen Entwurf mehr versucht. Von solchen haben, während für Teilgebiete eine größere Anzahl Darstellungen erschienen sind, nur zwei Bedeutung erlangt. Eine davon ist ein

Kompendium ›Patrologie‹, das ursprünglich Gerh. Rauschen i.J. 1903 herausgegeben hatte. In der Bearbeitung durch B. Altaner (von 1931 an) wurde daraus das verbreitetste Lehrbuch und Nachschlagewerk. Seit 1960 lag die Fürsorge für das Buch in A. Stuibers Händen. Der besondere Wert dieses Kompendiums liegt, abgesehen von der übersichtlichen Ausbreitung der gewaltigen Stoffülle, in der von Auflage zu Auflage erneuerten Einarbeitung und Auflistung der Literatur. Daneben ist ein Lehrbuch ›Patrology‹ zu erwähnen, das Johannes Quasten 1950/60 veröffentlichte. In deutscher Sprache fehlt eine lesbare Darstellung, die weder so gedrängt wie Altaners Kompendium ist, noch so ins einzelne geht, wie Bardenhewers Literaturgeschichte.

Im Zusammenhang mit der Blüte der historischen Wissenschaften, zu der es im 19. Jahrhundert in Deutschland gekommen war, hatte die Patrologie einen Aufschwung erfahren, der dem der klassischen Periode des 17. Jh. in Frankreich nicht nachstand. Mit dem Beginn des Weltkriegs änderte sich das Bild. Das Studium der Väter bot sich nicht als der nächste Weg zur Lösung der Probleme an, die dialektische Theologie, Nationalsozialismus und Kirchenkampf stellten. Die Textausgaben der deutschen Akademien verzögerten sich, und an den großen Leistungen, zu denen es noch kam, hatte die vorige Generation mehr Anteil als die junge. Der zweite Krieg führte dann zur Isolierung Deutschlands und unterbrach für Jahre die patristische Arbeit. In den westlichen Ländern hatten sich die politischen Ereignisse nicht ebenso nachhaltig auf die Patrologie ausgewirkt. Den Fortgang bezeichnen zwei neue große Textsammlungen, die als Zusammenfassung dessen angesehen werden können, was seit dem die älteren Editionen enthaltenden Migne an textkritischer Arbeit geleistet worden ist. Die Unzulänglichkeit der Sammlung Mignes und das Stocken der Wiener und der Berliner Akademieausgaben gaben den Anstoß; man brauchte Vätertexte, die dem Stand der Wissenschaften entsprachen und zu kaufen waren. Seit 1941 erscheinen in rascher Folge die Sources Chrétiennes. Sie bieten einen guten, meist bereits vorliegenden, in der Regel aber vom Herausgeber verbesserten Text, wissenschaftlichen Apparat (Überlieferung, Testimonien, Parallelen), französische Übersetzung, Einleitung und Kommentar, und das in handlichem Format. Von der Benediktinerabtei Steenbrugge wird seit 1953 das Corpus Christianorum herausgegeben. Das Unternehmen war ursprünglich als ein neuer Migne angekündigt, weil es gleich diesem in rascher Folge die jeweils besten Texte abdrucken sollte, jedoch mit dem Unterschied, daß die Herausgeber nötigenfalls einen neuen Text erstellen wollten. Zunächst erschien die lateinische Reihe, weil das Wiener Corpus in seinen ersten Bänden teils Mängel aufwies, teils von der Forschung überholt war. Seit 1977 ist eine griechische Reihe dazugekommen. Im Zusammenhang mit dieser Ausgabe sind ein Katalog sämtlicher Väterschriften mit ihren Druckausgaben, Übersetzungen und der wichtigsten Literatur als Clavis Patrum Latinorum und -Graecorum erschienen.

Am Zustandekommen dieser Sammelwerke und an vielen anderen neuen Editionen und Untersuchungen haben Ordensleute das Verdienst. Den Eindruck, daß die wissenschaftliche Patrologie wieder, wie in der Zeit ihrer Entstehung, zu einer Aufgabe der Orden geworden wäre, korrigiert der Blick auf die International Conference on Patristic Studies, die als repräsentative Selbstdarstellung der Disziplin seit 1951 alle vier Jahre in Oxford stattfindet. Historiker und Philologen sind in solchem Maße beteiligt, daß die Einbindung der Patrologie in die Theologie in Frage gestellt zu sein scheint und die Theologen nötigt, die Zugehörigkeit der Patrologie zur Theologie durch ein über Philologie und Geschichtswissenschaft hinausgehendes Verständnis zu beweisen. Im encyclopädischen Kontext wird die geistesgeschichtliche Funktion der Patrologie sichtbar; sie ist die Wissenschaft, deren Aufgabe die Erforschung der Wurzeln und des Wesens der abendländischen Kultur und des abendländischen Geistes ist. Es mag am Untergang des Abendlandes liegen, daß diese Bedeutung der Patrologie zuvor nicht erkannt und gewürdigt worden ist.

II. DIE APOSTOLISCHEN VÄTER

In den sechziger Jahren des zweiten Jahrhunderts verständigten sich die Gemeinden der eben dadurch entstehenden katholischen Kirche zur Abwehr des Gnostizismus über die Notae ecclesiae, die Kennzeichen, die eine Gemeinde aufzuweisen habe, wenn sie als katholisch gelten wolle. In diesem Zusammenhang bestimmte man, welche Bücher als Heilige Schrift anzusehen seien und im Gottesdienst gebraucht werden durften. Diese Bücher mußten, der Inspiration wegen, entweder von einem Propheten oder einem Apostel verfaßt, zumindest autorisiert sein. Durch diesen Grundsatz wurde nicht nur die Menge der Apokryphen aus dem so definierten Kanon ausgeschlossen, sondern auch Schriften, die in einigen Gemeinden gehütet und im Gottesdienst gelesen wurden. Sie waren gleichzeitig mit den späteren Büchern des Neuen Testaments geschrieben, konnten sich aber nicht oder nicht glaubwürdig auf apostolische Abfassung berufen. Ihr Inhalt war einwandfrei, aber sie waren ihren Verfassern nicht wörtlich vom Heiligen Geist diktiert.

Wir bezeichnen ihre Autoren als „Apostolische Väter". Der Name ist relativ jung und in seiner Prägnanz mißverständlich; gemeint sind damit Väter, die in den apostolischen Zeiten geschrieben haben. Die Bezeichnung geht auf Jean Baptiste Cotelier (1627–1686) zurück, der i. J. 1672 die erste Ausgabe veranstaltete; er veröffentlichte zwei Bände mit den ›Werken der heiligen Väter, die in den apostolischen Zeiten wirkten‹.

Gemeinsam ist ihnen vor allem die Abfassungszeit. Die Gemeinden, an die sie sich wenden, befinden sich in vergleichbaren Situationen, denselben, die die späteren Schriften des neutestamentlichen Kanons voraussetzen. Darum sind ihre literarischen und historischen Beziehungen zu den Büchern des Neuen Testaments eng, während sie auf die späteren Väterschriften nur geringen Einfluß ausgeübt haben. Bei der historischen und literaturgeschichtlichen Betrachtung des Neuen Testaments läßt sich nicht von ihnen absehen. Cotelier hatte in seinem Corpus Verschiedenartiges und doch Zusammengehöriges vereinigt. Das wurde deutlich, als man im neunzehnten Jahrhundert Wunsch und Bedürfnis verspürte, möglichst die ganze Überlieferung aus der Frühzeit der Kirche in die Ausgaben der Apostolischen Väter aufzunehmen. Die Texte, mit denen man jetzt die Ausgaben ergänzte, gehörten anderen

Gattungen an und waren später und in anderer Absicht geschrieben. Gerade sie konnten die Eigenart der apostolischen Väter deutlich machen.

Kennzeichnend für die Schriften der apostolischen Väter ist, daß es sich, wie bei den neutestamentlichen Büchern, um Kleinliteratur handelt, die nicht für die Öffentlichkeit, sondern für einen begrenzten Leserkreis bestimmt ist. Kennzeichnend ist weiterhin die Situation der Gemeinden, die allmählich erkennen, daß das Weltende nicht mit der Schnelligkeit hereinbrechen wird, wie die apostolische Generation erwartet hatte, und die sich in der Welt einrichten müssen. Die Kinder mußten organisieren, wo die Väter improvisiert hatten. Die charismatischen Gemeindeleiter der urchristlichen Zeit sind gestorben; wer ihre Aufgaben zu übernehmen hat und auf welche Ämter sie sich verteilen, ist noch unbestimmt. Kirchliches Amt und geistliche Vollmacht müssen in ihren Kompetenzen gegeneinander abgegrenzt werden. Sitte und Sittlichkeit verlangen nach grundsätzlichen Regelungen. Die dritte Generation kann nicht nach den sittlichen Vorschriften in der Welt leben, die die erste Generation als Voraussetzung für den Eintritt in das Gottesreich ansah. Ob die Christen zu geschlechtlicher Enthaltsamkeit verpflichtet sind, ist eine bewegende Frage, die mehr umgangen als ausgesprochen wird; aber sie ist sichtlich ein Problem. Ebenso dringlich stellt sich die Frage nach dem Eigentum, nach arm und reich. Wie kann ein reicher Mann selig werden? Geklärt werden muß das Verhältnis zu den Juden und das zum heidnischen Staat. Von den Juden hat man sich getrennt; das jüdische Erbe, die Heilige Schrift, muß als legitimer christlicher Besitz erwiesen werden. Die grundsätzliche Bereitschaft zur Loyalität gegenüber dem heidnischen Staat ist durch die neronische und die domitianische Verfolgung in Frage gestellt. Die Christen kommen zu der Erkenntnis, daß das Martyrium zwar nicht das regelmäßige, aber doch ein geordnetes Ende der christlichen Existenz bedeutet, etwa wie für den Soldaten der Tod in der Schlacht. Die Schriften, die Cotelier zusammengestellt hatte, sind unter den Namen des Barnabas, Clemens, Ignatius, Polykarp und Hermas überliefert:

Der Barnabasbrief stammt sicher nicht von dem Apostel. Er ist eine hermeneutische Abhandlung mit Anweisungen, das alttestamentliche Gesetz geistig (aber dennoch gesetzlich) auszulegen. Entstehungsort und -zeit sind sehr unsicher; man nimmt meist Ägypten und die Zeit bald nach 130 an.

Der (sogenannte erste) Clemensbrief ist in Rom unmittelbar nach dem Tode Kaiser Domitians (18. 9. 96) namens der römischen an die korinthische Gemeinde geschrieben. Anlaß war ein Streit in Korinth; man hatte die leitenden Gemeindebeamten, die Presbyter, durch andere ersetzt. Demgegenüber erklärt der Verfasser das geistliche Amt für eine göttliche Stiftung; es werde durch Designation des Amtsinhabers unter Zustimmung der Gemeinde übertragen und sei danach dem Zugriff der Gemeinde entnommen. Der Verfasser des Clemensbriefes ist ein Beamter der römischen Gemeinde, dessen Aufgabe, wie wir aus dem Hirten des Hermas erfahren, die Korrespondenz mit den auswärtigen Gemeinden war. Diesen Namen Clemens trägt in der römischen Bischofsliste der dritte Bischof nach dem Apostel Petrus und Linus.

Zusammen mit dem Clemensbrief ist der sogenannte zweite Clemensbrief überliefert, kein Brief, sondern die älteste erhaltene christliche Predigt. Abgesehen von den beiden genannten Schriften gibt es unter dem Namen des Clemens noch eine umfangreiche apokryphe Literatur, erbauliche Schriften und Apostelakten.

Ignatios war ein antiochenischer Bischof, der unter Trajan – nach altkirchlicher Überlieferung etwa 112 – von Antiochien nach Rom transportiert wurde, wo er im Tierkampf sterben sollte. Die Überlieferung seiner Briefe ist sehr kompliziert. Als echt gelten im allgemeinen sechs Briefe, die er nach Kleinasien richtete, und ein Römerbrief. In den Briefen nach Kleinasien fordert er den monarchischen Episkopat als allein zulässige Form der Gemeindeverfassung. Seine Forderung taucht überraschend früh auf; die entsprechenden Briefstücke sind wahrscheinlich nachträglich eingefügt.

Polykarp von Smyrna war Hörer des Apostels Johannes und Lehrer des Irenaeus. Die Datierung seines Martyriums auf das Jahr 156 ist unsicher. Von ihm gibt es einen – vielleicht ursprünglich aus zwei Schreiben bestehenden – erbaulichen Brief an die Gemeinde von Philippi. Nach v. Campenhausen ist die Abfassung der Pastoralbriefe durch Polykarp veranlaßt.

Die umfangreichste Schrift ist der ›Hirt‹ des Hermas. Hermas berichtet von einer Reihe von Offenbarungen, in denen er Weisung zu aktuellen Fragen empfangen hat. Am wichtigsten davon ist, daß er die Möglichkeit der „zweiten Buße" für die getauften Christen verkündigt, die in Sünde gefallen sind; die erste Buße ist die Taufbuße, die Bekehrung zum Christentum („Buße" = Metanoia, Sinnesänderung). Der Stoff ist nicht ohne Willkür in fünf Visionen, zwölf Gebote und zehn Gleichnisse geteilt. Das zehnte Gleichnis ist eine Vision, die die Erbauung der himmlischen Kirche auf Erden durch sittliche Bemühung beschreibt. Das Kanonfragment Muratoris behauptet, das Buch sei „unlängst in der Zeit des römischen Bischofs Pius" (ca. 145/154) geschrieben. Da diese Angabe dem primitiven Zustand der Gemeindeverfassung widerspricht, ist an die Überarbeitung eines ursprünglich zu Anfang des zweiten Jh. geschriebenen Buches zu denken, zumal aus der oben genannten Beziehung zu Clemens, dem Korrespondenten der römischen Gemeinde, die Abfassung in der Zeit des Clemensbriefs zu folgern ist.

Soweit die ursprüngliche Sammlung. Cotelier hatte auch Berichte von den Martyrien seiner Autoren beigegeben; die sind aber, mit Ausnahme des Polykarpmartyriums, in späteren Zeiten entstanden und gehören einer anderen Gattung an, den Märtyrerakten. Von den später der Sammlung beigefügten Texten kann nur die Didache oder Apostellehre den apostolischen Vätern zugerechnet werden. Diese in der Väterzeit wohlbekannte Schrift war im Mittelalter verloren und ist erst 1873 durch Ph. Bryennios wiederentdeckt worden. Sie besteht aus zwei Teilen, einer Zweiwegelehre, die sich ähnlich im Barnabasbrief findet, und einer Reihe von Anweisungen zur Liturgie und Gemeindeverwaltung. In dem ersten Teil gibt es kaum Hinweise auf christliche Herkunft. Der zweite Teil ist für hellenistische Gemeinden in Samarien vor dem Ausbruch des jüdischen Krieges (66) verfaßt. Die in der Zeit der Apostel geschriebene Anweisung ist das älteste Zeugnis des nichtpaulinischen hellenistischen Christentums.

Was sonst in die neueren Ausgaben der apostolischen Väter aufgenommen wurde, ist jünger und gehört anderen Literaturgattungen an. Das ist ein kurzes Zitat aus einer Apologie, die Quadratus an Kaiser Hadrian gerichtet hat, und eine jünger Apologie, der Brief an Diognet. Die Apologien sind für die heidnische Öffentlichkeit bestimmt und durch literarische Absicht und Weltbild grundsätzlich von den Apostolischen Vätern verschieden. Ferner hat man Mitteilungen der Apostelschüler über die Apostel aus dem zweiten Jahrhundert in die Ausgabe der apostolischen Väter aufgenommen.

Die Herausgeber waren im allgemeinen von der Absicht geleitet, in die Sammlung der Apostolischen Väter die ältesten christlichen Schriften aufzunehmen, das Schrifttum der apostolischen und nachapostolischen Zeit. Joseph A. Fischer hat neuerdings dem Begriff „Apostolische Väter“ einen anderen Sinn zu geben versucht und wollte darunter ‘solche Schriftsteller der urchristlichen Zeit verstehen, die nach dem heutigen Forschungsstand persönlich als Schüler oder Hörer der Apostel einschließlich Pauli glaubhaft auszuweisen und zugleich, oder auch ohne persönliche Bekanntschaft mit diesen Aposteln doch in ihrer gesamten Lehre in hohem Grad als Träger und Verkünder der apostolischen Überlieferung anzusprechen, aber nicht zu den neutestamentlichen Autoren zu rechnen sind'. Diese Autoren sind nach Fischers Meinung der römische Clemens mit dem sog. ersten Brief, Ignatius, Polykarp und Quadratus. Es gibt kaum Gründe, die für den Vorschlag sprechen, aber viele dagegen.

III. DIE HELLENISIERUNG DES CHRISTENTUMS

Bis auf Alexander den Großen ergab sich der geistige Austausch zwischen Griechen und Orientalen aus Grenznachbarschaft und Verkehr. Er trat dadurch in ein neues Stadium, daß der König die Vereinigung von Griechen und Orientalen zum Ziel seiner Politik machte; daran hielten auch seine Nachfolger fest. Die Hellenisierung des Orients stellte sich politisch in den Diadochenreichen in Ägypten, Syrien und Kleinasien dar und in der Gründung zahlreicher Griechenstädte in diesen Gebieten. Geistig bestand sie darin, daß die Bevölkerung Griechisch lernte und Anteil an der griechischen Bildung erhielt. Durch die Fähigkeit zu wissenschaftlichen Studien vermochte sie, ihr Wissen von Gott und der Welt griechisch zu interpretieren und in den gemeinsamen Kulturbesitz einzubringen. Zu den wichtigsten Ergebnissen der Hellenisierung des Orients gehört die griechische Übersetzung des Alten Testaments; in ihr hat nicht nur die Sprache, sondern auch die Gedankenwelt der Bibel eine Umsetzung ins Griechische erfahren. An der Geschichte der griechischen Bibel läßt sich zeigen, wie sich aus der Hellenisierung des Orients die Orientalisierung der Hellenen ergab. Die griechische Bibel wurde zum Missionsinstrument und ermöglichte eine erfolgreiche Werbung für das Judentum in der griechischen Welt. Diese Werbung hatte keine Dauerwirkung, weil das Judentum nach den Katastrophen des jüdischen Krieges und des Bar Kochba-Krieges seine Mission abstieß und sich auf seine völkische Existenz zurückzog. Die Werbung der hellenistischen Juden hat der christlichen Mission die Wege gebahnt. Die Umsetzung der biblischen Botschaft aus dem Aramäisch der Jünger Jesu in das Griechische wurde von Judenchristen griechischer Muttersprache vorgenommen. Nach diesem ersten Schritt war es möglich, die biblische Theologie in die Gedankenwelt der griechischen Philosophie zu übertragen. Das Ergebnis dieser Übertragung ist das Dogma. Harnack hat in der Einleitung zu seiner Dogmengeschichte den vielzitierten Satz geschrieben: „Das Dogma ist in seiner Conception und in seinem Ausbau ein Werk des griechischen Geistes auf dem Boden des Evangeliums." Das Verstehen dieses Werks des griechischen Geistes ist die Aufgabe der Dogmengeschichte und der Patrologie.

Die griechische Philosophie war nach landläufiger Meinung zu der

Zeit, als die Ausbreitung des Christentums begann, in drei oder vier Philosophenschulen organisiert, die nach dem Hain des Akademos, nach einem Wandelgang (Peripatos) in einem Athener Gymnasium und nach einer buntbemalten Halle (Stoa) an der Agora in Athen benannt wurden. Die vierte, nach einem Garten ihres Gründers Epikur genannte Schule nahm darum eine Sonderstellung ein, weil die Epikuräer in konsequenter Anwendung des Axioms, daß das Göttliche nicht leiden könne, die göttliche Vorsehung und Anteilnahme der Götter an den Menschen bestritten und darum als gottlos galten. Die Mehrzahl der Kirchenväter ist in ihrem Denken durch die Philosophie dieser Schulen bestimmt, zumeist durch die platonische. Doch hatten im ersten christlichen Jahrhundert die Unterschiede zwischen den Schulen durch den methodischen Synkretismus an Bedeutung verloren. Bei den Kirchenvätern findet man bisweilen philosophische Schulpolemik, aber niemals Schulorthodoxie.

1. Die Erkenntnis der Wahrheit in der Philosophie

a) Die Akademie

Die Philosophen haben nach einfachen Antworten auf die Frage nach dem Ziel der menschlichen Existenz gesucht; wir sprechen von Telosformeln. Von Platon stammt der Satz „den Göttern gleichzuwerden, soweit möglich", Aristoteles gibt die Himmelsschau, die Stoa das Leben im Einklang mit der Natur an. Was so formuliert wird, sind vorletzte Ziele. Das letzte Ziel bleibt unausgesprochen, die Wesenseinung mit dem Göttlichen. „Unsterblich" ist das Prädikat, das den Gottesbegriff am deutlichsten kennzeichnet. Wie Gott in der Bibel „lebendig" genannt wird, so heißen die Götter der Griechen „unsterblich". Wenn die Philosophie nach dem Weg sucht, den Göttern ähnlich zu werden, dann sucht sie einen Weg, dem Tod zu entgehen, der allen Menschen bevorsteht. Man muß der existentiellen Bedeutung der Wahrheitserkenntnis Rechnung tragen, um zu verstehen, wie tief und grundsätzlich die Krise war, in die der Einbruch der Skepsis die Philosophie stürzte.

Die Geschichte der Schule Platons ist für die vorschristliche Zeit (etwa bis 40 v. Chr.) von den Alten in die Phasen der älteren, mittleren und jüngeren Akademie gegliedert worden. Die Abschnitte unterscheiden sich durch die Meinung der Akademie über die Erkennbarkeit der Wahrheit. Für die anschließende Periode hat sich der Name Mittelplatonismus durchgesetzt. Seit der Mitte des 3. Jh., seit dem

Auftreten Plotins, beginnt der Neuplatonismus. Die Geschichte der Akademie endet damit, daß Kaiser Justinian im Jahre 529 die Akademie aufhob.

Bei Platon ist die Wahrheitserkenntnis eine Möglichkeit, die nicht in menschlicher Verfügung steht. Platons Philosophie ist grundlegend durch eine Unterscheidung bestimmt, die man den platonischen Dualismus nennt. Das ist die Unterscheidung unveränderlichen geistigen Seins von der veränderlichen und darum nicht wahrhaft seienden Materie. Dem wahren, geistigen Sein steht die Welt des nicht wahren, täuschenden Scheins gegenüber. Die materielle Welt ist in dieser Gegenüberstellung ein sichtbares, sinnlich wahrnehmbares Abbild der unsichtbaren, nur geistig wahrnehmbaren, wirklichen Welt. Der Wahrheit kommt Unveränderlichkeit, Ewigkeit zu; in der materiellen Welt gibt es Anfang und Ende, Werden und Vergehen, nichts Unveränderliches und darum auch nichts Wahres.

Die wahre, ewige Welt ist die Welt der Ideen. Ihnen entsprechen die Sinnendinge in der sichtbaren Welt. Was Platon unter den Ideen versteht, kann man sich klar machen, wenn man vom Begriff eines Dings ausgeht. Die Idee ist die Realität, auf die der Begriff verweist, wie der Name auf das Ding. In dem gemeinsamen Merkmalen aller Gegenstände, die zutreffend unter einem Begriff zusammengefaßt werden, bildet sich die Idee ab. Sie ist somit dem Einzelding vorgegeben; sie entsteht nicht mit dem Einzelding, sondern dieses kommt dadurch und insoweit zur Existenz, als sich die Idee in ihm abbildet.

Die Idee ist für uns unzugänglich. Zugänglich sind nur ihre Abbilder in den Einzeldingen. Die verweisen auf die Idee, an der sie teilhaben; sie ist in ihnen in der Verkürzung gegenwärtig, in der das Urbild im Abbild gegenwärtig ist. Wer das Urbild kennt, der kann es im Abbild wiedererkennen; aber unmöglich ist, vom Abbild zur Erkenntnis des Urbildes aufzusteigen. Doch ist offensichtlich, daß die lange und gründliche Beschäftigung mit einem Begriff die Erkenntnis seines Wesens vorzubereiten vermag.

Der Erkenntnisakt ist für Platon und die Platoniker eine Vereinigung und Verschmelzung; Erkenntnis ist nur so möglich, daß gleiches von gleichem erkannt wird. Wer sich der Erkenntnis der ewigen, göttlichen Ideen zuwendet, muß ihnen ähnlich werden. Der Weg zu den Ideen setzt bei den Sinnendingen ein, weil uns nichts anderes gegeben ist. Die Sinnendinge sind Abbilder der Ideen und sind wie alle Abbilder ihrem Urbild ähnlich. Ähnlichkeit besagt teilweise Gleichheit und teilweise Ungleichheit. Wer nach Erkenntnis strebt, muß sich zuerst dem Begriff zuwenden und verstehen lernen, welche Merkmale wesentlich zum Begriff gehören und welche nicht. Der Weg zu den Ideen beginnt mit einer Untersuchung und Reinigung der Begriffe.

Denn zunächst besitzen wir die Begriffe nicht in einer für die Erkenntnis brauchbaren Form. Wir haben von den Dingen nur den Namen und eine unbegründete und unzutreffende Vorstellung, wie sie uns unsere der Täuschung durch die Materie unterliegenden Sinne darbieten. Was uns hilft, den ersten Schritt in Richtung der Wahrheit zu tun und die Begriffe zu reinigen, ist der Logos. Er beschäftigt sich mit dem Begriff und scheidet von den Merkmalen die aus, die nicht wesentlich und kennzeichnend für die mit dem Namen bezeichnete Sache sind; durch diese Tätigkeit des Logos kommen wir schließlich zu dem reinen Begriff.

Zweierlei ist an diesem Tun des Logos wichtig für unser Thema. Das eine ist, daß der Logos hier ganz im Diesseitigen wirkt und keine Beziehung zur Transzendenz herstellt. Diese Aufgabe nimmt er erst auf einer späteren Stufe der Entwicklung wahr. Das andere ist, daß das Tun des Logos ein Teilen ist, ein Trennen zwischen dem, was zum Wesen der vom Begriff bezeichneten Sache gehört und dem, was fern zu bleiben hat. So scheidet der Logos, obwohl er ausschließlich im immanenten Bereich wirkt, zwischen der Wahrheit einerseits und dem Irrtum und Trug andererseits.

Die gereinigten Begriffe, die wir der Tätigkeit des Logos verdanken, sind noch nicht die Ideen, stehen ihnen aber näher als die Namen, von denen wir ausgegangen waren. Sie können darum besser als Abbilder der Ideen verstanden werden, nämlich als wahre und zutreffende Abbilder. Von den Dingen haben wir zwar immer noch eine bloße Meinung, die der Begründung entbehrt. Aber durch das Tun des Logos ist aus der bloßen Meinung, der bloßen Doxa, eine wahre Meinung, die aleethees Doxa geworden, und insgesamt verhilft uns diese Beschäftigung mit den Begriffen zu ihrem wissenschaftlichen Verständnis, zur Episteemee. Damit haben wir alles erreicht, was menschlicher Verstand erreichen kann. Die Schau der Ideen, das eigentliche Ziel dieses Weges, kann durch keine Tätigkeit des Verstandes erzwungen werden. Vielmehr kann es nach langer und gründlicher Beschäftigung mit der Sache auf unerklärliche Weise zur Erkenntnis kommen. Die Erkenntnis entsteht intuitiv in einem ekstatischen Erlebnis; sie geht von der transzendenten Idee aus wie ein abspringender Funke, der ein Feuer in der dafür vorbereiteten Seele entzündet.

Platon hat diese Gedanken analog zu der Gottesschau entwickelt, die in den eleusinischen Mysterien den Höhepunkt der Feier darstellt. Seine Ausführungen wollen ihren religiösen Charakter nicht verleugnen. Er hat es ausdrücklich abgelehnt, diesen Gegenstand schriftlich niederzulegen, sondern ihn der mündlichen Unterweisung vorbehalten, auch dies analog der Mysterienfrömmigkeit. Denn bei diesem Akt erreicht der Mensch sein Telos, das Ziel seiner Existenz. Es besteht nicht allein darin, den Göttern nach Möglichkeit ähnlich zu werden; das ist nur die Grenze, bis zu der der Mensch sich bemühen kann. Das eigentliche Ziel wird dabei nur vorbereitet. Es ist die Vereinigung menschlichen und göttlichen Wesens im Erkenntnisakt, im Aufgehen des erkennenden menschlichen Geistes in dem ihn erkennenden göttlichen Geist und in der Teilhabe an der göttlichen Unsterblichkeit.

Die Gottesschau als Ziel der menschlichen Existenz ist bei Platon eine Möglichkeit des Menschen, deren Verwirklichung nicht von seinem Willen abhängt, weil seine Kräfte dazu nicht reichen. Der Mensch hat bei Platon zwar die Freiheit des Strebens, aber nicht die Freiheit, das Ziel seines Strebens zu erreichen. Ob eine derart eingeschränkte Freiheit noch Freiheit zu nennen war, blieb offen. Achtzig Jahre nach Platons Tod brach die Skepsis in seine Schule ein und erklärte den Menschen für unfähig, die Wahrheit zu erkennen.

Nach Platons Tod (348) war die ältere Akademie damit beschäftigt, seine unsystematische Hinterlassenschaft zusammenzufassen und zu ordnen. Bei diesen Versuchen läßt sich ein Wechsel der Blickrichtung beobachten, eine Zuwendung zum Menschen und seinen Fähigkeiten. Damit bereitete sich der Einbruch der Skepsis vor, der die tiefste Zäsur in der Entwicklung der Akademie zur Folge hatte. Ansätze zur Skepsis stellen bereits die methodischen Zweifel bei Sokrates dar, aber ihre philosophiegeschichtliche Bedeutung erhält die Skepsis erst mit dem Einblick in die Unzulänglichkeit der menschlichen Fähigkeiten. Die grundsätzliche Skepsis ist außerhalb der Akademie durch Pyrrhon von Elis (ca. 360–270) entstanden; ihre nachhaltige Wirkung auf diesen Verlauf der Philosophiegeschichte erlangte sie dadurch, daß sie Eingang in die Akademie fand. Die Akademie kommt jetzt zu der Feststellung, daß die Dinge für unsere Erkenntnis unzugänglich sind und daß darum Zurückhaltung des Urteils geboten sei. In der pyrrhonischen Skepsis ist diese Feststellung vorwiegend logisch begründet. Sie beruht auf der Meinung, daß sich für jeden Satz und sein kontradiktorisches Gegenteil gleicherweise Gründe angeben lassen.

Nach Überzeugung der Skepsis ist dem Menschen die Erkenntnis der Wahrheit nicht möglich. Streng genommen müßte diese Ansicht das Philosophieren unmöglich machen, und eine konsequente Skepsis müßte sogar, wie man schon in der Antike erkannt hat, sich selber aufheben. Die Philosophen erkannten aber, daß in vielen Fällen die Wahrscheinlichkeit und „Wohlbegründetheit“ an Stelle der Wahrheit ausreichte, nämlich immer dann, wenn die Spekulation durch ihre praktische Anwendung kontrollierbar war. Doch für die religiöse Seite des Platonismus waren die Folgen verheerend. Das Telos des Menschen, das Platon 'Angleichung an die Götter' genannt und das in der Erkenntnis der Wahrheit bestanden hatte, war durch die Skepsis vereitelt. Der Mensch war zu einem Ziel berufen, das er unmöglich erreichen konnte.

Zur Rechtfertigung und Begründung ihrer Skepsis fand die Akademie nicht nur in der Logik, sondern auch in der Anthropologie Argumente. Der Mensch steht nur durch seine leiblichen Sinne mit der Außenwelt in Verbindung; er kann keine anderen als sinnliche Wahrnehmungen machen, und die Gegenstände, auf die sich sein Wahrnehmungsvermögen richtet, sind Sinnendinge, Materie. Sie bieten ihm Wahrheit und Täuschung vermischt an. Auch wenn er in der Lage wäre, die Wahrheit zu erkennen, so könnte er sie doch nicht als die Wahrheit erkennen, weil es ihm an einem Kriterium gebricht; weil er wegen seiner Befindlichkeit im finstern Gehäuse seines Leibes Wahrheit und Täuschung, die ihm seine Sinne darbieten, nicht voneinander unterscheiden kann. So ist er fähig, daß Ziel seiner Berufung zu erkennen, aber unfähig, es zu ergreifen. Er vermag, den Jammer seines Zustandes zu empfinden, aber nicht, sich zu befreien. Die Freiheit, zu der er berufen ist, kann er nicht erreichen, weil er die Wahrheit nicht erreichen kann, die allein ihn zu befreien vermag. Solche Beschreibungen der menschlichen Existenz sind erst nachträglich, im Mittelplatonismus, formuliert worden, als es den Platonikern gelungen war, die Skepsis zu überwinden. In den Zeiten der mittleren Akademie wandten die Platoniker ihren ganzen Eifer daran, den Skeptizismus gegen die Philosophenschule zu verteidigen, bei der er keinen Eingang gefunden hatte, nämlich die Stoa.

b) Die Stoa

Zenon, der Begründer der Stoa (336–264), lebte etwa gleichzeitig mit Pyrrhon von Elis; die ältere Stoa kann als Gegenpart zum Skeptizismus erscheinen. Der platonischen Entgegensetzung von Geist und Materie entspricht bei den Stoikern der Gegensatz von Handeln und Leiden. Die Subjekte des Handelns und Leidens sind handelnde und leidende Substanzen; in diesem Sinn läßt sich von stoischem Materialismus sprechen. Die tätige und die leidende Substanz sind stets beisammen; das stoische Weltbild kennt keine Transzendenz. Die stoische Welt ist unsere materielle Welt, an deren Gestaltung ein handelndes und ein leidendes Prinzip gemeinsam wirken. Das aktive, gestaltende Prinzip, das in der Welt, die es gestaltet, gegenwärtig ist, ist die Gottheit. Sie hat nach ihren Funktionen verschiedene Namen. Als zeugende Natur heißt sie unmittelbar Physis, als stoffliches gestaltendes Element ist sie das Feuer, als Ordnung, die allem seinen Platz gegeben und sein Verhalten angewiesen hat, ist sie die Vorsehung. Als göttliche Weltvernunft und göttliches Weltgesetz ist sie der Logos. In der mythischen Vorstellungswelt verkörpert sie sich in Zeus, dem Vater der Götter und Vater aller Dinge, und am gestirnten Himmel bildet sich Zeus in der Sonne ab.

Unter diesen verschiedenen Funktionen der göttlichen Weltvernunft, verschiedenen Namen derselben Sache, verdient der Logos unsere besondere Aufmerksamkeit. Der Logos ist die umfassende Weltvernunft, die als Physis alles gestaltet hat und gestaltet, ist aber zugleich das unverbrüchliche Weltgesetz, das den Lauf aller Dinge bestimmt, das den Gestirnen, seinen Geschöpfen, ihre Bahnen vorschreibt und das als Pronoia und Heimarmene alle Geschehnisse im voraus festgelegt hat. In der Stoa ist der Logos, ähnlich wie bei Platon, in seinem Wirken auf die materielle Welt beschränkt, aber diese materielle Welt ist in der Stoa, anders als bei Platon, das Weltganze, und so wird der Logos zum Gott und zur wichtigsten Funktion des göttlichen Wesens.

Die Philosophie ist für die Stoiker eine praktische Wissenschaft; sie steht im Dienste der Ethik, und der Zweck der Philosophie ist das sittliche Handeln. Als Telos des Menschen geben die Stoiker das Leben im Einklang mit der Natur an. Der Mensch soll kata physin zeen, er soll in Übereinstimmung mit dem Logos, dem göttlichen Weltgesetz, leben. Dementsprechend stehen die wichtigsten Zweige der stoischen Philosophie, Dialektik und Physik, im Dienste der Ethik. Für unser Thema ist die stoische Erkenntnislehre wichtig, weil sie den Eindruck erweckt, im Gegensatz zur Erkenntnislehre der Akademie entworfen zu sein. Von daher erklärt es sich, daß die Sotiker besonderes Gewicht auf die Untersuchung der sinnlichen Wahrnehmung und auf das Wahrheitskriterium gelegt haben.

Auch die Stoiker gehen davon aus, daß der Mensch ausschließlich über seine Sinne mit der Außenwelt in Verbindung steht. Jede Erkenntnis beginnt mit Sinneswahrnehmungen. Bei der Geburt gleicht die Menschenseele einer Tabula rasa, einem abgehobelten Tisch; alles Wissen und alle Erkenntnis sind erworben. Die Wahrnehmungen, die die Sinne der Seele vermitteln, rufen in ihr einen Abdruck, ein Abbild hervor. Das ist die Phantasia, die Vorstellung, die innere Entsprechung des äußeren Dings. Mit dieser Phantasia beschäftigt sich die Seele. Ihrem Wesen nach ist die Phantasia wie die Sinneswahrnehmung ein passives Element. Ihr entspricht als aktives Element, daß die Seele gegenüber der Phantasia ein bestimmtes Verhalten an den Tag legt. Dieses aktive Element ist die Synkatathesis, die Zustimmung. Der Logos des Menschen tritt gegenüber der Phantasia in Tätigkeit; er kann sie ablehnen, ihr zustimmen oder schließlich sein Urteil zurückhalten. Nur wenn der Logos der Phantasia zustimmt, kann diese für seine Erkenntnis und für sein Handeln wirksam werden.

Die Vorstellungen, denen der Logos zugestimmt hat, bleiben als Erinnerung in der Seele enthalten; sie bilden einen Vorrat, auf den er bei der Weiterverarbeitung neuer Vorstellungen zurückgreifen kann. Die Außendinge werden nicht nur wahrgenommen und festgehalten, sondern auch mit den früher gespeicherten Bildern verglichen. Dabei entsteht ein Wertsystem, durch das der Logos zu beurteilen vermag, ob uns ein Ding förderlich ist oder nicht. In dem Maße, in dem der Logos Erfahrungen macht, wird er sich auch über sich selber klar. Sein zustimmendes oder ablehnendes Urteil wird immer besser begründet, und seine Urteilskraft wird immer zuverlässiger. Schließlich erreicht der menschliche Logos auf diesem Wege einen Zustand, in dem er kraft seines Urteilsvermögens eine Vorstellung als wahr und zutreffend erkennen kann. Diese Vorstellung ist die kataleeptikee phantasia, die verstehende Vorstellung. Sie ist eine im doppelten Sinn wahre Vorstellung. Wahr ist sie, weil sie ein zutreffendes Bild des Dings darstellt, das gerade beurteilt wird, und wahr ist sie auch darum, weil der Logos, der ihr zustimmt, zu solchem Urteil befähigt ist. Diese kataleeptikee phantasia ist evident; sie kommt dann zustande, wenn ein gesunder Logos über ein zutreffendes Bild urteilt. Die Evidenz der kataleptischen Vorstellung ist das Wahrheitskriterium, das die Stoiker gefunden hatten.

c) Der Mittelplatonismus

Während der skeptischen Periode der Akademie war die religiöse Seite der platonischen Philosophie naturgemäß nicht weiterentwickelt worden. Sie spielte auch in der platonischen Schulphilosophie keine erkennbare Rolle, als dort im letzten vorchristlichen Jahrhundert die Überwindung der Skepsis und zugleich des Vorwurfs, mit der Skepsis von Platon abgefallen zu sein, betrieben wurde. Gegen diesen Vorwurf nahm schon Philon von Larisa in der ersten Hälfte des letzten vorchristlichen Jahrhunderts die Schule in Schutz und behauptete, die akademische Skepsis habe sich nur gegen die erkennende Vorstellung, das stoische Wahrheitskriterium, gerichtet. Indessen fanden auch die Platoniker kein anderes Wahrheitskriterium als die Evidenz der Wahrheit.

Als letztes Schulhaupt der jüngeren Akademie, das den Übergang zum Mittelplatonismus einleitete, wird Antiochos von Askalon angesehen, der ein wichtiges Kennzeichen des Mittelplatonismus in die platonische Philosophie einführte, den philosophischen Synkretismus. Eines der regelmäßig wiederkehrenden Argumente der Skepsis gegen den philosophischen Dogmatismus fußte auf dem Unterschied der Hauptlehren der verschiedenen philosophischen Schulen, der zu beweisen schien, daß keine von ihnen im Besitz der Wahrheit war. Antiochos behauptete demgegenüber, die Akademiker, Peripatetiker und Stoiker stimmten in der Hauptsache überein. Damit war die Möglichkeit gegeben, kennzeichnende Lehrsätze von einer anderen Philosophenschule zu übernehmen. In der Zeit des Mittelplatonismus kann man aus der Benutzung eines für eine Schule charakteristischen Lehrsatzes nicht mehr auf die Schulzugehörigkeit des Benutzers schließen. Dabei wirkt freilich auch der Umstand mit, daß der Fortschritt der Philosophie in den folgenden Jahrhunderten nicht an den weiterhin auf Orthodoxie bedachten Schulen in Athen erzielt wird, sondern an anderen Orten im Orient, besonders in Alexandrien, wo die gegenseitige Beeinflussung der Philosophenschulen und die Befruchtung der Philosophie durch die Religion leichter und wirksamer möglich war.

Die Überwindung der Skepsis hat sich dadurch verwirklicht, daß man eine Erkenntnis der Mysterientheologie auf die Philosophie anwandte. Die Mysterienreligionen sind eine eigentümlich griechische Religionsform, deren Geschichte nicht ohne Berücksichtigung der gleichzeitigen Philosophiegeschichte zu schreiben ist. Die überwiegende Bedeutung kommt den eleusinischen Mysterien zu, weil bei ihnen der Kontakt mit der Philosophie von vornherein besonders eng war. Schon Platons Philosophie setzt den Einfluß der eleusinischen Mysterien voraus. Diese eleusinischen Mysterien sind, gleich allen anderen, eine Religionsgesellschaft, in die die Mitglieder – abgesehen von einigen Kultdienern – nicht hineingeboren werden wie in die sonstigen Religionsgemeinschaften der Antike, sondern bewußt eintreten und durch einen besonderen Akt eingeweiht werden.

In den Mysterienfeiern, nach denen die Mysterienreligionen genannt werden, kommt ein Götterschicksal zur Darstellung. Der Begriff ist paradox; er enthält einen Widerspruch. Die Griechen waren sich einig darüber, daß das göttliche Wesen nicht leiden könne. Die Mythen berichteten aber Ereignisse, bei denen der Gottheit ein Leiden in der Art eines Menschenschicksals widerfuhr; durch sie erhielt das leidensunfähige göttliche Wesen eine Art Ergänzung, die es einem Menschenschicksal ähnlich machte. Von dem unsterblichen Gott konnte der Mythos ein Sterben und Auferstehen berichten. Fruchtbarkeitskulte machten sinnfällig, wie sich der Gott in der sterbenden und wieder zu Leben erwachenden Natur verkörperte, ohne daß er durch sein Sterben seine Unsterblichkeit eingebüßt hätte. Die Kultmythe der eleusinischen Mysterien war die Sage vom Raub der Persephone, der Tochter der Demeter; sie wurde als mythische Darstellung des Getreideanbaus von der Aussaat bis zur Einbringung der Ernte verstanden. Das Götterschicksal wurde in einem heiligen Drama gespielt und dargestellt. Die Teilnahme an dem Mysterium gab den Eingeweihten, den Mysten, Gelegenheit, mit dem Gott in Wesensgemeinschaft zu treten und an seinem Schicksal Anteil zu erlangen; dadurch erhielt der Myste Teilhabe an der göttlichen Unsterblichkeit.

Bei der Hellenisierung des Orients durch und nach Alexander entstanden im Orient nach dem Vorbild von Eleusis aus heimischen Fruchtbarkeitskulten neue, orientalische, Mysterienreligionen; darunter erlangten der Isisdienst, der Attiskult und später die Mithrasreligion Bedeutung. Die Theologie der Mysterien war den Griechen allgemein bekannt. Auch der Apostel Paulus setzt bei den Gemeinden in Korinth und Rom solche Kenntnis voraus, und die ursprünglich einem ganz anderen Zusammenhang entstammenden Sätze vom Sterben und Auferstehen Christi erschienen den an Mysteriengedanken bereits gewöhnten Griechen nicht wirklich fremd. In der Mysterientheologie war der Gedanke angelegt, daß die Mysteriengottheit ihren Abstieg in die materielle Welt des Werdens und Vergehens zu dem Zweck unternehme, die Menschen die Mysterien zu lehren und ihnen auf diese Weise den Weg aus ihrer Todverfallenheit zum göttlichen Leben zu zeigen. Dieser Gedanke, daß die Brücke zwischen dem Bereich der Ewigkeit und der Vergänglichkeit von der göttlichen Seite her geschlagen werde, auch wenn die menschlichen Kräfte dazu nicht ausreichten, half den Platonikern schließlich, die Skepsis endgültig zu überwinden. Dazu hat der populäre Platonismus in Alexandrien samt den dorthin übertragenen Eleusinien mehr beigetragen als die Schulphilosophie in Athen.

Mit der Überwindung der Skepsis geht die platonische Philosophie in die Phase des Mittelplatonismus über. Sein wichtigstes Kennzeichen ist, neben dem Synkretismus, die Überzeugung, daß die Wahrheit zwar der menschlichen Erkenntnis unzugänglich sei, weil sie nicht als Wahrheit erkannt werden könne, daß sie sich aber durch einen Offenbarungsakt dem Menschen erschließe und in ihrer Evidenz ihm das fehlende Wahrheitskriterium liefere. Sache des Menschen sei es, sich durch Beschäftigung mit der Philosophie und asketische Lebensweise auf den Empfang der nicht in seiner Verfügung stehenden Erkenntnis vorzubereiten.

Nachdem man einmal begriffen hatte, daß sich die Wahrheit dem Menschen durch einen Offenbarungsakt erschließt, ergab sich die Notwendigkeit, die Offenbarung an ihren Quellen zu suchen. Um von dem Menschengeist, der nur durch seine leiblichen Sinne mit der Außenwelt in Verbindung steht, überhaupt wahrgenommen werden zu können, mußte auch die Offenbarung in sinnlicher Gestalt gegeben sein. Während die Sinne, wenn sie sich auf die Materie richteten, dem Menschen Wahrheit und Täuschung vermischt zeigten, konnte die Wahrheit nicht trügen, wenn sie selber sich dem Menschen darbot, auch wenn sie sich in eine sinnlich wahrnehmbare Gestalt gehüllt hatte und darum nicht unmittelbar zu erkennen war. Die Offenbarung lag in verhüllter Form in den Worten der Propheten vor, durch die die göttliche Wahrheit sprach. Die inspirierten Propheten fand man in den Dichtern. Homer wurde zum heiligen Buch, aus dem Gottes- und Wahrheitserkenntnis zu gewinnen war; man mußte aber durch richtige Auslegung hinter dem Wortsinn die eigentliche Offenbarung erkennen. Zur Homerexegese entwickelten die Philologen eine eigentümliche Auslegungstechnik, die allegorische Auslegung, die es ermöglichte, aus den für ein frommes Gemüt oft anstößigen Götterfabeln Homers den wahren Sinn zu finden und Aufschlüsse über das Wesen der Götter und der Welt zu gewinnen.

Der grundsätzliche Synkretismus leitete dazu an, Offenbarung in den heiligen Schriften der alten Religionen des Orients zu suchen. Unter ihnen hatten die Juden mehr als die andern anzubieten, das Wort Gottes in der griechischen Bibel. Philon von Alexandrien wandte die allegorische Exegese auf die Bibel an und gab Rechenschaft von den Grundsätzen und dem Zweck seiner Auslegung. Er ist damit zum exegetischen Lehrer der Kirchenväter geworden, und den Platz, den ihm Hieronymus unter den erleuchteten Männern einräumte, hat er verdient. Philon wollte seinen Lesern den Weg zeigen, der von der Offenbarung der Wahrheit zu ihrer Erkenntnis führt, und wollte damit zugleich für jüdische Philosophie und Religion werben.

Als das Judentum darauf verzichtete, Gottesfürchtige unter den Heiden zu suchen, hatte das Christentum mit demselben Offenbarungsbuch das Erbe der jüdischen Mission angetreten und empfahl sich als neue Philosophie den Gebildeten und Philosophen, die Wahrheit aus der Offenbarung suchten. Platonisierende Philosophen nahmen das Christentum an und entwickelten auf der Grundlage des mittelplatonischen Weltbildes eine christliche Theologie. Unter diesen Philosophen, die im zweiten Jahrhundert als erste Platonismus und Christentum vereinigten und die Form des platonischen Weltbildes mit dem Inhalt der biblischen Offenbarung füllten, sind zwei Gruppen zu unterscheiden, die Apologeten und die Gnostiker. Harnack hat in seiner Dogmengeschichte den Unterschied zwischen beiden in einer berühmten Formel folgendermaßen bestimmt: „Der große Unterschied hier besteht aber wesentlich darin, daß sich in den gnostischen Bildungen die acute Verweltlichung, resp. Hellenisierung des Christentums darstellt (mit Verwerfung des A. T.), in dem katholischen System dagegen eine allmählich gewordene (mit Conservierung des A. T.)". An diesem Satz Harnacks ist nicht alles richtig. Die Unterscheidung von „acut" und „allmählich geworden" ist historisch unzutreffend; die Hellenisierung ist bei beiden Gruppen zur selben Zeit mit derselben Geschwindigkeit geschehen. Es ist auch nicht richtig, daß die eine Gruppe das Alte Testament konserviert, die andere es verworfen hätte. Das Alte Testament war vielmehr die Bibel sowohl der Gnostiker wie der Apologeten, die die Repräsentanten der allmählichen Hellenisierung Harnacks sind.

2. *Die Apologeten*

Die charakteristischen Merkmale der mittelplatonischen Religionsphilosophie sind der religiöse und philosophische Synkretismus und die Offenbarungsgläubigkeit. Beide konnten die Philosophen veranlassen, in orientalischen Religionen nach Offenbarung zu suchen und, was sie dort entdeckten, in ihr platonisches Weltbild einzutragen. Kennzeichnende Beispiele sind Philon von Alexandrien und Plutarch. Philon versteht sich als frommen Juden und als Philosophen, wenn er nicht Homers Epen, sondern das Alte Testament mit dem von Platon im Sophisten beschriebenen Verfahren auslegt. Nicht anders begegnet Plutarch den Gegenständen der griechischen Frömmigkeit. In derselben Weise haben seit dem zweiten Jahrhundert philosophische Lehrer das Christentum als offenbarte Philosophie verstanden und die christliche Botschaft philosophisch interpretiert. Bei dieser Unternehmung sind zwei Gruppen von Religionsphilosophen zu unterscheiden, die Apologeten und die Gnostiker. Der Unterschied zwischen beiden ergibt sich dadurch, daß das Gemeindechristentum von seinem jüdischen Ursprung her alle Formen der heidnischen Frömmigkeit und des heidnischen Kultus verabscheute, während für die mittelplatonischen Philosophen der methodische Synkretismus ein wichtiges Verfahren zur Gewinnung von Gotteserkenntnis darstellte. Die grundsätzliche Ablehnung der heidnischen Religion und des religiösen – nicht des philosophischen –

Synkretismus ist von den Apologeten beibehalten; die Gnostiker haben keine Rücksichten auf die Gemeindefrömmigkeit genommen.

Die „Apologeten" sind zumeist dem Platonismus nahestehende philosophische Lehrer, die aus der biblischen Botschaft mit den Denkmöglichkeiten der Philosophie eine christliche Theologie entwickelt haben. Die Heilige Schrift enthält – abgesehen von den Weisheitsschriften und dem Johannesevangelium – keine Aussagen über das Wesen Gottes und somit keine systematische Theologie. Sie spricht vom Handeln Gottes; die Frage nach seinem Wesen ist ihr fremd. Alle Gottesprädikate der Bibel bezeichnen nicht Attribute Gottes, sondern Bestimmungen des göttlichen Handelns. Die Apologeten haben die biblischen Aussagen in die griechische Denkweise übertragen und die biblischen Verhaltensweisen Gottes als Eigenschaften Gottes verstanden. Dadurch konnten sie als erste eine christliche Theologie entwickeln.

Wir bezeichnen sie als „Apologeten", weil sie sämtlich Apologien, Verteidigungsschriften für das Christentum, verfaßt haben. Die Einheitlichkeit dieser Themenwahl ist in ihrem Stand als philosophische Lehrer begründet. Die seit Aristoteles üblichen Werbeschriften für die Philosophie konnten von einer Verteidigung der Philosophie ausgehen; ebenso sind die Verteidigungsschriften für das Christentum in der Regel zugleich Werbeschriften, die das Christentum nicht nur gegen ungerechte Angriffe verteidigen, sondern auch seine Überlegenheit über die anderen Religionen darlegen, um es den Lesern als die beste Religion zu empfehlen. Als Verteidigungsschriften wenden sich die Apologien an die heidnische Öffentlichkeit. Diese Adresse ist neu. Die bisherige christliche Literatur hatte sich an die Gemeinden oder einzelne Christen gewandt. Die Apologien, die sich an ein allgemeines Leserpublikum richten, stellen die erste christliche Literatur im vollen Sinne dar. Die von den „Apologeten" im 2. Jh. in griechischer Sprache verfaßten Apologien sind keineswegs die einzigen Apologien, die für das Christentum geschrieben wurden. Die Gattung ist von ihnen eingeführt worden; doch die wichtigsten und besten Apologien sind erst von späteren Kirchenvätern geschrieben worden. An literarischer Qualität der Apologien haben Lateiner – Tertullian, Laktanz und Augustin – den Griechen den Rang abgelaufen. Die Abfassung von Apologien war zu Beginn des 2. Jh. keine überflüssige literarische Aufgabe. Bevor sie die Überlegenheit des Christentums über die heidnischen Religionen zeigen konnten, mußten die Apologeten beweisen, daß das Christentum überhaupt eine Religion war.

Die Feindschaft des römischen Staats gegen das Christentum ist bis zur Mitte des 3. Jh. ein paradoxes historisches Phänomen. Die Unüberbrückbarkeit des Gegensatzes zwischen der Kirche und dem Römischen Reich ergibt sich erst, als der Staat sich nicht nur als politische, sondern auch als religiöse Einheit zu verstehen begann. Von Anfang an wäre er nach seinem Selbstverständnis eher verpflichtet gewesen, das Christentum zu schützen, als es zu verfolgen, und gerade diese Meinung bringen die Apologeten zum Ausdruck. Die Römer rühmten sich, das frömmste unter den Völkern zu sein, und nach dem römischen Frömmigkeitsbegriff waren sie das in der Tat. Frömmigkeit bestand in ihren Augen in der präzisen Erfüllung der kultischen und sittlichen Pflichten, und zu diesen Pflichten rechneten die Römer den Schutz der Religion der von ihnen unterworfenen Völker. Auch den fremden Göttern mußte der Kult erwiesen werden, der ihnen zustand. Gelegentlich konnten die Römer dabei in einen Pflichtenkonflikt geraten, wenn der fremde Kult nach römischen Begriffen unsittlich war, wie das Menschenopfer der Druiden in Gallien oder die Entmannung, die in einigen orientalischen Kulten praktiziert wurde. Die Bedeutung solcher Konflikte war gering, wenn der Kult, dessen Praktiken der römischen Frömmigkeit widersprachen, national begrenzt war und nur von den Angehörigen eines bestimmten Volkes ausgeübt wurde.

Schwerwiegendere Konflikte ergaben sich durch den Zusammenstoß mit Religionsgemeinschaften, die den Angehörigen verschiedener Völker und damit auch den römischen Bürgern zugänglich waren, wie die Mysterienreligionen, und erst recht dann, wenn es sich um Missionsreligionen handelte, die auf Ausbreitung bedacht waren. Dann konnte die Zugehörigkeit zu dem fremden Kult den römischen Bürger in der Ausübung seiner Pflichten gegen die römischen Götter behindern. Auf diese Weise kam es zu den Verfolgungen des dritten Jahrhunderts, aber die Römer hatten sich auch davor nicht mit einer Religion befreunden können, die die römischen Götter verabscheute. Die Vorstellung, die die Römer vom Christentum hatten, bleibt lange durch die neronische Verfolgung im Jahre 64 bestimmt. Konkrete Nachrichten von dieser Verfolgung haben wir nur von dem heidnischen Historiker Tacitus. Tacitus teilt mit, der Kaiser Nero habe sich von dem Verdacht, den großen Brand Roms gelegt zu haben, dadurch reinigen wollen, daß er die Christen als Schuldige unterschob. Die zuerst verhafteten Christen hätten ihm eine große Menge anderer angezeigt, und bei den Verhören seien sie zwar nicht der Brandstiftung Roms überführt worden, doch habe sich der Haß gegen die Menschheit als das Motiv ihrer Vereinigung erwiesen. Für Tacitus ist das Christentum ein maßloser und törichter Aberglaube, keine Religion. Tacitus schrieb seine Annalen etwa ein Menschenalter nach der neronischen Verfolgung. Zu dieser Zeit hatte sich die Volksmeinung über die Christen dahin konkretisiert, daß es sich um eine geheime Gesellschaft handele, die bei ihren Kultfeiern die schlimmsten sittlichen Verirrungen, Kannibalismus und Inzest, begehe. Gebildete Menschen wie Tacitus nahmen die Vorwürfe nicht wörtlich, ohne mehr Verständnis aufzubringen. Sie sahen einen törichten Aberglauben, der aus Judäa gekommen sei und sich gleich allen derartigen Greueln nach Rom ausgebreitet habe. Die Verachtung, mit der Tacitus den römischen Pöbel und die Christen betrachtet, dürfte sich die Waage gehalten haben.

Unter diesen Voraussetzungen kam es gegen Ende der Regierungszeit Kaiser Domitians (81–96) zu einer zweiten Verfolgung. Sie brachte insofern etwas Neues, als das Christentum nicht nur in Rom, sondern auch in den Provinzen – wir wissen es freilich nur von Kleinasien – verfolgt wurde. In Rom wurden hochgestellte Römer, Angehörige des Kaiserhauses, wegen „Gottlosigkeit" bestraft; darunter verstand man „Hinneigung zu jüdischen Sitten". Die römische Gemeinde wurde von mehreren dicht aufeinander folgenden Verfolgungsmaßnahmen betroffen; welcher Art sie waren, ist nicht überliefert. Von blutigen Verfolgungen in Kleinasien erfahren wir durch die Offenbarung des Johannes.

Weitere Nachrichten über die domitianische Verfolgung ergeben sich aus einem Brief, den der jüngere Plinius, Statthalter von Bithynien 111/112, an Kaiser Trajan richtete, und aus dem Reskript, mit dem Trajan die Fragen des Plinius entschied. Aus dem Schriftwechsel geht hervor, daß die landläufigen Vorwürfe als Anlaß der Verfolgung eine Rolle spielten, daß die Behörden auf anonyme Anzeigen hin gegen die Christen vorgingen und durch Anwendung der Folter zu belastenden Aussagen kamen. Weiterhin ist aus den Texten zu folgern, daß Domitian eine das Christentum verbietende gesetzgeberische Maßnahme traf; der Wortlaut des trajanischen Reskripts legt den Gedanken nah, daß es sich dabei um eine Constitutio, ein Kaisergesetz, gehandelt habe. Der römische Senat hatte nach dem Ende der Schreckensherrschaft die Vergangenheit dadurch bewältigt, daß er Domitian der Damnatio memoriae unterwarf. Da mit der Damnatio memoriae des Kaisers auch seine Erlasse aus der Erinnerung getilgt wurden, gab es zwar eine Rechtspraxis gegenüber den Christen, aber Rechtsunsicherheit hinsichtlich der gesetzlichen Grundlagen. Diese Unsicherheit ist der Grund, aus dem Plinius seine Anfrage an Trajan richtet, obwohl er die Rechtsgewohnheit offensichtlich kennt. Trajan bestätigt ihm, daß er sich pflichtgemäß verhalten habe.

Trajans Reskript regelt für das zweite Jahrhundert das Verfahren gegen die Christen. Es ist verboten, Christ zu sein. Das wird nicht ausdrücklich gesagt, ist aber die Voraussetzung der Strafen, nulla poena sine lege. Andernfalls hätte Trajan dem Statthalter nicht die Richtigkeit seiner Maßnahmen bestätigen können, und Plinius wußte offensichtlich genau, was er zu tun hatte. Trajan weigert sich jedoch ausdrücklich, das Christentum durch einen gesetzgeberischen Akt zu verbieten. Damit steht in Einklang, daß das Christentum nicht von Amts wegen verfolgt werden soll, sondern nur auf Anzeige. Die Annahme anonymer Anzeigen ist den Behörden verboten. Wer als Christ angezeigt wird, erhält Gelegenheit, sich von dem Vorwurf durch ein Opfer vor den römischen Göttern zu reinigen; bekennt er sich als Christ, wird er bestraft.

Die Anordnungen Trajans gehen davon aus, daß das Christentum keine Religion ist, sondern ein Aberglaube, der die Gottlosigkeit an die Stelle der Religion gesetzt hat. „Gottlose" wird im zweiten Jahrhundert als Bezeichnung der Christen gebraucht. Die Christen haben sich außerhalb der Gemeinschaft der Götter und Menschen gestellt und jedes Band der Sittlichkeit zertrennt. Die Apologeten suchen dagegen nachzuweisen, daß das Christentum eine echte Religion ist, daß die Christen in Jesus Christus einen wahren Gott verehren und daß die Sittlichkeit der Christen jeder heidnischen überlegen ist. Weil sie das Christentum nicht nur verteidigen, sondern auch dafür werben wollen, weisen sie zugleich auf die Heilshoffnung hin, die allein die Christen hegen können.

Als literarische Form, an die sie anknüpfen konnten, fanden die Apologeten die Gattungen der protreptischen Rede vor, der Werbeschrift für die Philosophie. Die dort gesammelten Argumente waren nur zum kleinen Teil für ihre Aufgabe geeignet. Mehr zur Bekämpfung der heidnischen Religion hatte ihnen die Religions- und Mythenkritik zu bieten, die seit der Zeit der Skepsis und des Rationalismus Götterkult und -glauben in Frage stellte. Im Lauf der Zeit entwickelten die Apologeten eigene charakteristische Beweisverfahren zur Verteidigung und Empfehlung des Christentums.

Am wichtigsten war der Altersbeweis. Die Apologeten teilten die Geschichtsauffassung des Mittelplatonismus. Danach sind geschichtliche Prozesse notwendigerweise eine Veränderung zum Schlechteren. Unordnung kann im Lauf der Zeit nur zunehmen, Wahrheit nur verloren gehen. Dementsprechend haben heidnische Bekämpfer des Christentums (der mittelplatonische Philosoph Kelsos war der erste, den wir bei Namen kennen) dem Christentum vorgeworfen, es sei durch einen solchen Prozeß fortschreitender Verschlechterung entstanden. Ursprünglich sei die ägyptische Religion gewesen. Von der habe sich das Judentum abgespalten; aus diesem sei ebenso das Christentum entstanden, und die Christen hätten sich in jüngster Zeit in zahllose Sekten zerteilt. Dagegen wollten die Apologeten zeigen, daß das Christentum eine lange Geschichte habe und im Besitz der uralten und wahren Offenbarung sei. Sie konnten dabei an das Selbstbewußtsein des Urchristentums anknüpfen, das sich als Israels heiligen Rest verstanden hatte. So erklärten sie, die Christen seien die geradlinigen Nachfolger des alttestamentlichen Gottesvolks und die Geschichte der Christen sei die alttestamentliche Geschichte. Das Christentum sei mithin keine junge, sondern eine alte Religion, und darum habe es den wahren, den ursprünglichen und offenbarten Logos rein bewahrt.

Aus dem Altersbeweis ergaben sich zwei Folgerungen. Die eine war, daß die Christen beanspruchten, ein Volk zu sein mit einer eigentümlichen Religion, eben der christlichen. Ein Volk konstituiert sich dadurch, daß es eine eigene Religion und eine eigene Geschichte hat; beides ging aus dem Altersbeweis hervor. Die andere bestand darin, daß die Apologeten den Juden bestritten, die legitimen Erben des auserwählten Volkes zu sein. Daher kam die Verteidigung des Christentums gegen die Juden zu der Verteidigung gegen die Heiden hinzu. Die Feindschaft zwischen Kirche und Synagoge ist nicht erst durch die Apologetik entstanden, sondern war unvermeidlich, weil die Christen sich auf dieselbe Offenbarung beriefen wie die Juden, aber sie anders auslegten. Schon für die neronische Verfolgung soll die Feindschaft der Juden Mitursache gewesen sein, und am Ende des zweiten Jahrhunderts bezeichnet Tertullian die Synagogen als Quellen der Verfolgungen.

Ein anderes apologetisches Beweisverfahren von grundlegender Bedeutung war der Weissagungsbeweis. Die Apologeten zeigten zunächst, daß die alttestamentlichen Weissagungen auf Christus eingetroffen waren. Damit konnte die Wahrheit des Christentums und die Gottheit Christi bewiesen werden. Die Gottheit Christi zeigte ihrerseits, daß die Christen nicht die „Gottlosen“ waren, als die sie die Masse verschrie, und daß das Christentum eine echte Religion war. Zugleich konnte aus den bereits eingetroffenen Weissagungen auf das Eintreffen der noch ausstehenden geschlossen werden; so ergab sich, daß die Drohungen und Hoffnungen der christlichen Enderwartung – Weltuntergang, Gericht und ewiges Leben – begründet waren. Außer den genannten lassen sich noch weitere charakteristische Argumentationen und Topoi herausarbeiten, die sich beim Vergleich Christi mit den Mysteriengottheiten oder der christlichen Sakramente mit den Mysterien ergaben.

Wie weit die Apologien die Leser gefunden haben, an die sie sich wandten, den Kaiser, die Behörden, die heidnische Öffentlichkeit, ist kaum zu sagen, und welchen Anteil sie an dem Wandel der Beurteilung des Christentum hatten, der bis zum Ende des 2. Jh. eintrat, schwer abzuschätzen. Gegen Ende des Jahrhunderts verstummten jedenfalls die Vorwürfe, die den ersten Verfolgungen als Vorwand gedient hatten, und die öffentliche Meinung über die Christen kam zu einem günstigen Urteil über ihre Lebensführung. An Stelle der früheren gab es jetzt neue, feinere Vorwürfe, die schwerer zu entkräften waren, weil sie der Wahrheit näher kamen: daß die Christen dem Gemeinwohl teilnahmslos gegenüberstünden und ihre Pflichten gegen Kaiser und Reich vernachlässigten. Die Kirchenväter des 3. Jh. haben das Christentum auch gegen diese Anklagen zu verteidigen versucht und Apologien geschrieben, aus denen die veränderte Situation erkennbar wird.

Obwohl die Autoren, die wir als Apologeten zusammenfassen, sämtlich Apologien geschrieben haben, liegt ihre Hauptbedeutung auf einem anderen Gebiet. Sie sind die ersten, die eine kirchlich brauchbare Theologie entwickelt haben. Die Aufgaben, die sich ihnen stellten, waren des näheren durch ihr platonisches Weltbild bestimmt. Ihre Theologie mußte die Beziehung zwischen dem immateriellen Gott und der materiellen Welt beschreiben. Sie waren nicht die ersten, die dieses Problem zu lösen hatten. Im Platonismus ist die gewordene materielle Welt Abbild und Abschattung der ewigen, immateriellen Welt, und damit stellte sich die Frage, wie der Geist Einfluß auf die von ihm ausgeschlossene Materie nehmen und sie gestalten kann. Platon hatte im Timaios eine Antwort geliefert und damit ein Modell, nach dem sich die Platoniker richten konnten.

Eine derartige Beziehung hatte schon die alttestamentliche Weisheitsspekulation zu beschreiben. Die himmlische Weisheit vermittelt zwischen Gott und der Materie zur Schöpfung. Auf ihrer spätesten Stufe kann sie als Zusammenfassung der Schöpfungsgedanken Gottes, der Ideen, verstanden werden. An diese Spekulationen haben die Apologeten nicht angeknüpft, obwohl sie in der Bibel standen und damit als unmittelbar offenbart gelten konnten. Ein Grund dafür war wohl, daß der Ausgangspunkt ihres Denkens nicht die Schöpfung, sondern die Erlösung war. Die Weisheit war darum für sie weniger als Mittlerin geeignet, weil die himmlische Weisheit nicht in die materielle Welt herabsteigt, sondern bei Gott bleibt. Darüber hinaus kann es für die Apologeten eine Rolle gespielt haben, daß viele Gnostiker gerade der Weisheit eine Hauptrolle in ihren Spekulationen zugewiesen und sie dadurch in Mißkredit gebracht hatten. Die himmlische Weisheit ist nicht aus der theologischen Spekulation verschwunden. Ende des zweiten Jahrhunderts finden wir in der Gotteslehre des Theophilos von Antiochien triadische Vorstellungen, in denen Christus mit dem Logos und der Heilige Geist mit der himmlischen Weisheit gleichgesetzt werden. Eine dreistufige Gotteslehre ist nicht im Denken der Apologeten angelegt. Wenn Theophilos sich veranlaßt sah, der dritten göttlichen Person einen Platz in seinen Ausführungen zuzuweisen, dann lag der Grund dafür nicht in seinem theologischen Entwurf, sondern in dem dreigliedrigen Gemeindebekenntnis zu Vater, Sohn und Heiligem Geist, das auf dem Weg über seine Paraphrase in der Regula fidei zunehmend als Lehrbekenntnis verstanden wurde.

Die zentrale Figur der Theologie der Apologeten ist der Logos, das göttliche Wort. Der Logos ist wie die Weisheit eine Gestalt, in der der transzendente Gott sich der materiellen Welt zuwendet. Die Apologeten waren durch ihre Erkenntnislehre genötigt, das Material für ihre Spekulationen in der Bibel zu suchen. Dort fanden sie das Wort Gottes als Zentralbegriff unter den Aussagen über Gottes Handeln. Sie konnten darüber hinaus feststellen, daß das Wort bereits im Alten Testament selbständig neben Gott getreten war als die Gestalt, in der Gott an der Welt und in der Welt handelte. Die Weisheit Gottes in den späteren Weisheitsschriften und das Wort Gottes bei den Propheten sind Gestalten, in denen der transzendente, unsichtbare Gott sich der Welt zuwendet. Den Unterschied beider kann man abgekürzt so beschreiben, daß Gott sich in seiner Weisheit offenbart und abbildet, aber nicht wirklich handelt, während er durch sein Wort zwar handelt und seine Macht zeigt, aber ursprünglich nicht sich abbildet. Dementsprechend ist es das Wort und nicht die Weisheit, durch die Gott sich als Herr der Geschichte zeigt. Das Eingehen Gottes in die Welt, die Überbrückung der Kluft zwischen dem Schöpfer und dem Geschöpf, kommt in dem göttlichen Wort deutlicher zum Ausdruck als in der göttlichen Weisheit.

In der Philosophie hatte der Begriff des Logos eine Entwicklung durchlaufen, durch die er den Apologeten besonders geeignet erscheinen mußte, zwischen Gott und der Welt zu vermitteln. Ähnlich wie die Weisheit als fromme Lebensklugheit eine rein diesseitige Tugend gewesen war, war auch der Logos in Platons Erkenntnislehre ein Organ der diesseitigen, kritischen Vernunft gewesen, das zwar den Aufstieg der Seele zur Erkenntnis vorbereitete, das aber auf einer höheren Stufe keine Bedeutung mehr besaß, wo es auf Zusammenschau und schließlich auf Intuition ankam. Tätigkeit und Bedeutung des Logos beschränkten sich auf den immanenten Bereich. – Die Stoiker unterschieden nicht zwischen Immanenz und Transzendenz. Sie meinten, alles Sein sei der Erfahrung zugänglich. Daher übte bei ihnen der Logos seine ordnende Tätigkeit in dem ganzen Bereich des Seins aus. Das ordnende Teilen, das Zusammenfassen von Zusammengehörigem und

Trennen von Wesensfremdem, wird zum Schöpfungsakt, und als Schöpfer und oberster Regent durchwaltet der Logos die ganze Welt. – Diese umfassende Bedeutung, die sich auf das ganze Sein erstreckt, behält der Logos auch bei mittelplatonischen Philosophen. Wie er bei den Stoikern das war, was Götter und Menschen gemeinsam besaßen, so überbrückt er im Mittelplatonismus die Kluft zwischen Transzendenz und Immanenz und wird zu der Gestalt, in der Gott sich den Menschen offenbart. Er kann das, weil Gott und Mensch beide Logos haben; darum reicht sein Wirken von der reinen Geistigkeit Gottes bis hinab in die Materie.

Das oberste Abbild Gottes muß im Mittelplatonismus nicht den Namen Logos tragen. Andere Philosophen dieser Richtung, die sich der Schulphilosophie stärker verpflichtet fühlten, haben es in Anlehnung an Platon Nus genannt. Die christlichen Apologeten wählten aber, dem Beispiel Philons folgend, den Namen Logos wegen der überragenden Bedeutung, die dem Wort Gottes im Alten Testament zukommt. Daß es sich nicht um eine christliche Eigentümlichkeit handelt, ersieht man an dem Sprachgebrauch des heidnischen Philosophen Kelsos, wie die Apologeten dem Mittelplatonismus zugehörig, der dem christlichen Logos den „wahren" heidnischen Logos entgegensetzen wollte.

Das Denken der Apologeten geht, wie bei allen mittelplatonischen Philosophen, von den Fähigkeiten des Menschen aus, von seiner Unfähigkeit, aus eigenen Kräften zur Gotteserkenntnis zu kommen, und von seinem Angewiesensein auf Offenbarung. Daraus ergibt sich, daß der Logos als Mittler zuvörderst der Offenbarer ist, das heißt, der Heilsmittler und Erlöser. Aus der Offenbarung erfahren die Menschen aber, daß der Logos zugleich der in seiner Schöpfung stets gegenwärtige Schöpfer der Welt ist. Bei der Beschreibung des Logos als Schöpfer zeigte sich die Brauchbarkeit des Begriffs, um die gottzugewandte und die weltzugewandte Seite des Mittlers zum Ausdruck zu bringen. Philon und die Apologeten konnten hier eine Unterscheidung in der Bedeutung des Logosbegriffs ausnützen, auf die schon die Stoiker gekommen waren. Das Wort „Logos" bedeutet beides, den gedachten Gedanken und das gesprochene Wort. Den Unterschied dieser beiden Bedeutungen desselben Logosbegriffs drückten die Stoiker dadurch aus, daß sie vom Logos in Gott als dem göttlichen Gedanken und dem aus Gott heraustretenden Logos als dem göttlichen Wort sprachen; sie unterschieden den Logos endiathetos und den Logos prophorikos.

Durch diese Unterscheidung konnte Philon die platonische und die biblische Schöpfungsvorstellung vereinigen. Der Logos endiathetos in Gott ist der geistige Kosmos. Er besteht aus den Schöpfungsgedanken

Gottes, aus der von Gott gedachten und geplanten Welt, aus der Welt der Ideen. Das ist der Logos in Gott, ewig und unveränderlich wie Gott selbst. Dieser Logos tritt als Logos prophorikos, als Schöpfungswort, vor aller Zeit aus Gott hervor und schafft die materielle Welt.

Platon hatte zur Personifikation des schöpferischen Handelns Gottes den Demiurgen eingeführt, eine fiktive und mythische Gestalt, die es ermöglichte, sich Gott handelnd vorzustellen. Bei Philon und den Apologeten ist diese Vorstellung weiterentwickelt; der schöpferische Logos ist zu hypostatischer Selbständigkeit gekommen. Er ist Gott neben Gott; im Unterschied von dem rein geistigen, absoluten, ganz transzendenten Gott steht er in Beziehung zu der Materie, der er sich zugewandt hat, und muß eben darum von Gott unterschieden werden. Er ist ein virtuelles Bild, das Gott von sich ausstrahlt und das sichtbar wird, wenn es auf die Materie trifft. Was ihn vor allem von Gott unterscheidet, ist die Eigenschaft, die ihn befähigt, Gott zu offenbaren. Er ist sinnlich wahrnehmbar, die göttliche Unsichtbarkeit und Unerkennbarkeit geht ihm ab. Er spricht zu den Menschen; könnten sie ihn nicht sehen und wahrnehmen, so könnte er ihnen nicht die Offenbarung und mit der Offenbarung Erkenntnis Gottes und Heil bringen.

Die philosophischen Wurzeln der Logoslehre der Apologeten werden auch bei der Bedeutung sichtbar, die sie dem innerweltlichen Logos geben. Die Stoiker hatten bereits die Gegenwart des Logos in der von ihm geschaffenen Welt behauptet. Daraus hatten sie eine Creatio continua durch den Logos abgeleitet und die Regierung der Welt durch ihren Schöpfer, den Logos, beschrieben. Der Logos ist das Gesetz, Naturgesetz und Sittengesetz, dem nichts sich entziehen kann. Die Gegenwart des Logos in der Welt erlaubt den Menschen, da sie mit Logos begabt sind, mit dem großen Weltlogos in Verbindung zu treten. Auf dieser Fähigkeit beruhte die Erkenntnislehre der Stoiker.

Bei den Apologeten gebraucht der in der Welt stets gegenwärtige Logos seine Gegenwart dazu, die Menschen auf seine vollständige Offenbarung in der Person Christi vorzubereiten. Die Stoiker hatten ein Wachsen der Urteilskraft unter dem Einfluß des Logos behauptet, die schließlich zur Erkenntnis, der kataleptischen Vorstellung, fähig war. Die Mittelplatoniker hatten hier eine auf sittlichem Weg vor sich gehende Angleichung an das Göttliche gelehrt, die ebenfalls Voraussetzung der Erkenntnis war. Dementsprechend tut der Logos bei den Apologeten ein pädagogisches Werk. Er bereitet die Menschen auf seine vollständige Erscheinung in der Person Christi vor. Das geschah bei den verschiedenen Völkern in unterschiedlicher Form. Zu den Griechen sprach der Logos durch ihre Philosophen, zu den Juden durch die Propheten Israels. Mit diesem Gedanken gelingt es den Apologeten, eine Art Heilsgeschichte in ihr Weltbild einzuführen, die ihrem sonstigen von der Depravationstheorie beherrschten Geschichtsbild entgegenläuft. Weltgeschichte und Heilsgeschichte sind freilich nur unvollkommen aufeinander bezogen; zu einem gemeinsamen Ziel kommt dieser apologetische Ansatz erst später bei dem Kirchenhistoriker Euseb. Bei den Apologeten erfolgt nach der Erscheinung Christi und der Offenbarung des Logos eine Scheidung: die Welt geht ihrem Untergang entgegen (die Apologeten übernehmen die Enderwartungen der Apokalyptik), die Christen können die Auferstehung der Toten und das ewige Leben im Gottesreich erhoffen. – Das Interesse der späteren Apologeten am Gang der Geschichte ist der Ausgangspunkt für die ersten christlichen chronographischen Arbeiten, die seit dem Ende des zweiten Jahrhunderts angefertigt werden, zumeist um zu beweisen, daß das Weltende nicht unmittelbar bevorstehe, sondern erst in einigen Jahrhunderten zu erwarten sei.

Die Gotteslehre der Apologeten ergibt sich aus ihrer Logoslehre. In dem Logos hat der ewig seiende, unveränderliche Gott sich soweit seiner göttlichen Eigenschaften entkleidet, wie das zur Schöpfung der Welt und Erlösung der Menschen erforderlich war. Der Logos tritt unmittelbar mit der vernünftigen Kreatur in Verbindung und offenbart ihr Gott und den Weg zu ihm. Die Erlösungslehre bietet somit keine Ursache, eine dritte göttliche Person einzuführen, und mit der Lehre von der Schöpfung stand es ebenso. Dennoch entwickeln sich in der zweiten Hälfte des zweiten Jahrhunderts bei den Apologeten Aussagen über Gott in triadischer Form. Die Ursache dafür hat man nicht bei den triadischen Entwürfen Platons zu suchen; solche Einflüsse lassen sich eher bei Gnostikern vermuten. Ein Motiv ist darin zu sehen, daß die gegenseitige Zuordnung zwischen dem Logos und der Sophia Gottes ungeklärt war. Beide Mittlergestalten waren in der Heiligen Schrift zu finden. Entscheidend war wohl das dreigliedrige Taufbekenntnis und die Regula fidei, die zwar keine explizite Lehre vom Heiligen Geist enthielten, aber ihn so erwähnten, daß die Formel und ihre Umschreibung und Auslegung als Bekenntnis zum dreieinigen Gott verstanden werden mußten.

Nach ihrem Platz in der Gesellschaftsordnung waren die Apologeten freie Lehrer der Philosophie. Die Überlieferung hat einige von ihnen zu Bischöfen gemacht. Die erhaltenen Schriften der Apologeten weisen nur ganz selten auf ein kirchliches Amt der Verfasser hin. Die Übernahme der Lehrer als Presbyter in den Klerus beginnt erst gegen Ende des Jahrhunderts nach der Entstehung der katholischen Kirche und der

Etablierung der bischöflichen Verfassung. Damit empfingen sie ein Gehalt und waren der bischöflichen Lehraufsicht unterstellt. Eine solche Bindung und Sicherung ist für die Apologeten noch nicht vorauszusetzen. Sie lebten von dem Unterricht, den sie in der christlichen Philosophie erteilten.

3. Die Gnosis

a) Die Gnostiker

Das griechische Wort Gnosis bedeutet Erkenntnis; die Gnostiker heißen so, weil sie nach Erlösung auf dem Wege der Gotteserkenntnis streben. Der Gnostizismus ist eine religionsphilosophische Bewegung, die im zweiten Jahrhundert in enge Berührung mit dem Christentum geriet, und mit deren Ausscheidung die katholische Kirche entstand. In philosophischer Hinsicht handelt es sich um denselben Platonismus, der mit den Apologeten für die Kirche fruchtbar wurde. Kennzeichnend ist der Synkretismus, die Bereitschaft, Bestandteile heidnischer Frömmigkeit mit dem Christentum zu verbinden. Hierin unterschieden sich Gnostiker und Apologeten. Gemeinsam ist ihnen die Verwurzelung ihres Denkens im Mittelplatonismus. Aus ihm stammen Offenbarungsgläubigkeit und Synkretismus; beide gehören zu den methodischen Voraussetzungen der Wahrheitsfindung.

Der Synkretismus geht aus der Überzeugung hervor, die eine Gottheit habe sich den verschiedenen Völkern zu verschiedenen Zeiten auf unterschiedliche Weise offenbart. Darum sei bei allen Philosophien und allen Religionen Wahrheit zu finden. Daraus hatten die Apologeten nur die Vorbereitung des Christentums durch die biblischen Propheten und die griechischen Philosophen gefolgert und sich auf den Synkretismus der Philosophien beschränkt. Die Gnostiker suchten die Wahrheit bei allen Religionen.

Das Wort „Synkretismus" hat die Bedeutung „Religionsmischung", „Mischung von Schulmeinungen" erst nach der Mitte des 17. Jh. bei Lehrstreitigkeiten innerhalb des Luthertums angenommen. Die antike Volksetymologie hat es nicht von synkerannymi, sondern von synkrateo abgeleitet, um den inneren Zusammenhalt gegen einen äußeren Feind auszudrücken. Plutarch hat die Etymologie noch weiter bereichert und diesen Zusammenhalt als Eigentümlichkeit der Kreter angegeben (De fratrum amore 2).

Die Offenbarungsgläubigkeit ergab sich aus der Überzeugung, der Menschengeist sei zur Wahrheitserkenntnis auf göttliche Offenbarung angewiesen. Solche Offenbarung war dem Menschen in den Worten inspirierter Verfasser gegeben. An literarischen Quellen gab es da nicht viel über die homerischen Epen hinaus; man mußte alles an Orakeln und religiösen Texten zusammentragen, was in ekstatischer Bewußtlosigkeit gesprochen sein konnte. Die Gnostiker machten bei allen Religionen Anleihen, aber das Christentum hatte mit seiner Bibel ihnen besonders viel zu bieten. Das Judentum tritt dabei zurück. Es gab zwar noch jüdischen Einfluß auf die Gnosis, aber mit dem hellenisierten Judentum werden auch die gnostischen Einflüsse abgestoßen. Weil die Gnosis vom Christentum den ausgiebigsten Gebrauch machte, war das Christentum an der Auseinandersetzung mit der Gnosis am stärksten beteiligt. Auch von heidnischen Platonikern ist Polemik gegen die Gnosis überliefert. Die Mysterienreligionen sperrten sich nicht gegen den Synkretismus und ließen sich durch die Gnosis zu einem vertieften Verständnis der Mysterientheologie verhelfen.

Für die Entstehung der Gnosis kommt Ägypten besonders große Bedeutung zu. Verbreitet war die Gnosis über das ganze Römerreich; entstehen konnte sie überall, wo griechische Religion oder hellenisierte Religion des Orients und platonische Popularphilosophie zusammentrafen. Dementsprechend hat es neben der ägyptischen eine charakteristisch syrische Gnosis gegeben. Der populäre Platonismus hatte aber seine Heimat in Alexandrien, und die Mehrzahl der Gnostiker kommt dorther. Dazu galt den Alten Ägypten als Mutterland uralter religiöser Weisheit, und die eindrucksvollen Reste einer viertausendjährigen Religionsgeschichte konnten das Bild nur bestätigen. Der Vorstellung, die die Alten von Ägypten hatten, können auch wir uns nicht entziehen, wenn wir einschlägige Texte lesen. Für uns tritt hinzu, daß die überwiegende Mehrzahl aller originalen Zeugnisse dadurch auf uns gekommen ist, daß sie zumeist in koptischer Sprache auf Papyrusblätter geschrieben waren, die der Sand Ägyptens konserviert hat. Noch ein dritter Umstand hat dazu geführt, daß Ägypten für die Entstehung der Gnosis eine besondere Bedeutung erlangte, und der hängt mit der Geschichte der Ausbreitung des Christentums zusammen. Das Christentum ist sehr früh nach Ägypten gekommen, aber weder durch organisierte Mission, noch im Zusammenhang mit ihr. Das bedeutete, daß es dort nur Einzelgemeinden gab, aber keine Gemeindeverbände. Die Abwehr der Gnosis ist aber von den sich zur katholischen Kirche zusammenschließenden Gemeindeverbänden aus betrieben worden. Darum gab es in Ägypten bis gegen Ende des zweiten Jahrhunderts keine Katholizität, kein Kriterium zur Unterscheidung gnostischer und katholischer Gemeinden und keine antignostische Polemik.

Die Gnostiker waren, nicht anders als die Apologeten, freie philosophische Lehrer, die den Unterricht als Beruf und zum Broterwerb ausübten. Ihre Schüler bildeten einen engen, die Hörer ihrer Vorträge einen weiteren Kreis um sie. Die Schule war nicht die einzige Gesellschaftsform der christlichen Gnosis. Die Gnosis ist ein Phänomen der vorkatholischen Zeit. Es gab gnostische Gemeinden, die sich von den nichtgnostischen nur durch den Umfang und die Auslegung der Heiligen Schrift unterschieden, und es gab heidnische Mysterienvereine, deren Christentum nur in den christlichen Stoffen bestand, die sie in Kult und Mythos aufgenommen hatten.

Die Kirche ist überraschend spät auf die Gnosis aufmerksam geworden. Im Neuen Testament gibt es Abwehr einzelner häretischer Sätze und Meinungen, die als Zeugnis einer zu dieser Zeit entstehenden und die Gemeinden beunruhigenden Gnosis gedeutet werden können. Die ersten gnostischen Schulhäupter sind in den zwanziger Jahren des zweiten Jahrhunderts aufgetreten, und die kirchliche Polemik hat in deren Lehrern die Erfinder der häretischen Gnosis sehen wollen. Die erste erhaltene antignostische Polemik findet sich bei dem Märtyrer Iustin in seiner nach 150 verfaßten Apologie. Justin erwähnt darin ein von ihm verfaßtes Buch gegen alle Häresien. Die Schrift ist verloren; vielleicht war sie die Vorlage der vielen Ketzerkataloge Adv. omnes haereses, die später geschrieben und abgeschrieben wurden. Wie schwer es den Gemeinden fiel, die Gnosis als Häresie zu erkennen, geht daraus hervor, daß Markion etwa fünf Jahre lang der römischen Gemeinde angehören konnte, bis man ihn als Häretiker erkannte und ausschloß.

Aus der antignostischen Polemik läßt sich ersehen, daß die Gemeinden ursprünglich versucht hatten, in dem Synkretismus und der Sittlichkeit der Gnostiker Kriterien zu finden, die ihnen die Abgrenzung gegenüber der Gnosis ermöglichten. Es dürfte gerade das Beispiel Markions gewesen sein, der schroffer Asket war und den Synkretismus ablehnte, was die Gemeinden veranlaßte, deutlichere Unterscheidungszeichen zu suchen. Dafür fand sich die das Taufbekenntnis umschreibende Regula fidei und der Kanon der Heiligen Schrift; die in diesen Merkmalen übereinstimmenden Gemeinden verstanden sich seit den siebziger Jahren als die katholische Kirche. Das dritte Kriterium der Katholizität, der monarchische Episkopat, schließt nicht mehr die Gnosis, sondern den Montanismus aus.

Den Ertrag des Abwehrkampfes gegen die Gnosis haben die altkatholischen Kirchenväter zusammengefaßt. Für die altkatholischen Väter sind die Gnostiker noch lebendiges Gegenüber und stellen noch eine Gefahr für die Kirche dar. Die Gnostiker wenden sich an die katholischen Christen und stellen ihnen die Gnosis als ein Christentum dar, das höheren geistigen Ansprüchen genügte, vielleicht auch eine höhere Form von Seligkeit verhieß. Dazu kam, daß der grundsätzliche Synkretismus den Gnostikern erlaubte, in Verfolgungszeiten ihr Christentum zu verleugnen, ohne es aufzugeben. Nach Tertullian setzt die Werbung der Gnostiker gerade bei Verfolgungen besonders eifrig ein.

In der späteren Ketzerpolemik werden Nachrichten über die gnostischen Sekten weiterhin eifrig gesammelt und abgeschrieben. Auf diese Weise ist allerhand Unglaubwürdiges und Widersprüchliches in die antignostische Überlieferung eingegangen, Polemik gegen Sekten, die es nicht gegeben hat oder die längst ausgestorben waren, Polemik gegen Ketzer, die ihre Existenz einem Mißverständnis oder Irrtum verdankten. Wie die literarische Polemik gegen den Gnostizismus auf Justin zurückgeht, so auch das Schema der Darstellung. Justin hatte seine philosophische Heimat im Mittelplatonismus. Nach seinem Geschichtsbild stand am Anfang die reine, unverfälschte Offenbarung; erst nachträglich griffen Verfälschungen Platz. Die Häresie wird durch ihr späteres Erscheinen in der Geschichte als solche erkennbar. Die gnostische Häresie ist nach Justin durch den Zauberer Simon (Apg 8) eingeführt worden; diese Meinung Justins wird von allen späteren Polemikern abgeschrieben. Ein grotesker Irrtum Justins – er deutete das Standbild einer römischen Gottheit Semo Sancus als Bild des Zauberers Simon, der sich selber zum Gott gemacht habe – zeigt an, daß er in Rom keine unmittelbare Kenntnis von Simonianern erworben hat. Irenaeus hat die Angaben Justins übernommen und erweitert, aber auf eine derart allgemeine Weise, daß auch ihm keine unmittelbare Kenntnis zuzutrauen ist. Hippolyt bringt weitere Allgemeinheiten und Vergröberungen seiner Gewährsmänner, dazu ein großes Fragment, von dem er zu Unrecht simonianischen Ursprung behauptet. Neben und nach Simon erscheinen weitere Namen, Dositheos, Menander und Kerinth, als Urheber der Gnosis.

Von den vielen Gnostikern, deren Namen die antignostischen Schriften aufzählen, werden verhältnismäßig wenige als Autoren bezeichnet und Titel ihrer Bücher angegeben. Dabei sind entgegengesetzte Tendenzen wirksam. Die kirchliche Polemik ließ keine Gelegenheit ungenutzt, wenn sie einem Gnostiker Fälschung und Verfälschung ursprünglicher Offenbarung vorwerfen konnte. Die Gnostiker hielten sich ihrerseits an den platonischen Grundsatz, daß die Mitteilung der Erkenntnis der mündlichen Unterweisung vorbehalten sei. Daher finden wir unter den überlieferten Titeln in erster Linie Bücher ethischen und physikalischen Inhalts und Erläuterungen von Offenbarungsschriften.

Der biblische Kommentar blühte bei den Gnostikern lange, bevor die Gattung bei der Kirche Aufnahme fand.

Als Autoren werden uns zuerst Basilides und sein Sohn Isidor mit einer ganzen Reihe von Titeln genannt, von denen sich zahlreiche Fragmente erhalten haben. Die Schule des Basilides muß einige Zeit, wenigsten in Ägypten, bestanden haben. Die Texte geben Grund zu der Vermutung, Basilides habe für eine asketische Gemeinde geschrieben. Der große Umfang, den ethische Anweisungen bei ihm einnehmen, zeigt an, wie die Offenbarung bei den Gnostikern für den ersten Gebrauch als Sammlung von Lebensregeln verstanden wurde, deren Befolgung den Menschen auf den Empfang der Gotteserkenntnis vorbereiten sollte. Das Wirken des Basilides und des gleichzeitig mit ihm lebenden Valentin begann nach Clemens (Strom 7,107) unter Hadrian (117–138). Da Basilides sich noch auf einen Glaukias, Dolmetscher des Petrus, berufen konnte, ergibt sich etwa das Jahr 120 für den Beginn seines Wirkens.

Die wichtigste gnostische Schule wurde durch Valentin gegründet, der zunächst in Alexandrien und sodann in Rom lehrte. Die Valentinianer sind die einzige gnostische Sekte – sehen wir von den Markionisten ab, die keine wirklichen Gnostiker waren – die sich über das ganze Reichsgebiet verbreitete und längere Zeit Bestand hatte. In Ägypten hat es verschiedene gnostischen Sekten bis ins fünfte Jahrhundert hinein gegeben. Die altkatholischen Väter hatten als Gegenüber für ihre aktuelle Polemik nur Valentinianer und Markionisten; diese beiden großen Gemeinschaften sind auch die einzigen Gnostiker, die bei Beginn der staatlichen Ketzergesetzgebung mit Namen genannt werden. Die staatliche Ketzergesetzgebung beginnt 326 mit einer Proklamation Kaiser Konstantins, in der den Häretikern Steuerzuschläge angekündigt werden.

Nachdem Valentin nach Rom übersiedelt war, teilte sich seine Schule in einen östlichen und einen westlichen Zweig. Bei den Kirchenvätern haben sich recht umfangreiche valentinianische Texte erhalten. Von der Verbreitung und Bedeutung der Schule spricht der Umstand, daß sich Tertullian zur Abfassung eines eigenen Traktates gegen sie veranlaßt sah; auch der antignostische Traktat Plotins könnte gegen die Valentinianer gerichtet sein. Viele Traktate der Bibliothek von Nag-Hammadi sind valentinianisch. Die Reste valentinianischer Literatur und die Väterberichte sind so zahl- und umfangreich, daß wir uns von der valentinianischen Gnosis eine Vorstellung machen können. Die Valentinianer sind typisch für die Gnostiker, mit denen die Kirche sich auseinanderzusetzen hatte.

An gnostischen Texten gab es seit der Antike nur das, was die kirchliche Polemik als Beispiele in ihre großen antihäretischen Werke aufgenommen hatte. Das war nicht wenig, aber die Auswahl war einseitig; die Texte sollten die üblichen Vorwürfe – Synkretismus, Unsittlichkeit, Gebrauch außerkanonischer Schriften – belegen. Ferner kannte man die im Corpus Hermeticum vereinigten Traktate einer heidnischen Gnosis, in denen die spätere Apologetik Zeugnisse für einen vorchristlichen Monotheismus erblickte. Seit den letzten Dezennien des 19. Jh. wurden auch originale gnostische Schriften in koptischer Sprache bekannt. In der Regel handelte es sich um Übersetzungen aus dem Griechischen, die in ihrer koptischen Gestalt noch jahrhundertelang weitergelebt hatten. Darunter befanden sich Bücher, die in ihrer griechischen Form bereits den Kirchenvätern als Vorlage für ihre Darstellung des Gnostizismus gedient hatten. Diese Texte, wie beispielsweise die Pistis Sophia und das Apokryphon des Johannes, standen zur Verfügung, waren aber längst noch nicht aufgearbeitet, als Ende 1945 in Mittelägypten, in Nag-Hammadi (in der Gegend von Luxor), eine große gnostische Bibliothek in koptischer Sprache entdeckt wurde. Fellachen fanden einen Krug, in dem 13 Papyruscodices mit 61 Schriften enthalten waren. Das Alter der Handschriften ist umstritten; die Meinung der Paläographen schwankt zwischen dem 3. bis 6. Jahrhundet. Vielleicht war eine gnostische Gemeinde genötigt, ihre Bibliothek vor dem Bischof oder den Behörden in Sicherheit zu bringen. – Man konnte erwarten, daß mit diesem umfangreichen Material die Erforschung der Gnosis zum ersten Mal ein solides Fundament erhalten habe und nun endlich in der Lage sei, sichere Ergebnisse vorzulegen. In der Tat vertreten die Koptologen großenteils diese Ansicht. Aber andererseits wurde beim Aufarbeiten des Funds deutlicher als zuvor, daß die Gnosis eine eigentümlich griechische Denkweise darstellt und daß bei der Übersetzung der Texte aus dem Griechischen für Menschen, die kein Griechisch konnten, wesentliche Züge der Gnosis verloren gehen mußten. Die Mysterien konnten nicht übersetzt werden und blieben trotz Übersetzung unzugänglich für die Barbaren. Die gnostischen Texte sind, die koptischen Übersetzungen zeigen es, ebenso unübersetzbar wie die Mysterien. Die koptischen Übersetzungen lesen sich wie Zaubertexte.

Die erste antignostische Polemik war schon bemüht, die Vielzahl und Buntheit der Erscheinungen des Gnostizismus zu zeigen, um dadurch den Anspruch der Gnostiker auf die Wahrheit zu widerlegen. Die Argumentation entstammt der akademischen Skepsis; sie war ursprünglich gegen die Vielfalt der Philosophenschulen gerichtet. Nun sind in der Tat sehr verschiedene Religionen mit ihren Überlieferungen von den Gnostikern benutzt worden; doch waren diese in der Regel bestrebt, auf Ähnlichkeiten und Gemeinsamkeiten zu achten, weil die Wahrheit in ihren Augen gerade in den Stoffen und Vorstellungen lag, die allen Religionen gemeinsam waren. Aller Gnosis gemeinsam ist aber die Verwurzelung des Denkens im Mittelplatonismus, und so wird man zwar in der Regel sagen können, daß nicht gnostisch sei, was mit dem Platonismus dieser Zeit unverträglich ist, wird aber oft nicht entscheiden können, was gnostisch, was nur platonisierend ist. Es ist kein Zufall, daß die antignostische Polemik des Klemens, der selber dem Mittelplatonismus angehört, nirgends grundsätzlich wird, während die zu grundsätzlicher Polemik fähigen Irenäus und Tertullian ihrerseits keine Platoniker sind.

Aller Gnosis gemeinsam ist das platonische Weltbild, die Entgegensetzung immateriellen, ewigen Seins und gewordener, vergänglicher Materie. Gemeinsam ist weiterhin, daß der Menschengeist als abgesplittertes Teil des göttlichen Geistes in der Gefangenschaft der Materie gedeutet wird. Die Gnosis besteht in ihrem Kern darin, daß sie dem Menschen seinen himmlischen Ursprung bewußt macht und ihn dadurch zu Aufstieg und Rückkehr befähigt.

Überbringer der Gnosis ist ein Gesandter der obersten Gottheit. Er nimmt den Abstieg in die Niederungen der materiellen Welt – hierdurch unterscheiden sich die gnostischen Mysterien von ihren praegnostischen Vorbildern – eigens auf sich, um den Menschen die Gnosis zu bringen und sie dadurch zu erlösen. Die Himmelsreise der Seele ist die Umkehrung des Weges, auf dem der Erlöser absteigt, und die Kenntnis dieses Weges ist Bestandteil der Gnosis. Darum kommt der Frage, wie die Seele in die Gefangenschaft der Materie kommen konnte und wie die materielle Welt entstand, fundamentale Bedeutung zu. Die Kosmogonie wird zum wichtigsten und ausführlichst behandelten Thema der Gnosis. Die materielle Welt ist in der Regel als sichtbares und unvollkommenes Abbild der unsichtbaren und vollkommenen geistigen Welt verstanden, und ihre Entstehung wird auf einen Sündenfall oder ein Unglück am Rande des geistigen Kosmos zurückgeführt. Die verschiedenen Kosmogonien der verschiedenen Gnostiker unterscheiden sich in Einzelheiten, aber nicht grundsätzlich. Als Quellen sind regelmäßig Hesiod und Timaios, die biblische Schöpfungsgeschichte und die Geschichten vom Sündenfall und vom Engelssturz zu erkennen. Dazu kommen in unterschiedlichem Maß orientalische Mythen urgeschichtlicher Thematik.

Außer der Aufklärung des Menschen über seinen himmlischen Ursprung muß die Gnosis Mitteilung darüber enthalten, wie der Aufstieg zu bewerkstelligen sei. Häufig leitet die Gnosis darum zur Abwendung von der materiellen Welt und Zuwendung zur geistigen an, das heißt in der Praxis, zu schroffer Askese. Die Kirchenväter haben den Gnostikern häufig grobe Unsittlichkeit vorgeworfen; darum hat es wohl auch Gnostiker gegeben, die aus der Scheinbarkeit des materiellen Seins die Indifferenz materieller Handlungen geschlossen haben. Dem Verzicht auf materielles Streben und auf Befriedigung der sinnlichen Triebe entspricht als positives Handeln das wissenschaftliche Studium. Der Einfluß der Mysterienreligionen wirkte sich dahin aus, daß außer dem geistigen Aufstieg ein sakramentaler praktiziert wurde. Bei den Valentinianern spielt das – auch in der kirchlichen Mystik vorkommende – „Brautgemach“ eine Rolle, das die Vereinigung der Seele mit ihrem himmlischen Bräutigam vorwegnahm. Die Naassener oder Ophiten bildeten den Aufstieg der Seele durch die Planetensphären nach dem Vorbild der Mithrasmysterien ab und ließen den Mysten die sieben Mithrasgrade durchlaufen. Andere Gnostiker lernten unsinnige Zaubersprüche auswendig, mit denen sie nach dem Vorbild des zu seinem Ursprung zurückkehrenden Erlösers die Geistwesen, die ihnen den Aufstieg sperrten, zu überlisten und überwinden gedachten.

b) Markion

Ob Markion ein Gnostiker sei, ist ein vielerörtertes Problem; die Antwort hängt davon ab, wie weit man den Begriff der Gnosis ausdehnt. Zwar gelten auch für Markion die Seinsstufen der Platoniker, und der Gedanke, daß die materielle Welt nicht durch den obersten Gott, sondern eine tieferstehende und unvollkommene Gottheit geschaffen sei, ist bei ihm so ausgeprägt wie bei den meisten Gnostikern. Aber die gnostische Grundvoraussetzung, daß der Menschengeist und der Gottesgeist eines Wesens seien und daß die Verwandtschaft beider die eigentliche und natürliche Ursache der Erlösung sei, hat bei Markion keine Entsprechung. Der Mensch und der gute Gott sind einander wesensfremd; der Gott erlöst den Menschen aus Barmherzigkeit, überströmender Güte und reiner Gnade. Aus der grundsätzlichen Fremdheit zwischen dem guten Gott und dem Menschen folgen weitere Unterschiede zwischen Markion und der Gnosis. Es gibt bei Markion nicht die umfangreichen Äonenspekulationen, weil er keine Ursache hat, den unendlichen Abstand zwischen dem Menschen und dem fremden Gott durch Einfügung von Zwischenwesen als überbrückbar zu erweisen; doch spielt bei Markion der Schöpfergott mit seinen Engeln die Rolle der Äonen in der Gnosis. Die Gerechtigkeit ist als kennzeichnende Eigenschaft des Schöpfergottes eine Eigenschaft des Handelns; sie hat ihren natürlichen Platz zwischen der Güte des obersten Gottes und dem Bösen, das der Materie eigentümlich ist.

Aus vielen Einzelheiten geht hervor, daß Markion in seinem Denken zwar Verwandtschaft zur Gnosis zeigt, aber auch erhebliche Unterschiede, und daß er dem dualistischen Denken der Apokalyptik näher steht als jeder Gnostiker. Die Welt in ihrer Unvollkommenheit ist nach Markion das Werk des gerechten und unvollkommenen Schöpfers, der sich im Alten Testament offenbart hat. Die allegorische Auslegung, durch die man aus dem Alten Testament Gotteserkenntnis gewinnt, verwirft Markion. Das Alte Testament will vielmehr wörtlich verstanden werden; es berichtet von dem Schöpfer, der sich das jüdische Volk erwählt hat. Der oberste, gute Gott, dem Schöpfer unbekannt, hat aus seiner reinen Güte seinen Sohn auf die Erde gesandt, um die Menschen von der Herrschaft des Schöpfers zu erlösen. Der Sohn offenbarte den Menschen die Liebe Gottes. Er trug dabei einen materiellen Scheinleib und wurde in dieser Gestalt von dem Schöpfergott gekreuzigt, der ihn in seiner Unvollkommenheit nicht erkannte. In der Konsequenz ergibt sich eine materiefeindliche, schroff asketische Praxis. Getauft wird bei Markion, sagt Tertullian, nur, wer auf die Ehe verzichtet. Die Materiefeindschaft wirkt sich bei den Markionisten, sehr zum Ärger der Kirche, als leidenschaftliches Drängen zum Martyrium aus.

Markions Lebenszeit dürfte etwa von 80 bis 160 gedauert haben. Wir wissen von ihm, daß er etwas älter als Valentin und Basilides war, und daß er gegen 140 aus Sinope vom Pontus nach Rom kam. Die Ketzerpolemik erzählt von ihm, er sei der Sohn des Bischofs gewesen. Wenn wir die Nachricht festhalten wollen – sie wird eine erbauliche Legende sein – kann er nur der geistliche Sohn des Bischofs gewesen sein. Denn Markion war Naukleros: er besaß einen Anteil an einem Schiff, und den kann er nur geerbt haben. Sein leiblicher Vater muß ebenfalls Naukleros gewesen sein. Bevor Markion seine Heimat verließ, machte er seinen Schiffsanteil zu Geld, und war darum recht solvent, als er nach Rom kam. Die erbauliche Legende erzählt, er habe eine gottgeweihte Jungfrau verführt und sei darum von seinem Vater aus der Kirche ausgestoßen worden. Sicher ist, daß die Jungfrau, die der schroffe Asket Markion allein schänden konnte, die von seiner Häresie befleckte jungfräuliche Kirche war. Markion begann schon in Kleinasien, seine häretische Gemeinschaft aufzubauen. Als er sich an Polykarp von Smyrna mit der Bitte um Anerkennung, daß heißt um Kirchengemeinschaft, wandte, sagte dieser: ich erkenne dich an, als den Erstgeborenen des Satan. Vielleicht gehört die Episode erst in die Zeit nach dem Ausschluß aus der römischen Gemeinde. Markion ging jedenfalls, wie alle Ketzerhäupter mit mehr als lokalem Ehrgeiz, in die Hauptstadt. Dort trat er in die Gemeinde ein und übergab der Gemeinde ein Vermögen von 200000 Sesterzen. Das waren, wenn man den Goldpreis zum Vergleich heranzieht, gegen eine halbe Million. Die Vermögenshingabe beim Eintritt bedeutet den Eintritt in die Kerngemeinde. Markion fand für fünf Jahre Aufnahme in den römischen Klerus. Nach diesen fünf Jahren wurde er ausgeschlossen; es heißt, daß eine Diskussion über seine Antithesen vorausgegangen sei.

Uns mag es merkwürdig vorkommen, daß die römische Gemeinde so lange brauchte, bis sie Markions Häresie erkannte. Aber wir müssen bedenken, daß die Normen der Katholizität zu dieser Zeit noch nicht aufgestellt waren und daß Markions schroffe Askese für seine Frömmigkeit sprach. Markion gründete eine Kirche, bevor es eine katholische Kirche gab, und betrieb den Zusammenhalt seiner Gemeinden. Seine Kirche fand reichlich Anhang und wurde von den Katholiken als gefährlicher Gegner empfunden. Konstantins erste Ketzergesetze richten sich auch gegen die Markionisten. Von der Bedeutung der Kirche Markions spricht der Umstand, daß der älteste Rest eines Kirchengebäudes ein Türsturz ist, der sich über dem Eingang zu einer „Synagoge der Markionisten" befand.

Markions Ausgangspunkt ist, daß der zürnende Gott des Alten Testaments und der von Jesus verkündigte Gott der Liebe wegen ihrer unvereinbaren Eigenschaften notwendig verschieden sein müssen. Die grundlegende Bedeutung dieser Feststellung kommt in einem Buch Markions zum Ausdruck, das hernach bei seinen Anhängern kanonische Geltung erlangte, den Antithesen; darin stellte er die Gegensätze zwischen Altem und Neuem Testament einander gegenüber. Die unübersehbaren Bezugnahmen des Neuen Testaments auf das Alte erklärt er als judaistische Verfälschungen der Lehre Jesu. Um zur reinen Lehre Jesu zu kommen, ging Markion von der nach seinen Vorstellungen am wenigsten verfälschten paulinischen Überlieferung aus. Die glaubte er im Lukasevangelium (ohne das Kindheitsevangelium) und in zehn Paulusbriefen (ohne die Pastoralbriefe und den Hebräerbrief) zu finden. Mit der Bearbeitung der Schriften hat Markion für seine Kirche einen Kanon des Neuen Testaments geschaffen, bevor die katholische Kirche sich ihrerseits über einen Kanon verständigt hatte. Man darf aus der Tatsache, daß die Kirche Markions älter als die katholische Kirche ist und der Bibelkanon der Markionisten älter als der der Katholiken, nicht schließen, man habe auf Seiten der Kirche Markion nachgeahmt, um ihm etwas Entsprechendes entgegenzusetzen. Die Dinge haben sich unabhängig voneinander aus der Natur der Sache heraus entwickelt.

Unter den Schülern Markions wird nur von Apelles eigene literarische Tätigkeit überliefert. Wahrscheinlich ist, daß er die Arbeit seines Meisters forgesetzt hat; wenigstens hat Origenes (bei Rufin, De adult. libr. Orig.) die Tätigkeit des Apelles so beurteilt. Das Evangelium des Apelles dürfte eine Redaktion des Evangeliums Markions gewesen sein. Apelles hat ferner umfangreiche „Syllogismen" geschrieben, die Widersprüche im Alten Testament nachwiesen, ferner Erläuterungen zu den Sprüchen einer Prophetin Philumene. Die gehören in seine Spätzeit. Tertullian berichtet, Apelles habe Markion und dessen schroffe Askese verlassen, sei nach Alexandrien gegangen und habe eine rein gnostische Einprinzipienlehre vertreten, in der der Weltschöpfer als ein Geschöpf des obersten Gottes erschien. Dann sei er nach Rom zurückgekehrt, und habe die ›Phaneroseis‹ verfaßt.

IV. DER MONTANISMUS

Bei den Juden hatte sich zu der Zeit, als das Christentum entstand, die Überzeugung verbreitet, das Weltende stehe unmittelbar bevor. Die Welt sei unter die Herrschaft des Satan geraten und unheilbar verderbt. Gott werde sie darum vernichten und durch eine neue Schöpfung ersetzen; die Frommen und Gerechten werde er aus dem Untergang erretten und ihnen in der neuen Schöpfung Heil und Leben schenken. Das Urchristentum ist eine Bußbewegung, die aus dieser Erwartung hervorgegangen ist. Das Welt- und Geschichtsbild, in das die Erwartung des nahen Weltendes eingebettet ist, und die Einzelheiten der Endgeschichte, die man in der Bibel als Weissagungen gefunden hatte, nennt man insgesamt Apokalyptik. Das Christentum hat einen großen Teil der Apokalyptik von den Juden übernommen und selbständig weiterentwickelt.

Zentrale Bedeutung für die Geschichte der Urgemeinde hatte die Überzeugung, das Heil werde in der Gestalt der Gottesstadt, des neuen Jerusalem, sichtbar in Erscheinung treten. Ursprünglich hatte man zumeist die Offenbarung der Gottesstadt auf dem Zionsberg erwartet, ebendort, wo man auch Rettung im Weltuntergang zu finden hoffte. Daneben gab es aber auch Meinungen, die an die alte prophetische Kulturfeindschaft anknüpften und die Offenbarung der Gottesstadt in der Wüste erwarteten, an einem Ort, wo noch kein Haus gestanden hatte. Die Überzeugung, das Gottesreich werde sich in der Wüste offenbaren, ist nicht charakteristisch für die Urgemeinde allein, sondern für den über die Urgemeinde hinaus verbreiteten Glauben an die Wiedererweckung der Prophetie in der Endzeit. Josephus, der den Propheten seiner Zeit ablehnend gegenübersteht und sie „Zauberer" nennt, berichtet von mehreren Auszügen in die Wüste oder auf einen hohen Berg, zu denen Propheten aufgerufen hatten. Auch bei dem Ägypter, der Apg 21,38 viertausend Sikarier in die Wüste geführt haben soll, könnte es sich um einen solchen Propheten gehandelt haben.

Diese Erwartung, das Gottesreich werde sich in der allernächsten Zeit in der Wüste offenbaren, veranlaßte die Urgemeinde zu Beginn des jüdischen Krieges zu einem Exodus ins Ostjordanland. Damit endet ihre Geschichte. Die apokalyptischen Traditionen der Urgemeinde reißen jedoch nicht ab; sie lassen sich nach Kleinasien verfolgen, wo sie lebendig blieben und weitergegeben wurden. Die Offenbarung des Johannes, die vollständigste Sammlung der christlichen Enderwartungen und unser wichtigstes Zeugnis von Theologie und Glauben der Urgemeinde, ist in Kleinasien ein Menschenalter nach dem Auszug aus Jerusalem von einem Mann geschrieben worden, in dem die Überlieferung unmittelbar und ungebrochen lebendig war.

Kleinasien war gegen Ende des ersten Jahrhunderts das am stärksten vom Christentum durchdrungene Land. Es waren sehr verschiedene Arten Christentum, die sich dort begegneten. Im Südosten hatten Paulus und Barnabas im Dienste der antiochenischen Mission Gemeinden gegründet. Dann hatte Paulus sein Missionswerk auf eigene Füße gestellt und sich in Ephesos einen Missionsstützpunkt geschaffen, von dem aus er auch in den „oberen Ländern" (Apg 19,1), dem Hinterland von Ephesos, das Evangelium verkündigte. In Ephesos traf er auf Reste des Christentums, das schon vor ihm durch die Vertreibung der Hellenisten aus Jerusalem nach Kleinasien gekommen war. Dazu kamen Christen aus der Urgemeinde, die nach Kleinasien gegangen waren, vielleicht in der Erwartung, hier Glaubensgenossen zu finden, die ihnen näher standen als die Hellenisten im Ostjordanland. Plinius bestätigt, daß es am Anfang des zweiten Jahrhunderts in Kleinasien Christen in großer Zahl gegeben hat, so viele, daß der Markt für Opferfleisch, d.h. der Fleischmarkt überhaupt, in ernste Absatzschwierigkeiten geraten war. Unterschiedlich war die Verwaltung der Gemeinden in Kleinasien. Grundsätzlich war das ganze Urchristentum der Meinung, Gott in der Person des Heiligen Geistes werde im Gottesreich unmittelbar die Gemeinden und die einzelnen Christen leiten. Die Christen am Ende der Zeit hielten es für ihre Aufgabe, die Zustände im Gottesreich bei sich und durch sich abzubilden, um dadurch das Kommen des Reiches zu verkündigen und herbeizuführen. So strebten sie auch danach, in ihrer Verfassung eine Gemeindeleitung durch den Heiligen Geist zur Darstellung zu bringen.

In der Urgemeinde und den von Paulus gegründeten Missionsgemeinden – der Apostel hat diese Konstruktion noch 1. Kor. 12 verteidigt, obwohl es in Korinth bereits das institutionelle Amt gab – wurde diese Leitung durch das charismatische Amt, durch Apostel, Propheten und Lehrer ausgeübt. Als die Apostel ausstarben, traten Apostelschüler und -nachfolger an ihre Stelle. Sie führten nach dem Vorbild der Urgemeinde den Amtstitel „Presbyter". Ursprünglich waren sie von den Aposteln designiert; nach deren Aussterben wurden sie von der Gemeinde gewählt. Etwas anders verlief die Entwicklung in den von den Hellenisten gegründeten Gemeinden. Die litten von Anfang an unter

Mangel an Charismatikern. Apostel gab es bei ihnen nicht; war es ihnen nicht möglich, Propheten und charismatische Lehrer zu gewinnen, so vertrauten sie die Gemeindeführung dem gewählten Leiter der Abendmahlsversammlung und seinen Helfern an, dem Bischof mit seinen Diakonen. Dazu mußten die Gemeinden Bedenken überwinden, weil Bischof und Diakone von Haus aus Verwaltungsbeamte und keine Charismatiker waren, und weil im Alten Testament, das man als Weissagung auf die Zustände im Gottesreich las, zwar viel über Apostel, Propheten und Lehrer stand, aber nur wenig sich über Bischöfe und Diakone finden ließ. Lukas und der Clemensbrief zeigen, wie unbefriedigend das Ergebnis dieser Suche war (Apg 1,20 und 1. Clem. 44,5). Wenn aber die Verwaltungsaufgaben mit der Vergrößerung der Gemeinden einen gewissen Umfang erreicht hatten, dann führte kein Weg an der Wahl von Bischöfen und Diakonen vorbei.

So liegt um die Mitte des zweiten Jahrhunderts die Gemeindeleitung in großen Teilen der Kirche in den Händen gewählter Gemeindebeamter, und von dieser Zeit an wird der leitende Beamte weithin mit dem Titel „Bischof" bezeichnet. Gegen Ende des Jahrhunderts gibt es in Teilen der Kirche auch Oberbischöfe – so in Rom, Antiochien, Alexandrien und später auch in Karthago –, die eine Weisungsbefugnis gegenüber den Bischöfen des Umlandes beanspruchen. Doch haben nicht alle Teile der Kirche diese Entwicklung mitgemacht. Im Innern Kleinasiens, in Phrygien und Galatien, hatte man an der charismatischen Gemeindeleitung festzuhalten versucht; ebenso in Gallien, das mit diesen Ländern in enger Verbindung stand. Noch weniger Zustimmung hatte die Institution eines Episcopus episcoporum gefunden, wie Tertullian und Cyprian von Karthago nicht ohne Spott den römischen Oberbischof nennen.

Die Kirchenverfassung war keine Glaubensfrage, und ihre Unterschiede wurden nicht als trennend angesehen, als in den sechziger Jahren des zweiten Jahrhunderts die dadurch zur katholischen Kirche werdenden Gemeinden ihre Glaubensnormen – die Regula fidei mit dem Taufbekenntnis und den Kanon der liturgisch brauchbaren biblischen Bücher – aneinander ausrichteten und dafür die römische Überlieferung als Modell nahmen. Denn mit der römischen Gemeinde, die sich vor allen andren der Gründung durch zwei Apostel rühmen konnte, mußte zwangsläufig jede katholische Gemeinde in Glaubensdingen übereinstimmen, schreibt Irenaeus. In Glaubensdingen, nicht in den Fragen der Sitte, und dazu rechnete man auch die Verfassung. Gerade Irenaeus, der aus Kleinasien nach Gallien gekommen war, vertrat eine Kirche, die an der charismatischen Gemeindeleitung festhielt.

Daß die Verfassungsfrage die Bedeutung einer Glaubensfrage erlangte und zum kircheneinenden oder -trennenden Merkmal der Katholizität wurde, ergab sich aus äußerer Veranlassung. Kaiser Mark Aurel, der stoische Philosoph auf dem Kaiserthron, war den Christen nicht gewogen. Mit der kaiserlichen Ungunst wuchs auch die Abneigung der Provinzialbehörden. Noch bevor der Kaiser (i. J. 177) ein Abweichen von der trajanischen Regelung des Christenprozesses zugelassen hatte, kam es zu vermehrten Christenverfolgungen. Mit den Christenverfolgungen ist in der alten Kirche regelmäßig eine Belebung der Naherwartung und der Prophetie verbunden. So wurde in Kleinasien, in Phrygien, wo die prophetische Überlieferung lebendig war, die Nähe des Weltendes verkündigt und zu einem neuen Exodus aus der vergehenden Welt aufgerufen. Auf einem hohen Berg, dessen Lage durch die mythischen Namen Pepusa und Thymion angegeben wird, werde sich die Gottesstadt offenbaren, und man müsse ihr entgegengehen.

Der Aufruf erfolgte durch einen Mann namens Montanus. Die kirchliche Polemik hat ihn später, um ihn und seine Bewegung zu diskreditieren, zu einem ehemaligen Priester der Kybele gemacht. Das ist ganz unwahrscheinlich; ein solcher hätte es nirgends in der Kirche zu Einfluß bringen können, am wenigsten bei diesen Christen, die niemandem gehorchen wollten als dem Heiligen Geist und den Propheten Gottes. Montanus fand Gefolgschaft. War er kein beamteter Prophet, so muß er doch Ansehen genossen haben, auch wenn die Montanisten ihn nicht von Anfang an in ihre Kette prophetischer Sukzession eingeordnet haben und Montanus sich in der Überlieferung stärker auf die Aussprüche anderer Propheten stützt als auf von ihm empfangene Offenbarung. Er war jedenfalls der Mann, der zum Auszug aufrief und die Organisation in die Hand nahm. Die Bewegung griff rasch um sich, erfaßte ganz Phrygien und dehnte sich auch auf die benachbarten Landschaften aus. Das Datum ist unterschiedlich überliefert; ein frühes (156) und ein spätes (um 172) werden mitgeteilt. Das spätere trifft zu, weil im Jahre 177 der römische Bischof noch schwankte, ob er mit den Phrygern Kirchengemeinschaft halten und sie damit als katholisch anerkennen solle.

Der Auszug fand statt. Auf dem Berg, auf dem man die Offenbarung der Gottesstadt, des himmlischen Jerusalem erwartete, errichtete man ein festes Lager. Natürlich ließ sich das alles nicht ohne Geld durchführen. Man folgte dem Vorbild der Urgemeinde und sandte Boten aus. Sie verkündigten die Nähe des Gottesreiches und sammelten die Spenden ein, die die Bewegung zum Leben und Wachsen brauchte.

Doch es gab auch Widerspruch. Er konkretisierte sich zuerst westlich von Phrygien in der Asia. Das Christentum in der Asia wies eine andere Sozialstruktur auf als das Christentum in Phrygien. Es hatte Schwerpunkte in den Städten, und in den Stadtgemeinden hatten die Bischöfe begonnen, die Führung der Gemeinden zu übernehmen. Wenn die Briefe des Ignatius einwandfreie Zeugnisse wären, dann müßte dieser Vorgang bereits im zweiten Jahrzehnt zur Zeit seines Martyriums eingesetzt haben; die Briefe zeigen uns Gemeinden, in denen der Bischof, mit unterschiedlichem Erfolg, die Führung der Gemeinde anstrebt. Wir müssen aber mit der Möglichkeit rechnen, daß gerade die beweisenden Stellen interpoliert sind und daß die Übernahme der Gemeindeführung durch den Bischof erst Jahrzehnte danach stattgefunden hat. Wie dem auch sei, der Widerstand konkretisierte sich zunächst in den Gemeinden mit bischöflicher Verfassung, und die Träger des Widerstandes sind überwiegend Bischöfe. Das institutionelle Amt widerstrebt dem von den montanistischen Propheten vertretenen Charisma.

Damit wird die Hochschätzung der Prophetie zum Unterscheidungsmerkmal. Die Montanisten nannten sich selbst „Die Prophetie“ und wurden von der anderen Seite zunächst „Die neue Prophetie“ genannt. Dann sprach man von der phrygischen oder „kataphrygischen“ Häresie; auch der Name „Montanisten“ taucht auf und bringt eine Mißbilligung der schwärmerischen Verehrung zum Ausdruck, die Montanus bei seinen Anhängern genoß.

Das himmlische Jerusalem ließ auf sich warten, aber das machte die Montanisten nicht irr. Wäre diese Erwartung wirklich der entscheidende Unterschied zwischen den Montanisten und ihren Gegnern gewesen, dann wäre die Bewegung wohl in sich zusammengefallen. Aber das Unterscheidungsmerkmal war das Ansehen der Prophetie und ihre Kompetenz für die Gemeindeleitung. Das bedeutete für die Gegner der Montanisten einen schweren Stand. Daß es Prophetie in der Kirche gab und daß der Heilige Geist durch Propheten zu der Kirche reden und sie durch Phropheten leiten konnte, ließ sich nicht bestreiten. Aber nach einer so langen Geschichte der Phrophetie erkannte man auch recht bald, was an der neuen Prophetie fragwürdig war, nämlich die Ekstase der Propheten. Die entsprach nicht dem Ergebnis der biblischen Überlieferung. Man erkannte in ihr ein heidnisches Moment, und das war nicht so falsch.

Die Gestalt des Propheten gibt es in der Bibel und bei den Griechen, und der Name „Prophet“ bezeichnet hier wie dort einen inspirierten Menschen, durch dessen Mund Gott spricht. Aber die Beziehung zwischen dem Heiligen Geist und dem Menschen, durch den er spricht, wird grundverschieden vorgestellt. In der Bibel hat sich für den Propheten die Vorstellung eines bevollmächtigten Boten entwickelt, den Gott zur Verkündigung und Vollstreckung seines Willens aussendet. Das entscheidende Merkmal ist die Vollmacht. Der Prophet handelt als bevollmächtigter Stellvertreter Gottes. Daraus ergibt sich ein Satz, den Paulus im ersten Korintherbrief zitiert, als es um die Ekstase geht: Die Geister der Propheten sind den Propheten untertan. Anders gesagt: Der Prophet redet bei Bewußtsein.

Die Griechen haben eine ganz andere Vorstellung von der Bedeutung der menschlichen Person für das Reden des Propheten. Der Prophet ist hier nur das willenlose Werkzeug des Gottes, der durch ihn spricht. Der Menschengeist zieht aus, wenn der Gottesgeist einzieht. Dementsprechend darf der griechische Prophet seine Orakel nicht bei Bewußtsein verkündigen. Eine bewußte Rede des Propheten wäre ein Einwand gegen seine Wahrhaftigkeit; die Ekstase, das Heraustreten des Menschengeistes beim Einzug des Gottesgeistes, ist ein Beweis der Wahrheit. Im biblischen Denken ist ein Lügenprophet einer, der ohne Vollmacht spricht; für die Griechen einer, der den Inhalt seiner Rede bewußt und willentlich, unter Kontrolle durch seinen Verstand, formuliert. Die griechischen Propheten, die uns aus Religion und Mythos bekannt sind, sprechen sämtlich ohne Bewußtsein in einem zeitweiligen oder dauernden Wahnsinn. Kassandra, die Sibylle, die delphische Pythia und die Orakelpriester verkünden ihre Orakel in Ekstase mit rasendem Munde.

Als der Apostel Paulus sich mit Zungenrede und Prophetie auseinandersetzen mußte, war er nicht so frei, wie er gern gewesen wäre. In der Heidenmission hatte die Ekstase als Zeichen für die Anwesenheit des Heiligen Geistes gegolten, und das Recht der Heidenmission war durch diese Ekstase erwiesen. Paulus selber hatte den Korinthern den nicht sehr praktikablen Rat gegeben, den Geist zwar nicht zu dämpfen, aber auf die Kontrolle der Ekstase durch das Bewußtsein zu achten. So konnten sich die Gegner der Montanisten wenigstens mit halbem Recht auf Paulus und die biblischen Vorstellungen stützen, wenn sie sich gegen die Ekstase der montanistischen Propheten wandten. Hier fand die Polemik einen wirklichen Ansatzpunkt. Man machte sich daran, in Traktaten den Nachweis zu erbringen, daß ein Prophet nicht in Ekstase reden dürfe, und die bischöflichen Gegner der Montanisten versuchten, die Prophetinnen des Montanus zu exorzisieren; das mußte den Montanisten als Lästerung des Gottesgeistes erscheinen.

Die Propheten waren vom Heiligen Geist erwählt, die Bischöfe waren von der Gemeinde für Verwaltungsaufgaben gewählt; entsprechend geringer war ihre Autorität. Um diesen Mangel auszugleichen, kamen sie auf Synoden zusammen und nahmen den einer Versammlung in Christi Namen verheißenen Geist für ihre Beschlüsse in Anspruch. Diese antimontanistischen Bischofssynoden in Kleinasien sind die ersten Synoden, von denen wir wissen. Zur Abwehr der Gnosis kam man noch nicht auf Synoden zusammen und die Bischöfe hatten noch nicht die Leitung der Gemeinden übernommen. Nur in den Ignatiusbriefen erscheint der Bischof als der berufene Verteidiger des Glaubens gegen alle Häresie. Sonst sind es bis Victor von Rom und Polykrates von Ephesus die apostolischen Presbyter, die die Reinheit und Apostolizität der Überlieferung garantieren. Denn gegen die Montanisten konnte man nicht auf die Tradition zurückgreifen; die sprach eher für als gegen sie. Erst nach dem Ausscheiden des Montanismus aus der Kirche werden die Bischöfe zu den Apostelnachfolgern und Bürgen der Reinheit und Apostolizität des Glaubens.

Von der lebhaften literarischen Polemik, die seit Beginn der Streitigkeiten ausbrach, hat sich recht wenig erhalten. Euseb hat ein halbes Dutzend Autorennamen und eine Reihe von Exzerpten mitgeteilt, die interessant für die Geschichte des Montanismus sind, aber die theologische Unfruchtbarkeit der Polemik zeigen. An ihrer Überlieferung hatte die Kirche nach der Ausscheidung des Montanismus kein Interesse mehr.

Außerhalb Kleinasien engagierte man sich nur zögernd. In Rom entschied sich 177 Bischof Eleutheros gegen den Montanismus. Ein aus Kleinasien nach Rom gekommener Mann namens Praxeas hatte ihn dazu bestimmt. Die aus einer trüben Quelle – dem Praedestinatus – stammende Behauptung, schon des Eleutheros Vorgänger Soter habe gegen den Montanismus geschrieben, ist unwahrscheinlich. Es ist denkbar, daß der Canon Muratori in antimontanistischer Absicht die Zahl der Propheten für abgeschlossen erklärt; doch kann man sich diese Erklärung auch gegen die Gnosis gerichtet denken. Irenaeus und mit ihm die gallische Kirche stand dem Montanismus freundlich gegenüber. In Karthago und damit in Africa dürfte die Scheidung, wie sich aus dem Perpetuamartyrium (202/3) schließen läßt, erst nach Beginn des 3. Jh. erfolgt sein. Von großer Bedeutung für unsere Kenntnis des Montanismus ist, daß die Bewegung in Tertullian einen Verteidiger von hohen literarischen Fähigkeiten fand und daß die Kirche nicht wenige der montanistischen Schriften Tertullians trotz ihrer maßlosen antikirchlichen Polemik für überliefernswert gefunden hat.

Der Montanismus war keine Häresie; er unterschied sich von der Kirche nicht in den Fragen des Glaubens, sondern der Sitte. Die Montanisten meinten, den urchristlichen Rigorismus zu bewahren und sich dadurch von der verweltlichten katholischen Kirche zu unterscheiden.

Die Unterschiede bestanden hauptsächlich in den strengeren Fasten der Montanisten, in ihrer Verwerfung der Wiederheirat Verwitweter und in ihrer strengeren Handhabung der Kirchenbuße: sie erteilten Todsündern nicht die Rekonziliation. Dabei ist an Unzuchts- und Abfallssünden zu denken. Der Unterschied zwischen Kirche und Montanismus ist in Wahrheit nicht so kraß, wie Tertullian ihn hinstellt. Auch auf kirchlicher Seite entschloß man sich nur sehr zögernd, alle Sünden durch eine zeitlich begrenzte Buße zu sühnen. Die Konzilien von Elvira und Arles am Anfang des 4. Jh. nennen noch eine ganze Reihe von Sünden, bei denen nicht einmal auf dem Sterbebett die Rekonziliation gewährt wird.

Was den Hauptunterschied anlangt, die Kirchenverfassung, so starben auch bei den Montanisten die Propheten aus. Die Montanisten bildeten eine schismatische, später als häretisch beurteilte Kirche neben der katholischen Kirche. Sie glichen sich in ihren Ämtern an die katholische Verfassung an. In den Zeiten der Reichskirche, als die katholische Kirche oberhalb der Bischöfe die Ämter der Patriarchen und Metropoliten eingerichtet hatte, besaßen die Montanisten an ihrer Spitze einen Patriarchen und unter ihm die den Metropoliten entsprechenden Koinonen. Kaiser Konstantin erließ i. J. 326 die ersten staatlichen Ketzergesetze; unter den betroffenen Häresien nannte er ausdrücklich den Montanismus. Zwei Jahrhunderte später wandte sich Kaiser Justinian gegen die Montanisten und zeigte damit, daß ihre Sonderkirche noch lebendig war. Später scheinen die Reste des Montanismus teils in der katholischen Kirche, teils in jüngeren rigoristischen Bewegungen aufgegangen zu sein.

V. DIE ALTKATHOLISCHEN VÄTER

1. Irenaeus von Lyon

Mit Irenaeus endet die vorkatholische Zeit. Er ist der letzte apostolische Presbyter, Hörer des Apostelschülers Polykarp von Smyrna. Für sein Bewußtsein ist die Zeit der Presbyter noch lebendige Gegenwart. Aber er ist zugleich der erste katholische Kirchenvater; der erste nämlich, der in seinen Schriften von der katholischen Kirche als einer Körperschaft in der Welt redet. Geburts- und Todesjahr sind nicht überliefert. Aus dem, was von ihm und über ihn erzählt wird, läßt sich eine Lebenszeit von 130 bis 200 erschließen. Irenaeus kommt aus Kleinasien. Da er seine Jugendzeit vom Knabenalter an bei Polykarp in Smyrna verbracht hat, stammte er aus einem christlichen Elternhaus. Dieses Elternhaus dürfte in Galatien gestanden haben, denn Irenaeus konnte Keltisch. Er hat nicht Philosophie studiert, steht auch keiner Philosophenschule nah, sondern hat eine kirchliche Ausbildung empfangen. Beeinflussungen durch Apologeten sind literarischer Art und betreffen nicht seine Denkweise. Sein Weltbild ist das heilsgeschichtliche der Bibel.

Seine Kenntnis der keltischen Sprache dürfte den Grund dafür abgegeben haben, daß er im Jahre 177 nach Gallien, nach Lugdunum (= Lyon) gesandt oder gerufen wurde. Die Kirchen im Rhonetal waren von Kleinasien aus gegründet worden und hielten Verbindung mit ihrer Mutterkirche. Ihre Sprache war zu dieser Zeit in den Städten griechisch; das Christentum schickte sich aber an, sich auf das Land auszubreiten, und Irenaeus erwähnt in der Einleitung zu seinem großen Werk, daß er vorwiegend keltisch zu sprechen habe. Das Amt, das Irenaeus in Lugdunum übernehmen sollte, war das des Presbyters. Darunter ist, im Sprachgebrauch des Irenaeus und der Kirchen in Kleinasien und Gallien, das übergemeindliche Leitungsamt in der Nachfolge der Apostel zu verstehen. Die Kirche in Gallien hatte an der altertümlichen Verfassung festgehalten. An ihrer Spitze stand kein Oberbischof, sondern ein Apostelnachfolger, ein „Presbyter", der als Vertreter der Kirche Galliens den Amtstitel Koinonos führte. Auch die einzelnen Gemeinden hatten noch keinen Bischof an ihrer Spitze. Die Lyoner Gemeinde war charismatisch geleitet durch Mitglieder, die unmittelbare Offenbarung vom Heiligen Geist empfangen konnten. Die Geschäfte der Gemeinde wurden durch Diakone geführt, zu denen auch der Bischof gerechnet wurde. Die Lyoner legen in ihrem Bericht von den Martyrien des Jahres 177 Wert darauf, daß ihr Bischof nicht der Gemeindeleiter ist. Das drücken sie mit den Worten aus, ihm sei die Diakonie des Bischofsamtes anvertraut gewesen.

Als Irenaeus nach Lugdunum kam, war dort gerade eine schwere Verfolgung im Anbruch, eine Christenhetze, wie es seit langen Zeiten keine mehr gegeben hatte. Die Behörden in Lyon hatten Anweisungen der Regierung erhalten, hinsichtlich der Christen dem Volksempfinden entgegenzukommen. Die Lyoner Christen neigten dem Montanismus zu; nach ihrer Meinung war das Martyrium für einen Christen die einzige Art, mit Anstand zu sterben. Um sich ihren neuen Presbyter zu erhalten, schickten sie ihn umgehend mit einem Auftrag nach Rom, der ihnen sehr am Herzen lag. Irenaeus sollte dafür sorgen, daß der römische Bischof bei der Kirchengemeinschaft mit den Montanisten in Kleinasien blieb. Denn der römische Glaube galt als Norm; eine Gemeinde, die im Glauben nicht mit Rom übereinstimmte, war nicht katholisch. Beim Montanismus ging es aber nicht um eine Glaubensfrage. Niemand konnte besser und sachverständiger die Verhältnisse in Kleinasien und das Anliegen der Montanisten beurteilen und darstellen als der gerade von dorther gekommene Irenaeus. Dazu gaben sie ihm ein Empfehlungsschreiben mit. Das war üblich, um den Gesandten zu beglaubigen. In diesem Fall war es besonders wichtig, weil daraus hervorging, daß Irenaeus nicht vor der Verfolgung geflohen war.

Irenaeus hatte mit seiner Sendung Erfolg. Es gelang ihm, den Bischof Eleutheros von der Rechtgläubigkeit der Montanisten zu überzeugen. Bis dahin hatte die Kirche sich ausschließlich gegen Gnostiker und Markionisten abzugrenzen gehabt; von denen war der Montanismus mit seiner altertümlichen Gemeindeverfassung, seinem sittlichen Rigorismus und seiner Hochschätzung des prophetischen Amtes und der Prophetie weit entfernt. So schickte der römische Bischof Friedensbriefe an die Brüder in Kleinasien; ihre Versendung bezeugte die Kirchengemeinschaft zwischen Rom und den Montanisten in Kleinasien und erkannte diese damit als rechtgläubig an. Irenaeus konnte wohlverrichteter Dinge zurückkehren. Sein Erfolg war nicht von Dauer. Nach seiner Abreise erschien ein Mann aus Kleinasien namens Praxeas in Rom, ein Vertreter der antimontanistischen Partei, und bestimmte Bischof Eleutheros, die Friedensbriefe wieder zurückzunehmen. Der Montanist Tertullian hat später seine wichtigste dogmatische Schrift ›Gegen Praxeas‹ gerichtet, um zu zeigen, daß der rechte Glaube auf Seiten der Montanisten und nicht ihrer Gegner sei.

Nach seiner Rückkehr trat Irenaeus das Amt als Leiter der Kirche in Gallien an. Er wird auch, wie ihn die Überlieferung nennt, Bischof in Lugdunum geworden sein, denn der Bischof war ein Opfer der Verfolgung geworden. Nach seiner eigenen Terminologie und der seiner Gemeinde war er jedoch Presbyter; damit drückte er weiterhin aus, daß er ein Amt in der Nachfolge der Apostel bekleide. In diesem Amt hatte er noch einmal Ursache, sich für die Christen in Kleinasien einzusetzen. Das war im sogenannten zweiten Osterstreit; der erste Osterstreit war kein wirklicher Streit, sondern die friedliche Feststellung unterschiedlicher Überlieferungen, aber er war die Ursache des zweiten. Zu dem ersten Osterstreit war es gekommen, als Polykarp von Smyrna in den sechziger Jahren zum Glaubensvergleich nach Rom gereist war. Dabei stellte sich heraus, daß man in Kleinasien und Rom das Osterdatum auf unterschiedliche Weise ermittelte. Es gab auch Differenzen in der Dauer der vorausgehenden Fasten. In Rom feierte man Ostern – das war der hauptsächliche Unterschied – an einem Sonntag als dem Auferstehungstag. Die Kleinasiaten waren Quartadecimaner; sie begingen Ostern mit den Juden am vierzehnten Nisan ohne Rücksicht auf den Wochentag und hatten wohl auch eine andere liturgische Praxis. Die Frage, wer recht habe, ließ sich nicht entscheiden. Das einzige anwendbare Kriterium, die apostolische Überlieferung, ging hier auseinander. Da weder Polykarp den römischen Bischof Aniket noch Aniket den Polykarp überzeugen konnte, blieb es bei der jeweiligen Praxis. Aniket empfand den Unterschied als so wenig kirchentrennend, daß er dem Polykarp erlaubte, in seiner Kirche die Eucharistie zu halten.

Die Osterfrage kam erneut zur Sprache, als Ende der neunziger Jahre der römische Bischof Victor versuchte, den römischen Primat auf Kleinasien auszudehnen. Die Mitteilung des Osterdatums demonstrierte oberhirtliche Autorität. Das versuchte Victor; die Differenz zwischen Aniket und Polykarp war nicht vergessen. Die Kleinasiaten, die damals noch keinen Oberbischof hatten, widersprachen; dabei trat Polykrates von Ephesus als ihr Wortführer auf. Weil die Kleinasiaten sich seiner Anordnung nicht fügen wollten, hob Victor die Kirchengemeinschaft mit ihnen auf. Aber nun zeigte sich, daß er den Bogen überspannt hatte. Er hatte zuvor aus der ganzen Kirche Stellungnahmen verlangt, so daß die ganze Kirche an dem Streit beteiligt war. Von allen Seiten erhielt er Widerspruch. Mit der Berechnung des Ostertages habe er zwar recht, aber dies sei bei weitem kein Grund, die Kirchengemeinschaft aufzuheben. Victor mußte einstweilen zurückstecken. Da die andern Kirchen seine Exkommunikation der Kleinasiaten nicht anerkannten, blieb sie wirkungslos bis auf eine bleibende Animosität in Kleinasien gegen die römischen Primatsansprüche, die noch im Ketzertaufstreit zu spüren ist. Im Osterstreit hat Irenaeus lebhaft zugunsten der Kleinasiaten eingegriffen, obwohl er für die Sonntagsfeier eintrat. Dem römischen Bischof hielt er vor Augen, daß er sich zum Neuerer mache, wenn er anders als die Presbyter, die vor ihm die römische Kirche geleitet hatten, des Osterdatums wegen die Kirchengemeinschaft aufhebe. Desgleichen teilte er die Stellungnahme der Kirche Galliens und die gegen Victors Maßnahmen sprechenden Gründe auch den andern Kirchen mit, die Victor in den Streit hineingezogen hatte, und es ist denkbar, daß sein Eingreifen erheblich zu Victors Scheitern beitrug.

Wir kennen den Brief an Victor aus einem großen Exzerpt, das Euseb in seine Kirchengeschichte aufgenommen hat und das er neben anderen Briefen und Schriften des Irenaeus in seiner Bibliothek in Cäsarea vorfand. Vielleicht lag ihm eine Briefsammlung vor. Euseb nennt zwei an römische Christen gerichtete Briefe des Irenaeus; der Empfänger des einen war Florinus, ehemals kirchlicher Presbyter, der zu den Valentinianern abgefallen war, der andere ein Mann namens Blastus. Euseb suggeriert uns durch die Reihenfolge seiner Mitteilungen, es habe sich um Montanisten gehandelt, aber dem widerspricht der Inhalt der Nachrichten.

Möglicherweise hat es sogar eine Sammlung der Predigten des Irenaeus gegeben. Zumindest läßt sich dies für ein ›Buch mit verschiedenen Reden‹ vermuten, das dem Euseb vorlag; der Titel kann aber auch schlicht ein Buch vermischten Inhalts bedeuten. – Ebenfalls verloren ist ein Buch ›Über die Achtheit‹, zu dem sich Irenaeus durch den Abfall des Florinus zur Gnosis veranlaßt sah. Die Achtheit ist in der valentinianischen Seinshierarchie die oberste Stufe der aus dem Urgrund hervorgehenden Wesenheiten.

Nur zwei Werke des Irenaeus sind vollständig, doch nicht in ihrem griechischen Urtext, sondern in Übersetzungen auf uns gekommen. Sein umfangreiches Hauptwerk ist die ›Darstellung und Widerlegung der sogenannten Gnosis‹. Wir besitzen die fünf Bücher in einer genauen lateinischen Übersetzung, umfangreichen Teilen des griechischen Textes und armenischen und syrischen Stücken. Das Werk ist nach und nach gewachsen. Ursprünglich wollte Irenaeus nur über die valentinianische Gnosis und die Geschichte der Gnosis schreiben. Doch wurde eine Darstellung der Kirchenlehre als Gegenbild der Gnosis daraus. Es ist eine der wichtigsten altkirchlichen Quellen, und die ganze antihäretische Polemik der Kirche hat daraus geschöpft. Die Abfassungszeit ergibt sich daraus, daß das dritte Buch während der Amtszeit des römischen Bischofs Eleutheros (174?–189) geschrieben wurde; viel genauer läßt sie sich nicht bestimmen. In armenischer Übersetzung gibt es einen ›Beweis der apostolischen Verkündigung‹. Das kleine Buch, im Umfang ein Zehntel des vorigen, ist in seiner literarischen Form von den älteren Apologien beeinflußt, hat aber ein ganz anderes Konzept. In seinem ersten kürzeren Teil bringt es eine Skizze der apostolischen Verkündigung, im zweiten Teil den „Beweis" aus den Sprüchen der alttestamentlichen Propheten.

Die Theologie des Irenaeus entspringt seinem biblisch-heilsgeschichtlichen Denken. Am Anfang der Heilsgeschichte entfaltet Gott seine ursprüngliche Einheit zur Trinität. Der Logos und der Heilige Geist werden als „Hände Gottes" verstanden; an sie habe sich Gott gewandt, als er „Laßt uns den Menschen machen" sagte. Doch bleibt die Selbständigkeit des Logos und des Geistes undeutlich; die Einheit Gottes ist gegenüber der Dreiheit stark betont. Diese starke Betonung der Einheit Gottes, eine charakteristische Eigenschaft der kleinasiatischen Theologie, setzt sich auch in die Christologie fort. Die Fleischwerdung bedeutet keine Verselbständigung des Sohnes gegenüber dem Vater, auch keine Depotenzierung Gottes, sondern ist als ein Werk des Schöpfers verstanden, der sich mit seinem Geschöpf vereint; die Leidensfähigkeit, zu der es durch die Menschwerdung kommt, ist der Beitrag der menschlichen Natur. Die Einheit Gottes und des Menschen im Gottmenschen geht weit über eine bloße Inspiration hinaus; doch diente die biblische Inspirationsvorstellung als das Modell, nach dem Irenaeus sich die Menschwerdung vorgestellt hat, und darum ist die Einheit nicht physisch, sondern ethisch. Das Erlösungswerk ist ein Werk Gottes in menschlichem Fleisch. Die Leistung der Menschennatur ist der Gehorsam.

Genauer geht des Irenaeus Ansicht von der Fleischwerdung Gottes aus seiner Lehre von der Anakephalaiosis-Recapitulatio hervor. Es handelt sich bei der Rekapitulationstheorie um eine Konsequenz aus der prophetischen Bibelexegese, die wir in ihren Ansätzen schon bei Paulus finden. Die Eigentümlichkeit der prophetischen Exegese ist, daß sie nicht Text, sondern Geschichte auslegt und die Ereignisse der Heilsgeschichte als Zeichen versteht, die ihre spätere Erfüllung ankündigen und vorbereiten. Die Anakephalaiosis = Wiederholung besagt, daß Gott von Anfang an mit der Schöpfung des Menschen dessen Entwicklung geplant und seine ewige Seligkeit vorbereitet habe. Teuflische Versuchung und menschlicher Ungehorsam hatten Gottes Heilsplan zunächst durchkreuzt. Aber Gott führt seinen Heilsplan zu Ende: Christus nimmt als neuer Adam die Entwicklung dort wieder auf, wo der alte Adam versagt hatte, und bringt die Heilsgeschichte an das Ziel, das Gott ihr bestimmt hatte. Er wird wahrer Mensch, wird als Mensch geboren, durchläuft alle Altersstufen, leidet und stirbt, um allen Menschen die Gemeinschaft mit Gott, die Unvergänglichkeit, zu schenken.

2. *Tertullian*

Von Tertullian sind keine Lebensdaten überliefert. Wir wissen aber, daß die ältesten seiner erhaltenen Schriften in den 90er Jahren des zweiten Jahrhunderts geschrieben wurden, die jüngsten nach 220. Zu erschließen ist, daß er sich nicht lange vor 194 zur Philosophie bekehrt hat. Die Bekehrung zum Christentum folgte wenig später. Da er vor seiner Bekehrung zur Philosophie bereits in Rom als Jurist tätig gewesen war, möglicherweise sogar die Beamtenlaufbahn begonnen hatte, ist eine Lebenszeit von 150/60 bis 220/30 für ihn wahrscheinlich. Geboren ist er in Africa. Sein Vater war Centurio im Dienste des Proconsuls. Das heißt, er war Soldat oder Beamter des gehobenen Dienstes und gehörte einer Schicht an, in der die Kaiser zu dieser Zeit die Stütze ihres Thrones zu sehen begannen und die sie entsprechend privilegierten.

Die Mehrzahl der bisher besprochenen griechischen Autoren hatte Philosophie studiert; bei den Lateinern steht an der Stelle des Philosophiestudiums das Studium der Rhetorik als allgemeine Vorbereitung auf einen höheren Beruf. Tertullian hat sich auf diesem Weg für einen Juristenberuf qualifiziert, den er in Rom auszuüben begann. Aus einer Andeutung in seiner Schrift über das Pallium geht hervor, daß er bei den Gerichtsschranken tätig war und vielleicht auch, daß die Fürsorge für die Kanalisation zu seinen Aufgaben gehörte. In den Digesten – einer unter Kaiser Justinian veranstalteten Sammlung von Auszügen aus den Schriften der römischen Juristen – wird ein Verfasser seines Namens mit einer Abhandlung über das Soldatenvermögen erwähnt; ob er mit unserm Tertullian identisch ist, weiß niemand.

Etwa 193/4 gab er plötzlich seine bisherigen Bestrebungen auf und bekehrte sich zur Philosophie. Der Schritt erregte Aufsehen, aber dies kann literarische Fiktion sein, ein Vorwand dafür, daß er seinen Entschluß in einem Bekehrungsbericht ›Über das Pallium‹ verteidigte und die Gründe angab, die ihn veranlaßt hatten, die Toga des römischen Bürgers und Beamten mit dem kurzen Mantel des Philosophen zu vertauschen. Die Schrift hat kaum christlichen Inhalt und zeigt zwar seinen Stil, aber noch nicht die Gewandtheit, die ihn später auszeichnete. Man wird sie darum an den Anfang seiner erhaltenen Schriften zu setzen haben. Es hat den Anschein, als habe er sie ursprünglich bei seiner Bekehrung zur Philosophie verfaßt und sie nachträglich christlich überarbeitet. Die Datierung ergibt sich daraus, daß die Regierung dreier Kaiser erwähnt wird; das paßt in das Jahr 193/4, als nach der Ermordung des Pertinax drei Kaiser von ihren Truppen proklamiert worden waren. Andernfalls könnte man auch daran denken, daß Septimius Severus 198 seinen Sohn Caracalla zum Augustus und seinen Sohn Geta zum Caesar ernannt hatte und diesen 209 zum Augustus beförderte. Aber der Mangel an christlichem Inhalt spricht entscheidend gegen die Spätdatierung. Dazu kommt, daß Tertullian – anders als die Apologeten – nicht grundsätzlich die Philosophie als Vorbereitung des Christentums ansah; daß er eine solche Schrift zwischen 209 und 211 verfaßt habe, als er längst Montanist geworden war, ist kaum vorzustellen. Die Philosophie, zu der sich Tertullian bekehrt hatte, bevor er Christ wurde, war die stoische. Diese Schule hatte dadurch an Bedeutung gewonnen, daß in den Jahren 161–180 mit Marcus Aurelius ein stoischer Philosoph auf den römischen Kaiserthron gekommen war. Sie entsprach mit ihrer Ausrichtung auf die Ethik als den eigentlichen Zweck des Philosophierens besser dem Denken der Römer und besonders dem Tertullians als jede andere Philosophie.

Die Frage, was Tertullian dazu bewogen hat, nach relativ kurzer Zeit von der stoischen Philosophie sich zum Christentum zu bekehren, läßt sich nur vermutungsweise beantworten. Bei den Apologeten, die vom Platonismus zum Christentum übergegangen waren, konnte man immerhin davon ausgehen, daß in diesem Übergang eine gewisse Konsequenz lag; der Märtyrer Justin hat in seinem Bekehrungsbericht dies glaubwürdig dargestellt. Für den Übergang von der stoischen Philosophie war der Weg nicht so gebahnt. Aus Andeutungen in Tertullians Schriften wird man schließen können, daß das Beispiel der um der Wahrheit willen den Tod verachtenden Märtyrer Eindruck auf ihn gemacht hat. Dazu kommt, daß er im Christentum weniger eine Offenbarungs- und Erlösungsreligion als eine Gesetzesreligion erblickte und daß gerade für diese Sicht die stoische Philosophie Anknüpfungspunkte zu bieten hatte. Die Apologeten werden Christen, weil sie im Christentum die Wahrheit als offenbarte Wahrheit finden. Für Tertullian liegt die Wahrheit vielmehr in der begrifflichen, dem Denken zugänglichen Wahrheit; die Zweifel an der Erkennbarkeit der Wahrheit, die die Apologeten dazu bewegen, Christen zu werden, scheint Tertullian nie geteilt zu haben. Er fand im Christentum die Bestätigung der Richtigkeit seines Denkens.

Nach seiner Bekehrung trat Tertullian in die karthagische Gemeinde ein. Hieronymus teilt mit, daß er die Presbyterweihe erhalten habe. Die karthagische Gemeinde hatte im letzten Jahrzehnt des 2. Jh. noch nicht die Verfassung, die sich damals allgemein durchzusetzen begann, nämlich sie hatte noch nicht den dreistufigen Klerus von Bischof, Presbytern und Diakonen an der Spitze. Der Montanismus, das heißt das Festhalten an der urchristlichen Form der Gemeindeleitung, führte zur Krise, weil größere Gemeinden auf die Dauer nicht charismatisch verwaltet werden konnten. Wenn Tertullian bei seinem Eintritt in die karthagische Gemeinde wirklich Presbyter geworden sein sollte, so heißt das, daß er als Doctor-Presbyter eine Mensa und ein Gehalt erhielt. Daß er Katechet war, ist unwahrscheinlich, schon darum, weil er nicht bei der Verfolgung des Jahres 202/3 betroffen war. In seinen Schriften verweist nichts auf eine derartige Tätigkeit als allenfalls seine Mahnung, den Empfang der Taufe nicht übermäßig aufzuschieben. Es könnte aber wohl sein, daß er regelmäßig gepredigt hat; die Adressaten seiner Schriften sind, abgesehen von den Apologien, vorwiegend getaufte Christen. Das Presbyteramt sicherte ihm jedenfalls ein Einkommen und band ihn an seine Gemeinde; er war nicht genötigt, sich als freier Schriftsteller und Lehrer seinen Unterhalt zu verdienen.

Die Verfassung der karthagischen Gemeinde um das Jahr 202/3 ist uns durch das Perpetuamartyrium bekannt; es zeigt die Gemeinde im Begriff der Spaltung in einen charismatisch und einen bischöflich geleiteten Teil. Wir können daraus schließen, daß hier in den neunziger Jahren dieselben Verhältnisse herrschten wie in der Lyoner Gemeinde im Jahre 177. Die Gemeinden hatten zwar einen Bischof, aber es gab noch nicht den monarchischen Episkopat, sondern eine gemeinschaftliche Leitung durch Charismatiker und Gemeindebeamte. Wenn Tertullian die Presbyterweihe erhielt, so trat er damit in die Gemeindeleitung ein. Bei der Spaltung der Gemeinde blieb er, wie das seiner konservativen Grundeinstellung entsprach, bei dem montanistischen Teil, der später nach ihm den Namen „Tertullianisten" erhielt. (Daß sich die Tertullianisten noch einmal von den Montanisten abgespalten hätten, wie Augustin aus ihrem Namen schloß, ist nicht so wahrscheinlich.) Auch nach seiner Trennung von der katholischen Gemeinde genoß Tertullian bei allen karthagischen Christen Ansehen. Seine tatsächliche Bedeutung wird dazu ebenso beigetragen haben wie das ausgeprägte Nationalgefühl der Africaner. Man blieb in Karthago stolz auf ihn. Seine Schriften wurden überliefert, selbst solche, die unmittelbar gegen die katholische Kirche gerichtet waren, und der kirchlichste unter den älteren lateinischen Vätern, Cyprian, las ihn täglich und bezeichnete ihn als „den Meister" schlechthin.

Was Tertullian für den Montanismus einnahm, war zunächst sein

Rigorismus, Ausdruck seines Charakters und Rest seiner stoischen Vergangenheit. Dazu kam seine Hochschätzung der Prophetie. Tertullian erwartete von der Prophetie nicht Offenbarungen über das Wesen Gottes, sondern autoritative sittliche Weisung. Deren Quelle war der Heilige Geist, der durch die Propheten sprach, und an deren Stelle konnte kein von Menschen gewählter und eingesetzter Gemeindebeamter treten. Die Beanspruchung der Bußgewalt durch den Bischof war in seinen Augen die Usurpation eines Reservatrechts Gottes durch einen Gemeindebeamten. Die Heiligkeit der Kirche beruht für ihn, wie in der alten Zeit, auf der Heiligkeit ihrer Glieder, und Tertullian atmet wahrnehmbar auf, als er Gelegenheit findet, die Empfehlung der Kirchenbuße zu widerrufen, die er in seiner „katholischen" Zeit, vor der Spaltung, ausgesprochen hatte.

Hieronymus teilt mit, Neid und Beleidigungen der römischen Kleriker hätten Tertullian veranlaßt, sich dem Montanismus zuzuwenden. Worum es sich dabei genauer gehandelt hat, sagt er nicht; aber die Nachricht erlaubt wenigstens, das Datum der Spaltung zu bestimmen. Wenn die römischen Kleriker, das heißt die römischen Presbyter, namens der römischen Kirche sprachen und nach Karthago schrieben, so geht daraus hervor, daß der römische Bischofsstuhl vakant war. Ein derartiger Versuch der römischen Presbyter, in die karthagischen Verhältnisse einzugreifen, ist hernach noch zweimal unternommen worden: ein halbes Jahrhundert später, als Cyprian karthagischer Bischof war, und noch ein halbes Jahrhundert danach, als in Karthago der Donatismus ausbrach. Die römischen Presbyter hielten sich jedesmal gerade dann für verpflichtet, in die karthagischen Verhältnisse einzugreifen, wenn es keinen römischen Bischof gab. Eine derartige Stellungnahme seitens der römischen Gemeinde wäre, wenn es ihn gegeben hätte, dem Bischof zugekommen, dem Victor oder seinem Nachfolger Zephyrin. Aber von denen war, wie aus der Nachricht des Hieronymus hervorgeht, der erste nicht mehr, der zweite noch nicht im Amt. Zephyrin trat das Amt aber nach Euseb (h. e. 5,28,7) im zehnten Jahr des Severus an, d. h. im Jahr 202. Dies wäre dann das Jahr der Spaltung gewesen.

Bald darauf erließ der Kaiser das Gesetz, das den Übertritt zum Juden- und Christentum verbot und das wenigstens in Africa und Ägypten zu Verfolgungen führte, von denen nur Katechumenen und Katecheten betroffen waren. Eine der Katechumenen, die in dieser Verfolgung das Martyrium erlitten, war Perpetua, und der ausführliche, farbige und an Einzelheiten reiche Bericht von ihrem Martyrium zeigt uns die karthagische Gemeinde in dem Zustand, in dem sich die Spaltung gerade verwirklicht. Die Akten der Perpetua sind übrigens von einem gewandten Schriftsteller verfaßt oder redigiert worden, und die Meinung, dieser Autor oder Redaktor sei Tertullian gewesen, hat viel für sich. Er stimmt zumindest in seinen Ansichten mit den Ansichten Tertullians überein. – Hieronymus war ferner zu Ohren gekommen, Tertullian habe das hohe Alter erreicht, in dem die Kräfte nachlassen. Da er seine Quelle nicht nennt, läßt sich vermuten, daß die Nachricht aus montanistischen Kreisen stammt.

Vor Tertullian gibt es keinen christlichen Schriftsteller, der in lateinischer Sprache schreibt. Viel erörtert ist die Frage, ob ein lateinisch schreibender Apologet namens Minucius Felix vor Tertullian geschrieben habe, weil die von ihm verfaßte Apologie ›Octavius‹ und der ›Liber apologeticus‹ Tertullians einander sehr ähnlich sind. Endgültig entscheiden läßt sich das Problem nicht; aber die Priorität Tertullians ist wahrscheinlicher. Denn Tertullian war ein ganz ungewöhnlich origineller Schriftsteller, und gerade diese Originalität geht dem Minucius Felix ab.

Tertullians Schriften entstammen ungefähr der Zeit zwischen 195 und 225. Damals waren die Gemeinden in Rom und Karthago schon seit längerer Zeit zur lateinischen Sprache übergegangen, aber theologische Literatur in lateinischer Sprache gab es noch nicht. Auch Tertullian hat einige Schriften auf Griechisch veröffentlicht, vermutlich, weil er Leser griechischer Sprache zur Auseinandersetzung nötigen wollte. Dahin gehört ein sechs Bücher umfassendes, später auf sieben Bücher erweitertes Werk ›Über die Ekstase‹. Die Auseinandersetzung zwischen Kirche und Montanismus wurde ursprünglich – da die Kirche den Montanisten nicht die Prophetie an sich vorwerfen konnte und da die Montanisten bei dem Hauptproblem, der Gemeindeverfassung, das Herkommen für sich hatten – um die Frage geführt, ob ein Prophet in der Ekstase prophezeien dürfen. Das siebte Buch setzte sich mit einem Antimontanisten Apollonius auseinander, der eben das bestritten hatte. Die Schrift ist ebenso verloren wie die griechischen Ausgaben dreier anderer Schriften Tertullians.

Es wäre reizvoll gewesen, Tertullians Griechisch mit seinem Latein zu vergleichen. Sein Latein hat, wegen seines Stils, schon den Zeitgenossen Eindruck gemacht. Cyprian habe keinen Tag vergehen lassen, ohne ein Stück Tertullian zu lesen, bekam Hieronymus zu hören. Vincenz von Lerinum sagt, daß bei Tertullian jedes Wort Sinn habe „quot paene verba tot sententiae sunt". Wir können dem Urteil zustimmen. Die Sätze sind mit Gedanken ebenso überfrachtet wie mit rhetorischem Schmuck. Die Sprache hat ungewohnten Klang. Ihre Schönheit liegt nicht im Gleichmaß der wohlgebauten Periode, sondern in der Harmonie von Form und gedanklichem Inhalt. Die Bilder leben; sie entwikkeln kein Eigenleben, sondern dienen dem Gegenstand, den sie abbilden. Tertullian ist einer der aggressivsten Schriftsteller, die es in der Antike gibt. Daß seine Apologetik zur Polemik wird und nicht selten zur drohenden Polemik, nimmt nicht wunder. Aber auch wenn er ethische Traktate schreibt, werden sie zur Kontroversliteratur. Dabei gelingen ihm einprägsame und griffige Formeln. Daß sein leidenschaftliches Temperament und seine stoische Bildung und Denkweise in einem seltsamen Kontrast stehen, ist ihm bewußt gewesen. Als er über die Geduld schreibt, klagt er sich mit Recht an, eine Tugend zu empfehlen, die er selber nicht besitze. Auch im Alter wurde er nicht mild und abgeklärt; vielmehr gehört die leidenschaftlichste und maßloseste Polemik gerade in sein Alter, und wenn man seine Schriften nach der Heftigkeit seiner Polemik ordnet, ergibt sich ungefähr die chronologische Reihenfolge. Eine genaue Ordnung läßt sich ohnehin nicht durchführen; selbst eine grobe Ordnung in die vormontanistische und die montanistische Periode läßt sich nicht für alle Schriften überzeugend begründen. Seine maßlose Polemik gilt nicht nur den Häretikern, sondern auch der katholischen Kirche, deren Entstehungsprozeß mit dem Ausschluß ihrer urchristlichen Reste, d.h. des Montanismus, in seiner Zeit erst zu einem gewissen Abschluß kommt. Es ist erstaunlich und für einen streng kirchlichen Standpunkt – der Blick in die Lehrbücher zeigt es – sogar unbegreiflich, daß die Kirche dennoch so viele seiner Schriften überliefert hat. Man kann es sich nur so erklären, daß die Lateiner wußten, was sie an ihm hatten, und ihn um dessentwillen ertrugen. Sie zeigten damit ein gesundes Urteil. Tertullian war zweifellos Schismatiker, aber ein sehr kirchlicher, auch wenn ihm seine extrem konservative Haltung nicht erlaubte, die Kirche auf ihrem Weg zu neuer Form und Gestalt zu begleiten.

An den Anfang seiner Schriften gehört der Bekehrungsbericht ›Über das Pallium‹, den Philosophenmantel. Tertullian geht von der Fiktion aus, seine Mitbürger hätten Anstoß daran genommen, daß er die Toga – Tracht des römischen Bürgers und Symbol einer Beamtenlaufbahn (vgl. auch Apol 46,13 „Ädilenwürde") – aufgegeben und sich mit dem Mäntelchen des Philosophen zu einer Art Aussteigerexistenz bekannt habe. Tertullian war nicht so geartet, daß ihn die Kritik seiner Mitbürger in seinem Selbstbewußtsein getroffen hätte. Doch sind Bekehrungsberichte, in denen der Autor die Gründe für seinen Gesinnungswandel darlegt, kein ungewöhnliches Thema. Für Tertullian war das Thema insofern brennend, als die stoische Philosophie den Einsatz für das Wohl der Allgemeinheit verlangte, und dem gerade entzog sich, wer so demonstrativ die Toga ablegte. Insofern brauchte Tertullian auch für sich selber eine gewisse Rechtfertigung. Die Schrift ist gemessen an seinen späteren Arbeiten relativ ungewandt und enthält in ihrem Gedankengang nichts Christliches, Grund genug, sie an den Anfang seiner Schriftstellerei zu setzen. In diesem Fall ist das kleine Buch im Jahre 194 geschrieben. Wenn er es später notdürftig mit einigen christlichen Zutaten versehen und veröffentlicht hat, so hatte er dazu ein gewisses Recht, als er wohl bald gemerkt haben dürfte, daß die Rolle des reisenden Philosophen ihm nicht recht lag. Er muß sich bald danach zum Christentum bekehrt haben und machte sich, wie das seinem Temperament und seinem Herkommen von der Philosophie entsprach, sofort an die Apologetik, die literarische Verteidigung.

Tertullian beginnt Anfang 197 mit einer ersten Apologie ›Ad nationes‹. Mit den Nationen, den Völkern sind nach biblischem Sprachgebrauch die Heiden gemeint. Er kennt das Schema, das die griechischen Apologeten seit zwei Menschenaltern für ihre Verteidigung des Christentums entwickelt haben, aber er hält sich nicht daran. Von den reichlich abgenutzten Argumentationen der Griechen macht er nur wenig, und nicht einmal besonders geschickt Gebrauch. Diese Art, Bücher durch Abschreiben von Vorgängern zu schreiben, liegt ihm offensichtlich nicht. Aber er ist dabei, seinen eigenen Stil zu finden. Neu ist der aggressive Ton und die Aktualisierung durch die Zuwendung zu den römischen Göttern als dem Hauptgegenstand der Kritik. Die Schrift zeigt wenig Ordnung, als sei sie hastig geschrieben. Vielleicht war sie nie mehr als ein erster Entwurf, der – mit oder ohne seinen Willen – zur Veröffentlichung kam.

Das Werk, dessen Vorbereitung die Bücher Ad nationes dienten, ist das Apologeticum (oder Liber apologeticus). Es ist die erste Apologie in lateinischer Sprache, der Anfang der lateinischen Väterliteratur. Gerade der Vergleich mit den griechischen Apologien zeigt Tertullians Orginalität. Die in die Augen springenden Unterschiede betreffen zunächst den Ton: Das Buch ist weit aggressiver, als man es von den Griechen gewohnt war. Grund dafür ist nicht allein Tertullians Angriffslust, sondern auch eine fühlbare Änderung der religiösen Situation im Römerreich. Der Synkretismus ist im Grund schon seit Commodus, auf jeden Fall seit Septimius Severus, in die öffentliche Frömmigkeit eingedrungen und macht die römische Religion zu einer Religion unter anderen. Fragt man nach dem Urheber, so hat man auf Mark Aurel zu verweisen, dessen stoische Philosophie den geistigen Anfang mit der nationalen und sozialen, und schließlich auch religiösen Nivellierung machte.

Unübersehbar wird die Tendenz unter den Severern. Septimius Severus ist der erste Soldatenkaiser. Er stammt aus Leptis Magna, d.h., er ist Africaner und steht den Puniern näher als den Römern. Für seine Person ist er keiner Religion verpflichtet, sondern glaubt an die Macht der Sterngötter. Seine Ehe mit der Iulia Domna aus einem Geschlecht von Priesterkönigen eines syrischen Sonnengottes, des Baal von Emesa, ist nicht Ursache, sondern Ausdruck dafür, daß nun das Römerreich sich orientalischer Frömmigkeit zu öffnen beginnt. Die kaiserliche Religionspolitik ist – wie die ganze Innenpolitik des Kaisers – auf Nivellierung und Abbau der Bevorzugung der Römer bedacht. Auf die Dauer wird diese Entwicklung der Ausbreitung des Christentums zugute kommen. Zunächst macht sie aber die Sonderstellung deutlich, die die christliche Religion einnimmt.

Denn es ist immer noch verboten, Christ zu sein. Das Gesetz, das das Verbot formuliert, existiert zwar nicht mehr; es ist vor fast hundert Jahren zusammen mit der Erinnerung an seinen Urheber, Kaiser Domitian, getilgt worden. Aber es gibt eine Prozeßordnung, die keinen Zweifel daran läßt, daß das Christentum ein Delikt ist. Ursprünglich hatte sie Kaiser Trajan mit der Maßgabe erlassen, daß das Christentum nur auf Anzeige zu verfolgen sei. Aus einigen Andeutungen müssen wir aber schließen, daß Kaiser Mark Aurel die Statthalter angewiesen hatte, unter Umständen von sich aus gegen die Christen vorzugehen. Die Griechen haben sich darum mit ihren Apologien vor 177 ›An die Kaiser‹ und ›An die Heiden‹ gewandt; so auch Tertullian in seinem ersten Entwurf. Von da an sind aber die Statthalter die Adressaten unseres Autors; von ihrer Entscheidung hängt einstweilen noch die Lage der Kirche ab. Die blutige Lyoner Verfolgung des Jahres 177 hatte gezeigt, wie ein Statthalter das Volk gegen die Christen aufhetzen konnte, wenn er sich dem Kaiser gefällig zeigen wollte. Im großen ganzen erweisen sich die Statthalter in der Verfolgungszeit der Kirche als pflichttreue Beamte, die sich an Gesetze und Herkommen halten. Mit ihnen hat sich Tertullian an die Personen gewandt, auf die es tatsächlich ankam.

Dies wird auch der Grund dafür sein, sieht man von Tertullians persönlichem Interesse an der Jurisprudenz ab, daß die juristische Seite der Christenverfolgungen in den Vordergrund tritt, die religiöse und philosophische zurücksteht. Daß die Zurückhaltung vom Kaiserkult keine Mißachtung der kaiserlichen Majestät sei und daß man für das Gemeinwohl eintreten könne, ohne die römischen Götter zu verehren, mußte ausgesprochen und begründet werden, und solche Gedanken waren wichtig in einer Zeit, in der die Kaiseridee mit den römischen Göttern in Konkurrenz zu treten begann. Nur die schlechten Kaiser bösen Angedenkens hätten sich als Christenfeinde hervorgetan; sonst aber sei Friede zwischen dem Kaiser und den Christen gewesen, behauptet Tertullian etwas zu summarisch. Vom Apologeticum sind zwei deutlich voneinander abweichende Fassungen erhalten geblieben, die eine (im sog. Codex Fuldensis) wahrscheinlich eine Überarbeitung der anderen, so daß wir hier von Adv. nationes an das allmähliche Reifen einer Apologie beobachten können. Zwei kleinere apologetische Schriften sind zu erwähnen. Im Apologeticum hatte Tertullian behauptet, die Menschenseele sei von Natur aus eine Christin; diesen Gedanken begründet er in der Schrift ›Vom Zeugnis der Seele‹, indem er zeigt, daß auch die Heiden an die Einheit Gottes und das Weiterbestehen der Seele glauben. – Im Jahre 212, nachdem Caracalla seinen Bruder Geta ermordet und damit die Alleinherrschaft errungen hatte, befürchteten die Christen in Africa, der Proconsul Scapula werde eine Verfolgung veranstalten. Tertullian wendet sich an den Proconsul und deutet ihm eine Sonnenfinsternis als Vorboten des göttlichen Gerichts.

Zu Tertullians Zeiten war zwischen Kirche und Gnostizismus längst eine scharfe Grenze gezogen, und die Merkmale, durch die sich beide unterschieden, waren bekannt. Doch konnte sich der Gnostizismus immer als eine höhere Form des Christentums darstellen und sich mit seiner Werbung vorzugsweise an die Kirchenchristen wenden. Tertullian hat einen großen Teil seiner Arbeit der Bekämpfung des Gnostizismus gewidmet und sich mit den Valentinianern, den Markionisten und einem Gnostiker lokaler Bedeutung namens Hermogenes auseinandergesetzt. Seine beiden umfangreichsten Schriften sind antihäretische Werke. Beide sind erst in seiner montanistischen Zeit zum Abschluß gebracht worden. Zunächst seien die 5 Bücher gegen Markion genannt. Das langsam gewachsene und mehrfach nachträglich erweiterte Werk ist unsere wichtigste Quelle für die Kenntnis dieser Häresie. Tertullian setzt sich in den ersten beiden Büchern mit Markions Unterscheidung zwischen dem guten Gott und dem Schöpfer auseinander; konsequenterweise übt er im dritten Buch Kritik an Markions Messiasbegriff. Aus den beiden letzten Büchern lernen wir Markions Neues Testament kennen. In ihnen bemüht sich Tertullian um die Widerlegung der Widersprüche, die Markion zwischen dem Alten und dem Neuen Testament entdeckt zu haben glaubte.

Tertullian neigte nicht dazu, seine Meinung zu wechseln. Er hatte als Stoiker begonnen, und stoisch blieb auch sein Denken. Die Gnostiker waren für ihn christliche Platoniker – sie waren es in der Tat –, und wenn er die Gnosis bekämpft, bekämpft er mit ihr das platonische Denken. Das kommt nicht zum wenigsten in seiner Schrift über die Seele zum

Ausdruck. Die umfangreiche, nicht klar disponierte Schrift lehnt sich an das gleichbetitelte – heute verlorene – Werk des Arztes Soranos von Ephesos an, der ebenfalls dem stoischen Denken verbunden war. Schließlich sei aus den antihäretischen Schriften noch ›De praescriptione haereticorum‹ erwähnt, der ›Prozeßeinspruch gegen die Häretiker‹, weil Tertullian darin dem bei den griechischen Apologeten zum Topos gewordenen Altersbeweis eine für ihn charakteristische, nämlich juristische Form gegeben hat. Die Schrift stammt noch aus der katholischen Zeit. Das römische Prozeßrecht verstand unter der Praescriptio den Einspruch gegen eine Klage, bei dem der Beklagte vor Pozeßbeginn bewies, daß der Kläger keinen Besitzanspruch haben könne, und so eine Abweisung der Klage vor dem Eintritt in das Verfahren erreichte. Tertullian wählt diese Form, um darzulegen, daß jede Diskussion über die Wahrheit gnostischer Anschauungen überflüssig sei, weil die Wahrheit immer und ausschließlich im Besitz der katholischen Gemeinden gewesen sei. Denn Christus habe seine Lehre allein seinen Aposteln, und diese nur den von ihnen gegründeten Gemeinden anvertraut. Darum sei die in diesen überlieferte Regula fidei wahr und jeder Wahrheitsanspruch an ihr zu messen.

Nach seinem Temperament und Schreibweise war Tertullian Polemiker, und seine wichtigste dogmatische Schrift – seine einzige, zumindest seine einzige, die nicht gegen die Gnostiker gerichtet ist – ist der polemische Traktat ›Gegen Praxeas‹. Praxeas war im Jahre 177 aus Kleinasien nach Rom gekommen, und durch Praxeas war Bischof Eleutheros dazu bewogen worden, die bereits nach Kleinasien gesandten Friedensbriefe zurückzunehmen. So habe er in Rom, sagt Tertullian, zwei Werke des Teufels getan, die Prophetie ausgetrieben und die patripassianische Häresie eingeführt.

Was versteht Tertullian unter dem Patripassianismus? Wir sind im Jahre 213, als Tertullian gegen Praxeas schrieb, noch weit von der trinitarischen Rechtgläubigkeit entfernt, wie sie 381 endgültig beschlossen wurde. Die Kirche hatte von ihrem jüdisch-biblischen Ursprung her ein starkes monotheistisches Pathos übernommen. Der Glaube an den einen Gott bezeichnete nach christlichem Empfinden am deutlichsten den Unterschied gegenüber den Heiden mit ihrer Vielgötterei. Aber mit dem Glauben an den einen Gott mußte der Glaube an die Gottheit Christi vereinigt werden. Ein naiver Versuch, die Einheit Gottes und die Gottheit Christi nebeneinander festzuhalten, bot sich dadurch an, daß man Christus für identisch mit dem Vater erklärte. In der Gestalt Christi sei der Vater und Schöpfer der Welt selber erschienen.

Die Unzulänglichkeit dieses Auswegs stellte sich heraus, wenn man an das von der Person Christi unablösbare Leiden dachte. Waren der Vater und Christus identisch, dann sagte man von dem nicht leidensfähigen Gott aus, er habe wahrhaftig gelitten, als er in Christi Gestalt erschienen sei. Eine derartige Behauptung war für einen halbwegs gebildeten Menschen Dummheit und Gotteslästerung zugleich, und Tertullian gießt einen ätzenden Spott aus, wenn er die Vertreter dieser Ansicht Patripassianer nennt.

Tertullian bediente sich zur Lösung der theologischen Probleme seiner stoischen Physik. Wie die Platoniker vor dem Neuplatonismus nur immaterielles Sein kennen, so kennen die Stoiker nur materielles Sein. „Alles, was ist, ist körperlich", sagt Tertullian in diesem Zusammenhang, „körperlich nach seiner jeweiligen Art". Weil die Stoiker alles Seiende für körperlich ansahen, hatten sie eine ausführliche Lehre von der Mischung der verschiedenen Substanzen entwickelt und unterschieden Intensitätsgrade der Durchmischung, wie wir Mischungen, Suspensionen, Lösungen und Verbindungen unterscheiden. In der Person des Gottmenschen Jesus Christus habe sich göttliche und menschliche Substanz auf eine Weise durchdrungen, daß ihre jeweiligen Eigenschaften erhalten geblieben seien. Die göttliche Substanz habe das Handeln, die menschliche das Leiden beigetragen. Das Leiden Christi wird mithin von der Person des Gottmenschen, aber nicht von der göttlichen Substanz ausgesagt.

Das trinitarische Problem löst Tertullian so, daß er Sohn und Geist als Seitenarme der als Fluß vorgestellten göttlichen Substanz beschreibt. Die Unterscheidung von Sohn und Geist beginnt an einem Punkt der Heilsgeschichte, und an einem späteren Punkt, am Ende der Heilsgeschichte, werden auch die abgeteilten Substanzen von Sohn und Geist wieder zum Vater zurückkehren, daß Gott wieder alles in allem sein wird, wie er am Anfang alles in allem war.

Die tertullianische Gestalt der Trinitätslehre hat das Denken der lateinischen Kirche bestimmt. Sie ist der Grund dafür, daß der Westen während des trinitarischen Streits das Homousios einbrachte und zäh daran festhielt. Für die platonisch denkenden Griechen reichte freilich eine nur heilsgeschichtliche Unterscheidung der göttlichen Personen nicht aus. Sohn und Geist müssen von ewig her in Ewigkeit vom Vater unterschieden gedacht werden. Erst als es gelang, den tertullianischen Begriff der Substantia griechisch in die beiden Begriffe der Ousia und der Hypostasis aufzuspalten, konnten Griechen und Römer sich einigen. Die Einheit der Ousia (lateinisch substantia) wahrt die Einheit Gottes; die Dreiheit der Hypostasen (hypostasis wörtlich = substantia, faktisch aber = persona; persona hat kein griechisches Äquivalent; die Überset-

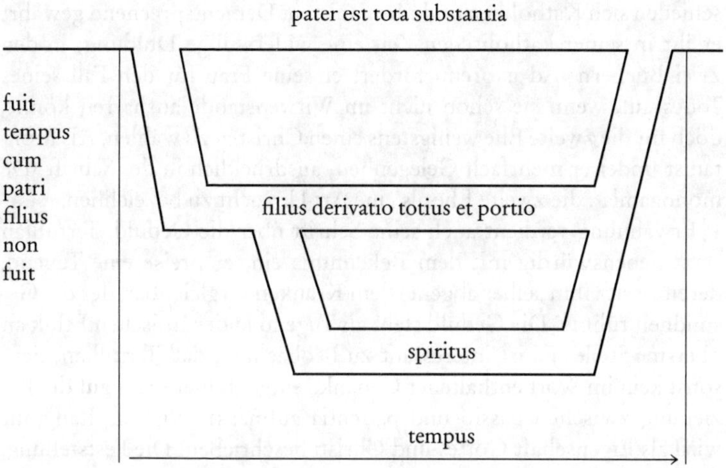

zung prosopon bedeutet eine Theaterrolle und hält die Identität und Unverwechselbarkeit der Person nicht fest) wahrt die Selbständigkeit und Unverwechselbarkeit der göttlichen Personen.

Tertullians geistiger Heimat in der Stoa entspricht, daß die größte Gruppe seiner Abhandlungen Diatriben sind, ethische Traktate. Reihenfolge und Datierung sind in der Regel problematisch, doch lassen sich katholische und montanistische Schriften unterscheiden. Es kann überraschen, daß die katholische Kirche zwar nicht alle, aber doch einige Schriften überliefert hat, in denen der Montanist Tertullian heftige Ausfälle gegen das katholische Christentum veranstaltet.

Bei einem Traktat bringt dies bereits der Titel zum Ausdruck ›Über das Fasten gegen die Psychiker‹. Von der schrofferen montanistischen Fastenpraxis aus werden die katholischen Fastensitten als eine Art Völlerei hingestellt. Als „Psychiker" hatten ursprünglich die Gnostiker die Kirchenchristen bezeichnet, um ihr auf der Höhe des Bewußtseins stehendes Geistchristentum von dem dumpfen Seelenchristentum der Katholiken zu unterscheiden. Die Seele, Verbindungsglied zwischen Geist und Leib, ist zwar immateriell wie der Geist, aber im Leib verwurzelt und ohne Lenkung durch den Geist auf das Leiblich-Materielle ausgerichtet. Weil die Montanisten eine unmittelbare Leitung ihrer Gemeinden durch den aus ihren Propheten sprechenden Heiligen Geist beanspruchten, bezeichneten sie das katholische Christentum als psychisch = seelisch und mithin ungeistlich. Verhältnismäßig oft wendet Tertullian sich gegen die zweite Ehe. In deren Beurteilung unterschieden sich Katholiken und Montanisten. Dementsprechend gewährt er ihr in seiner katholischen Zeit eine widerwillige Duldung; in den zwei Büchern ›Ad uxorem‹ fordert er seine Frau für den Fall seines Todes auf, wenn sie schon nicht im Witwenstande ausharren könne, doch für die zweite Ehe wenigstens einen Christen zu wählen. Als Montanist findet er mehrfach Gelegenheit, ausdrücklich in der Schrift ›De monogamia‹, die zweite Ehe als eine Art Unzucht zu bezeichnen.

Erwähnung verdient auch seine Schrift über die Geduld. Tertullian setzt liebenswürdig mit dem Bekenntnis ein, er preise eine Tugend, deren Besitz ihm selber abgehe, dem Kranken vergleichbar, der die Gesundheit rühme. Die Geduld steht als Tugend in der stoischen Ethik an oberster Stelle. Es ist interessant zu beobachten, daß Tertullian, dem sonst kein im Wort enthaltener Gedanke entgeht, hier nicht auf die Beziehung zwischen passio und patientia aufmerkt. Nur die Langmut wird als Eigenschaft Gottes und Christi beschrieben. Die Feststellung, daß Tertullian hier ein konventionelles Thema auf konventionelle Weise abgehandelt hat, spricht dafür, den Traktat als eine seiner ersten christlichen Schriften anzusehen.

Ein Vergleich der beiden Schriften ›Über die Buße‹ (De paenitentia) und ›Über den Anstand‹ (wörtlich: „Ehrbarkeit“ = pudicitia) ist darum interessant, weil Tertullian in der zweiten Schrift als Montanist den Standpunkt ausdrücklich widerruft, den er in der ersten Schrift als Katholik eingenommen hatte. In Tertullians Zeiten hatte sich die Kirchenbuße als Sitte durchgesetzt, und ihre Verwaltung wurde von den Bischöfen beansprucht. Die Christen glaubten von Anfang an, daß mit der Taufe eine vollständige Sündenvergebung und Befreiung von aller Sündenschuld erlangt wurde. Solange man das Weltende in der nächsten Nähe erwartete, konnten die Getauften in der Überzeugung leben, in dem Stand der Unschuld, den sie mit der Taufe erlangt hatten, bis an ihren Tod zu verbleiben. Etwa bis zum Ende des ersten Jahrhunderts war man überzeugt, daß ein Christ nicht sündigt, wenigstens nicht so schwer, daß er dadurch seine Hoffnung auf das ewige Leben verloren hätte.

Als das Weltende ausblieb, ließ sich die Tatsache auf die Dauer nicht übersehen, daß auch Christen sündigten. Probleme entstanden dabei nicht so sehr durch die ganz schweren Sünden, Mord, Ehebruch und Rückfall in das Heidentum, als vielmehr durch die weniger schweren, aber unübersehbaren Sünden, die an Christen nicht zu dulden waren, aber nicht so schwer, daß eine Wiedergutmachung unmöglich erschienen wäre. Für diese Sünden setzte sich ein Bußverfahren durch. Der Sünder bekannte seine Sünden öffentlich in der Gemeindeversammlung, blieb von da an der Eucharistie fern und zeigte durch Kleidung und Haltung seine Bußgesinnung. Nach angemessener Bußzeit wurde seine Buße als hinlänglich angesehen und er wieder zur Eucharistie zugelassen. Eine wichtige Frage war, wer die Bußleistung im Namen des durch die Sünde beleidigten Gottes als ausreichend anzuerkennen habe. Dafür kam die Gemeindeversammlung in Frage oder bestimmte Gemeindebeamte, aber auch die bewährten Pneumatiker in der Gemeinde, durch die erfahrungsgemäß der Heilige Geist sprach. Eine einheitliche Regelung ergab sich erst mit dem Ausscheiden der Prophetie und des Montanismus. Da fiel die Entscheidung mit Selbstverständlichkeit dem Bischof zu als dem Leiter der Eucharistiefeier.

Tertullian hat in seiner katholischen Zeit ein Buch geschrieben, um die Buße zu empfehlen. Liest man den Anfang der Schrift, so meint man ein Unbehagen Tertullians zu empfinden. Das Wort paenitentia klingt in Römerohren weniger gut, als das Wort „Buße" in unserer Sprache. Das Wort Buße drückt eine äquivalente Leistung aus; paenitentia steht der Reue näher als der Buße. Buße erstrebt Gerechtigkeit, paenitentia sucht eher Gnade. Ein anständiger Mensch, so meint man als Grundstimmung Tertullians und aller Römer mit ihm herauszuhören, hat nichts zu bereuen. So führt Tertullian am Anfang aus, daß die Sünden die Buße erforderlich machen und daß nicht nur die Tatsünden, sondern auch die Sünden des Willens Buße verlangen.

Tertullian kommt in diesem Zusammenhang auf den Taufaufschub zu sprechen. Gerade weil man in der Taufe eine vollständige Sündenvergebung empfing, lag es nah, diese Gabe nicht zu vergeuden und den Empfang der Taufe auf ein Lebensalter zu verschieben, in dem Neigung und Gelegenheit zum Sündigen den Menschen weniger anfochten als in seinen jungen Jahren. An sich war Tertullian kein Freund der Kindertaufe. In seiner Abhandlung über die Taufe hatte er sich dagegen gewandt: „Was drängt sich die unschuldige Kindheit zur Sündenvergebung!" Daß aber der Taufaufschub eine bequeme Gelegenheit zum Sündigen angesichts der darauf folgenden sicheren Sündenvergebung darbot, war ein schwerer Mißbrauch. Wer sich überhaupt entschlossen hatte, Christ zu werden, der sollte alsbald mit der Taufbuße beginnen. Im Grunde verdient sich für Tertullian der Täufling die Taufgnade durch die vorausgehende Taufbuße. Das Thema verlangt, daß Tertullian im zweiten Teil seiner Schrift die Kirchenbuße behandelt und sie empfiehlt. Für die Sünden der Getauften gibt es eine einmalige Gelegenheit, durch öffentliches Sündenbekenntnis und Buße wieder zu der verlorenen Gnade zu gelangen. Wenn es schon ein Heilmittel gibt, dann wäre es eine unverständliche Torheit, dieses Mittel nicht zu gebrauchen.

Das Unbehagen, das Tertullian in seiner katholischen Zeit an der Handhabung der Kirchenbuße empfunden haben mochte, konnte er als Montanist korrigieren. Ein römischer Bischof – Tertullian nennt ihn ironisch pontifex scilicet maximus, id est episcopus episcoporum, und diese Bezeichnung gibt nur einen Sinn, wenn sie auf einen römischen Bischof zielt – hatte erklärt, er werde hinfort auch Unzuchtssünden nach abgeleisteter Kirchenbuße vergeben. Anscheinend war das eine Neuerung. Abfall, Ehebruch und Mord hatten bis dahin als unvergebbar gegolten. Apg 15,20.29 bot dafür die Begründung in der Heiligen Schrift, und Tertullian geht bei seinen Darlegungen von der Unterscheidung läßlicher (peccata remissibilia) und tödlicher (inremissibilia) Sünden aus. Die Neuerung, gegen die Tertullian sich wendet und die ihm Gelegenheit zur Korrektur seiner früheren laxen Ansicht gibt, besteht offensichtlich darin, daß der Oberbischof seine Bereitschaft erklärte, hinfort Unzuchtssünder nicht nur zur Buße zuzulassen, sondern ihnen nach geleisteter Buße auch die Rekonziliation zu gewähren. Bisweilen findet man die Ansicht, Tertullian habe mit De pudicitia nicht allein den römischen, sondern auch den karthagischen Bischof aufs Korn genommen, weil dieser dieselbe Vollmacht beansprucht habe.

Rekonziliation von Todsündern gab es auch vorher schon, eh die Bischöfe sich für kompetent erklärten. Sie war Sache der Pneumatiker, erkennbar mit dem Heiligen Geist begabter Christen. An die Stelle der eigentlichen Pneumatiker konnten in Verfolgungszeiten die Konfessoren treten, die als Christen angeklagt ihr Christentum bekannt hatten. Nach Tertullian war die Vergebung von Unzuchtssünden durch Konfessoren katholische Praxis. Sie muß den Bischöfen ein Dorn im Auge gewesen sein. Das Edikt, gegen das sich De pudicitia wendet, dürfte der Unterbindung dieser Praxis gedient haben.

Aber so schnell konnte man nicht auf die Konfessoren als vollmächtige Vertreter Gottes verzichten. Ein Menschenalter danach drängen sich in der decischen Verfolgung die Abgefallenen um die Bekenner, die nun als Mund des Heiligen Geistes gelten. Denn in der katholischen Kirche gibt es sichtlich keine Propheten mehr, und die Abfallssünder lassen sich von diesen, den einzig erreichbaren Pneumatikern, die Rekonziliation zusprechen. Cyprian wandte sich dagegen und reklamierte die Wiederaufnahme der durch ihren Abfall automatisch Exkommunizierten für die Kompetenz des Bischofs. Noch die Synoden von Elvira (306) und Arles (314) müssen beschließen, daß die von Konfessoren ausgestellten Friedensbriefe durch andere (bischöfliche) Friedensbriefe zu ersetzen seien.

Die Montanisten hatten sich jedenfalls dafür entschieden, Todsündern nicht die Rekonziliation zu gewähren. Sie wurden zur Kirchenbuße zugelassen, mußten aber bis an ihr Lebensende in der Hoffnung auf die unmittelbare Gnade Gottes im Stande der Buße verbleiben. Die Kirche wolle von ihrer Vollmacht keinen Gebrauch machen, sagt Tertullian, um keinen Anreiz zur Sünde zu schaffen. De pudicitia ist wohl die späteste der erhaltenen Schriften Tertullians. Wenn der römische Bischof Kallist (217–222) war, ergibt sich mit dessen Tod ein Anhaltspunkt, ein terminus post quem, für Tertullians Lebensende.

3. Klemens von Alexandrien

Das nichtgnostische Christentum Ägyptens taucht erst um die Wende des zweiten zum dritten Jahrhundert in der Geschichte der katholischen Kirche auf. Das ist erstaunlich spät. Ägypten ist eines der ersten Länder, in denen es Christen gab. Als das Christentum auf dem Landweg das syrische Antiochien erreichte, fand es dort bereits ein Christentum vor, das auf dem Seeweg über die Kyrenaika und Zypern dahin gelangt war. Der Grund für den späten Eintritt Ägyptens in die Kirchengeschichte liegt nicht darin, daß es in Ägypten nur gnostisches Christentum gegeben habe, sondern darin, daß Ägypten an der Entstehung der katholischen Kirche unbeteiligt war. Der Anschluß der ägyptischen an die katholische Kirche fand unter dem Bischof Demetrios I. von Alexandrien statt, der sein Amt im zehnten Regierungsjahr des Kaisers Commodus (189/90) antrat. Bischof Victor von Rom, der um 198 Gutachten über das Osterdatum von allen katholischen Kirchenprovinzen einholte, hat sich noch nicht an die ägyptische Kirche gewandt. Die Bischöfe Palästinas teilten in ihrem Gutachten mit, daß das Osterfest in Alexandrien am selben Tag wie in Palästina begangen werde. Die erste von Ägypten ausgehende Fühlungnahme erfolgte durch Demetrios bei der Vertreibung des Origenes (um 230). Demetrios dürfte auch als erster die Gründung der ägyptischen Kirche durch den heiligen Marcus und damit ihren apostolischen Ursprung und die Unabhängigkeit des alexandrinischen Bischofsstuhls behauptet haben.

In dieser weder gnostischen noch katholischen Kirche Alexandriens ist die „katechetische Schule“ entstanden. Sie war eine christliche Hochschule, die einzige ihrer Art. Wie die Unternehmungen der Apologeten diente sie der Werbung für das Christentum und der Entwicklung einer christlichen Theologie. Ihre Entstehung knüpft sich an den Namen des Pantainos; der sei, schreibt Klemens, sein Lehrer in der Gotteserkenntnis gewesen. Klemens fand ihn am Ende seiner Wanderjahre in Alexandrien und ließ sich als sein Schüler bei ihm nieder.

Pantainos, meint Euseb, sei ursprünglich Stoiker gewesen, bevor er sich zur christlichen Philosophie bekehrte. Das ist schwer vorzustellen. Er wird vielmehr Platoniker oder – wie Philippos von Side will – Pythagoreer gewesen sein. Doch kann er als Mittelplatoniker exegetische Methoden verwandt haben, etwa die Heranziehung der Etymologie; die wurde zuerst von Stoikern gelehrt und geübt. War er Lehrer des Klemens in der Weise, daß Klemens sich seines Lehrers rühmt, dann kann er nicht die stoische Physik und Metaphysik vertreten haben.

Klemens will bei ihm Bibelexegese gelernt haben (h. e. 6, 13, 2); das war die allegorische Methode, deren Kenntnis in Alexandrien von heidnischen Philosophen und vor allem dem Juden Philon auf die christlichen Theologen übergegangen war. Von Philon ist Klemens stark abhängig, aber als Lehrer nennt er Pantainos, und von dem muß er gelernt haben, was er auch unmittelbar aus den Schriften Philons lernen konnte. „Wirklich wie eine sizilische Biene weidete er die Blüten der prophetischen und apostolischen Wiese und erzeugte in den Seelen seiner Hörer einen reinen Schatz an Erkenntnis." Das heißt in unserer Ausdrucksweise, daß Pantainos durch die Exegese des prophetischen Alten und des apostolischen Neuen Testaments seinen Hörern Erkenntnis Gottes vermittelte. Damit ist zugleich gesagt, daß dies im mündlichen Unterricht geschah, in dem die Bibel allegorisch ausgelegt wurde. Ob Klemens mit dem Ausdruck „sizilische Biene" Sizilien als Heimat des Pantainos bezeichnen wollte, wissen wir nicht. Bevor er zu Pantainos kam, hatte er unter anderen einen Lehrer in Großgriechenland gefunden; es mag in der Geschichte der christlichen Philosophie Beziehungen zwischen Unteritalien und Ägypten gegeben haben, die in der Kirchengeschichte keinen Niederschlag gefunden haben.

Klemens und Euseb berichten von weiten Reisen, die Pantainos unternommen habe. Klemens rechnet ihn der Generation der Presbyter zu, der Apostelschüler und weit gefaßt auch deren Schüler. Euseb weiß – vermutlich aufgrund von Berechnungen –, daß Pantainos beim Regierungsantritt des Commodus (180) seine Lehrtätigkeit noch ausübte. Danach stellt sich uns Pantainos als ein jüngerer Zeit- und Generationsgenosse des Polykarp von Smyrna dar, wie ihre Schüler Klemens und Irenaeus auch in der Tat derselben Generation angehören und ihre Werke zur selben Zeit verfaßt haben. Beide, Klemens und Euseb, beschreiben den Pantainos als einen weitgereisten Gelehrten. Klemens sieht in ihm einen Mann, der die Presbyter aufsucht, um ihren Unterricht zu genießen und ihr Wissen über die Apostel und Apostelschüler im letzten Augenblick vor dem Untergang zu retten. Daneben wird sein Bild aber auch durch die Gestalt des Philosophen bestimmt, der zu seiner Bildung vom einen Lehrer zum andern reist, wie etwa Justin seinen eigenen Bildungsgang skizziert und karikiert. Die Zeichnung, die Euseb entwirft, ist noch schematischer. Er beschreibt Pantainos als eine Art Apostel, der zur Verkündigung des Christentums zu den Völkern des Ostens gereist sei. Dabei sei er bis Indien gekommen; dort habe er bereits das Matthäusevangelium in hebräischer Sprache vorgefunden, das der Apostel Bartholomäus hinterlassen habe. Später sei er nach Alexandrien gekommen und um seiner Verdienste willen zum Leiter der katechetischen Schule berufen worden. So Euseb. Über das Lebensende des Pantainos teilen weder Klemens noch Euseb etwas mit. War er wirklich, wie Euseb berechnet hat, im Jahre 180 noch am Leben, so ist sein Tod in dem folgenden Jahrzehnt zu vermuten, damit für Klemens genügend Zeit, sich zu entfalten, bleibt.

Anders als Pantainos hat Klemens zahlreiche Schriften verfaßt; davon ist ein ansehnlicher Teil auf uns gekommen. Dennoch wissen wir über sein Leben nicht viel mehr als über das des Pantainos. Nicht unwahrscheinlich ist, daß er aus Athen stammt; doch wußte man das schon im vierten Jahrhundert nicht mehr sicher (Epiphanios, haer. 32,6). Daß er seinen ersten Lehrer in Griechenland fand, könnte diese Nachricht bestätigen. Was er dann über seine Lehrer andeutet, zeigt, daß er den Beruf des Philosophen gewählt, sich für die christliche Philosophie entschieden und die üblichen weiten Reisen von Lehrer zu Lehrer gemacht hat, bis er schließlich von Pantainos in Alexandrien derart angezogen wurde, daß er dort seinen dauernden Aufenthalt nahm. Seine Reisen führten ihn nach Großgriechenland – Unteritalien und Sizilien – und in den Orient. Da er uns die Namen seiner Lehrer verschweigt, wissen wir nicht, ob wir den einen oder anderen bereits als Apologeten kennen gelernt haben. Man kann von dem Schüler, der sich zu seinem Lehrer bekennt, auf dessen Art schließen; darum dürften sie sämtlich Lehrer der christlichen Philosophie gewesen sein, Platoniker nach der Art ihres Denkens und Apologeten nach unseren dogmen- und literaturgeschichtlichen Kategorien. Man könnte auch Klemens ihnen zurechnen, teilt er mit ihnen doch das Weltbild und die literarischen Absichten. Diese Einordnung ist nicht üblich. Denn Klemens überragt die Apologeten an Bedeutung und ist repräsentativ für einen neuen Abschnitt der Kirchengeschichte. In seiner Umgebung ist die katholische Kirche entstanden, und wenn sein Verhältnis zu ihr auch noch sehr locker ist, so hat ihre Existenz doch seine Lebensumstände bestimmt.

Wenn die Berechnungen Eusebs zutreffen, dann ist Klemens um das

Jahr 180 nach Alexandrien gekommen zu der Zeit, als Kaiser Commodus die Thronfolge seines Vaters Mark Aurel angetreten hatte. Er wurde Hörer des Pantainos, der – wie Klemens uns wissen läßt – Unterricht in christlicher Philosophie erteilte, einen anspruchsvollen Unterricht für Fortgeschrittene. Die Nachrichten Eusebs lassen sich dahin verstehen, daß Klemens neben ihm zu unterrichten begann und daß sein Unterricht darauf zielte, Heiden für das Christentum zu werben. Das heißt, daß der Eintritt des Klemens in die Hörerschaft und die Aufnahme des Anfängerunterrichts durch ihn aus dem bis dahin privaten und persönlichen Unternehmen des Pantainos eine Schule im organisatorischen Sinne machte. Für diese katechetische Tätigkeit des Klemens spricht, daß er bei der Verfolgung des Jahres 202/3, die nur Katechumenen und Katechete betraf, zu sofortiger Flucht genötigt war. Ein anderer an der Schule wirkender Katechet, den wir bei Namen kennen – Leonides, der Vater des Origenes –, fiel in dieser Verfolgung als Märtyrer. Als die Verfolgung ausbrach, hatte Klemens längst die Nachfolge des Pantainos als Schulleiter angetreten.

Im zehnten Jahr des Commodus, das heißt im Jahr 189/90, wurde Demetrios I. Bischof in Alexandrien. Demetrios ist der erste katholische Bischof; während seiner Amtszeit schloß sich die ägyptische Kirche an die katholische Kirche an (vgl. Euseb h. e. 6, 8, 4). In Alexandrien ist von seiner Amtszeit an der monarchische Episkopat nachweisbar. Ferner ist er der erste Bischof, der als Oberbischof Ägyptens auftritt. Er nimmt die Leitung der ägyptischen Kirche durch zunächst drei Chorbischöfe wahr. Das sind Bischöfe, die keinen eigenen Sprengel haben, sondern den hauptstädtischen Bischof in seinen kirchenleitenden Funktionen vertreten. In dem Namen „Chorbischöfe" ist das Wort chora = Land enthalten. Sie sind mit den bei uns bekannten Weihbischöfen zu vergleichen, doch war ihr Auftrag nicht auf die liturgischen Funktionen beschränkt.

Als katholischer Bischof war Demetrius bestrebt, in seinem Sprengel die Lehraufsicht auszuüben. In dieser Absicht wollte er auch die katechetische Schule seiner Aufsicht unterstellen. Später geriet er dabei mit Origenes in Konflikt, wie Euseb ausführlich mitteilt. Über sein Verhältnis zu Klemens ist nichts überliefert. Es gibt aber zu denken, daß Klemens nach dem Ende der Verfolgung nicht nach Alexandrien zurückgekehrt ist an den Ort, wo er zwei Jahrzehnte gelebt hatte und Schule und Schüler, Einkommen und Wohnung besaß, sondern bei einem befreundeten Bischof in Kappadokien blieb. Was ihn an der Rückkehr gehindert hat, kann nur der auf die Wahrung seiner Autorität bedachte Bischof gewesen sein; die Gründe, die diesen bestimmten, den

Origenes zu vertreiben, könnten ihm auch ausreichend erschienen sein, den Klemens fernzuhalten. Die Einordnung der freien Lehrer als Presbyter in den Klerus begann zu dieser Zeit und stieß wohl auf mehr Widerstand als überliefert ist. Auch Tertullians Abneigung gegen den monarchischen Episkopat und seine Entscheidung für den Montanismus könnte hierin einen persönlichen Grund gehabt haben. Euseb, der den Lehrern die Hauptrolle in seiner Kirchengeschichte zuweist, hatte keine Veranlassung, gerade diesen Gesichtspunkt herauszuarbeiten.

Ursache der Flucht des Klemens nach Kappadokien war die Verfolgung des Septimius Severus (202/3), die ausschließlich Katechumenen und Katecheten betraf. Die Historia Augusta, in ihrem Quellenwert problematisch, teilt die Tatsache mit, aber sie wird durch Martyrien in Karthago und Alexandrien bestätigt. Der Kaiser Septimius Severus hatte den Übertritt zum Judentum und zum Christentum verboten. Die Apologeten hatten fast ein Jahrhundert lang behauptet, die Christen seien ein eigenes Volk mit einer eigenen Religion, und es sieht so aus, als habe der Kaiser sie beim Wort genommen, um den Konflikt mit seinen eigenen religionspolitischen Bestrebungen auszuschließen. Da die Christen sich nicht an das Verbot der Werbung und des Übertritts hielten, kam es zur Verfolgung derer, die dagegen verstoßen hatten.

Klemens floh nach Kappadokien an einen Ort, dessen Namen wir nicht kennen; dort war ein Freund mit Namen Alexander Bischof. Alexander nahm ihn als Presbyter in seinen Klerus auf. Das geht aus dem Nachsatz eines Briefes hervor, den Alexander i. J. 211 an die Gemeinde von Antiochien gerichtet und durch Klemens befördert hatte. Mit der Presbyterwürde war ein Gehalt verbunden, und darauf war Klemens als mittelloser Flüchtling angewiesen; sein bisheriges Einkommen aus den Studiengebühren der katechetischen Schule war weggefallen. In Kappadokien setzte Klemens seine bisherige Tätigkeit fort. Er erteilte Unterricht im Christentum, und Alexander schreibt darüber, er habe die Gemeinde gestärkt und gemehrt. Wenige Jahre danach, zwischen 211 und 215, ist er gestorben. In diesem Jahr 215 wurde Alexander Bischof von Jerusalem. Als solcher richtete er einen Brief an Origenes; darin erinnert er diesen, nicht ohne Stolz und Respekt, an ihre gemeinsamen verstorbenen Lehrer Pantainos und Klemens.

Klemens war christlicher Berufsphilosoph, wie die Apologeten, als deren geradlinige Fortsetzung sich seine Gestalt begreifen läßt, aber er ist darüber hinaus der erste Gelehrte, der uns unter den christlichen Autoren begegnet. Die Fülle dessen, was er zu bieten hat, läßt die Apologeten weit zurück; man könnte ihn nach seiner Erscheinung auch als Fortsetzung der bedeutenden Gnostiker beschreiben, zumal es sein Anliegen war, die wahre Gnosis von dem Mißbrauch durch die häretische Gnosis zu befreien und sie für die Kirche zu retten.

Erhalten ist uns eine umfangreiche Apologie in zwei Teilen. Dem Entwurf liegt ein Bekehrungsschema zugrunde, das aus dem Welt- und Menschenbild des Mittelplatonismus hervorgeht; daher findet sich dieses Schema bei Apologeten und Gnostikern. Es beschreibt, wie der Mensch zur Erkenntnis Gottes kommt, zu der er zugleich berufen und unfähig ist. Der erste Schritt besteht darin, daß er sein Streben von der falschen Richtung abwendet und ihm die Richtung auf Gott gibt. Das ist die Bekehrung im eigentlichen Sinn. Der zweite Schritt besteht darin, daß er durch seine Lebensführung danach strebt, mit Gott gleichförmig zu werden. Dies ist die Voraussetzung der Gotteserkenntnis, da Erkenntnis nur so möglich ist, daß Gleiches von Gleichem erkannt wird. Der dritte Schritt besteht in Mitteilungen über das Wesen Gottes, durch die der Mensch befähigt wird, in dem eigentlichen, von Gott ausgehenden Erkenntnisakt den von der Gottheit abspringenden Funken der Erkenntnis aufzunehmen und in seinem Geist eins mit dem göttlichen Geist zu werden.

Der erste Teil des apologetischen Werks, der Logos Protreptikos, dient dem ersten der drei Schritte. Der Titel bezeichnet seit Aristoteles eine Werbeschrift für die Philosophie, und die Apologeten, die den Titel übernahmen, haben ihre Tätigkeit als Werbung für die offenbarte Philosophie des Christentums verstanden. Klemens sieht wie alle Apologeten seine Aufgabe auf dieser Stufe vor allem darin, die Heiden von ihrem Götzendienst abzuwenden. Dabei wiederholt er die Argumente, die bereits von der heidnischen Popularphilosophie zur Kritik der Volksreligion und ihrer Mythen gesammelt waren. Unsittlichkeit und Unvernunft der heidnischen Religion sind ein einsehbarer Grund, sich dem wahren Logos zuzuwenden. Wie dieser wahre Logos als Erzieher auf den Menschen einwirkt, seine Seele von ihren Leidenschaften heilt und seinem Handeln Richtung gibt, beschreibt Klemens in den drei Büchern des zweiten Teils, des Paidagogos. Das erste Buch handelt hauptsächlich von dem Logos selber, die beiden andern bieten Lebensregeln, als deren Maxime sich der Rat zu Mäßigkeit, Natürlichkeit und Wahrhaftigkeit angeben läßt. Der Paidagogos schließt mit einem Hymnos auf Christus, den Logos Paidagogos. Am Anfang des Paidagogos hatte Klemens das oben skizzierte Bekehrungsschema breit entwickelt und die drei Stufen der Bekehrung dargestellt. Daraus schloß man auf seine Absicht, ein drittes Werk über den Logos als Lehrer-Didaskalos zu schreiben, das die Glaubenslehren enthielt. Dieser Schluß war voreilig; auch Klemens hat sich an Platons – echte oder unechte – Meinung gehalten, daß die Mitteilungen, die zur Gotteserkenntnis führen, dem mündlichen Unterricht vorbehalten bleiben müssen.

Jener voreilige Schluß war die Ursache dafür, daß man in den ›Teppichen‹ den genannten ›Didaskalos‹ erblicken wollte, oder annahm, Klemens habe jenen – ihm unterschobenen – ursprünglichen Plan aufgegeben und stattdessen die ›Teppiche‹ geschrieben. Beides ist falsch. Die ›Teppiche‹ passen weder von ihrer Gattung noch von ihrem Inhalt her in das Bekehrungsschema hinein. Hätte Klemens auf den Paidagogos jenen Didaskalos folgen lassen, so wäre das Buch die erste christliche Dogmatik geworden. Davon sind die Teppiche weit entfernt. Sie gehören vielmehr zu den „Buntschilderungen", Sammlungen vermischten Inhalts, feuilletonartig dargeboten, und sie geben vor, ein Zettelkasten mit Denkwürdigkeiten zu sein. Zusammengehalten werden sie durch ein Zentralthema, die Gnosis. Klemens will die Gnosis den Gnostikern entwinden und ihr im kirchlichen Denken den ihr zukommenden Platz geben. Das umfangreiche Werk besteht aus sieben Büchern. Ein als achtes Buch bezeichneter Teil gehört nicht dazu, sondern enthält Skizzen und Vorarbeiten für andere Darlegungen.

Am Ende des siebten Buches kündigt Klemens weitere Ausführungen an. Man meint darum gewöhnlich, das Werk sei unvollendet geblieben, etwa weil die Flucht nach Kappadokien ihm die Einlösung seines Versprechens unmöglich gemacht habe. Die chronologischen Angaben im ersten Buch sind bis zum Tode des Commodus (192) hinabgeführt; dieser Teil ist somit, wie schon Euseb festgestellt hat, unter Septimius Severus (193–211) ausgearbeitet; wahrscheinlich ist, daß Klemens das Werk von Kappadokien aus zwischen 203 und 211 veröffentlicht hat.

In dem apologetischen Doppelwerk wie in den Teppichen breitet Klemens ein großes Stück Gelehrsamkeit aus. Bei den Apologien setzte sich die Technik durch, heidnische Zeugnisse für die Wahrheit des Christentums anzuführen. Auf diese Weise sind uns manche Fragmente aus sonst verlorenen Schriften erhalten geblieben. Bei Klemens wie bei andern Autoren merkt man dazu gewöhnlich an, daß solche Zitate Testimoniensammlungen und Handbüchern entnommen seien. Zur richtigen Bewertung dieser Beobachtung muß man aber auch beachten, daß die Benutzung einer Testimoniensammlung durch einen Autor die Kenntnis der zitierten Werke nicht ausschließt, daß ferner die Antike die Originalität nicht so hoch geschätzt hat wie wir und daß schließlich auch die Gelehrten unserer Tage es nicht viel anders machen und sich mit Kenntnissen schmücken, die sie den Anmerkungen anderer Autoren verdanken. Gerechterweise wird man aber auch feststellen müssen, daß Klemens nicht allein seine Bildung in der bedeutendsten Universitätsstadt erworben hatte, sondern auch dort arbeitete und damit mindestens eine große Bibliothek zu seiner Verfügung hatte. Das war die Bibliothek des Serapeions; die Bibliothek des Museions hatte sich von dem Brand, den Cäsar i. J. 48 verursacht hatte, nicht mehr recht erholt. Im übrigen dürfte auch die katechetische Schule eine nennenswerte Bibliothek besessen haben. Einzelheiten darüber erfahren wir erst bei den Nachrichten über Origenes; doch ist nicht anzunehmen, daß erst dieser Gelehrte mit dem Aufbau der Bibliothek begonnen habe.

Klemens rühmt an seinem Lehrer Pantainos dessen Bibelexegese, und mit dem Vorbild des Pantainos wird es neben dem der Gnostiker zusammenhängen, daß Klemens als erster kirchlicher Autor exegetische Schriften hinterlassen hat. Es gibt von ihm einen Traktat ›Wie kann ein reicher Mann in den Himmel kommen?‹, der an die Perikope vom reichen Jüngling (Mk 10,17f.) anknüpft. Nur in Bruchstücken sind die acht Bücher seiner ›Schattenrisse‹ (Hypotyposeis = „Abbilder" oder „Entwürfe") erhalten, eine Auslegung ausgewählter Abschnitte der ganzen Bibel. Photios (Bibl. 109) fand darin Heterodoxien platonisierender Art; manche davon stehen im Gegensatz zu den Anschauungen des Klemens, und vielleicht hat Photios recht, wenn er mit Verfälschungen rechnet.

Das Interesse des Klemens für die Exegese der Gnostiker zeigt sich in zwei Sammlungen von Lesefrüchten, den ›Excerpta ex Theodoto‹ und den ›Eclogae propheticae‹. Beide haben, wie das achte Buch der Teppiche, mit dem sie zusammen überliefert sind, den Charakter von Materialsammlungen und Notizen. Darüber hinaus kennen wir noch eine Reihe von Titeln verlorener Schriften. Eine handelt ›Über das Passa‹, eine trägt den Doppeltitel ›Kirchlicher Kanon oder gegen die Jüdelnden‹. Klemens erklärt (Eus. h. e. 4,26,4), der Traktat des Melito von Sardes über das Passa habe ihn zur Behandlung des Themas veranlaßt. Die beiden Schriften – wenn es wirklich zwei waren – haben dasselbe Thema; der Titel der ersten stimmt mit dem Titel Melitos überein, über den Inhalt der zweiten informiert uns Euseb (h. e. 6,13,9). Das Jüdeln wird solchen Christen vorgeworfen, die den Tag der Passafeier wie die Juden berechnen, nämlich an einem Monatstag – dem 14. Nisan – ohne Rücksicht auf den Wochentag. Das war in Teilen Kleinasiens Sitte, möglicherweise unter Einfluß der Urgemeinde oder ihrer nach Kleinasien gelangten Reste. Das christliche Passa wurde in andern Teilen Kleinasiens und in der sonstigen Kirche am Sonntag, dem Auferstehungstag, gefeiert. So auch in Alexandrien.

Weniger Melitos Abhandlung als der Ausbruch des Osterstreites dürfte Klemens veranlaßt haben, über das aktuelle Thema des Osterdatums zu schreiben. Er hat die Abhandlung seinem Freund Alexander gewidmet, der damals noch Bischof in Kappadokien war. Alexander hat an dem Streit lebhaften Anteil genommen und war wohl der Freund, der Klemens zur Darstellung des Problems aufgefordert hatte. Auch ein Brief des Irenaeus zum selben Thema, von dem nur ein syrisches Fragment erhalten ist, war an Alexander gerichtet (ein „Alexandriner" als Adressat ist weniger wahrscheinlich). Irenaeus hatte in dieser Angelegenheit unter starker Betonung des kirchlichen Herkommens an den römischen Bischof geschrieben und ihn zum Frieden ermahnt, und Klemens bezieht sich wieder auf Irenaeus. Gleich diesem hatte auch er die Überlieferung der Presbyter festgestellt. Der Blick auf die Teilnahme des Klemens an der aktuellen Streitfrage macht verständlich, warum Bischof Demetrios den Klemens nach dem Ende der Verfolgung nicht zur Rückkehr nach Alexandrien ermutigte.

Klemens steht den mittelplatonischen Theologen nah, die wir in den Apologeten kennengelernt haben. Er übertrifft sie an Gelehrsamkeit, legt seine Gedanken in besserer Ordnung dar und nimmt kaum Rücksicht auf das Gemeindebekenntnis. Mit den Apologeten geht seine Theologie auf Philon zurück. Er steht ihm näher, weil er die allegorische Exegese besser beherrscht und die philonische „Logostheologie" konsequenter durchführt. Dieses theologische Konzept ist ontologisch und nicht heilsgeschichtlich orientiert. Das heißt erstens, daß die Erlösung nicht als Erlösung von Sünde und Schuld vorgestellt wird, sondern als Erlösung von den Fesseln der Materie. Es heißt zweitens, daß die Geschichte nicht als Dimension göttlichen Heilshandelns aufgefaßt wird und daß Gott zwar sich in der Welt den Menschen offenbart, daß aber die Erlösung nicht an ein historisches Ereignis gebunden ist, sondern an ein ungeschichtliches, jederzeit gegenwärtiges, eben die Offenbarung. Damit ist drittens gesagt, daß die Erlösung für den einzelnen Menschen ein Erkenntnisvorgang ist, der durch die erste vorbereitende Offenbarung in Gang gesetzt wird und in einem Erkenntnisakt seinen irdischen Höhepunkt findet.

Ausgangspunkt der Spekulation ist die Unfähigkeit des Menschen, die Wahrheit zu erkennen. Daraus ergibt sich, daß der Mensch nur durch einen Offenbarungsakt zur Erkenntnis der Wahrheit kommen kann. Diese Offenbarung nimmt der Logos vor; so ist der Logos als Offenbarer der Erlöser. In seinem Logos wendet Gott sich der Welt und den Menschen zu, um sie zu erlösen. Der Logos war darum den Menschen in ihrer Geschichte gegenwärtig und hat die Griechen durch die Philosophie, die Juden durch das Gesetz auf seine volle Offenbarung vorbereitet. Philosophie und Gesetz hat er dann durch seine vollständige Erscheinung in Christus überboten und die Ankündigung seines Kommens erfüllt. Die Vorbereitung seines Kommens durch Philosophie und Gesetz ist ein pädagogischer Akt, der beim einzelnen Christen seine Entsprechnung hat. Der Logos bewirkt zunächst die Pistis, den schlichten Glauben. Die Pistis geht bei beharrlicher Bemühung in den verstehenden Glauben (episteemonikee pistis) und schließlich in die vollendende Gnosis über. Dieser verstehende Glaube ist die christliche Entsprechung zu der richtigen Meinung (aleethees doxa) der Platoniker.

Der Logos und der Heilige Geist sind Gottes oberste Kräfte. Zwischen „Zeugen" und „Schaffen" hat Klemens noch keinen Unterschied machen können. Da er den Logos als „ursprungslosen Ursprung des Seins" bezeichnet, hat er ihn als ewig in und mit Gott angesehen, und das gelegentlich vorkommende (aus der Bibel stammende) Attribut protoktistos ist im Sinne einer ewigen Schöpfung, eines ständigen Hervorgehens aus Gott zu verstehen. Wenn er zwei Logoi unterschieden hat, so hat es sich dabei um den aus den Apologeten bekannten Unterschied zwischem dem Logos endiathetos und dem Logos prophorikos gehandelt. Da die Erlösung in der Befreiung von den Fesseln der Materie besteht, ist Klemens in seiner Christologie an der Menschheit Jesu relativ wenig interessiert. Ohne auf seine göttlichen Eigenschaften zu verzichten, zieht der Logos den Menschen wie ein Kleid an; der Beitrag der menschlichen Natur besteht nur darin, den Logos sichtbar zu machen mit dem, was er zum Heil der Menschen tut.

Die Theologie des Klemens ist die relativ späte und konsequente Entfaltung des Konzepts der Apologeten. Auf die Geschichte der Theologie hat sie wenig Einfluß ausgeübt. Im Abendland blieb diese Art Theologie noch lebendig; doch das war nicht die Wirkung des Klemens. Im griechischen Osten geriet Klemens in den Schatten des größeren Origenes, und seine Theologie konnte darum keine tiefere und bleibende Wirkung erzielen.

VI. DAS DRITTE JAHRHUNDERT

1. Hippolyt von Rom

Unter Hippolyts Namen sind so viele und so verschiedenartige Schriften überliefert, daß die Annahme, sie stammten alle von ein und demselben Verfasser, schwerfällt. Die Bilder Hippolyts in der Kirchengeschichte, der Dogmengeschichte und der Patrologie sind nicht zur Deckung zu bringen. Insgesamt ist er der am wenigsten erforschte Autor der vorkonstantinischen Zeit. Sein Geburtsjahr ist nicht überliefert, aber aus dem, was über ihn bekannt ist, für 165 zu erschließen. Unbekannt ist auch seine Heimat. In einer verlorenen Schrift, einem Ketzerkatalog, der dem Photios noch vorlag, hat er Irenaeus als seinen Lehrer bezeichnet. Seine theologischen Ansichten rechtfertigen diesen Anspruch nicht, auch wenn er dessen großes Werk benutzt haben wird. Glaubt man ihm diese Schülerschaft, dann müßte sie sich etwa 180–185 in Lugdunum abgespielt haben.

Er ist der letzte Autor, der in Rom, und überhaupt im Westen, griechisch schrieb. Die römische Kirche ging zu seiner Zeit zur lateinischen Sprache über; möglicherweise läßt sich die Zeit dieses Übergangs durch die Annahme genauer bestimmen, daß er bei der griechischen Sprache blieb, die neben der lateinischen noch gebräuchlich war, als er römischer Presbyter wurde. Das geschah unter Victor (189–198); Victor soll Africaner gewesen sein, und Africa war mit dem Übergang von der griechischen zur lateinischen Kirchensprache den Römern ein wenig voraus. Hippolyt blieb als Schriftsteller bei der griechischen Sprache. Er wird auch griechisch gepredigt haben. Hieronymus fand – unter seinen Werken oder in einer Liste seiner Werke – eine Predigt zum Preis unseres Herrn und Heilands, in der bemerkt war, daß der Verfasser sie in Gegenwart des Origenes gehalten habe. Die Romreise des Origenes fällt in das Jahr 212. Origenes war damals noch ein junger Mann, aber der bekannteste und angesehenste christliche Gelehrte seiner Zeit. Hippolyt empfand seine Anwesenheit offensichtlich als Auszeichnung.

Er kann zu dieser Zeit wirklich der führende Theologe der römischen Gemeinde gewesen sein, wie er es hernach darstellt, und sich unter Bischof Zephyrinus (198–217) Hoffnung auf die Nachfolge gemacht haben. Vielleicht stützte sich die Hoffnung auch darauf, daß es in Rom einen Gemeindeteil gab, der zu ihm hielt und der ihm hernach die Gründung einer schismatischen Gemeinde ermöglichte. Zephyrinus hatte jedenfalls nicht ihn vorgesehen, sondern einen Bekenner namens Kallist. Er hatte ihn ins Koimeterion berufen und ihm so Gelegenheit gegeben, sich bei Organisation und Verwaltung der kirchlichen Liegenschaften zu bewähren. Kallist war ursprünglich Sklave eines Christen Karpophoros aus der Familia Caesaris gewesen. Der hatte ihn mit Geldgeschäften beauftragt, und dabei war Kallist zwar in Schwierigkeiten gekommen, die schließlich zu seiner Verurteilung in die sardinischen Bergwerke führten, hatte aber auch die Kenntnisse erworben, die ihn hernach zur erfolgreichen Neuorganisation des Kirchengutes befähigten. Die römische Gemeinde scheint zu dieser Zeit – wie die heidnische Gesellschaft – durch Standesgegensätze uneinig gewesen zu sein, und die Wahl der Nachfolge für Bischof Zephyrin mußte die Frage beantworten, ob ein ehemaliger Sklave, dessen früherer Herr noch der Gemeinde angehörte, für das Bischofsamt wählbar sei. So kam es zu einer zwiespältigen Bischofswahl und danach zu einem Schisma; der konservative Teil der Gemeinde hielt zu Hippolyt.

Man wird die Entstehung des Schismas nicht allein auf Gegensätze zwischen den sozialen Schichten in der römischen Gemeinde zurückzuführen haben. Daneben muß der Umstand eine Rolle gespielt haben, daß die römische Gemeinde nicht von den Unruhen betroffen war, die die Ausscheidung des Montanismus verursacht hatte, so daß der monarchische Episkopat sich in Rom verspätet durchsetzte. Bischof Victor, der gegenüber den auswärtigen Gemeinden Führungsstärke demonstriert hatte, muß noch kein monarchischer Bischof gewesen sein, sondern wird eher die Rolle eines Primus inter pares unter den römischen Presbytern gespielt haben. Die ersten Vorwürfe gegen einen römischen Bischof, er habe Kompetenzen in der Führung der eigenen Gemeinde überschritten, richten sich gegen Kallist.

Das heißt zugleich, daß in Rom der urchristliche Rigorismus noch in Geltung war, allenfalls vielleicht durch laxere Praxis gemildert, und daß Hippolyt das Herkommen für sich hatte, als er sich gegen die Zulassung von Unzuchtssündern zur Kirchenbuße wandte. Er war durchaus kein Montanist, aber er vertrat denselben urchristlichen Rigorismus, der auch bei den Montanisten aufgelebt war. Wenigstens bei den Klerikern wollte er die zweite Ehe nicht dulden. Kallist hatte hier anscheinend keine Bedenken. Die Verquickung sittlicher und sozialer Fragen zeigt ein weiterer Vorwurf, den Hippolyt gegen Kallist erhob: er hatte christlichen Frauen von Stand erlaubt, mit Männern niederer Herkunft oder Sklaven zusammenzuleben, und diesen Konkubinat als Ehe anerkannt.

Gegensätze bestanden auch in der Gotteslehre. Hippolyt vertrat eine Theologie, die der der Apologeten nahstand. Der Einfluß des Irenaeus hatte in dieses Konzept eine Reihe von heilsgeschichtlichen Gedanken gebracht. Wie bei den Apologeten handelt es sich um eine Logostheologie, bei der zwischen dem Logos endiathetos und prophorikos unterschieden wird. In der Frage der Ewigkeit des Logos in Gott drückt Hippolyt sich recht vorsichtig aus, sei es um dem Vorwurf des Platonisierens zu entgehen, sei es, weil sein Logosbegriff ein starkes voluntaristisches Moment enthält. Aber andererseits zögert er nicht, die Homousie des Logos auszudrücken. (Ref. 10,33,8: „Allein sein Logos ist von ihm; darum ist er Gott, weil er aus dem Wesen Gottes ist.“) Dabei ist die Selbständigkeit des Logos so deutlich ausgesagt, daß Kallist ihm vorwerfen konnte: „Ihr habt eine Zweigötterlehre.“ Hippolyt hat das Zitat genüßlich mitgeteilt, weil es seinen Gegner als Monarchianer bloßstellte. Wir kennen die Theologie Kallists nur durch Hippolyt. Hippolyt mußte immerhin zugeben, daß Kallist den Sabellios mit seinen modalistischen Anschauungen exkommuniziert hatte. Was er aber dann als Lehre Kallists wiedergibt, das erweckt den Anschein, als stehe es dem adoptianischen Monarchianismus nahe. Dem sagten seine Gegner nach, er habe die Einheit Gottes dadurch zu wahren versucht, daß er zwischen Gott als Person und als unpersönlicher Kraft unterschieden habe. Die Bezeichnung „Dynamismus“ wird dem Sachverhalt insofern gerecht, als dort alles, was neben dem einen Gott noch Gott genannt werden kann, nur eine Kraft des einen Gottes sein kann. Daß aber der Heilige Geist in dieser Betrachtungsweise als unpersönliche Kraft Gottes aufgefaßt gewesen sei, das dürfte Hippolyt dem Kallist unterschoben haben.

Das römische Schisma blieb über den Tod des Kallist hinaus bestehen. Es fand sein Ende, als im Jahre 235 Kaiser Maximinus Thrax den Thron bestieg. Der meinte, in der Kirche Sympathisanten der von ihm verdrängten severischen Dynastie zu erblicken, und versuchte, die Kirche durch Vernichtung ihres Klerus zu vernichten. Die beiden Bischöfe der beiden Gemeinden wurden von ihm in die sardinischen Bergwerke geschickt, wo sie bald den Strapazen erlagen. Man nimmt im allgemeinen an, damit habe auch das römische Schisma sein Ende gefunden. Vielleicht war das wirklich der Fall. Aber es lebte ein halbes Menschenalter danach als novatianisches Schisma wieder auf, und die römischen Novatianer pflegten die Erinnerung an Hippolyt. Hundert Jahre später meinte Papst Damasus, als er dem Hippolyt einen Vers als Grabschrift dichtete, er sei novatianischer Presbyter gewesen. Ganz sicher fühlte er sich dabei nicht; er habe es so gehört, setzte er vorsichtig hinzu.

Wer auch immer die Christen waren, die nach dem Tod des Hippolyt sein Andenken ehrten – sie haben ihm ein Denkmal gesetzt. Nachdem Hippolyt in Sardinien den Märtyrertod gestorben war, wurden seine Reliquien nach Rom gebracht und in dem nach ihm benannten Koimeterion an der Via Tiburtina beigesetzt. Dort fand man i.J. 1551 das Bild eines sitzenden Mannes in der Art, wie man Lehrer, Philosophen darstellen konnte. Der Kopf fehlte, aber auf dem Sessel befand sich ein Schriftenkatalog und ein Osterkanon, die deutlich besagten, daß das Denkmal Hippolyt zu Ehren aufgestellt war. – Die Ehrung eines Bischofs oder christlichen Gelehrten durch ein Marmorbild ist für diese Zeit einzigartig; sie paßt gut zu dem Synkretismus der Zeit und schlecht zum Festhalten an den Sitten des Urchristentums. Aber jedenfalls sind die Inschriften auf dem Sessel das älteste Verzeichnis der Schriften Hippolyts.

Hippolyt war ein Vielschreiber und hat – wenn die unter seinem Namen überlieferten oder ihm zugewiesenen Schriften wirklich alle von ihm verfaßt sind – zu allen Gattungen der christlichen Literatur, die es in seiner Zeit gab, seinen Beitrag geleistet. Seine Bedeutung für die Entwicklung der christlichen Lehre ist gering. Weil es ihm an Eigenart fehlt, faßt man ihn gern mit den altkatholischen Vätern Irenaeus, Tertullian und Klemens zur Gruppe der antignostischen Väter zusammen. Das ist insofern berechtigt, als die Philosophoumena, sein Hauptwerk, in der Hauptsache gegen die Gnosis gerichtet sind. Irreführend ist diese Gruppierung jedoch darum, weil für Hippolyt die Gnosis nicht mehr lebendiges Gegenüber, die Kirche bedrängender Gegner war. Darum haben die Philosophoumena in den gegen die Gnosis gerichteten Partien antiquarischen Charakter. Dennoch gehören sie zu unseren wichtigsten Quellen für die Kenntnis dieser Häresie.

Von den zehn Büchern, aus denen die Philosophoumena bestanden, sind das zweite und dritte verloren. Hippolyt wollte nachweisen, daß die Häresien seiner Zeit in der griechischen Philosophie ihren Ursprung hätten. Dazu bot er in seinem ersten Buch eine rohe und unselbständige Übersicht über die Geschichte der griechischen Philosophie; das vierte Buch geht auf Astrologie, Magie und dergleichen Aberglauben ein. Von den verlorenen beiden Büchern dürfte das zweite die Mysterien behandelt haben, während der Stoff des dritten im vierten Buch Aufnahme gefunden hat; so läßt sich wenigstens aus einer Ankündigung am Ende des ersten Buches schließen.

Bei seinem Nachweis der Herkunft der Häresien aus der griechischen Philosophie verfährt Hippolyt willkürlich und abenteuerlich. So gut wie immer hat die jeweils behandelte Häresie nichts mit der philosophischen Richtung zu tun, in der er ihren Ursprung erkennen will. Zufällige und äußerliche Momente bestimmen die Zuweisung. Genauso willkürlich verfährt er bei der Darstellung der Häresien. In unseren Kirchengeschichten hat fast jede gnostische Sekte zwei Gestalten, eine nach Hippolyt und eine nach den anderen Quellen. Er hat reichlich Quellen exzerpiert; viele sind nur durch ihn überliefert. Aber auch diese Quellen hat er willkürlich, aufgrund zufälliger Äußerlichkeiten, bestimmten gnostischen Sekten zugewiesen. Die unkritische Benutzung der Philosophoumena hat viele Fehler in die Darstellung der altkirchlichen Gnosis gebracht.

Von dem Interesse der späteren Apologeten an der Chronistik hat auch Hippolyt sich anstecken lassen. Er verfaßte eine Weltchronik von der Schöpfung an, die bis auf das Jahr 234, die Zeit kurz vor seinem Tod, hinabgeführt ist. Hippolyt teilt die Überzeugung von den sechstausend Jahren der Weltdauer und der Geburt Christi im Jahre 5500. Bis zum Weltende sind es noch fast drei Jahrhunderte; zu apokalyptischer Erregung liegt kein Grund vor. Im Zusammenhang der Chronistik beschäftigte sich Hippolyt mit der Kalenderrechnung und verfaßte eine Schrift über das Osterdatum, in der er mit einem sechzehnjährigen Zyklus eine Ostertabelle für die Jahre 222–233 erstellte.

Hippolyt hat Evangelium und Apokalypse des Johannes in einer eigenen Schrift verteidigt. Man sagt im allgemeinen, die Schrift sei gegen Christen gerichtet gewesen, die in antimontanistischer Absicht sich gegen die Einführung des Logosbegriffs in die Theologie gesträubt hätten. Die vielen Probleme, die sich hier stellen, lassen sich erst lösen, wenn wir Genaueres über die römischen Monarchianer wissen. Hippolyt hatte sicher Ursache, die Logostheologie zu verteidigen. Aber in Rom und im Westen war die Kanonizität der Apokalypse nicht angefochten, und der Verfasser der Philosophoumena war kein Freund, sondern ein Gegner der Montanisten, auch wenn Hippolyt ihrem Rigorismus freundlich gegenüberstand. Hippolyts Interesse für die Apokalyptik zeigte sich zuerst an einer Abhandlung über den Antichristen, die die Nachrichten der Heiligen Schrift über dessen Gestalt und Kommen zusammenfaßt. Der Verfasser will zur Dämpfung der apokalyptischen Erregung, in die viele Christen um die Jahrhundertwende geraten waren, zeigen, daß der Antichrist noch nicht erschienen und in der nächsten Zeit auch nicht zu erwarten sei. Auch die wichtigste exegetische Arbeit ist von dem Interesse für die Apokalyptik bestimmt. Das ist ein Danielkommentar in vier Büchern. Er ist am Ende einer Verfolgung geschrieben; dafür kommt allein die Verfolgung in Frage, die durch das Übertrittsverbot des Septimius Severus ausgelöst wurde (202/

203). Trifft das zu, ist dieser Kommentar die älteste erhaltene exegetische Schrift der Kirche.

Die Mehrzahl der unter Hippolyts Namen überlieferten Titel bezeichnete exegetische Arbeiten. Nur geringe Reste sind davon erhalten. Eine Erklärung könnte darin zu finden sein, daß dem erbaulichen Zweck dieser Schriften die Abfassung in griechischer Sprache hinderlich war und daß darum die Exegese einzelner Stellen zwar in die exegetische Überlieferung eindrang, während für die Überlieferung der vollständigen Schriften kein unmittelbares Bedürfnis bestand. Eine erhebliche Wirkungsgeschichte hat Hippolyts ›Apostolische Überlieferung‹ entfaltet, eine Kirchenordnung, die in eine ganze Reihe späterer Kirchenordnungen Eingang gefunden hat und aus ihnen rekonstruiert werden kann. Sie ist die wichtigste Quelle für unsere Kenntnis der liturgischen Überlieferung am Anfang des dritten Jahrhunderts.

2. *Novatian*

Auch wenn die römische Gemeinde von der montanistischen Krise nicht oder nur wenig betroffen war, wurde sie doch wie die übrige Kirche von dem Problem bewegt, das der Montanismus gestellt hatte. Ein komplexes Problem: sittlicher Rigorismus gegenüber den Todsünden und Ausdehnung der bischöflichen Bußvollmacht auf die Todsünden berührt Fragen der Ethik wie der Kirchenverfassung. Es geht um den Gegensatz von Institution und Charisma, um die Frage, wie ein beamteter Vertreter der Kirche im Namen Gottes sprechen und handeln könne. Von den alten Propheten bis auf diesen Tag hat das Problem nichts an Aktualität eingebüßt.

Es mag sein, daß das Schisma Hippolyts wirklich mit dem Märtyrertod des Bischofs Pontianus und des Gegenbischofs Hippolyt sein Ende gefunden hat, aber es brach ein halbes Menschenalter danach von neuem mit größeren Folgen aus, und die Fronten waren und blieben dieselben. Die römischen Presbyter waren immer noch selbstbewußt, und es mag sein, daß die Ursache des erneuten Schismas die Enttäuschung des Presbyters Novatian war, der sich Hoffnung auf die Bischofswürde gemacht hatte. Was soll die eine Partei dem Bischof der anderen Partei denn sonst vorwerfen als enttäuschten Ehrgeiz? Novatian hat jedenfalls nicht nur den Rigorismus, sondern auch die Gotteslehre Hippolyts fortgeführt und weiterentwickelt.

Seine Unternehmung war folgenreicher als die Hippolyts. Während dessen Schisma auf die Stadt Rom beschränkt blieb, brachte Novatian eine auf das ganze Reich ausgedehnte Sonderkirche zustande, die bis lang in das fünfte Jahrhundert hinein bestand. Die Hauptursache für diese viel weiterreichende Wirkung lag darin, daß die Ausdehnung der Bußkompetenz des Bischofs erhöhte Aktualität erlangt hatte. Es ging nicht mehr um Fragen der Sexualethik, an denen nur ein kleiner Teil der Gemeinde interessiert war, sondern um Götzendienst und Abfall, und davon war die Kirche im ganzen Römerreich betroffen.

Im Jahre 250 war es zur decisch-valerianischen Verfolgung gekommen. Das war die erste systematische Verfolgung. Im zweiten Jahrhundert waren – mit einer Ausnahme, der Christenhetze des Jahres 177 in Lyon unter Mark Aurel – immer nur einzelne Christen angeklagt und verurteilt worden, wie das seinerzeit Trajans Prozeßordnung vorgeschrieben hatte. In der ersten Hälfte des dritten Jahrhunderts war der Frieden, den der Synkretismus für die Kirche brachte, nur zweimal unterbrochen worden, und dabei waren ausgewählte Gruppen der Verfolgung zum Opfer gefallen. Die Verfolgung des Jahres 202/3 unter Septimius Severus hatte sich nur gegen Katechumenen und Katecheten gerichtet, die gegen das Übertrittsverbot verstoßen hatten. Maximinus Thrax hatte sich i. J. 235 auf eine Verfolgung des Klerus beschränkt. Daß aber alle Christen auf einmal Ziel einer Verfolgung sein sollten, ergab sich fast zufällig und nebenher aus der kaiserlichen Religionspolitik. Die gesetzliche Voraussetzung lag weit zurück. Im Jahre 212 hatte Kaiser Caracalla die Constitutio Antoniniana erlassen, die dazu bestimmt war, die Rechte der Untertanen zu nivellieren und die Privilegien der römischen Bürger zu beseitigen. Der Kaiser konnte zwar niemandem das römische Bürgerrecht nehmen, der es besaß. Aber er konnte es entwerten, indem er es allen Untertanen verlieh. Alle Untertanen standen im gleichen Abstand von dem Kaiser, der sich als Abbild des Sonnengottes verehren ließ.

Weder der Kaiser noch sein Nachfolger Elagabal hat sich mit diesen Ideen durchsetzen können. Unter dessen Nachfolger Alexander war es sogar noch einmal zu einer durch den allgemeinen Synkretismus gemilderten Restauration der römischen Religion gekommen. Aber die Inanspruchnahme aller Untertanen, die alle römische Bürger waren, für die gemeinsame Religion war geblieben. Die Kirche war inzwischen zur politischen Macht geworden. Die Kaiser, die im Osten proklamiert waren, stützten sich auf das Christentum; einer davon, Philippus Arabs, soll sogar Christ gewesen sein. Aber sobald ein Kaiser auf den Thron kam, den die Legionen an der Germanengrenze proklamiert hatten, rechnete er mit der Feindschaft der Christen und behandelte die Kirche als politischen Gegner.

Als Christenverfolger hatte sich schon Maximinus Thrax erwiesen, der am Oberrhein zum Kaiser ausgerufen worden war und den drei Jahre später eine aus dem Osten stammende Legion, die zweite parthische, um Thron und Leben brachte. Auch der nächste von der Nordarmee in Pannonien ausgerufene Kaiser Decius rechnete von vornherein mit der Feindschaft der Christen. Er definierte freilich nicht die Bekämpfung der Kirche, sondern die Zusammenfassung der Religion als Ziel seiner Religionspolitik. „Auch wer die römische Religion nicht verehrt, muß sich an den römischen Zeremonien beteiligen" lautete der Befehl des Kaisers. Die einzigen, die diesen Befehl nicht befolgen konnten, waren die Christen. (Wie die Juden damit fertig wurden, ist nicht überliefert.) So wurde das Opfer, das Kaiser Decius 250 allen römischen Bürgern befahl, das heißt, all seinen Untertanen, zur Ursache der ersten allgemeinen und systematischen Verfolgung.

Fast ein halbes Jahrhundert Friedenszeit war vorausgegangen, und die Kirche war auf die neue Situation nicht vorbereitet. Die Christen wurden mit den andren Bürgern vorgeladen. In der Regel bestand das Opfer darin, daß vor dem Kaiserbild eine Handvoll Weihrauchkörner in das Opferfeuer zu werfen war. Der Vollzug wurde in einer Liste festgehalten, und wer geopfert hatte, erhielt eine Bescheinigung, einen Libell. Viele Christen waren dem Druck nicht gewachsen. Einigen gelang es durch Bestechung, die Eintragung in die Akten und die Bescheinigung zu erschleichen, einige flohen an Orte, wo die Opferzeremonie schon abgelaufen war oder die Kontrolle nicht lückenlos erfolgen konnte, wie etwa in der Wüste, einige waren auch standhaft gegenüber allen Drohungen und ließen sich verhaften, aber die große Zahl gab nach und opferte.

Diese Christen hatten nach kirchlicher Auffassung die Todsünde des Abfalls begangen, sich selber exkommuniziert und um ihr Seelenheil gebracht. Sie hatten nichts weniger gewollt als das und waren, nachdem die erste Gefahr vorüber war, von aufrichtiger Reue erfüllt. So sagten sie, so empfanden sie, und nun stellte sich ihnen die Frage, wer sie zur Kirchenbuße zulassen wollte und wer gewillt und befugt war, ihnen die Rekonziliation zuzusprechen. Es war dieselbe Frage wie bei den Unzuchtssündern, aber jetzt war ein großer Teil der Christen betroffen, und Scham und Reue waren öffentlich und allgemein. Das Sündenbewußtsein war, weil so viele gesündigt hatten, gering, und die Rekonziliation war wie das vorausgegangene Opfer eine Formalität, auf die ein Anspruch zu bestehen schien. Wer sollte sie aber gewähren, Institution oder Charisma? Die Institution war in den Bischöfen vertreten. Die beanspruchten die Gewalt über die Buße, sie zu verhängen und über ihre

Zulänglichkeit zu entscheiden. Aber waren diese gewählten Kirchenbeamten wirklich berechtigt, im Namen Gottes zu sprechen und eine Entscheidung über das Seelenheil zu fällen?

Charismatiker im eigentlichen Sinn gab es nicht mehr. Die Propheten waren mit dem Montanismus aus der Kirche ausgeschieden. Aber die Bekenner, die den Glauben nicht verleugneten, hatten ihr Bekenntnis im Heiligen Geist gesprochen und waren sichtlich von Gott dazu ausersehen, in seinem Namen zu reden. Wenn man auch keine Propheten mehr hatte, so wußte man doch, daß der Name der Märtyrer und der Propheten noch vor einigen Jahrzehnten synonym gewesen war. Die Märtyrer, an die man sich wenden konnte, waren erreichbar. Sie saßen im Gefängnis und warteten darauf, daß ihnen der Prozeß gemacht wurde. In das Gefängnis kam man als Besucher leicht hinein; es kostete nicht mehr als ein Trinkgeld an die Gefängniswärter. So drängten sich nun die Abgefallenen, die nicht abgefallen sein wollten, um die Bekenner, und die gewährten großzügig die Rekonziliation, um die sie gebeten wurden. Um der Unordnung ein Ende zu bereiten, entschloß man sich in Rom, wieder einen Bischof zu wählen. Bischof Fabianus war eines der ersten Opfer der Verfolgung gewesen, und die römischen Kleriker hatten es nicht eilig, ihm einen Nachfolger zu finden. Sie waren gewohnt, die römische Kirche kollegial zu leiten, und eine rasche Wahl hätte nur das sofortige Martyrium des Neugewählten bedeutet. Der Kaiser sagte unumwunden, was er von der politischen Bedeutung des römischen Bischofs hielt: er höre es lieber, daß sich in Rom ein Gegenkaiser gegen ihn erhoben habe als daß die Christen einen Bischof gewählt hätten.

Die Verfolgung war nach den ersten Maßnahmen abgeflaut, der Kaiser Decius war im Kampf gegen die Goten gefallen, und so wagten die Römer eine neue Bischofswahl, auch wenn der neue Kaiser Trebonianus Gallus den Christen keineswegs freundlich gesonnen war. Angesichts der zahlreichen Lapsi mußten die Römer entscheiden, ob sie einem Rigoristen oder einem laxen Bischof den Vorzug geben sollten. Die Gemeinde war, wenn sie nicht gespalten war, zumindest polarisiert. Den Ausschlag dürften die Lapsi gegeben haben, die einen Bischof brauchten, der ihnen die Rückkehr in die Kirche ermöglichte. Auch die Confessoren, die ohne wirkliche Befugnis in großem Maß die Rekonziliation der Gefallenen verfügt hatten, traten in Rom für die laxere Haltung ein. Die rigoristische Partei wollte jedoch nichts von Nachgiebigkeit gegenüber den Lapsi wissen. So kam es, man war das Schisma gewohnt, zu einer zwiespältigen Bischofswahl und zu erneutem Schisma. Die gemäßigte Richtung wählte den Cornelius, die strenge den Novatian.

Die Verfolgung hatte das ganze Reich betroffen. Darum stellte sich das Problem der Lapsi allen Gemeinden in derselben Weise, und allenthalben nahm man an den Ereignissen in Rom Anteil. Weithin suchten die Rigoristen mit Novatian und seiner Gemeinde Kontakt, und die Novatianerkirche entstand als eine Gemeinde von Heiligen, eine Kirche, deren Glieder und deren Klerus frei von Todsünden waren und, wie vorher die Montanisten, Todsündern nicht die Rekonziliation gewährten.

Über das Schicksal Novatians gibt es kaum Nachrichten. Valerian, der schon unter Decius die Verfolgung organisiert hatte, war 253 Kaiser geworden. Er unternahm i. J. 258 einen neuen Vorstoß gegen die Christen, der sich zentral gegen den Klerus richtete und die Gemeinden ihrer Führer berauben sollte. Dieser erneuerten Verfolgung fielen viele Bischöfe und Oberbischöfe zum Opfer, Sixtus II. von Rom, Cyprian von Karthago und Novatian, wie der Kirchenhistoriker Sokrates berichtet und eine von dem Diakon Gaudentius verfaßte Inschrift beweist.

Von Novatian sind, außer drei Briefen in der Briefsammlung Cyprians, vier Schriften auf uns gekommen, zwei unter Tertullians und zwei unter Cyprians Namen. Die ersten beiden, De spectaculis und De bono pudicitiae, lehnen sich an themengleiche Schriften Tertullians an. Der Besuch der Schauspiele ist dem Christen wegen deren Beziehung zum Götzendienst verboten. In der Schrift über die Sittsamkeit zeigt der Verfasser sich maßvoll in seinen Forderungen. Er unterscheidet drei Grade der Keuschheit, die Bewahrung der Jungfräulichkeit, die Enthaltsamkeit in der Ehe und die Einhaltung der ehelichen Treue. Die Abhandlung über die jüdischen Speisen legt die alttestamentlichen Speisevorschriften allegorisch aus; die unreinen Tiere repräsentieren Laster, deren sich der Christ enthalten muß.

Das Hauptwerk ›De trinitate‹ – das Werk ist ohne Titel überliefert – ist kein Abriß der tertullianischen Trinitätslehre, wie schon Hieronymus irrtümlich behauptet hat, sondern eine ausführliche Darstellung des von Hippolyt gebotenen Entwurfs. Das Werk gibt sich als eine Auslegung der Regula veritatis; es handelt über den Schöpfer, sehr breit über Christus und am Schluß knapp über den Heiligen Geist. Danach wird noch einmal die Beziehung von Vater und Sohn im Zusammenhang dargestellt. Die Selbständigkeit des Sohnes ist stark betont. Während im Hauptteil als Gegner häretische, doketische und adoptianische Anschauungen bekämpft werden, ist der Schlußteil gegen eine die Einheit Gottes akzentuierende Trinitätslehre gerichtet.

3. *Cyprian von Karthago*

Der ideale Kirchenvater ist Bischof und Märtyrer und verkörpert derart Institution und Überlieferung zugleich mit dem Charisma; er ist zweifach legitimiert. Der erste Kirchenvater, der dieser Anforderung entspricht, ist Cyprian von Karthago. Daran wird es liegen, daß er im Altertum und Mittelalter einer der gelesensten Väter war. Ein anderer Grund wird aber auch darin zu sehen sein, daß er in Auseinandersetzung mit den Primatansprüchen des römischen Bischofs im Episkopalismus das wesentliche Strukturmerkmal der Kirche beschrieb. Er war nicht der erste; Ignatius von Antiochien hatte früher bereits die bischöfliche Verfassung zum Wesensmarkmal der Kirche erklärt, und der Grundsatz hatte nach der Ausscheidung des Montanismus allgemeine Anerkennung gefunden. Doch hatten die Primatsansprüche des römischen Bischofs im Osterstreit eine neue Erörterung des Problems hervorgerufen und die Frage nach der Begründung der Autorität der Oberbischöfe aufgeworfen.

Cyprian wurde als Sohn einer vornehmen und wohlhabenden Familie in Karthago geboren – um 200 sagt man gemeinhin. Von seinem Leben vor seiner Bekehrung wissen wir nur, daß er als Lehrer der Rhetorik in Karthago Ansehen genoß. In seinen philosophischen Ansichten ist er, wie die Mehrzahl der früheren Kirchenväter, durch den Mittelplatonismus bestimmt. Doch liegt seine Bedeutung nicht in der Kraft seiner theologischen Spekulation, sondern in der Eindringlichkeit, mit der er Bischofsamt und Kirche identifizierte.

Etwa 246 (das Jahr ist aus den datierbaren Ereignissen erschlossen) wurde er durch einen Presbyter Caecilius für das Christentum gewonnen und trat nach dem Empfang der Taufe unter Hingabe seines Vermögens an die Gemeinde, oder, wie man damals sagte, an die Armen, als Presbyter in den Klerus ein. Bald danach, etwa 248/49, wurde er zum Bischof gewählt. Er war von Familie, reich und gebildet, in jeder Hinsicht ein typischer Vertreter der Oberschicht und damit auch der Mann, für den das Volk sich begeisterte. Es gab auch Widerstand gegen seine Wahl bei einer Gruppe, die in der Askese den Ausdruck ihrer besonderen Frömmigkeit sah und die an seinem jungen Christentum Anstoß nahm. Doch die große Autorität, die er als Bischof sofort bei seiner Gemeinde und bei seinen Amtsbrüdern genoß, macht verständlich, warum die Wahl auf ihn fallen mußte.

Von seiner Bekehrung an sind wir über sein Leben etwas besser unterrichtet. Bald nach seinem Martyrium verfaßte der karthagische Diakon Pontius eine panegyrische Vita, die mit der Bekehrung einsetzt. Der Begriff „Vita" erweckt falsche Vorstellungen. Die Vita war damals als Gattung noch lange nicht in die christliche Literatur eingegangen. Es gab zwar bereits Apostelromane, Märtyrer- und Heiligenlegenden, aber noch lang keine Lebensbeschreibungen. Was nicht als Wirkung des Heiligen Geistes gedeutet werden konnte, schien das Aufschreiben nicht wert zu sein. Auch die Vita des Pontius ist nur ein Martyriumsbericht mit ausführlicher biographischer Einleitung.

Wirkliche Kenntnis über sein Leben und Wirken als Bischof vermittelt uns seine Briefsammlung. Sie enthält 81 Stücke, davon sind 65 von ihm verfaßt. Eine zuverlässige Quelle ist ferner der Bericht von seinem Martyrium, die Acta proconsularia Cypriani. Cyprian ist der erste Bischof, von dessen Persönlichkeit und Tätigkeit wir ein deutliches Bild erhalten. Sein Vorbild und seine Schriften haben die Amtsauffassung und das Selbstbewußtsein der Bischöfe im lateinischen Westen entscheidend geformt. Seine Persönlichkeit, durch Herkommen und Anlagen zur Führung berufen, geht in ihrem Amt auf. Die Pflichttreue des römischen Beamten und die geistliche Freiheit des allein Gott gehorchenden Priesters werden in ihm zur Einheit. Ein Charismatiker war er durchaus nicht, und seine Überzeugung von der Unabhängigkeit des Bischofs in der Lenkung der kirchlichen Angelegenheiten könnte von seinem römischen Empfinden für die Unabhängigkeit des sakralen Bereichs gespeist gewesen sein. Wenn Cyprian im Amt des karthagischen Bischofs die ihm gemäße Form gefunden hat, dann läßt sich freilich auch sagen, daß Cyprian ein Mann war, dem es leichter fiel, in Karthago der erste als in Rom der zweite zu sein.

In das Jahrzehnt seiner Amtszeit fallen zwei große Auseinandersetzungen, der Streit um die Bußvollmacht des Bischofs und der Ketzertaufstreit. Cyprian war höchstens zwei Jahre im Bischofsamt, als die decische Verfolgung ausbrach. Man hatte ihn rechtzeitig gewarnt, und er konnte sich dem Zugriff der Behörden entziehen. Da eines der offensichtlichen Ziele der Verfolgung war, die Kirche durch die Vernichtung des Klerus zu zerstören, lag es als Gegenmaßnahme nah, daß der Bischof sich zurückzog und seine Gemeinde von seinem Versteck aus durch Briefe leitete. Nun ist die Flucht zwar ein bisweilen wirksames, aber nicht besonders ruhmvolles Mittel, sich einem Angriff zu entziehen. Der römische Bischof Fabianus war als Märtyrer gefallen, und die römischen Kleriker schickten einen recht spitzen Brief an die karthagische Gemeinde, in dem sie von dem nahliegenden Vergleich des Mietlings und des guten Hirten aus dem Johannesevangelium ausgiebig Gebrauch machten. Weil sie aber vorsichtigerweise den Verfasser ihres Schreibens weder im Briefkopf noch in der Unterschrift genannt hatten, sandte Cyprian es postwendend zurück und bat die römischen Brüder zu prüfen, ob das unpassende Schriftstück nicht eine Fälschung sei.

In Karthago hatte die Verfolgung zu denselben Zuständen wie in Rom geführt. Eine große Anzahl Christen hatte sich den staatlichen Anordnungen gebeugt und sich damit aus der Gemeinde ausgeschlossen, aber in den Gefängnissen saß eine kleine Anzahl Christen, die standhaft geblieben war. Auch hier drängten sich die Lapsi um die Bekenner, um sich von diesen die Rekonziliation zusprechen zu lassen, und der Bischof, der die Verwaltung der Kirchenbuße als Bereich seiner Kompetenz ansah, war geflohen, hatte an moralischer Autorität eingebüßt und konnte nicht handeln. Die Lage war im Grunde noch kritischer, weil die Opposition gegen den Bischof aus den Zeiten seiner Wahl nicht eingeschlafen war. Mit mehr Recht als vorher die Asketen konnten jetzt die Bekenner ein der Amtsgnade des Bischofs überlegenes Charisma beanspruchen. So kam es wie in Rom auch in Karthago zum Schisma; es wird nach einem Diakon Felicissimus genannt, der an die Spitze der bischofsfeindlichen Partei getreten war. Indessen war die Verfolgung abgeflaut. Cyprian konnte aus seinem Versteck zurückkehren, und seiner großen persönlichen Autorität gelang es bald, die Ordnung in Karthago wiederherzustellen.

Die decisch-valerianische Verfolgung ist durch eine von 251 bis 257 dauernde Pause unterbrochen. In dieser Zeit wurde Cyprian durch seine Führungsstärke und besonders durch seine kompromißlose Haltung gegenüber den Schismatikern in der Frage der bischöflichen Vollmacht zum führenden Bischof der lateinischen Kirche. Der römische Bischof unternahm darum Schritte, den römischen Primat wiederherzustellen, der in den Fragen des Glaubens unangefochten war, in den Fragen der Sitte aber außerhalb Italiens durchweg bestritten wurde. Er wählte dazu einen Streitpunkt, der auf der Grenze beider Bereiche lag, die Ketzertaufe. In Rom, und weithin in der katholischen Kirche, war es üblich, den Christen, die sich von einer häretischen Gemeinde bekehrten, nur die Hände aufzulegen. In Karthago wurden solche Christen jedoch getauft, auch wenn sie bei den Häretikern bereits die Taufe empfangen hatten. Die unterschiedliche Praxis erklärt sich vor allem aus der Situation. In Rom gab es eine starke Novatianergemeinde, die in Glaubensfragen nicht von der römischen Rechtgläubigkeit abwich. Auch sonst muß es in Rom noch einige kleine schismatische Gemeinschaften von einwandfreiem Glaubensstand gegeben haben. Denen wollte man den Übertritt zur katholischen Gemeinde erleichtern. In Karthago hatte sich dagegen die Praxis der Ketzertaufe bei der Abwehr der Gnosis herausgebildet, und man legte Wert darauf, den Unterschied von Häretikern und Katholiken nicht dadurch zu verwischen, daß man die Taufe der Häretiker anerkannte.

Der Streit zwischen beiden Bischöfen ähnelt in seinem eigentlichen Gegenstand – dem römischen Primat – dem zweiten Osterstreit. Er nahm auch einen ähnlichen Verlauf. Der römische Bischof Stephan hob die Kirchengemeinde zwischen Rom und Karthago auf und erntete dafür Vorwürfe aus den auswärtigen Kirchengebieten, an die er sich um Beistand gewandt hatte. Ein römisch-africanisches Schisma drohte. Doch bevor es sich verwirklichte, brach die Verfolgung von neuem aus, Stephan von Rom, sein Nachfolger Xystus und Cyprian von Karthago starben als Märtyrer, und die Frage blieb einstweilen in der Schwebe. Erst das donatistische Schisma gab im Jahre 314 dem römischen Bischof Gelegenheit, die römische Taufpraxis in Africa durchzusetzen.

Im Sommer 257 war die Verfolgung von neuem ausgebrochen. Cyprian wurde verhaftet und erhielt einen Zwangsaufenthalt zugewiesen. Man gab ihm reichlich Gelegenheit zur Flucht, aber davon wollte er keinen Gebrauch machen, hätte es auch nicht gedurft, zumal Bischof Stephan von Rom bereits mit dem Martyrium gekrönt war. Ein Jahr später, bei einem letzten Aufflackern der Verfolgung, wurde er auf Anordnung des Kaisers nach kurzem Verhör mit dem Schwert hingerichtet. Die Akten seines Martyriums sind in der Protokollform erhalten; das ist die Form der Märtyrerakten, die einem historischen Bericht von den Ereignissen am nächsten kommt.

Die Herkunft Cyprians von der Rhetorik zeigt sich noch deutlich an seiner ersten Schrift ›An Donatus‹, einer den Bekehrungsbericht einschließenden Apologie. Die Rede richtet sich an einen bereits bekehrten Freund. Trotz reichlichem rhetorischem Schwulst vermag der Autor ein fesselndes Bild der zerfallenen heidnischen Zivilisation zu entwickeln. Es ist eine Schularbeit, durch die Cyprian Rechenschaft von seiner Bekehrung geben wollte, und seinen späteren Schriften unähnlich, aber dennoch eine selbständige und keineswegs langweilige Durchführung des vielverhandelten Themas. Die Schrift erweckt den Eindruck, Cyprian habe gelegentlich seiner Aufnahme in den Klerus einen Beweis seiner Fähigkeiten erbringen wollen; der Bischof kommt hier noch nicht zu Wort.

Noch eine zweite Apologie stammt aus seiner Feder. Sie ist an einen Heiden Demetrianus gerichtet und gegen dessen von vielen geteilte Meinung, die von den Christen verursachte Mißachtung der alten Götter sei schuld an den Katastrophen, die über das Römerreich hereingebrochen waren. Diese Meinung hatte der decischen Verfolgung als Voraussetzung gedient. Ihrer Widerlegung könnte sich Cyprian in der

Zeit seiner Flucht, also 250/51 unterzogen haben. Auch in ihr handelt es sich um eine echte Apologie, die mit der Aufforderung zur Bekehrung schließt und Kenntnis aller apologetischen Topoi verrät. Der ausgiebige Gebrauch von Bibelstellen zeigt jedoch einen Autor, der inzwischen im Christentum feste Wurzeln geschlagen hat.

In zeitlicher Nähe, veranlaßt durch eine Pestepidemie, ist eine Trostschrift ›Über die Sterblichkeit‹ geschrieben, die den geängsteten Christen sagt, warum sie den Tod nicht fürchten müssen. Cyprian hat während seiner ganzen Amtszeit Schriften moralischer Thematik verfaßt, teils unter Aufnahme von Themen, die Tertullian bereits abgehandelt hatte. Dazu gehören ›Über gute Werke und Almosen‹, ›Über die Geduld als ein Gut‹ und ›Über Eifersucht und Neid‹. Auch mit einer Vaterunserauslegung hat er ein Thema Tertullians aufgenommen; es ist eine der Schriftauslegungen aus der Alten Kirche, die uns noch unmittelbar anzusprechen vermögen. Einige dieser Schriften erwecken den Eindruck, es handele sich um wirklich gehaltene, aber sorgfältig ausgearbeitete Reden.

Der erste moralische Traktat, den Cyprian als Bischof schrieb, handelt ›Über den Anstand der Jungfrauen‹ (De habitu virginum). Die Jungfrauen sind die gottgeweihten Angehörigen des Jungfrauenstandes, der aus dem urchristlichen Witwenstand hervorgegangen ist. In ihren Kreisen und dem sich an sie anschließenden Gemeindeteil scheint der Widerstand gegen Cyprians Bischofswahl und Amtsführung verwurzelt gewesen zu sein. Cyprian war durchaus kein Feind der Askese; bei seinem Eintritt in den Klerus hatte er im Unterschied von den zum Teil recht wohlhabenden Jungfrauen seinen Besitz aufgegeben. Zweck der Abhandlung – auch dieses Thema war ohne die besondere Ausrichtung auf die gottgeweihten Jungfrauen schon von Tertullian erörtert worden – ist, die Aufsicht des Bischofs über die Askese zu demonstrieren. Dazu gaben die Jungfrauen reichlich Anlaß. Es handelte sich um eine Privataskese, die die Jungfrauen nicht vom öffentlichen Leben ausschloß. Cyprian hat Gelegenheit, nicht nur Putz- und Prunksucht zu tadeln, sondern auch die Teilnahme an Hochzeitsfeiern mit ihren dem Anlaß entsprechenden zwei- und eindeutigen Unterhaltungen und sogar den Besuch öffentlicher Bäder. Die Jungfrauen hatten das, was sie dort betrachteten und zeigten, anscheinend nicht so verkniffen gesehen und dem Bischof Gelegenheit zu einer Ermahnung gegeben, der sich nicht widersprechen ließ.

In derselben Weise nahm Cyprian nach seiner Rückkehr aus seinem Versteck die Gelegenheit wahr, die Kirchenbuße für die ausschließliche Kompetenz des Bischofs zu beanspruchen. Das geschah in der Schrift

›De lapsis‹ (Über die Gefallenen). Anders als in Rom, wo die Schismatiker für mehr Strenge gegen die Gefallenen eintraten, mußte Cyprian sich in Karthago gegen die unkontrollierte Rekonziliation durch die Bekenner wahren. Es war wieder der Teil der Gemeinde, der dem Bischof von Anfang an Schwierigkeiten gemacht hatte und sich jetzt zu den Bekennern hielt. Cyprian läßt keinen Zweifel daran: wer auf irgendeine Weise den Opfergeboten nachgegeben hat, der muß sich der ordentlichen Kirchenbuße unterwerfen. Es hätte jedem freigestanden, durch Flucht unter Besitzaufgabe sich den Forderungen der Behörden zu entziehen. Der einzige Weg, der den Gefallenen offensteht, ist das Bekenntnis vor dem Priester.

Etwa zu derselben Zeit hat Cyprian auch seine Abhandlung ›Über die Einheit der katholischen Kirche‹ geschrieben. Der aktuelle Anlaß waren das kleine Schisma in Karthago und das große novatianische Schisma in Rom, wo eine Sonderkirche sich neben der katholischen Kirche etablierte. Das Thema lag in der Luft. Der Gedanke der Einheit und der Vereinheitlichung bezeichnete die Maxime der kaiserlichen Politik und Religionspolitik, und das um so mehr, je mehr das Reich zerfiel. Der Gedanke der Einheit bestimmte auch die philosophische Spekulation. Der stoischen Philosophie hatte er von jeher zugrundegelegen, aber nun gingen auch die Platoniker – als erster Schritt zum Neuplatonismus – dazu über, die Einheit des Seins und des Seienden zum Ausgangspunkt der Spekulation zu machen. Auch in der Entwicklung des Kirchenbegriffs gingen vom Begriff der Einheit neue Impulse aus. Von organisatorischer Einheit war man noch weit entfernt, und wo man bisher den Gedanken der Einheit betont hatte, da hatte man Gleichheit und Zusammengehörigkeit darunter verstanden. Mit der Frage nach der Einheit Gottes brach die Frage nach der Einheit der katholischen Kirche auf, einer Einheit, die mehr als Gleichheit und Gemeinschaft war und der Einheit Gottes entsprach.

Cyprian antwortete: die Einheit der Kirche ist die Einheit des Episkopates. Dessen Einheit muß er folglich erweisen. Dazu beschreitet er zwei Wege. Er leitet zunächst historisch ab: Das Bischofsamt ist als einheitliches Amt dem Petrus übergeben worden und von Petrus auf alle rechtmäßigen Bischöfe übergegangen. Cyprian ist bei diesem Gedanken von dem Sukzessionsprinzip bestimmt, wie es im Clemensbrief formuliert war. Während dort aber die Apostel schlechthin von Christus das Amt empfangen haben, ist hier durch die Nennung des Petrus das Amt genauer inhaltlich bestimmt. Petrus hat ausdrücklich die Bußvollmacht empfangen, und Cyprian stellt fest, daß diese Vollmacht dem institutionellen Bischofsamt und nicht einem anderen, etwa charismatischen Amt, gegeben wurde. Nur die Bischöfe und nicht die Bekenner stehen in der Nachfolge des Petrus.

Zu der historischen Begründung tritt bei Cyprian eine ontologische. Die Beziehung des einzelnen Bischofs zum Bischofsamt läßt sich als Teilhabe beschreiben. Damit ist nicht etwa gesagt, daß das Amt auf die Bischöfe aufgeteilt wäre, so daß alle zusammen das Amt repräsentieren, sondern daß die Idee des bischöflichen Amtes und damit der Kirche sich in jedem einzelnen Bischof vollständig darstellt und verwirklicht. Zur Erläuterung zieht Cyprian die Bilder von Sonne und Strahl, von Wurzel, Stamm und Ästen und von der Quelle und den Bächen heran; diese Bilder dienten ursprünglich dazu, das Verhältnis der göttlichen Personen zu einander zu beschreiben. Cyprian benutzt sie, um die Beziehung zwischen Gott und den Bischöfen als Urbild/Abbild-Verhältnis darzustellen. Was der einzelne Bischof in seinem Amt sichtbar macht, ist die Einheit Gottes. Seine Teilhabe am bischöflichen Amt ist eine Teilhabe an der göttlichen Einheit. Die Einheit der Kirche besteht in der Teilhabe der Bischöfe an der Einheit Gottes. Der Gedanke, daß die Einheit Gottes durch die Vermittlung der Bischöfe in der Einheit der Kirche sichtbar wird, ist für ein platonisches Denken kennzeichnend. Mit anderer Akzentuierung hatte ihn bereits Ignatius von Antiochien konzipiert: den Bischof legitimiert in seinem Amt, daß er gemeinsam mit seinem Klerus die himmlische Hierarchie abbildet.

Als ehemaliger Lehrer der Rhetorik wußte Cyprian, wie man Argumente und Beweisgründe verfügbar hält. Bald nach seiner Bekehrung begann er, Testimonien aus der heiligen Schrift zu sammeln. Davon veröffentlichte er zwei Bücher und widmete sie einem „Sohn Quirinius", wohl einem Glied seiner Gemeinde. Das erste Buch dient der Apologetik gegen die Juden, das zweite Buch dem Weissagungsbeweis für Christus. Später kam ein drittes Buch mit sittlichen Anweisungen dazu. Gegen Ende seines Lebens hat er noch eine Testimoniensammlung angelegt. Das war wohl im Jahre 257, nachdem die zweite Phase der Verfolgung ausgebrochen und ihm bereits ein Zwangsaufenthalt zugewiesen war. Die Sammlung, die einem Fortunatus gewidmet ist, vereinigt Sprüche, die die Bereitschaft zum Martyrium stärken sollen.

Cyprian ist der erste Kirchenvater, von dem eine Briefsammlung auf uns gekommen ist. Den Grundstock der Sammlung hat er selbst angelegt, nicht, um Ruhm als Schriftsteller zu ernten, sondern um seine Amtsführung transparent zu machen und seine Maßnahmen als Präzedenzfälle für spätere Entscheidungen zur Verfügung zu stellen. Bei dem großen Ansehen, das Cyprian als Bischof, und dem Ruhm, den er als Märtyrer genoß, ist die Sammlung nach seinem Tode ergänzt und gepflegt worden. Sie ist eine wichtige, noch keineswegs ausgeschöpfte Quelle für die Kirchengeschichte des lateinischen Westens im dritten Jahrhundert.

4. Der Neuplatonismus

Die ersten Christen, die eine Theologie, das heißt eine spekulative Theologie entwickelt haben, waren die Gnostiker; die ersten, die eine kirchlich brauchbare Theologie entwickelt haben, die mit der biblischen Frömmigkeit verträglich war, waren die Apologeten. Das Weltbild dieser ersten christlichen Theologen war das des Mittelplatonismus. Die folgenden kirchlichen Theologen haben die Theologie der Apologeten weiterentwickelt und vervollständigt, aber ihr Weltbild bleibt dasselbe. Die christliche Theologie hat mit diesem mittelplatonischen Weltbild teil an der Geistigkeit ihrer Zeit. Auch die heidnischen Philosophen und Dichter setzen dieses Weltbild voraus oder sind zumindest davon beeinflußt. Im platonischen Denken kommt es seit der Mitte des dritten Jahrhunderts zu einer Veränderung. Der Mittelplatonismus wird durch den Neuplatonismus abgelöst, und dem Fortschritt der Philosophie folgt zögernd eine analoge Entwicklung im theologischen Denken.

Als Stifter des Neuplatonismus gilt Ammonios. Ammonios hat seinen Namen von einem ägyptischen Gott, war Ägypter und wirkte in Alexandrien. Zur Unterscheidung von anderen Trägern des Namens heißt er gelegentlich mit Beinamen „Sakkas", der Sackträger, und der Beiname wurde durch die Legende erklärt, er habe seinen Lebensunterhalt als Sackträger erworben, bevor er sich der Philosophie zugewandt habe. Da Ammonios keine Schriften hinterlassen hat, können wir nicht kontrollieren, ob er wirklich der Stifter des Neuplatonismus ist. Porphyrios, Plotins Schüler, behauptet, Ammonios stamme aus christlichem Elternhaus und habe sich erst, als er selbständig denken und philosophieren gelernt hatte, vom Christentum ab- und dem Heidentum zugewandt. Welcher Art die Gemeinschaft war, der Ammonios früher angehörte, ist schwer zu vermuten; unwahrscheinlich ist, daß er katholisch war. Möglicherweise gehörte er einer Gemeinschaft an, die ihre asketische Haltung durch die Anspruchslosigkeit ihrer Kleidung zeigte. Der Sack ist als Kleidungsstück Ausdruck der Demut, Dienstbereitschaft und Buße. Alles was über Ammonios mitgeteilt wird, ist unzuverlässig; die Angabe seiner Lebenszeit mit ca. 175 bis 242 ist das Sicherste, was wir von ihm wissen.

Unglücklicherweise gibt es in seiner Nähe einen zweiten Philosophen desselben Namens, ebenfalls einen ägyptischen Philosophen, der ein Buch über die ›Übereinstimmung zwischen Mose und Jesus‹ geschrieben haben soll. Der Titel gehört in den Themenkatalog des methodischen Synkretismus der Mittelplatoniker. Dem Numenios wurde beispielsweise die Behauptung nachgesagt, Platon sei nur ein griechisch redender Mose. Der Verfasser des Buches kann aber nicht der Neuplatoniker Ammonios, der Lehrer Plotins, gewesen sein, denn der soll nach dem Zeugnis seiner Schüler überhaupt nichts Schriftliches hinterlassen haben. Die komplizierte Frage nach der Beziehung der beiden Träger des Namens Ammonios wird dadurch weiter kompliziert, daß Ammonios Sakkas einen Schüler Origenes hatte, der in derselben Zeit wie der christliche Gelehrte dieses Namens lebte. Dem Christen Origenes wirft Porphyrios vor, er sei in einem heidnischen Elternhaus aufgewachsen und Schüler des Ammonios gewesen und sei dennoch zum Christentum abgefallen. Dies ist nicht vereinbar mit den biographischen Angaben über des Origenes Herkunft aus christlichem Elternhaus bei Euseb. Der Christ Origenes dürfte in der Tat wenn nicht Schüler, so doch Hörer des Ammonios Sakkas gewesen sein. Schüler des Ammonios war aber der Neuplatoniker Origenes; als dieser Origenes die Vorlesung seines Mitschülers Plotin besuchen wollte, da habe Plotin die Vorlesung abgebrochen, weil ihr Inhalt dem Origenes bekannt sei. Das Problem hat viel Ähnlichkeit mit den logischen Spielereien unserer Zeit. Die Fragen und Verwechslungen, die durch die Gleichheit der Namen entstehen, lösen sich am leichtesten, wenn wir annehmen, es habe zwei Träger des Namens Ammonios und zwei Träger des Namens Origenes gegeben. Daß sie alle ägyptische Namen hatten und in Ägypten lebten, macht uns die führende Bedeutung deutlich, die Alexandrien damals sowohl für die heidnische Philosophie wie die christliche Theologie hatte. Daß aber die Unterscheidung von vier verschiedenen Persönlichkeiten mit zwei verschiedenen Namen und nahverwandten Interessen alle naheliegenden Fragen wirklich beantwortet, das kann niemand behaupten.

Ob also Ammonios, der Sackträger, der mit diesem Namen – wenn er ihn wirklich trug – vielleicht als Asket bezeichnet wurde, wirklich der Stifter des Neuplatonismus ist, können wir nicht kontrollieren. Denn der erste, der Schriften hinterlassen hat, und das in solcher Menge und mit solcher Selbständigkeit, daß er für uns zum ersten Neuplatoniker wird, war Plotin. Plotin war in Alexandria seit 232 elf Jahre lang Schüler des Ammonios Sakkas gewesen und eröffnete nach dessen Tod zunächst auf der Grundlage seiner Vorlesungen um 244 in Rom eine Schule, die bald zu großem Ansehen kam, nicht nur weil Plotin nach Geist und Charakter die Mehrzahl der Philosophen seiner Zeit weit überragte, sondern auch weil die neue Philosophie der auf Zentralisierung und Zusammenschau gerichteten Stimmung der Zeit entgegenkam. Er starb 270. Unter den anderen Vertretern der neuen Philosophie erscheint Plotin als Gründer, weil er der erste und fürs erste auch einzige ist, der die Kraft zu systematischer Darstellung besaß und seine Gedanken in einem umfangreichen Werk von 6 mal 9 Schriften hinterlassen hat. Daran hat freilich sein Schüler Porphyrius das Hauptverdienst. Er hat die Bücher Plotins gesammelt, in die Ordnung von sechs Enneaden gebracht und veröffentlicht und dazu eine Vita des Meisters geschrieben.

Bedeutung für die Kirchengeschichte haben unter den späteren Neuplatonikern zunächst der eben genannte ein Menschenalter jüngere Porphyrios, der mit seinen ›15 Büchern gegen die Christen‹ während der diolektianischen Verfolgung oder kurz davor den gefährlichsten literarischen Angriff der Geschichte gegen das Christentum unternahm. Das Werk ist größtenteils verloren, weil es nach der konstantinischen Wende verboten und einer Bücherverbrennung unterworfen wurde. Zum Neuplatonismus ist ferner der als Literat und Rhetor nicht bedeutungslose Kaiser Julian zu rechnen, dazu sein Praefectus praetorio (Ministerpräsident für einen Reichsteil) Sallustios, der uns einen gut lesbaren Abriß der neuplatonischen Religionsphilosophie hinterlassen hat, und schließlich sei auch noch Jamblich erwähnt, der erheblichen Einfluß auf vielgelesene christliche Schriftsteller des 5. Jh. ausgeübt hat. Die Philosophiegeschichte kennt darüber hinaus noch eine große Zahl neuplatonischer Philosophen, von unterschiedlichem Einfluß auf die Entwicklung der christlichen Theologie. Bei einem der bedeutendsten, Proklos, hat man den Eindruck, daß die christliche Trinitätslehre auf die Gestalt seiner Ontologie eingewirkt hat.

In die christliche Theologie ist der Neuplatonismus nur sehr zögernd eingedrungen, obwohl bereits in seiner Entstehung gegenseitige Einflüsse hin und her gegangen sind. Die christlichen Autoren des dritten und beginnenden vierten Jahrhunderts sind in ihrem Denken noch dem Mittelplatonismus zuzurechnen. Origenes der Christ ist noch Mittelplatoniker, der Heide dieses Namens ist bereits Neuplatoniker. Die Kirche war im dritten und der ersten Hälfte des vierten Jahrhunderts mit der Gestaltung der Trinitätslehre beschäftigt und dadurch fürs erste durch ihre eigene Überlieferung in ihren Denkmöglichkeiten festgelegt. Erst seit der Mitte des 4. Jh. dringt der Neuplatonismus in die christliche Theologie ein und ermöglicht mit einem Neuansatz der Spekulation die Lösung des trinitarischen Problems.

Neu am Neuplatonismus, wie er für uns bei Plotin greifbar wird, ist die starke Betonung der Einheit des Seins und damit die Überwindung des sogenannten platonischen Dualismus. Die Materie, bis dahin als das Nichtseiende aus dem Sein ausgeschlossen und ihm gegenübergestellt, wird in den Bereich des Seins einbezogen. Sein und Nichtsein haben ihre gemeinsame Quelle in der Gottheit, deren Transzendenz über die bisherigen Vorstellungen hinaus gesteigert wird. Das vielfältige und durch seine Vielfalt der geistigen Wahrnehmung zugängliche Sein hat seinen Ursprung nicht in sich selbst, sondern in einem Bereich oberhalb des Seins (epekeina tes usias). Dieser Ursprung ist dem Denken unzugänglich, wie auch der Ursprung des Seins nicht als selbst denkend vorgestellt werden kann, weil beim Denken Denkendes und Gedachtes unterschieden werden müssen. Nichts anderes als die Einheit läßt sich von ihm aussagen.

Das Denken, der Nous, ist somit ein Zweites, das von seiner Ursache zu unterscheiden ist. Es bildet die Einheit des Ersten ab, läßt aber als auf sich selbst gerichtetes Denken begrifflich die Unterscheidung von denkendem und gedachtem Sein zu, die durch das Denken miteinander verbunden und eines sind. Der Unterschied beider ist nur begrifflich zu fassen, ist aber kein Rangunterschied, weil der Nous im Sich-selber-Denken bei sich bleibt. Der Nous faßt das Denken aller Dinge, die Vielheit der Ideen, in sich zusammen. Die Ideen haben ihr Sein davon, daß sie vom Nus gedacht und in ihm enthalten sind.

Die Vermittlung der Gedanken des Nous nach außen geschieht durch die dritte Hypostase, die Seele, durch die der Übergang von der Einheit zur Vielheit erfolgt. Sie ist einerseits dem Nus zugewandt und schaut ihn in seiner Einheit, aber andererseits bildet sie die im Nus enthaltenen Ideen in die Materie ab und vollzieht dabei den Übergang von der Einheit zur Vielheit. Sie teilt sich auf, verästelt sich, ohne doch selber ihre Einheit zu verlieren, wie Plotin meint. Dabei ist er nicht konsequent. Denn es ist unvermeidlich, daß die Seele auf diese Weise aus einem schauenden, dem Nus zugewandten Teil besteht, und einem schaffenden, der Physis. Dieser Mangel an Konsequenz, der erst später vom Neuplatonismus überwunden wird, zeigt sich deutlich bei der Betrachtung der Einzelseele, die von der Weltseele erzeugt wird. Die Weltseele ist der Materie freundlich zugewandt und verhilft als Physis ihr zur Teilhabe am Sein. Plotin polemisiert in einer eigenen Schrift gegen die Feindschaft der Gnostiker gegen die materielle Schöpfung. Aber in seiner Ethik fordert er von der Einzelseele ausschließliche Zuwendung zum Nus, Abwendung vom Leib, der für die Seele nur Fessel oder Grab ist.

Die Philosophiegeschichte des dritten Jahrhunderts steht vor einem Problem, das dem dogmengeschichtlichen Problem analog ist. Das dogmengeschichtliche Problem besteht darin, daß es zu dieser Zeit noch unmöglich ist, gleichzeitig die volle Gottheit Christi, des Logos, zu lehren und dabei seine Zuwendung zur Schöpfung, sein Leiden, mit dem Gottesbegriff in Einklang zu bringen. Von Gott läßt sich kein Leiden aussagen. Von Christus muß die Gottheit und das Leiden ausgesagt werden, doch das Leiden ist mit dem Gottesbegriff unvereinbar.

Für die Philosophiegeschichte war das Problem durch Epikur gestellt. Weil das Leiden mit dem Gottesbegriff unvereinbar ist, ist auch die Providenz ausgeschlossen, die Zuwendung der Gottheit zu den Geschehnissen in der materiellen Welt. Die Götter können die Welt nicht regieren, ohne durch ihr Regiment in Teilnahme und Mitleiden gezogen zu werden. Da sie aber selig und unbekümmert sind, können sie sich nicht um die Welt kümmern. Für die Stoa existierte dieses Problem nicht, weil sie handelnde und leidende Substanz von vornherein unterschied. Die göttliche Substanz – Zeus, die Physis – ist handelnde Substanz. Aber für die anderen Philosophien galt, daß Schöpfung und Weltregierung sich nicht mit dem Gottesbegriff vertrugen. Der Mittelplatonismus hatte das Problem im großen und ganzen dadurch zu lösen versucht, daß er die Schärfe der Grenze zwischen dem Sein und der nichtseienden Materie betonte. Ein Leiden läßt sich nur von der Materie aussagen. Darum war es konsequent, daß Plotin gegen die mittelplatonisch denkenden Gnostiker polemisierte. Doch jede Teilnahme des Göttlichen an materiellen Dingen war nur unter Depotenzierung und Einschränkung des göttlichen Wesens zu beschreiben. Darum war auch Plotins Weltseele, die doch zur intelligibeln Welt gehören und einheitlich sein sollte, komplex und geteilt worden.

Es lag für die neuplatonische Philosophie nah, eine Lösung des Problems in der Schließung der Kluft zwischen Seiendem und Nichtseiendem durch eine Reihe vielfach abgestufter Zwischenwesen zu suchen. So entstand eine hierarchische Stufung des Seienden, an deren unterem Ende mit dem Übergang von der Form des Einzeldings zu seiner geformten Materie und dem Übergang von der geformten zur ungeformten Materie das ganze Sein in seiner Ordnung erfaßt zu sein schien. Dieser Versuch, das Sein als gestufte Ordnung zu beschreiben, ist charakteristisch für die gesamte neuplatonische Philosophie. Dabei ergab sich die Möglichkeit, den Göttern des Volksglaubens zusammen mit dem philosophischen Gottesbegriff einen Platz in der Weltordnung zu geben, wofür bei dieser Religionsphilosophie ein besonderes Bedürfnis bestand. Der Ausdruck „die Götter und die Welt" zur Zusammenfassung alles Seienden tritt in Konkurrenz mit dem Credo der Christen.

Die neuplatonischen Gedanken über die hierarchische Struktur des

Seins sind unmittelbar zu Ende des fünften Jahrhunderts bei Ps. Dionysios auf die christliche Theologie übertragen worden. Die Impulse, die der christlichen Theologie ermöglichten, das trinitarische Problem zu lösen, gehen unmittelbar von Plotin aus. Am wichtigsten war dabei die Erkenntnis – Plotin hat ihr eine eigene Schrift gewidmet –, daß die Welt der Ideen im Nus enthalten ist und daß der Nus sich selber denkt, wenn er die Ideen denkt. Der denkende Nus befindet sich in einer Bewegung, in der er aus sich heraustritt und sich selber betrachtet und in dieser Betrachtung wieder zu sich zurückkehrt. Diese Bewegung ist von der vergleichbaren Bewegung zu unterscheiden, in der die Entstehung der materiellen Welt aus der intelligibeln Welt beschrieben wird. Auch bei diesem Vorgang handelt es sich um Hervorgehen des Verursachten aus seiner Ursache und um die Rückkehr des Verursachten zur Ursache. Aber dabei findet eine Depotenzierung statt, ein Übergang vom Höheren zum Minderen.

Dieser Übergang vom Höheren zum Minderen findet auch beim Nus dadurch statt, daß er aus dem qualitätslosen Einen hervorgeht und beim Sich-selbst-Denken den Übergang von der Einheit zur Vielheit vollzieht. Die Einheit bleibt aber im Denken des Nus darin erhalten, daß er in seinem Denken bei sich selber bleibt. Er steht auf einer Zwischenstufe zwischen der Einheit und der Vielheit. Zwischen dem sich selber denkenden Nus und dem Objekt dieses Denkens besteht die Beziehung der Identität. Nur in ihrer gegenseitigen Beziehung als Denkendes und Gedachtes sind der sich selber denkende Nus und das Objekt dieses Denkens zu unterscheiden. Die in der Anschauung des Nus verharrende Seele nimmt ihn als ein einziges sich selber denkendes Wesen wahr. Während das, was die Seele hervorbringt, ihr nur ähnlich ist, das heißt teilweise gleich, teilweise ungleich, bleibt der sich selber denkende Nus mit sich identisch. Es ist auch nicht so, daß das Objekt des sich selber denkenden Nus in ihm verharrt, aus ihm heraustritt und zu ihm zurückkehrt – eine Konsequenz, die bei der Entwicklung der abendländischen Trinitätslehre Bedeutung hatte –, sondern der gedachte Nus ist ebenso vollständig wie der denkende Nus, und beide sind in dem eigentlichen Denkakt gleichermaßen gegenwärtig. Man kann sich den sich selber denkenden Nus durch das Modell eines supraleitenden Rings veranschaulichen, in dem das Eine einen fortgesetzt von sich selber ausgehenden und zu sich selbst zurückkehrenden Strom induziert hat. Es hat aber noch hundert Jahre nach Plotin gedauert, bis die Beschreibung des sich selber denkenden Nus zur Lösung des trinitarischen Problems der christlichen Theologie fruchtbar gemacht werden konnte.

5. Origenes

Unter den griechischen Theologen des Altertums war Origenes der bedeutendste und der fruchtbarste. Von seinen sechstausend Werken konnte Eusebios in einem heute verlorenen Verzeichnis 2000 Titel aufzählen, und Hieronymus brachte noch eine Liste von 800 Büchern zustande. 300 Jahre nach seinem Tod ist er durch ein ökumenisches Konzil förmlich zum Ketzer erklärt worden; dennoch ist eine immer noch sehr ansehnliche literarische Hinterlassenschaft auf uns gekommen. Er war ein – vielleicht ein wenig älterer – Zeitgenosse des Cyprian, des ersten lateinischen Kirchenvaters, über den eine Biographie verfaßt wurde; analog dazu ist er der erste griechische christliche Schriftsteller, dessen Leben beschrieben wurde. Diese Lebensbeschreibung setzt nicht wie die Cyprians mit der Bekehrung, sondern – charakteristisch für die Deutung des Origenes als den Göttern nahestehenden, von Geburt an inspirierten Menschen – mit seiner Kinderzeit ein.

Geboren ist Origenes um das Jahr 185 in Alexandrien. Sein Vater Leonides war Lehrer an der Katechetenschule und fiel in der Verfolgung des Jahres 202 unter Septimius Severus als Märtyrer. Nach der Biographie konnte die Mutter ihren Sohn nur dadurch hindern, sich selber als Christen anzuzeigen, daß sie ihm seine Kleider versteckte. Nach dem Tode des Vaters und der Konfiskation des Vermögens oblag ihm als dem ältesten Sohn die Pflicht, die Familie zu unterhalten. Zu diesem Zweck gab er Unterricht in den grammatischen Fächern, doch wurde er bald danach durch Bischof Demetrios zum Vorsteher der Katechetenschule berufen. Während er Unterricht erteilte, hörte er die Vorlesungen des Ammonius Sakkas, ohne dadurch Neuplatoniker zu werden. Da er als Lehrer erheblichen Zulauf hatte, teilte er seine Hörerschar und überließ den Anfängerunterricht seinem Schüler Heraklas, während er selber den Unterricht der Fortgeschrittenen übernahm. Jugendtorheit veranlaßte ihn, Mtth 19,12 wörtlich zu befolgen und sich um des Himmelreichs willen zu entmannen.

Im Jahre 215 kam es in Alexandrien gelegentlich des Durchzugs Kaiser Caracallas zu Unruhen, die der Kaiser energisch unterdrückte. Als Urheber verfolgte er die Philosophen. Origenes war als Lehrer gefährdet und floh nach Cäsarea in Palästina. Dort nahmen ihn die Bischöfe Theoktistos von Cäsarea und Alexander von Jerusalem freundlich auf, sei es wegen seines weitreichenden Rufes als ausgezeichneten Gelehrten, sei es, weil Alexander wie Origenes ein Schüler des Pantainos und Klemens gewesen war. Die Bischöfe ließen den Origenes in ihren Kirchen predigen; das mißbilligte Bischof Demetrios, weil Origenes keinen kirchlichen Rang hatte. Er forderte ihn zur Rückkehr auf, und Origenes gehorchte.

Origenes hatte schon mehrfach weite Reisen unternommen, nicht selten durch Personen hohen Standes veranlaßt, die von ihm über das Christentum unterrichtet werden wollten. In dieser synkretistischen Zeit waren alle für alles offen. Die Kaisermutter Julia Mamaea hatte ihn nach Antiochien zu religionsphilosophischen Vorträgen kommen lassen, und die hohen Beamten beeilten sich, dem allerhöchsten Beispiel zu folgen. Im Jahre 230 hatte man ihn als Ratgeber in Fragen der Rechtgläubigkeit nach Achaia gerufen. Auf der Rückkehr machte er in Cäsarea Station, und seine bischöflichen Freunde gedachten, ihm zu der Facultas contionandi zu verhelfen, deren Mangel Demetrios zuvor beanstandet hatte, und weihten ihn zum Presbyter. Damit hatten sie sich in die Kompetenz des Demetrios als des zuständigen Bischofs eingemengt. Die Presbyterweihe hatte die Aufnahme in den Klerus mit Gehalts- und Versorgungsansprüchen und liturgischen Rechten und Pflichten zur Folge.

Bischof Demetrios war mit der Presbyterweihe des Origenes nicht einverstanden. Was auch immer seine Gründe waren, Origenes hatte ihm mit seiner Entmannung den Vorwand dafür geliefert, daß er ihn aus dem Klerus heraushalten konnte. Den Eingriff der palästinensischen Bischöfe brauchte er nicht hinzunehmen. Das große Ansehen, das Origenes in der Ökumene genoß, forderte eine entsprechend großartige Aktion. Demetrios veranstaltete eine Synode, die den Origenes wegen seiner kirchenrechtlich unzulässigen Presbyterweihe seiner Presbyterwürde entkleidete und ihn vorsichtshalber auch wegen Häresie schuldig sprach. Im Osten erhielt Demetrios in Ägypten und einem Teil Kleinasiens Zustimmung, im Westen trat die römische Kirche dem Urteil bei. Origenes begab sich nach Palästina. Bald danach starb Demetrios; sein Nachfolger wurde der Heraklas, der einst den Origenes im Lehramt unterstützt hatte, aber auch Heraklas hielt seine Herrschaft in seinem Haus für besser gesichert, wenn er Origenes in Palästina wußte. Origenes war jedenfalls gezwungen, seine Wirksamkeit endgültig nach Cäsarea zu verlegen. Er gründete dort eine Schule und die Bibliothek, die für den Schulbetrieb unerläßlich war. Auch aus dieser späteren Phase seines Wirkens wird uns von Reisen berichtet, bei denen er mit Häretikern disputierte und Bekehrungserfolge hatte. Bei Ausbruch der decischen Verfolgung wurde er verhaftet, und die Behörden gaben sich vergebliche Mühe, den berühmtesten Lehrer der Christenheit durch die Folter zur Verleugnung zu zwingen. Ein paar Jahre danach, noch vor dem Wiederaufflammen der Verfolgung, ist er gestorben.

Sein Grab wurde seltsamerweise nicht in Cäsarea, sondern in Tyrus gezeigt.

Euseb hat ihn in der Kirchengeschichte als philosophischen Lehrer dargestellt, aber nach unsern Begriffen war er überwiegend Exeget. Die große Menge seiner Schriften befaßt sich mit dem Bibeltext, seiner Gestalt und seiner Auslegung. Allerdings sind die Arbeit am Text, die gelehrte und die praktische Auslegung in der Antike nicht so deutlich geschieden wie bei uns, wo nur selten ein Gelehrter mehr als eine dieser Tätigkeiten befriedigend auszuführen vermag.

Einen großen Teil seiner Lebensarbeit verwandte Origenes auf die Herstellung eines zuverlässigen Bibeltextes. Die Christen im Osten des Reiches sahen in der griechischen Bibel, in der Übersetzung der Siebzig, der LXX, das inspirierte Wort Gottes. Natürlich wußten sie, daß die griechische Bibel Übersetzung eines hebräischen Urtextes war. Das inspirierte Wort Gottes war für sie aber die Übersetzung und nicht der Ausgangstext. Den seltsamen Sachverhalt erklärte eine Legende, der Aristeasbrief. Darin war ursprünglich die Übersetzung von siebzig Bibelbüchern durch siebzig Übersetzer berichtet. In einer späteren Form hieß es, daß die siebzig Übersetzer je für sich die ganze Bibel völlig gleichlautend übersetzt und so ihre Übersetzung als inspiriert erwiesen hatten.

Man wußte, daß es daneben noch andere Übersetzungen gab und daß die Juden in der hebräischen Bibel das inspirierte Wort Gottes sahen. Darum hielt Origenes es für nötig, einen Bibeltext als solides, allen wissenschaftlichen Ansprüchen genügendes Fundament zu schaffen. Zu diesem Zweck ordnete er die Formen des Bibeltextes, die ihm für die Arbeit wichtig waren, in sechs Kolumnen nebeneinander an. Er schuf eine sechsfache Bibel, die Hexapla. In der ersten Spalte stand der hebräische Text in hebräischen Buchstaben, daneben in der zweiten Spalte eine griechische Umschrift des hebräischen Textes, die der Sprachkenntnis der christlichen Gelehrten Rechnung trug. Die dritte Spalte enthielt die Übersetzung des Aquila. Aquila war ein Proselyt aus Sinope. Zur Zeit des Kaisers Hadrian, um das Jahr 130, hatte er eine ganz wörtliche Übersetzung der Bibel ins Griechische vorgenommen, bei der jedes hebräische Wort durch dasselbe griechische wiedergegeben war. Es war kein Griechisch, was auf diese Weise herauskam, sondern eine Art Umschrift von hebräischen Vokabeln in griechische. Weil die Übersetzung des Aquila als Übersetzung nicht befriedigen konnte, hatte gegen 170 ein dem Judenchristentum nahstehender Mann Symmachus – er sei ein Ebionit oder ein ehemaliger Samaritaner gewesen, heißt es – sich um eine Übersetzung bemüht, die nicht nur wörtlich, sondern auch gutes Griechisch sein wollte. Dieser Übersetzung wies Origenes die vierte Spalte zu. In die fünfte nahm er die LXX auf, die Bibel im strengen Sinn. In die sechste Spalte kam der Text des Theodotion, der ebenfalls noch im zweiten Jahrhundert hergestellt worden war; auch Theodotion soll Proselyt gewesen sein. Der Platz in der sechsten Spalte bedeutet, daß Origenes den Text Theodotions nicht als selbständige Übersetzung, sondern als Revision des LXX-Textes ansah. Das kann er nach unserer Kenntnis der Dinge auch gewesen sein; daneben besteht die Möglichkeit, daß Theodotion eine ältere Übersetzung revidiert hat. Für die Psalmen soll Origenes noch drei weitere Übersetzungen (die Quinta, Sexta und Septima) aufgetrieben und beigegeben haben; so Hieronymus. Das Hauptinteresse des Origenes betraf die Unterschiede zwischen dem hebräischen Text und dem der LXX. Bei seiner Textrezension machte er auf diese Unterschiede mit den bei den alexandrinischen Philologen üblichen Zeichen Asteriskos (x) und Obelos (–) aufmerksam, mit denen er Überschüsse und Ergänzungen markierte. Die Hexapla war ein Riesenwerk von über 50 Bänden. Sie ist nicht vollständig erhalten. Der Septuagintatext des Origenes ist jedoch für sich vielfach abgeschrieben und überliefert worden.

Die große Menge seiner Schriften ist exegetischer Art. Daß es so viele sind, kommt nicht zuletzt daher, daß ihm ein reicher Freund Ambrosius, den er von der valentinianischen Häresie bekehrt hatte, ein Schreibbüro eingerichtet hatte. Origenes konnte diktieren; sein Vortrag wurde von einer Reihe einander ablösender Tachygraphen mitgeschrieben; daraus stellten andere Schreiber den ursprünglichen Text in seiner richtigen Reihenfolge her, und den schrieben Schönschreiberinnen ab und brachten ihn in die zur Veröffentlichung geeignete Form.

An exegetischen Arbeiten gibt es drei Gattungen: Scholien, Homilien und Kommentare. Die Scholienkommentare, von denen keiner vollständig erhalten ist, sind aneinander gereihte Erklärungen schwieriger Stellen. Die Homilien sind Predigten, in denen der Text erbaulich und verständlich ausgelegt wird. Dazu kommen schließlich die Kommentare, wissenschaftliche Auslegungen im eigentlichen Sinn. Origenes als Ausleger neigt zu ausufernder Genauigkeit, und diese Neigung tritt vor allem in den Kommentaren zutage. Obwohl er durch sein Vorbild die kirchliche Exegese entscheidend bestimmt hat, ist nur ein relativ geringer Teil auf Griechisch, mehr auf Lateinisch, erhalten; das meiste ist untergegangen. Origenes strebte als Exeget nach dem geistigen Sinn. Der Weg zu diesem Ziel war die allegorische Methode; die hat er in erster Linie angewandt.

Origenes ist der erste, der versucht hat, die Glaubenslehren im

Zusammenhang darzustellen. Das ist in seinem Buch ›De principiis‹ geschehen; die Principia sind die Urgründe des Seins. Der Aufriß des Origenes entwirft ein im kirchlichen Schrifttum neues Modell. Die Mittelplatoniker, die den Glauben im Zusammenhang darstellen wollen, gehen von der Unfähigkeit des Menschen zur Gotteserkenntnis aus. Die Apologeten haben damit begonnen, und nach Origenes haben Laktanz und Euseb von Cäsarea diese Art der Darstellung auf den Höhepunkt geführt. Origenes beginnt jedoch nicht bei den Fähigkeiten des Menschen, sondern beim Sein Gottes. Mit diesem Neuansatz nimmt Origenes einen Platz zwischen den gnostischen Kosmogonien und der neuplatonischen Ontologie ein. Beide waren ihm bekannt; sein Vorbild war aber der Prolog des Johannesevangeliums. In dem Vorwort erklärt Origenes seine Absicht, aus Worten der Heiligen Schrift und ihren logischen Konsquenzen ein konsistentes System der christlichen Glaubenslehren zu errichten. Der Wahrheitsgehalt der logischen Schlüsse ist mit dem der Schriftworte verträglich, weil dem offenbarenden Logos beiderlei Wahrheit zu verdanken ist. Das Werk ist vollständig in einer lateinischen Übersetzung erhalten. Es besteht aus vier Büchern; davon beansprucht das vierte besonderes Interesse, weil es die Heilige Schrift als Quelle der Offenbarung und ihre Erschließung durch die Lehre vom dreifachen Schriftsinn behandelt und mithin eine Art Hermeneutik enthält. Man bezeichnet das ganze Werk häufig als die erste christliche Dogmatik, und nach der Absicht seines Verfassers war es das auch. Der Aufriß findet sich bei allen späteren Dogmatiken mit Ausnahme derer, denen ein heilsgeschichtlicher Entwurf zugrundeliegt.

Die von Origenes verfaßte Apologie ist keine Entfaltung der christlichen Lehren in der Art der Apologeten, sondern die Widerlegung einer christenfeindlichen Schrift des mittelplatonischen Philosophen Kelsos. Der hatte in seinem Buch ›Der wahre Logos‹ das Christentum als Produkt einer fortwährenden Depravation ursprünglicher Offenbarung dargestellt, die ihren Weg von den Ägyptern zu den Juden, von den Juden zu den Christen, von den Christen zu den vielen christlichen Sekten genommen habe und dabei zur Unkenntlichkeit entstellt worden sei. Der Hauptwert der Widerlegungsschrift des Origenes besteht für uns darin, daß sie dem Buch des Kelsos genau folgt und dadurch dessen Rekonstruktion ermöglicht. Das Eingehen des Kelsos auf die christlichen Sekten hat zur Folge, daß uns bei Origenes Nachrichten über die Gnostiker erhalten sind, die aus dem sonst üblichen Schema der Ketzerpolemik herausfallen.

Origenes hat, wie viele andere Kirchenväter, eine Vaterunserauslegung in seine Schrift ›Über das Gebet‹ eingebettet. Ferner ist eine ›Ermahnung zum Martyrium‹ erhalten, die er zu Beginn der Verfolgung durch Maximinus Thrax geschrieben hat. Seine Freunde und Schüler haben auch seine Briefe gesammelt; die sind jedoch bis auf zwei verloren.

Die Gestalt der christlichen Lehre bei Origenes entspricht seinem platonischen Weltbild. Er war kein Schulplatoniker und interessierte sich nicht für die Fragen, die den Schulplatonismus in seiner Zeit bewegten. Mit der Akademie in Athen steht er in keiner für uns erkennbaren Verbindung. Enger ist seine Beziehung zum alexandrinischen Platonismus, der sich immer als Religionsphilosophie verstand und als geistiger Weg zu den Geheimnissen der Religion. Gerade weil Origenes nicht der Fortsetzer der Apologeten und des Klemens ist und sich auch nicht als Wiederaufnahme des Gnostizismus in größerer Nähe zur Kirchenlehre verstehen läßt, muß sein Platonismus als Wurzel seines Denkens verstanden werden. Die Häresien, die man ihm vorgeworfen und derentwegen man ihn verurteilt hat, sind in seinem Platonismus begründet.

In seinem Denken unterscheidet Origenes gleich allen Mittelplatonikern die seiende, ewige, immaterielle, geistige und unsichtbare Welt von der nichtseienden, vergänglichen, materiellen und sichtbaren Welt. Mit dieser Voraussetzung liest er die Heilige Schrift als die wörtlich inspirierte Offenbarungsquelle. Origenes sieht die seiende Welt auf die verschiedenste Weise als dreifach gestuft an; die dreifache Stufung ist für ihn das grundlegende Strukturprinzip. Er findet sie in den drei Personen der Trinität, in den drei Sphären des Seienden, die er als Gott, geistige Welt, Materie versteht, in der Teilung der vernünftigen Geister in Engel, Menschenseelen und Dämonen und schließlich auch in dem dreifachen Sinn der Heiligen Schrift.

Über den dreifachen Schriftsinn handelt er im vierten Buch seines Werks, um die Grundsätze darzulegen, nach der er die Glaubenslehren aus der Offenbarung entfaltet hat. Dabei ist die erste christliche Hermeneutik entstanden. Der buchstäbliche Sinn ist der Ausgangspunkt; er dient dazu, einfache Gemüter mit dem Fleisch der Schrift zu erbauen. Doch kann es sein, daß eine Stelle keinen brauchbaren buchstäblichen Sinn enthält, sondern allein als Aufforderung zu verstehen ist, nach dem höheren Sinn zu forschen. Dem moralischen Sinn schenkt Origenes nicht die gleiche Aufmerksamkeit wie etwa Klemens. Er ist für die Menschen auf der Durchgangsstufe bestimmt, die sich von der Materie zwar bereits abgewandt haben, aber ihr noch verhaftet sind. Dieser seelische, gesetzliche Sinn ist selbstverständlich; er soll ermittelt und befolgt werden, aber man darf nicht bei ihm stehen bleiben. Das eigentliche Interesse gilt dem geistigen Sinn; der enthält, was die Seele von Gott erfahren muß, um vollkommen werden zu können. Dieser Sinn wird durch die allegorische Auslegung gefunden. Origenes zeigt nicht durch methodische Ausführungen, sondern durch Beispiele, wie der allegorische Sinn gefunden wird. Er setzt die Technik dieser Auslegungsweise als bekannt voraus. Denn er schreibt für Leser, die auf der Hochschule gelernt haben, die Symbole zu finden, die im Text auf den höheren Sinn verweisen.

Der Ausgangspunkt für das Denken des Origenes ist die Einheit Gottes. Daß Gott Einer ist, daß er einzig ist und daß er Geist ist, wird zu Anfang festgestellt. Es muß nicht bewiesen werden und darf als Voraussetzung auch nicht bewiesen werden. Es muß aber gesagt werden, weil es Menschen mit einem primitiven anthropomorphen Gottesbild gibt und weil die Stoiker behaupten, alles Seiende sei körperlich.

Alles Sein nimmt seinen Ursprung bei Gott. Die Entfaltung des Seienden aus Gott ist kein Geschehnis in der Art von Geschehnissen in Raum und Zeit. Weil Gott Geist ist, befindet er sich vielmehr in einer ständigen Bewegung, in der er von sich ausgeht und zu sich zurückkehrt. Diese Entfaltung des göttlichen Urgrunds ist zuerst eine Bewegung innerhalb der Trinität. Der Sohn geht aus dem Vater als ein Abbild vom Urbild hervor. Zur Verdeutlichung erinnert Origenes an das Hervorgehen des Willens aus dem Geist und versucht, den Sohn als aus dem Geist des Vaters hervorgehenden Willen zu beschreiben. Dem Gedanken liegt eine psychologische Theorie zugrunde, nach der das Selbstbewußtsein dadurch zustande kommt, daß der Wille ständig aus dem Geist hervorgeht und dem Erkenntnisvermögen des Geistes die Richtung auf sich selber gibt. Origenes beschreibt den Willen, das heißt den Sohn Gottes, als einen nach außen gerichteten Willen. Er bewirkt, daß Gott sich mitteilt, und ist zugleich die erste, oberste Stufe dieser Selbstmitteilung Gottes. Mit dem Hervorgehen des Sohnes aus dem göttlichen Urgrund entfernt Gott sich von selbst. Der Sohn, der in allem ein getreues Abbild des Vaters ist, besitzt nicht die Ursprungslosigkeit des Vaters. Er ist vielmehr vom Vater gezeugt und geht ständig aus dem Vater hervor. Wie der Sohn aus dem Vater, so geht der Heilige Geist aus dem Sohn hervor. Der Geist hat in der Kosmogonie des Origenes keine notwendige Funktion. Das Gemeindebekenntnis zu Vater, Sohn und Geist verlangt, daß er hier seinen Platz erhält, und die Mitteilungen der Heiligen Schrift erheben diese Anordnung über jeden Zweifel, aber die logische Begründung ist unsicher. Um für den Heiligen Geist eine Funktion zu finden, versucht Origenes – so hat man es ihm wenigstens nachgesagt – Seinssphären zu definieren, wonach sich das Sein Gottes des Vaters auf das Sein aller Kreatur bezieht, das Sein des Logos auf die vernünftige Kreatur und das Sein des Heiligen Geistes auf die Heiligen. Damit hätte er an die überlieferte Spekulation insofern angeknüpft, als auf diese Weise der Heilige Geist der erlösten und zu Gott zurückkehrenden Kreatur die Heiligkeit gibt und damit die Möglichkeit der Gotteserkenntnis und der Wesenseinung mit Gott. Origenes hat jedenfalls die Rolle des Heiligen Geistes in seinem Denken nicht klar und grundsätzlich dargelegt.

Die Funktion des Schöpfers nimmt die zweite göttliche Person wahr, der Logos; er erschafft die Welt der vernünftigen Geister. In dieser Bewegung erfolgt eine weitere Depotenzierung Gottes. Wenn in der Zeugung des Sohnes die göttliche Ursprungslosigkeit verloren ging, so geht in der Erschaffung der vernünftigen Kreatur die göttliche Unwandelbarkeit verloren. Die vernünftige Kreatur ist Geist nach ihrem Wesen, aber die vernünftigen Geister sind frei. Sie sind geschaffen und sind nicht, wie der Sohn, aus Gottes Wesen hervorgegangen; darum sind sie veränderlich. Sie können sich bewegen, können bei Gott bleiben oder können – eine andere Richtung gibt es zunächst nicht – sich von ihrem göttlichen Ursprung entfernen.

Die Freiheit erfährt bei Origenes eine paradoxe Bewertung. Sie hat große Bedeutung für sein Denken; der von ihr handelnde Abschnitt ist der umfangreichste des ganzen Werks. Im Zusammenhang mit der gefallenen, erlösungsbedürftigen Kreatur besagt die Freiheit, daß die Seele durch eigenes Verschulden vermöge ihrer Freiheit gefallen und erlösungsbedürftig geworden ist und daß sie vermöge eben dieser Freiheit auch befähigt ist, den Rückweg zu Gott anzutreten. Im Zusammenhang der Schöpfungslehre ist die Freiheit der vernünftigen Kreatur eine verderbliche Eigenschaft, und der Verzicht auf sie ist der einzig gute denkbare Gebrauch, der von ihr zu machen ist. Origenes hat diesen Widerspruch, so scheint es, nicht einmal wahrgenommen. Dafür lassen sich zwei Gründe nennen. Der eine ist, daß er nicht in den Kategorien von Schuld und Sünde denkt und die Erlösung nicht als Befreiung von Schuld, sondern von den Fesseln der Materie versteht. Der andere Grund ist, daß ihm an der Individualität und Personalität des Menschen wenig gelegen ist. Für ihn ist die erlösungsbedürftige Seele im Grunde nichts anderes als ein abgesplittertes und verselbständigtes Stück göttlichen Geistes, das in der Rückkehr zu seinem Ursprung seiner ursprünglichen Bestimmung nachkommt. Die Freiheit ist bei ihm trotz ihrer zentralen Bedeutung als ethische Kategorie nicht ernst genommen.

Vermöge ihrer Freiheit entfernen sich die vernünftigen Geister von

Gott. Durch diese Bewegung geraten sie in die Materie, die ihre Bewegung dämpft und ihre Freiheit schließlich erstickt. Nach der Entfernung von Gott lassen sich drei Bereiche unterscheiden. Am nächsten bei Gott sind die Engel geblieben; ihre Leiber bestehen aus einer sehr feinen, leichten Materie. Am weitesten haben sich die Dämonen von Gott entfernt. Sie haben besonders häßliche, von der himmlischen Schönheit ganz verschiedene Leiber aus fester Materie erhalten, die ihnen eine Bewegung in Richtung Gottes nahezu unmöglich macht. Zwischen beiden stehen die Menschen mit ihren Menschenleibern; sie sind hinreichend beweglich, um, wenn auch zunächst mit Mühe, den Rückweg zu Gott anzutreten. Doch der Weg muß ihnen gezeigt werden, weil mit der Entfernung von Gott zugleich die Kenntnis Gottes in ihnen verdunkelt ist.

Die Menschen sind auf Erlösung angewiesen; sie besitzen nicht die Kenntnis Gottes und Kenntnis des Weges, um die Rückkehr zu Gott finden zu können. Damit hat Origenes Anschluß an das Konzept der Apologeten und Gnostiker gefunden; er führt aber seine Gedanken selbständig und neuartig durch. Der Erlöser ist der göttliche Logos. Er beginnt seinen Abstieg zu den Menschen damit, daß er sich in den Bereich der vernünftigen Geister begibt und sich dort mit einer Seele vereinigt. Diese Seele war stets schuldlos geblieben und war darum befähigt, sich mit Gott zu vereinigen. Die Seele ist das Bindeglied zwischen Materie und Geist; vermittels seiner Seele konnte der Erlöser einen Leib annehmen und sich dadurch sichtbar machen für die materiellen Sinne der Menschen. Er wurde zu einem vollständigen, aus Leib, Seele und Geist bestehenden Menschen, zum Gottmenschen.

Die Schritte, die der Erlöser zu seiner Menschwerdung gegangen ist, folgen dem Weg, den die Menschen als vernünftige Geister bei ihrer Entfernung von Gott genommen haben. In der umgekehrten Richtung ist es der Rückweg zu Gott. Die eigentliche Meinung des Origenes war wohl, daß die Menschen sich auf jeder Stufe der Gottferne mit dem Erlöser vereinigen konnten, der zu ihnen hinabgestiegen und ihnen gleichgeworden war. Diese Vereinigung geschieht durch Erkenntnis des im Erlöser gegenwärtigen Gottes. Daneben reproduziert Origenes alle anderen Vorstellungen, mit denen die Kirche bis dahin das Erlösungswerk beschrieben hatte. Außer der Mitteilung der Erkenntnis nennt er das Sühnopfer, mit dem Gott versöhnt wird, das Lösegeld, das dem Teufel bezahlt wird, und die Überlistung des Teufels, alles Bilder, die sich als Andeutung der Wahrheit für die eignen, die auf solche Bilder angewiesen sind. Origenes kann die Himmelsreise der Seele auch ausführlicher als die Wanderung durch die Himmelssphären beschreiben, bei der die Seele auf jeder Stufe an eigentümlicher Erkenntnis Gottes und Vergeistigung zunimmt.

Die Erlösung ist die Rückkehr des von Gott ausgegangenen Geistes zu seinem Ursprung. Sie ist nicht auf die Menschen beschränkt, sondern aller Geist ist unvergänglich und muß darum zu seinem Ursprung zurückkehren. Die Wiederbringung aller Dinge ergibt sich als Folgerung aus dem Konzept des Origenes. Weil aber die ganze Bewegung der Geister, Entfernung von Gott und Rückkehr zu ihm, aus dem Wesen des unveränderlichen Gottes abgeleitet und gefolgert war, ist auch die Wiederbringung aller Dinge nicht das Ende; Gott hat nicht Anfang noch Ende. Es ist vielmehr eine eigentümliche Bewegung des göttlichen Geistes. Auf die Rückkehr der freien Geister folgt vermöge ihrer Freiheit neuer Abfall und neue Rückkehr, eine Weltperiode folgt auf die andere, denn die Welt, die Geist ist, hat Teil an Gott und ist darum ewig wie der ewige Gott.

VII. DIE KONSTANTINISCHE WENDE

1. Unkirchliches Christentum

In den Zeiten der alten Kirche lassen sich die Christen nicht vollständig auf die Gruppen der Getauften, der Katechumenen und der Häretiker aufteilen. Wir haben darüber hinaus mit einer größeren Anzahl von Menschen zu rechnen, die sich für Christen hielten und als Christen fühlten, ohne daß sie in irgendeiner Beziehung zur Kirche oder sonst einer christlichen Gemeinschaft standen. Ein Christ dieser Art war vielleicht der Kaiser Philippus Arabs, dem man nachsagte, daß er Christ war, wahrscheinlich der Kaiser Constantius Chlorus, Konstantins Vater, und sicher während der ersten Jahrzehnte seines Lebens auch der Kaiser Konstantin. Es gibt auch christliche Literatur, die von solchen unkirchlichen Christen verfaßt wurde.

Ein Christ zweifelhafter Kirchlichkeit war Sextus Iulius Africanus, ein in Palästina lebender Zeitgenosse des Origenes. Der Africanus war ein vielgereister und vielseitig interessierter Mann. Er ist Verfasser einer nur in Bruchstücken erhaltenen Weltchronik und einer Sammlung der verschiedenartigsten Praktiken mit dem Titel ›Stickereien‹. In diesem kurzweiligen Buch finden sich Rezepte für die verschiedensten Gebiete, Kriegswesen und Feldmesserei, naturwissenschaftliche Experimente, Medizin, Zauberei und dergleichen. Ferner gibt es von ihm zwei Briefe exegetischen Inhalts an Origenes, einen über die Susannageschichte bei Daniel, einen zur Erklärung der Differenz der Stammbäume Jesu bei Matthäus und Lukas. Die Briefe zeigen ihn als scharfsinnigen und gebildeten Menschen, und bis heute hat noch niemand die Unterschiede in den beiden Stammbäumen Jesu besser erklärt. Die Überlieferung hat den Africanus später zum Bischof gemacht. Das war er sicher nicht; es sieht nicht einmal danach aus, als sei er getauft gewesen. Aber er war ein sehr angesehener Mann mit Beziehungen zum Fürstenhaus in Edessa und dem Kaiserhof. Kaiser Severus Alexander, der dem Christentum freundlich gegenüberstand, erteilte ihm den Auftrag, die im römischen Pantheon untergebrachte Bibliothek aufzustellen. Africanus besaß christliche Bildung, er hatte in Alexandrien das Christentum bei Origenes und Herakles studiert, aber der einzige Grund für die Annahme, er sei getauft und Glied der Kirche gewesen, ist, daß Origenes ihn mit „Bruder“ anredet.

Christen dieser Art hießen „Gottesfürchtige“ oder „Verehrer des höchsten Gottes“. Manche mögen daran gedacht haben, sich später, gegen Ende ihres Lebens, taufen zu lassen. „Katechumenen“ wurden sie erst durch die förmliche Einschreibung bei den Taufbewerbern. Dabei wurden sie zunächst nur unter die „auditores“ aufgenommen und konnten als solche ihren Entschluß noch beliebig lang überdenken; erst wenn sie sich ihrer Absicht sicher fühlten, wurden sie als „competentes“ auf den Empfang der Taufe vorbereitet. Das dritte Jahrhundert ist die Zeit, in der der Taufaufschub zur Gewohnheit wird. Man konnte von der Wahrheit des Christentums überzeugt sein und zugleich triftige Gründe haben, sich nicht der kirchlichen Disziplin zu unterwerfen, die einem die Teilnahme am öffentlichen Leben erschwerte und die Übernahme eines Amts unmöglich machte.

Ein anderer Christ zweifelhafter Kirchlichkeit war der Rhetor Arnobius von Sicca in Numidien. Von ihm berichtet Hieronymus, er habe sich in der diokletianischen Verfolgung zum Eintritt in die Kirche entschlossen. Weil er bis dahin aber mit seinem Heidentum hervorgetreten sei, habe er den Wechsel seiner Gesinnung durch die Abfassung einer Schrift in sieben Büchern ›Gegen die Heiden‹ (adv. nationes) zu beweisen versucht. Es handelt sich um ein nach Titel und Inhalt apologetisches Werk, relativ ungeordnet, dessen Verfasser so stark von den christlichen Glaubenslehren abweicht, daß man darin eher die private Philosophie eines mit dem Christentum sympathisierenden Heiden erblicken möchte. Die Schrift zeigt ihren Verfasser als Christen, der dem kirchlichen Christentum recht fern steht.

2. *Laktanz*

Arnobius war Lehrer der Rhetorik und hatte einen Schüler, der ihn an Bedeutung weit überragte, L. Caecilius Firmianus Lactantius. Laktanz war ebenfalls Africaner von Geburt. Sein Geburtsdatum ist – wie sein Todesjahr – nicht überliefert; wir können es uns gegen 260 vorstellen. Wenn er Schüler des Arnobius war, dann hat dieser ihm Kenntnis der rhetorischen Wissenschaft vermittelt. Ob er auch sein Interesse für das Christentum erweckt hat, ist schwer zu sagen. Denn Laktanz zählt den Arnobius nicht zu den christlichen Schriftstellern und hat anscheinend das apologetische Werk seines Lehrers nicht mehr kennengelernt.

Es gibt kein Zeugnis, das darauf schließen läßt, Laktanz sei getauft gewesen; er fühlte sich aber als Christ. Für uns erscheint er vor Ausbruch der diokletianischen Verfolgung, gegen die Jahrhundertwende. Er war

Lehrer der Rhetorik in Karthago, hatte ein ›Symposium‹ verfaßt, eine Schrift also, in der nach dem Muster des platonischen Gastmahls ein Zentralthema unter verschiedenem Blickwinkel dargestellt wurde, und hatte sich – sei es durch dieses Werk, sei es durch seine Lehrtätigkeit – soweit einen Namen gemacht, daß Kaiser Diokletian ihn als Lehrer der lateinischen Rhetorik an seine Residenz Nikomedien berief.

Die Berufung ist überraschend. Laktanz war zwar ein ausgezeichneter Stilist und schrieb das beste Latein unter den lateinischen Vätern. Den Namen eines „christlichen Cicero", eines vorbildlichen Autors, hat er verdient wie kein anderer. Aber überragendes Können reicht nicht aus, um eine Berufung zu erklären. Wir wissen, wie es kam, daß zwei Menschenalter danach ein africanischer Lehrer der Rhetorik namens Augustinus an die Hochschule der Residenz Mailand berufen wurde. Dafür hatten dessen manichäische Freunde gesorgt, und weil der Manichäismus verboten war, waren die manichäischen Beziehungen desto wirksamer. Man könnte für die Berufung des Laktanz nach Nikomedien einen analogen Vorgang vermuten. Nur daß es bei Laktanz das verbotene Christentum war, das ihm den Weg in das Lehramt bereitete.

Als im Jahre 303 die große Verfolgung ausbrach – sie hatte sich schon seit 298 deutlich angekündigt –, legte Laktanz sein Lehramt nieder, sei es, um sich zum Christentum zu bekennen, sei es, um den Maßnahmen der Christenverfolgung zu entgehen. Dadurch geriet er in wirtschaftliche Not, sie zwang ihn, sich entschlossen dem Schreiben zuzuwenden. Hieronymus meint freilich, die Belebung seiner Schriftstellerei sei dadurch zustandegekommen, daß er in der griechischen Stadt für seinen Unterricht in der lateinischen Rhetorik keine Hörer gefunden habe. Laktanz selber sagt in der Einleitung – dem Widmungsteil – seines Buches über das Werk Gottes, es sei unter Mangel und Drangsal, necessitas vel rei vel temporis, entstanden, das heißt, er nennt beide Gründe.

Zweifellos wußte aber Hieronymus aus eigener leidvoller Erfahrung, auch wenn er viel besser Griechisch konnte als Laktanz, wie einsam sich ein Lateiner im Osten fühlen konnte unter Menschen, die nur griechisch sprachen und griechisch dachten. Dazu kam die Verfolgung, die sich zwar in erster Linie gegen die Kirche und ihre Glieder, den Klerus und die getauften Christen, richtete, die aber doch den einzelnen der Unsicherheit und der Behördenwillkür auslieferte. So wird die Freundschaft mit einem jungen Mann entstanden sein, der sich in ähnlicher Lage befand, dem späteren Kaiser Konstantin. Der war ein Soldatenkind, aber wenn er sich irgendwo zu Hause fühlen konnte, dann in Gallien, im lateinischen Westen. Konstantin war Christ. Kein Kirchenchrist, er ließ sich erst an seinem Lebensende taufen. Er hat uns aber reichlich Zeugnisse seiner Theologie überliefert, und die ist der Theologie des Laktanz so ähnlich, daß die Meinung, Konstantin sei Schüler des Laktanz gewesen, alles für sich hat.

Konstantin befand sich keineswegs freiwillig in Nikomedien. Sein Vater Constantius war ein tüchtiger General gewesen, und Kaiser Diokletian hatte ihn in die Tetrarchie, die Vierkaiserregierung, berufen. Das tetrarchische System schloß die Thronfolge der natürlichen Söhne der Regenten aus. Die Römer hatten mit den durch Adoption des Thronfolgers entstandenen fiktiven Dynastien gute, und mit der natürlichen Thronfolge schlechte Erfahrung gemacht. Weil es für den Sohn eines Herrschers nahliegt, den Thron seines Vaters zu beanspruchen, und weil Soldaten und Volk geneigt sind, solche Ansprüche zu unterstützen, fand Kaiser Diokletian es für gut, den Sohn Konstantin seines Mitregenten Constantius unter Augen zu haben. Das war richtig gedacht, aber es half nichts. In dem Augenblick, in dem Diokletian planmäßig die Regierung niederlegte, eilte Konstantin zu seinem Vater nach Britannien und ließ sich, als dieser im folgenden Jahr starb, von dessen Truppen zum Kaiser ausrufen.

Laktanz blieb – wahrscheinlich, es ist nicht überliefert – in Nikomedien, während es Konstantin gelang, die Herrschaft im nordwestlichen Reichsteil an sich zu bringen und zu sichern. Im Jahre 312 errang Konstantin die Herrschaft über den lateinischen Westen. Danach berief er seinen alten Freund und Lehrer zum Erzieher seines ältesten Sohnes Crispus. Wohin, wissen wir nicht, wahrscheinlich nach Trier. Konstantin selber hielt sich in den Jahren vor der Erringung der Gesamtherrschaft vorzugsweise in Serdica (in der Nähe des heutigen Sofia) auf. Der Erziehungsauftrag, wenn er überhaupt eine wirkliche Bedeutung hatte und nicht eine bloße Ehrung und Ausstattung mit einem regelmäßigen Einkommen war, fand sein Ende, als Crispus 317 zum Caesar und 318 zum Consul ernannt wurde. Wie lange Laktanz gelebt hat, ist nicht überliefert. Gelegentlich wird die Meinung vertreten, er habe nach 326 Änderungen am Text seines Hauptwerks, der Institutionen, vorgenommen. Nach Hieronymus befand er sich aber bereits in hohem Alter, als er den Auftrag zur Erziehung des Crispus erhielt.

Von dem Werk des Laktanz, wie es dem Hieronymus bekannt war, ist nur ein Teil erhalten. Verloren ist das oben erwähnte ›Symposium‹, ferner eine Beschreibung seiner Reise von Africa nach Nikomedien in Hexametern und ein Buch mit dem Titel ›Grammaticus‹. Das waren Schriften ohne religiöse Thematik; daran wird es liegen, daß sie vom Mittelalter nicht überliefert wurden. Aus demselben Grund sind wohl auch drei Briefsammlungen von insgesamt acht Büchern Umfang nicht überliefert worden. Hieronymus hatte sie dem römischen Bischof Damasus geliehen, und der fand sie lang und uninteressant, weil sie Gegenstände der Metrik, Geographie und Philosophie, aber nur selten der christlichen Theologie erörterten.

Die älteste unter den erhaltenen Schriften behandelt das ›Werk Gottes‹, nämlich den Menschen in seiner Zweckmäßigkeit. Laktanz hat sie kurz nach Ausbruch der Verfolgung verfaßt. Er hat sie einem früheren Schüler Demetrianus zugeschrieben, der bei ihm anscheinend Philosophie und Rhetorik studiert hatte; Demetrianus sollte erkennen, daß sein alter Lehrer jetzt der christlichen Philosophie zugewandt sei. Aber viel Christliches ist nicht darin enthalten, und was darin ist, ist aufgesetzt; es ist eine schulmäßig langweilige Beschreibung des menschlichen Körperbaus.

Unmittelbar danach griff Laktanz sein Hauptwerk an, die ›Divinae institutiones‹, die ›Göttlichen Unterweisungen‹. Der Titel erklärt sich daraus, daß Laktanz noch ganz die alte, apologetische Theologie vertritt, nach der der Mensch, unfähig, aus eigenen Kräften die Wahrheit zu erkennen, nur dadurch den Weg zu Gott findet, daß die Wahrheit sich ihm offenbart. Diese Offenbarung der Wahrheit ist im Christentum gegeben. Laktanz hat das alte Apologetenschema auf eine Form gebracht, die unter ihren griechischen Vorläufern an Klarheit und Folgerichtigkeit nicht ihresgleichen hat. Gerade an der Gliederung seiner Schrift wird sichtbar, was Justin und Theophilos gewollt hatten. Der christliche Mittelplatonismus liegt bei ihm in seiner reinsten Form vor. Vom Neuplatonismus ist er noch ganz unberührt.

Sein Vorgehen ist, wie gesagt, ganz konventionell, von der literarischen Absicht des Klemens nicht verschieden. Die beiden ersten der sieben Bücher widerlegen den „falschen Gottesdienst", das heißt die heidnische Religion, das dritte Buch wendet sich gegen die „falsche Weisheit", das ist die heidnische Philosophie. Nach dem protreptischen Teil folgt die Zuwendung zur wahren Offenbarung. Das vierte Buch zeigt, gestützt auf die vielen ankündigenden Orakel, daß Christus der Offenbarer und Bringer der Wahrheit ist. Die folgenden beiden Bücher enthalten folgerichtig den pädagogischen Teil, die Regeln, die den Menschen auf die Erkenntnis der Wahrheit vorbereiten. Das sind im fünften Buch von der „wahren Gerechtigkeit" die sittlichen, im sechsten Buch über den „wahren Gottesdienst" die religiösen Vorschriften. Die eigentliche Gotteserkenntnis wird, nach Platos Grundsätzen nicht schriftlich mitgeteilt. Das Buch des Laktanz ist weit davon entfernt, eine Glaubenslehre zu sein. Es will zum Glauben bekehren und auf seinen Empfang vorbereiten, nicht mehr. So enthält das siebte Buch wie bei den Apologeten einen Gegenstand, der als „Lohn und Strafe“ am Ende einen halbwegs organischen Platz hat. Die Anordnung scheinen die Apologeten vom Proselytenunterricht der Juden übernommen zu haben. Unter diesem Gesichtspunkt werden die eschatologischen Erwartungen mitgeteilt, denen in der Tat bei der Werbung für das Christentum große Bedeutung zukam. Daß sie durchweg aus Orakeln, aus wörtlich mitgeteilten Offenbarungssprüchen, bestanden, machte den Umgang mit diesem Stoff für die Apologeten besonders reizvoll, auch wenn er sich schlecht in ihre Theologie fügte, die alles andere als heilsgeschichtlich und geschichtsbezogen war.

Die handschriftliche Überlieferung des Werks stellt ein interessantes Problem. Ein Teil der Manuskripte enthält panegyrische Anreden an Kaiser Konstantin und heterodoxe (nicht ganz passend oft dualistisch genannte) Zusätze, die im Rest der Überlieferung fehlen. Früher war man der Meinung, der Zustand der Überlieferung sei dadurch zu erklären, daß Laktanz einerseits seine Irrtümer nachträglich berichtigt habe, andererseits auf Kaiser Konstantin nicht mehr gut zu sprechen gewesen sei, als dieser im Jahre 326 seinen Sohn, Laktanz' Schüler Crispus, hatte hinrichten lassen. Inzwischen hat B. Heck in einer gründlichen und scharfsinnigen Untersuchung gezeigt, daß die genannte naive Erklärung dem Sachverhalt nicht gerecht wird.

Unmittelbar nach der Fertigstellung der Institutionen griff Laktanz den „Zorn Gottes“ als Thema auf. Das Problem, das er hier zu behandeln hatte, besteht darin, daß Gott nach griechischer Auffassung nicht leidensfähig ist und daß darum auch kein Zorn von ihm ausgesagt werden kann, denn der Zorn ist eine Leidenschaft. Doch die Heilige Schrift spricht von Gottes Zorn. Das Thema war früher schon von Tertullian bei seiner Auseinandersetzung mit Markion gründlich und erschöpfend behandelt worden. Laktanz benutzt Tertullian, erreicht aber nicht dessen Tiefe. Seine Erklärung läuft darauf hinaus, daß der richterliche Zorn Gottes als Auswirkung seiner strafenden Gerechtigkeit kein Affekt im eigentlichen Sinn ist und daß von dem strafenden Gott kein Übel ausgeht.

Danach verfaßte Laktanz eine Epitome seiner Institutionen. Der Verbreitung der Institutionen scheint ihr gewaltiger Umfang im Weg gewesen zu sein; so sah sich Laktanz veranlaßt, den Stoff noch einmal in einem kurzen Buch zu behandeln. Genau genommen ist es kein Abriß und keine Zusammenfassung, sondern eine eigene, recht handliche und lesbare Schrift über dasselbe Thema. Schwere Probleme stellt die Frage nach dem Verfasser der Schrift ›Über das schreckliche Ende der

Christenverfolger‹. Es handelt sich dabei um eine wichtige Quelle für die Geschichte der diokletianischen Verfolgung und der konstantinischen Wende. Weil die Schrift sich aber in ihrem leidenschaftlichen Ton erheblich von der ruhigen und vorsichtigen Schreibweise des Laktanz unterscheidet, hat man die Echtheit in Frage gestellt. Heute wird das Buch im allgemeinen für echt angesehen. Nicht ganz sicher ist auch die Verfasserschaft eines Gedichts über den ›Vogel Phönix‹. Die heidnische Sage von dem prächtigen Vogel, der stirbt, um aus seiner Asche aufzuerstehen, wird als heidnischer Hinweis auf die Auferstehung der Toten gedeutet. Laktanz strebte danach, die Wahrheit der christlichen Offenbarung aus den Orakeln der Heiden zu beweisen; es spricht mehr für als gegen seine Verfasserschaft.

3. Konstantin

Der Kaiser hat reichlich vierzig Briefe hinterlassen. Ferner sind unter seinem Namen zwei Reden überliefert. Die Echtheit der Reden ist problematisch. Dazu kommen die Gesetze in Religionssachen; sie sind größtenteils im Codex Theodosianus enthalten. Die Briefe bestehen aus drei Hauptgruppen, solche, die im Zusammenhang mit dem donatistischen Streit geschrieben und gesammelt wurden, die von Euseb in die Kirchengeschichte aufgenommenen Briefe und Proklamationen, und schließlich Briefe, die im Verlauf des arianischen Streites publizistisch gebraucht wurden. Von den zehn Donatistenbriefen ist zumindest einer verfälscht. Die Urkunden aus dem arianischen Streit sind überwiegend von Athanasius zitiert und häufig auch verfälscht.

Diese Urkunden sind die Quellen, aus denen Konstantins Christentum hervorgeht. Unser Bild von Konstantins Frömmigkeit ist von der Vorstellung geprägt, Konstantin habe im Jahre 312, während seines Marsches auf Rom, sich zum Christentum bekehrt. Das ist eine alte Legende, schon zu Konstantins Lebzeiten entstanden, die eine unmittelbare Führung des Kaisers durch Gott beweisen sollte und die dem Zeitgeschmack entsprach. Es war eine Bekehrung nach dem Modell der Paulusbekehrung. Von dieser Bekehrung weiß Konstantin nichts. Er war vielmehr der Meinung, daß er von Geburt an Christ gewesen sei, sein Leben von Anfang an auf Gott ausgerichtet habe und in seiner Frömmigkeit gleichmäßig fortgeschritten sei. Die Taufe am Lebensende war das Ziel, auf das Konstantin, wie die Mehrzahl seiner christlichen Zeitgenossen, seine Lebensführung ausgerichtet hatte.

Konstantin stammt von christlichen – nicht kirchlichen – Eltern. Die Mutter Helena konnte später, nach ihrer Erhebung zur Augusta, als

Muster christlicher Frömmigkeit dargestellt werden. Der Vater Constantius war Berufssoldat und hatte sich beim Militär von ganz unten nach ganz oben heraufgedient, bis er durch Diokletian in die Tetrarchie aufgenommen wurde. Er muß angesichts dieser Karriere ein ungemein tüchtiger Mann gewesen sein. Als Christ konnte er nicht in Erscheinung treten. Die konstantinische Propaganda war auch nicht bereit, Konstantins Ruhm als erster christlicher Kaiser in Frage zu stellen. Daß es vor Konstantin im dritten Jahrhundert zwei Kaiser gegeben hat, die dem Christentum nahstanden, erfahren wir nur zufällig aus unverbürgten und unkontrollierbaren Nachrichten. Über Constantius läßt sich Konkreteres sagen. Er hat eine seiner Töchter Anastasia genannt und ihr einen Namen gegeben, der vom Glauben an die Auferstehung der Toten sprach. Ein eindeutiges Zeichen ist, daß er die diokletianische Christenverfolgung in seinem Reichsteil bis auf eine Maßnahme, das Versammlungsverbot, unterlassen hat. Dessen hat ihn nicht nur Konstantin gerühmt, sondern ganz unverdächtige Zeugen, die donatistischen Bischöfe Africas. Bei Beginn der diokletianischen Verfolgung 303 war Konstantin, wie er sagt, „fast noch ein Knabe". Damals befand er sich in Nikomedien am Hofe Diokletians. Dort wurde er durch Laktanz in der christlichen Philosophie unterrichtet. Dies ist nirgends direkt überliefert. Zwei Gründe sprechen dafür. Nach der Erringung der Gesamtherrschaft hat Konstantin den Laktanz zur Erziehung seines Sohnes Crispus nach Gallien berufen. Ferner sind Konstantins Stil und Gedankenwelt derjenigen des Laktanz so ähnlich, daß unmittelbarer Einfluß angenommen werden kann. Eine der unter Konstantins Namen überlieferten Reden, die Oratio ad sanctum coetum, dürfte – selbst wenn Konstantin sie selber entworfen hat – von Laktanz ausgearbeitet sein.

Im Jahre 305 wechselten die Herrscher planmäßig, wie das die tetrarchische Ordnung Diokletians vorgesehen hatte. Die beiden Augusti Diokletian und Maximian traten zurück, Constantius und Galerius, die beiden Cäsaren, rückten nach, und zwei neue Cäsaren wurden eingesetzt. Konstantin begab sich, sobald Diokletian zurückgetreten war, zu seinem Vater nach Britannien, und als der im Jahre 306 starb, ließ er sich von dessen Truppen zum Augustus proklamieren. Maxentius, der Sohn des alten Maximian, folgte in Italien seinem Beispiel. So lag die Herrschaft in der westlichen Reichshälfte jetzt in den Händen der natürlichen Nachkommen, die nach Diokletians Konzept von der Thronfolge ausgeschlossen waren.

Solang Konstantin nur im Nordwesten regierte, das ist in den Jahren 306 bis 312, hat er nur eine Anordnung zugunsten der Kirche getroffen, nämlich er hob das Versammlungsverbot auf, mit dem sein Vater die diokletianische Christenverfolgung durchgeführt hatte. Das sei seine erste Handlung nach Übernahme der Regierung gewesen, sagt der Verfasser des Buches ›Über den elenden Tod der Christenverfolger‹, vermutlich Laktanz. Der saß in Nikomedien und berichtete, was er gehört und so wie er es verstanden hatte. Von Konstantin gibt es aus dieser Zeit keine Verlautbarungen. Die offizielle Propaganda wurde dahin dirigiert, den Kaiser als Abbild des als Sonnengott gedeuteten Apollo zu feiern. Es gibt Münzen, die Konstantin und Apollo mit gleichem Profil darstellen und den Gott als Comes Augusti bezeichnen. Der Schutzgott des Kaisers wird dabei zu dessen himmlischem Doppelgänger, der Kaiser zu seinem irdischen Abbild. Konstantin verfolgte mit dieser Darstellungsweise das Ziel, nach dem alle Soldatenkaiser seit Commodus gestrebt hatten.

Ferner erfahren wir aus der offiziellen Propaganda, daß Konstantin behauptete, Visionen, unmittelbare Offenbarungen Gottes, zu empfangen. Die bekannteste dieser Visionen schaute er im Jahre 312, als er sich entschlossen hatte, den Kampf gegen Maxentius aufzunehmen, um die Herrschaft über die ganze westliche Reichshälfte an sich zu bringen. Was der Kaiser von seinem Erlebnis berichtet hat, ist von der Überlieferung auf verschiedene Weise entstellt worden. Unzutreffend ist zunächst die Meinung, Konstantin habe sich auf diese Vision hin zum Christentum bekehrt. Konstantin fühlte sich auch vorher schon als Christ. Unzutreffend ist weiterhin die Meinung, Konstantin habe in dieser Vision das Christogramm in der uns geläufigen sechsstrahligen Form gesehen. Dieser Irrtum ist dadurch entstanden, daß Euseb das Labarum, die Kaiserstandarte, beschrieb. Die gab es aber damals noch nicht. Das Zeichen, das Konstantin auf den Schilden seiner Garde daraufhin anbringen ließ, war ein vierstrahliger Stern, ein Kreuz, wörtlich ein auf die Spitze gedrehter Buchstabe Chi, dessen oberer Arm herumgebogen war. Die Figur wird von Konstantin nach unserem Gewährsmann „himmlisches Zeichen Gottes" genannt; auch später hat Konstantin gegen Euseb diese Bezeichnung gebraucht. Das Zeichen war zweifellos in allen Varianten ein Christogramm, aber es war durch den Hinweis auf die Sonne einer synkretistischen Interpretation zugänglich. Die Sonne war auch den Christen als Abbild Christi und Urbild Konstantins zumutbar. Kritik an Konstantins Christentum gab es bei Heiden und Christen, aber sie war schweigend. Der römische Senat errichtete im Jahre 315 den Konstantinsbogen als Preis des Sieges über Maxentius ohne Hinweis auf Konstantins Christentum. Daß Konstantin bei seinem Kampf von Gott inspiriert gewesen sei, sagt die Inschrift. Wer aber die inspirierende Gottheit war, wird nicht ausgesprochen; der heidnische Senat nahm Konstantins Christentum nicht zur Kenntnis. Auch die Kirche zeigte keine Neigung, in Konstantin etwas anderes als einen mit dem Christentum sympathisierenden Heiden zu erblicken, und der Kaiser vermied es, unmittelbar in die kirchlichen Angelegenheiten einzugreifen.

Doch die Bereiche ließen sich nicht reinlich scheiden. Sobald er die Macht im Westen übernommen und im Namen der ganzen Regierung für das ganze Reich das Ende der Verfolgung und Toleranz für die Kirche erklärt hatte, mußte er sich mit dem donatistischen Streit befassen, der in Africa ausgebrochen war. Dabei ging es, sieht man von den sekundären nationalen und sozialen Motivationen ab, wieder um die Begründung der Heiligkeit der Kirche. Nach der Ausscheidung der Novatianer, die als letzte die Heiligkeit der Kirche als Sündlosigkeit ihrer Glieder verstanden hatten, war man im Abendland der Meinung, die Heiligkeit werde durch die Sakramente hergestellt und erhalten. Die Donatisten folgerten, daß dann wenigstens der Klerus, der die Sakramente spendete, sündlos sein müsse. Diese Folgerung entsprach dem in Africa herkömmlichen Sakramentsverständnis. Fünfzig Jahre davor hatte sich Cyprian von Karthago mit seinem römischen Amtsbruder Stephan im Ketzertaufstreit darüber gestritten, ob die in einer Häresie vollzogenen Sakramente, hier speziell die Taufe, nichtig seien. Die Africaner waren bei ihrer Praxis geblieben, an Christen, die von einer häretischen Gemeinschaft zur Kirche übertraten, die Taufe zu wiederholen.

Bei den Donatisten ging es um dasselbe Problem in einer anderen Fragestellung. Es gab Bischöfe, die in der Verfolgung den staatlichen Edikten nachgegeben und kirchliches Eigentum den Behörden ausgeliefert hatten, sogenannte Traditoren. Diese Traditoren hatten sich nach allgemeiner Auffassung des Abfalls, einer Todsünde, schuldig gemacht. Die Donatisten nahmen konsequent den Standpunkt ein, die von diesen Traditoren gespendeten Sakramente – Taufe und Priesterweihe – seien nichtig. Daß sie dem Bischof der katholischen Partei vorwerfen, er habe seine Weihe von einem derartigen Traditor empfangen und sei selber ebensowenig Bischof wie alle, die von ihm danach geweiht waren, ist selbstverständlich.

Das war der Streit, den die Donatisten vor Konstantin brachten. Die Katholiken hätten sich gehütet, die Mitwirkung des profanen Kaisers in einer kirchlichen Sache in Anspruch zu nehmen. Auch die Donatisten riefen den Kaiser nicht als Richter an. Weil es aber in Gallien, im Reichsteil des Constantius, keine Verfolgung gegeben hatte, baten sie Konstantin, den Streit durch gallische Bischöfe entscheiden zu lassen. Konstantin ging auf den Wunsch ein. Er bestimmte die Bischöfe von Köln,

Autun und Arles, in Rom unter dem Vorsitz des römischen Bischofs über die Klage der Donatisten zu befinden.

Nichts lag dem römischen Bischof ferner als die Befolgung eines kaiserlichen Befehls. Er tat, was die Oberbischöfe seit dem Streit Victors mit den Kleinasiaten um das Osterdatum zu tun pflegten, nämlich er versammelte eine Anzahl italischer Bischöfe. Mit diesen und den drei von Konstantin bestimmten Galliern verhandelte er nicht über die donatistische Beschwerde, sondern über die africanische Praxis der Ketzertaufe. Der katholische Bischof von Karthago mußte sich der römischen Praxis fügen; dafür empfing er die römische Unterstützung, und die Donatisten kamen nicht weiter zu Gehör. Die beschwerten sich bei Konstantin, und der suchte, ihnen entgegenzukommen. Weil sie gallische Bischöfe als Richter verlangt hatten, rief er die Bischöfe Galliens in Arles zusammen.

Wir sind über den Verlauf dieser Synode durch einen verfälschten Synodalbrief und die Canones unterrichtet, die dort beschlossen wurden. Die Synodalen benutzten die Gelegenheit, die kirchlichen Angelegenheiten zu ordnen und durch Synodalbeschlüsse der bereits geübten kirchlichen Praxis eine gesetzliche Grundlage zu geben. Die Donatisten fanden wieder kein Gehör. Konstantin war mit dem Lauf der Dinge unzufrieden. Er versuchte, den Wust von Beschuldigungen und Vorwürfen durch die staatlichen Behörden zu klären, und auf die Dauer gelang es ihm, durch vorsichtige Behandlung der Donatisten und weitgehende Konzessionen den Kirchenfrieden in Africa einigermaßen herzustellen und zu erhalten. Im Zusammenhang dieser Bemühung sind eine Reihe von Briefen an Bischöfe, staatliche Behörden und Gemeinden entstanden.

Wenn Konstantin sich im Jahre 310, schon vor dem Krieg gegen Maxentius, als Abbild Apollos, des Sonnengottes, feiern ließ, dann drückt sich darin ein politisches Programm aus, der Anspruch auf die Gesamtherrschaft. Im Jahre 314, unmittelbar nach dem Konzil von Arles, hatte er einen ersten Versuch gemacht, die Herrschaft über die östliche Reichshälfte an sich zu bringen. Zehn Jahre danach wagte er einen neuen Versuch, und diesmal hatte er Erfolg. Nach dem Sieg wandte er sich in einer Reihe von Proklamationen an seine neuen Untertanen, ordnete Wiedergutmachung des Unrechts aus der diokletianischen Verfolgung an und erklärte den Sieg des Christentums, der Verehrung des wahren und höchsten Gottes zum Ziel seiner Religionspolitik. Dieser Sieg sollte ohne Zwang, nur durch die Überzeugungskraft der Wahrheit erfolgen.

Eine dieser Proklamationen ist an „Alexander und Arius“ adressiert, und zu ihrem Beginn erklärt Konstantin seine Ziele: „Als erstes wollte ich das religiöse Streben aller Völker vereinheitlichen. Als zweites den Leib des allen gemeinsamen Erdkreises, der gewissermaßen an schwerer Wunde litt, erquicken und verbinden." Diese religionspolitischen Ziele haben alle Kaiser seit Septimius Severus angestrebt; der entscheidende Unterschied war, daß die christliche Religion jetzt das Band war, mit dem das religiöse Streben der Völker vereinheitlicht wurde. In dem Schriftstück klagt Konstantin, daß der Zwist zwischen den zur Leitung des Volkes berufenen Priestern ihm unmöglich mache, sein Ziel zu erreichen, und fordert die streitenden Parteien auf, sich miteinander zu versöhnen. Aus seinen Erfahrungen mit den Donatisten hatte er gelernt, daß er selber etwas für die Herstellung der Einheit tun müsse. So berief er, nach dem Vorbild der Synode von Arles, die Bischöfe des ganzen Reichs zu einer Synode nach Nicäa. Damit hatte er die Reichssynode als Instrument der kaiserlichen Kirchenpolitik erfunden. Die Kirche hat diese Synode hernach als erste ökumenische Synode gezählt.

Konstantin beteiligte sich an den Verhandlungen und erreichte durch seine Beharrlichkeit, daß die zerstrittenen Bischöfe sich auf ein gemeinsames Bekenntnis einigten. Auf seinen Wunsch wurde in dieses Bekenntnis das Wort „Homousios" aufgenommen, um die Beziehung zwischen dem Sohn Gottes und dem Vater zu beschreiben. Der Kaiser dürfte gemeint haben, mit diesem Ausdruck eine für alle Christen annehmbare Glaubensgrundlage gefunden zu haben. Dafür war der Begriff jedoch nicht geeignet. Im Verständnis der Griechen hob er den Unterschied zwischen Vater und Sohn und damit die selbständige Existenz des Sohnes auf. Doch die griechischen Bischöfe fügten sich einstweilen; der Streit um das Homousios flammte erst nach Konstantins Tod auf, und es dauerte dann noch über fünfzig Jahre, bis die Griechen eine rechtgläubige Interpretation gefunden hatten. Im Zusammenhang mit seiner Bemühung um die Einheit der Kirche hat Konstantin eine Reihe von umfangreichen Briefen geschrieben, in denen er seine theologischen Ansichten ausführlich dargelegt hat.

Ein Brief Konstantins verdient besondere Erwähnung. Der Kaiser hat ihn etwa im Jahre 335 an den Perserkönig Schapur II. gerichtet. Der Brief ist eine im Stil der Apologeten gehaltene Werbeschrift für das Christentum, der Konstantins Fürsorge für die im Perserreich lebenden Christen zum Anlaß des Schreibens erklärt. Der Brief ist die Einleitung zu Konstantins Plänen, das Perserreich zu erobern. Aber während Konstantin sich zum Krieg rüstete, der unvermeidlich geworden war, weil die Perser sich anschickten, Armenien zu unterwerfen, erkrankte er. Als er erkannte, daß sein Ende gekommen war, empfing er von dem Bischof seiner Residenz Nikomedien die Taufe. Wenige Tage danach starb er, am 22. Mai 337, und wurde in dem Mausoleum in Konstantinopel beigesetzt, das er sich beizeiten errichtet hatte. Der Sarkophag fand seinen Platz in der Mitte von zwölf Stelen, die die christlichen Untertanen des Kaisers als Bilder der zwölf Apostel deuteten.

VIII. EUSEB VON CAESAREA

1. Historische Arbeiten vor Euseb

Das älteste Christentum brachte mit der Vorstellung der Heilsgeschichte auch Interesse für die Beziehungen zwischen Welt- und Heilsgeschichte auf. Apokalyptische Abwendung von der Welt und apologetische Zuwendung erzeugten verschiedenartige Spekulationen. Historische Überlegungen im eigentlichen Sinn sind zuerst von den Apologeten im Zusammenhang mit dem Altersbeweis angestellt worden. Die durchgängige Behauptung der Apologeten, daß das Christentum eine uralte Religion sei, wird von Theophilos von Antiochien am Ende des 3. Buches an Autolykos (3,16–30) durch einen Vergleich der heidnischen und biblischen Chronologie genauer dargelegt; er kommt zu dem Ergebnis, daß von der Erschaffung der Welt bis zum Tode Kaiser Mark Aurels, dem 17.3.180, 5695 Jahre, 6 Monate und 10 Tage vergangen seien.

Damals hatte man in den wichtigsten Gemeinden, die sich auf apostolische Gründung zurückführen konnten, bereits damit begonnen, durch Kataloge der Apostelnachfolger die Lückenlosigkeit der apostolischen Überlieferung nachzuweisen. Ungefähr zur selben Zeit berichtete Hegesipp, ein wahrscheinlich aus Syrien stammender Christ, von einer Reise, die er zur Feststellung der apostolischen Überlieferung in den Westen unternommen hatte. In Rom hatte er, wie er sagt, eine „Diadoche angefertigt"; darunter ist eine Abschrift der römischen Liste zu verstehen. Diese Liste kennen wir dadurch, daß Irenaeus sie in sein großes antignostisches Werk aufgenommen hat. Irenaeus und Tertullian behaupten, daß in allen Gemeinden, die von den Aposteln gegründet seien, derartige Listen existierten. Eine vergleichbare Liste hatten auch die Montanisten aufgestellt, um die lückenlose Weitergabe des prophetischen Charismas von den Aposteln an zu behaupten. Etwa gegen Ende des 2. Jh. sind aus den Listen der Apostelnachfolger Bischofslisten geworden; der Übergang läßt sich deutlich bei Polykrates von Ephesos beobachten, der sich im zweiten Osterstreit gegen den römischen Bischof Victor auf die eigenen Traditionen der Asia beruft und dabei kirchliches Amt und geistliche Vollmacht derer, die für die Reinheit der Überlieferung bürgen, gleichermaßen betont. Diese Listen waren fürs erste an der Lückenlosigkeit und nicht an der Chronologie interessiert. Doch mußten die Beziehungen zur Geschichte sich von selber herstellen, sobald über die reinen Namen hinausgehende Mitteilungen gemacht wurden.

Wie Klemens die literarische Absicht und Technik der Apologeten bei weitem überbietet und vervollkommnet, so übertrifft er sie auch in ihren chronologischen Bemühungen. Er hat den Stoff allerdings nicht in seinem apologetischen Doppelwerk Protreptikos-Paidagogos untergebracht; die trockene Aufzählung chronologischer Daten hätte schlecht zum Stil der Bekehrungsrede gepaßt. Statt dessen beschäftigt sich ein größerer Abschnitt der ›Teppiche‹ (1,21 = 121–147) mit der biblischen und heidnischen Zeitrechnung. Die Chronologie reicht bis zum Tode des Commodus (192), so daß der Abschnitt in den ersten Jahren des Septimius Severus, noch vor Ausbruch der Verfolgung (202/203), geschrieben sein wird. Man merkt, daß dem Klemens eine große Bibliothek für seine Forschungen zur Verfügung stand. Es ist der bei weitem umfangreichste Vergleich biblischer und heidnischer Chronologie, den bis dahin ein christlicher Autor angestellt hat.

Die Zeit, in der Klemens das Material für seine Chronologie aufarbeitete, waren schwere Notzeiten für das Römerreich. Am 9.4.193 war Septimius Severus in Carnuntum durch seine Truppen zum Kaiser proklamiert worden. Er ist der erste „Soldatenkaiser“, jener Kaiser des 3. Jh., deren Macht sich auf die Legionen gründete, die sie zum Kaiser ausgerufen hatten. Gleichzeitig mit Septimius Severus hatten syrische Legionen den Pescennius Niger und britische den Clodius Albinus proklamiert, und erst nach einem vierjährigen Krieg gelang es Septimius Severus, die Gesamtherrschaft zu erringen. In diesen Jahren lebte die alte Naherwartung wieder auf. Hippolyt erzählt in seinem Danielkommentar (4,18f.) zwei Anekdoten von Aufleben und Enttäuschung der Naherwartung, Exodosanekdoten, und die Adlervision im 4. Esra wurde noch einmal an die Geschichte angepaßt und erhielt die komplizierte Form, in der sie uns überliefert ist. Auch die chronologischen Studien, die gerade aufgekommen waren, konnten von dem Bewußtsein der Nähe des Endes beeinflußt werden. Euseb berichtet im Anschluß an seine Mitteilungen über die Chronologie des Klemens (h.e. 6,7) von einem Schriftsteller namens Judas, der über die siebzig Wochen bei Daniel gearbeitet hatte und bei seinen Berechnungen zu dem Schluß gekommen war, das Erscheinen des Antichrists stehe jetzt, im zehnten Regierungsjahr des Septimius Severus (202/3), unmittelbar bevor. Das ist das Jahr der Verfolgung; deren Wüten, meint Euseb, habe den Irrtum des Judas veranlaßt.

Mit dem Ende der Verfolgung bricht eine längere Friedenszeit für die Kirche an. Die chronologischen Arbeiten der nächsten Zeit halten sich in einem festen Rahmen und beweisen, daß das Weltende noch nicht unmittelbar zu erwarten ist. Dieser Rahmen besteht in der Überzeugung, die Welt habe eine Dauer von 6000 Jahren und die Geburt Christi falle in die Mitte des letzten Jahrtausends. Grund für diese Meinung ist Ps 90, 4 und die sechstägige Dauer der Schöpfung. Der Gedanke erscheint für uns zum ersten Mal im Barnabasbrief (15) als Beispiel geistlicher Bibelauslegung. Danach finden wir ihn bei Irenäus und Theophilos und allen Späteren vor Euseb.

Die erste christliche Weltchronik hat Iulius Africanus verfaßt. Da er in Alexandrien bei Origenes und Heraklas studiert hatte, ist wahrscheinlich, daß ihn die Forschungen des Klemens zu seiner Arbeit angeregt hatten. Das ›Chronographie‹ betitelte Werk ist nur in Bruchstücken erhalten, obwohl es von allen folgenden Chronographen eifrig benutzt worden ist. Der Africanus hat in den fünf Büchern seines Werks das Programm, biblische und heidnische historische Überlieferung aufeinander zu beziehen, als erster verwirklicht und aus den Daten ein festes System geschaffen. Die Chronik war bis zum dritten Jahr des Kaisers Elagabal (220/221) hinabgeführt, dem Jahre 5723 der Weltdauer. Sie hat dem Euseb für seine eigene Chronik gute Dienste getan. Auch unter Hippolyts Werken findet sich eine Chronik, deren Text in drei lateinischen Versionen, einem großen griechischen Fragment und armenisch und georgisch auf uns gekommen ist. Das Werk ist bis in das Jahr 234 hinabgeführt, das 13. Jahr des Alexander Severus. Der Kaiser wurde im folgenden Jahr in Mainz durch meuternde Truppen erschlagen; der an seiner Stelle proklamierte Thraker Maximinus versuchte sofort, die Kirche zu zerschlagen, und verbannte die beiden römischen Bischöfe in die sardinischen Bergwerke. Somit war Hippolyt bis unmittelbar vor seinem Tod mit der Chronik beschäftigt. Auch er setzt voraus, daß von der Geburt Christi bis zum Ende der Welt fünfhundert Jahre vergehen und daß das Auftreten des Antichristen nicht unmittelbar bevorsteht.

Die Gattung der Chroniken hat sich aus dem apologetischen Altersbeweis für das Christentum entwickelt und den ursprünglich rhetorischen Topos in eine wissenschaftliche Aufgabe verwandelt. Durch Euseb tritt das Interesse an der Geschichte in eine neue Phase. Bei ihm wird die Kirchengeschichtsschreibung zur Hauptaufgabe kirchlicher Historiographie, die Chronistik zur Hilfsdisziplin. Euseb hat mit der Zusammenstellung einer Chronik begonnen. Er hat sie, wie all seine historischen Arbeiten, großzügig angelegt. Die Annahme einer begrenzten Weltdauer von sechstausend Jahren ist aufgegeben; sie paßt nicht zu seinem von Origenes beeinflußten Weltbild. Die biblische Überlieferung wird zum Pfeiler, der dem Gerüst der allgemeinen Geschichte Halt gibt. In einem ersten Teil besprach Euseb die Grundlage der Zeitrechnung der Völker, im zweiten Teil wurden die Daten in Tabellenform nebeneinander gestellt und mit der Chronologie der Hebräer verglichen. Man kann sich kaum des Gefühls erwehren, daß Euseb durch die Hexapla zu seinen Tabellen angeregt worden ist. Die Chronik war vermutlich bis 303, d.h. bis zum Ausbruch der diokletianischen Verfolgung, hinabgeführt. Sie ist nicht vollständig auf uns gekommen. Für den zweiten Teil, die Tabellen oder Kanones, gibt es eine Übersetzung des Hieronymus, die aber von diesem ergänzt und weitergeführt wurde. Eusebs Chronik endete mit einer kurzen Einführung in die Geschichte des Christentums, und mit dieser kündigt sich seine ungleich wichtigere „Kirchengeschichte" an.

2. Euseb

Eusebs überragende Bedeutung für die Patrologie besteht darin, daß er mit seiner Kirchengeschichte eine der wichtigsten Gattungen der theologischen Literatur konzipiert und vorbildlich verwirklicht hat. Mit wenigen Ausnahmen haben sich die Gattungen der theologischen Literatur nach heidnischen Vorbildern aus unvollkommenen, tastenden Anfängen entwickelt. Nicht so die Gattung der Kirchengeschichte. Vor Euseb hat es sie noch nicht gegeben; danach hat sein Vorbild bis in die Kirchengeschichtsschreibung unserer Tage gewirkt. Sein Werk ist die wichtigste Quelle für unsere Kenntnis und unser Verständnis der Kirche in den ersten drei Jahrhunderten. Eusebs Bedeutung erschöpft sich nicht durch die Kirchengeschichte. Er war der erste Autor, der Konstantins Konzept des christlichen Imperiums, der Verbindung von Thron und Altar, verstanden und literarisch bewältigt hat. Dazu war er einer der bedeutendsten und einflußreichsten Kirchenpolitiker seiner Zeit und schließlich ein ungemein kenntnisreicher und selbständiger Gelehrter.

Über seine Herkunft wissen wir nichts Sicheres; was wir wissen, läßt den Schluß zu, daß er von halbchristlichen Eltern um 265 in Cäsarea geboren wurde. Im Dunkel bleiben auch die Anfänge seines Bildungsgangs, bis er – vor den ersten kirchenfeindlichen Maßnahmen Kaiser Diokletians im Jahre 298 – als Amanuensis des Presbyters Pamphilos in Caesarea auftaucht, der dort mit der Pflege der von Origenes gegründeten großen Bibliothek betraut war. Pamphilos hatte in den achtziger

Jahren in Alexandrien Theologie studiert und sich an die Origenisten angeschlossen. An Nachrichten über ihn hat sich nicht viel erhalten. Eine große Biographie, die Euseb ihm gewidmet hat, ist verloren. Aus seiner Studienzeit in Alexandrien bei Pierius und seinem Verhältnis zu Euseb läßt sich schließen, daß er etwa ein halbes Menschenalter älter als dieser war; Euseb hat ihn als seinen geistigen Vater bezeichnet. Nach dem Abschluß seiner Studien war Pamphilos als Presbyter in den Klerus des palästinensischen Cäsarea eingetreten und hatte neben dem Unterricht in christlicher Religionsphilosophie die Verwaltung der Bibliothek übernommen, die Origenes hinterlassen hatte. Er war dazu ausersehen, das Werk des Origenes in Cäsarea fortzuführen. Dabei wurde Euseb sein Schüler und Helfer und erwarb die umfangreiche Literaturkenntnis, durch die er sich vor allen Zeitgenossen auszeichnete. Während der von Diokletian begonnenen Christenverfolgung – relativ spät, im Jahre 307, unter Maximinus Daja – wurde Pamphilos eingekerkert und fiel 309 als Märtyrer. Als Autor ist Pamphilos nicht hervorgetreten. Er hat während seiner Haft zusammen mit Euseb eine Apologie für Origenes verfaßt; sie bestand aus 5 Büchern, denen Euseb nach dem Tod des Pamphilos ein sechstes hinzufügte. Das Werk ist verloren bis auf das erste Buch, das in der lateinischen Übersetzung Rufins erhalten ist. Sein hauptsächliches Bemühen galt der Fortführung der von Origenes begonnenen Arbeit am Bibeltext. Nach dem Zeugnis des Hieronymus gab es drei konkurrierende Bibelrezensionen; die des Lukian sei von Antiochien nordwärts bis Konstantinopel im Gebrauch gewesen, die des Pamphilos südlich Antiochiens in Syrien und Palästina und die des Hesych in Ägypten. Die drei Gelehrten sind sämtlich in der diokletianischen Verfolgung als Märtyrer gefallen.

Nach dem Martyrium des Pamphilos war dem Euseb der Boden in Cäsarea zu heiß geworden. Er floh zunächst nach Tyrus und fand später in der Thebais Zuflucht. Der Frieden zwischen Staat und Kirche erlaubte ihm, nach Cäsarea zurückzukehren, wo er – unbelastet, bekannt und als befähigt erwiesen – die Bischofsweihe empfing. Die Zugehörigkeit zu den Origenisten dürfte ihm in erster Linie den Weg zum Bischofsamt geebnet haben. In seinen ersten Bischofsjahren war Euseb durch die Aufgabe in Anspruch genommen, als Historiker seiner Zeit seine Kirchengeschichte mit dem Gang der Ereignisse in Einklang zu bringen. Euseb ist, ähnlich wie der etwa gleichaltrige Laktanz, ein später Vertreter und Weiterführer der Apologetik des zweiten Jahrhunderts. Er rechnet mit einer Erziehung des Menschengeschlechts durch den Logos, der seit der Himmelfahrt Christi durch die Kirche spricht und wirkt. Das bedeutete, daß sein Geschichtsbild nicht ein Ende der

Geschichte in einer apokalyptischen Katastrophe vorsah, sondern – konsequenter als die Apologeten – auf Frieden zwischen Staat und Kirche hinauslief und auf eine staatliche Toleranz, die das Wirken des Logos, die Erziehung des Menschengeschlechts, ermöglichte.

Durch die große Verfolgung hat sich Euseb nicht an der Richtigkeit seines Geschichtsbilds beirren lassen. Die Kirchengeschichte zeigt nirgends Spuren einer Unsicherheit. Aber sie veranlaßte Euseb, diesen letzten großen Kampf nach dem Modell der Johannesapokalypse zu sehen und zu erleben als die irdische Fortsetzung des Kampfes, den der aus dem Himmel gestürzte Satan gegen Gott führt. Unter diesem Blickwinkel erlebte er die diokletianische Verfolgung mit ihrem unterschiedlichen Verlauf. Anders als im Westen wütete im Osten die Verfolgung auch nach Diokletians Rücktritt unter den neuen Herrschern mit unverminderter Heftigkeit. Eusebs Blick richtete sich auf Konstantin, der ihm von Anfang an die Richtigkeit seiner Geschichtsauffassung verbürgte und schließlich mit der Mailänder Toleranzerklärung von 313 auch bestätigte. Die Geschichte blieb nicht stehen. Konstantin begann, die Kirche zu unterstützen und ihr Ziel zu seiner Aufgabe zu erklären. Im Westen stieß der Kaiser auf Mißtrauen. Euseb aber war kein Römer. Der Gedanke, daß der Kaiser ein Beauftragter Gottes sei, eine messianische Gestalt, lag ihm nicht fern, und die Herrschaft dieses Kaisers mußte für ihn das Ziel werden, zu dem Gott die Geschichte führen wollte. So brachte er seine Kirchengeschichte schließlich mit einem Ausblick auf dieses Ziel zum Abschluß.

In den anderthalb Jahren, in denen Pamphilos im Kerker saß, schrieb Euseb zusammen mit ihm eine Apologie für Origenes. Nach dem Märtyrertod seines Lehrers und Freundes schloß er die Arbeit mit einem sechsten Buch ab. Man kann sich vorstellen, wie Euseb den Pamphilos regelmäßig im Gefängnis besuchte, die Weiterführung der Arbeit mit ihm besprach und das Ergebnis zu Hause niederschrieb. Das Unternehmen illustriert einen wesentlichen Charakterzug des Euseb, seine Treue und sein Festhalten an seiner Überzeugung. Auch die Kirchengeschichte, an der er in dieser Zeit arbeitete, ist in der Hauptsache eine Apologie für Origenes und ein Enkomion auf ihn. Euseb war mit Leib und Seele Origenist; die Pflege der geistigen Hinterlassenschaft des Origenes bedeutete für ihn ein ebenso zentrales Anliegen wie das Eintreten für die Sache der Origenisten. Die starken persönlichen Bindungen kennzeichnen ihn; sie lassen ihn auch dann an Freundschaften festhalten, wenn es politisch klüger und vorteilhafter gewesen wäre, Meinung oder Partei zu wechseln. Unter diesem Blickwinkel muß man auch seine Begeisterung für Konstantin sehen. Nachdem Euseb zu der Überzeugung gekommen war, daß Konstantins Regierung die abschließende, heilsgeschichtliche Veranstaltung Gottes sei, ließ er sich davon nicht mehr abbringen, auch nicht durch Maßnahmen des Kaisers, die nicht seinen Beifall fanden.

Eusebs geistige Heimat in der Apologetik zeigte sich daran, daß er nach der Kirchengeschichte ein gewaltiges apologetisches Werk in Angriff nahm, das nach seinem Entwurf das Schema Abwendung vom Irrtum/Zuwendung zur Wahrheit verwirklichte, das Schema Protreptikos/Paidagogos. Es ist das Doppelwerk der Praeparatio und der Demonstratio evangelica. Zu derselben Zeit schrieb Laktanz nach demselben Entwurf seine Institutionen. In dem Schema kommt die zu dieser Zeit bereits veraltete Weltsicht des Mittelplatonismus zum Ausdruck. In der Kirchengeschichte steht Euseb dem Neuplatonismus näher; das apologetische Werk stellt in geistesgeschichtlicher Hinsicht einen Rückschritt dar. Aber einerseits hatte die Apologetik noch keine neue Betrachtungsweise gefunden; eine solche gelang erst Augustin in der „Gottesstadt". Zum andern hatte Euseb bereits umfangreiche Vorarbeiten begonnen und das Thema in einer ›Allgemeinen elementaren Einleitung‹ abgehandelt. Der Hauptgrund wird aber sein, daß die Weltsicht zwar veraltet, das Thema aber hochaktuell war. Konstantins Sieg war vorherzusehen, und damit zeichnete sich das Christentum als die Religion der Zukunft ab. Es war Bedarf an einem Lehrbuch des Christentums. Für die Römer schrieb es Laktanz; für die Griechen bot Euseb seine riesige Apologie an.

In den folgenden Jahren ist Eusebs Geschichte durch den arianischen Streit bestimmt. Das Datum, zu dem der Streit ausbrach, ist unbekannt; es läßt sich auch nicht erschließen. Denn ursprünglich ging es nicht um dogmatische Fragen, sondern um die Autorität des alexandrinischen Bischofs, der Mühe hatte, sich gegenüber den städtischen Presbytern durchzusetzen. Zu einer Spaltung der östlichen Kirche kam es erst dadurch, daß der Presbyter Arius gegen den Bischof Alexander Beistand außerhalb Ägyptens suchte.

Arius stammte aus Antiochien. In der Verfolgung war er nach Ägypten geflohen und hatte schließlich in Alexandrien eine Stelle als Presbyter gefunden. Streitigkeiten, die in Ägypten in der Verfolgungszeit ausgebrochen und immer noch nicht beigelegt waren, zwangen den Bischof, davon Kenntnis zu nehmen, daß Arius Anschauungen vertrat, die in Antiochien, aber nicht in Alexandrien, für rechtgläubig galten. Gegen die Verurteilung durch den Bischof suchte Arius Hilfe bei den Syllukianisten, seinen Schulgenossen, die wie er den Unterricht des Märtyrers Lukian von Antiochien empfangen hatten. Der Streit wurde zunächst nur schriftlich geführt, weil Licinius, der damals noch im Osten herrschte, die Zusammenkunft von Synoden verboten hatte. Vermutlich wollte er damit keineswegs die Kirche schikanieren, sondern den Ausbruch des offenen Steites verhindern. Aber diese restriktiven Anordnungen fielen weg, als Konstantin 324 auch die Herrschaft über die östliche Reichshälfte an sich brachte. Was Euseb eigentlich bewogen hat, sich bei dem Streit für Arius einzusetzen, obwohl er dessen Ansichten nicht teilte, läßt sich vermuten, nämlich die Hoffnung, den vakanten Bischofsstuhl von Antiochien wenn nicht einzunehmen, so doch unter Kontrolle zu bringen. Das gelang ihm später, aber zunächst erlitt er eine schwere Schlappe. Dazu kam es folgendermaßen.

Kaiser Konstantins religionspolitisches Ziel, und nicht nur Konstantins, sondern aller Soldatenkaiser des 3. Jh., war die Vereinheitlichung der Religion. Nichts konnte ihm im Augenblick der Machtübernahme weniger gelegen kommen als ein Schisma der östlichen Kirche. In der Meinung, es handele sich nur um theologische Differenzen, schrieb er einen an Alexander und Arius adressierten Brief, der den Bischöfen des Ostens seine großen kirchenpolitischen Ziele bewußt machen und sie zum Frieden ermahnen sollte. Mit diesem Brief schickte er den Bischof Ossius von Corduba nach dem Osten. Ossius war von spätestens 312 bis 324 Verbindungsmann zwischen dem Kaiser und der Kirche. Danach spielt er bei Lebzeiten Konstantins keine Rolle mehr in der Kirchenpolitik. Nach dem Konzil von Nicäa benutzte Konstantin ad hoc versammelte Synoden als Instrumente seiner Kirchenpolitik, deren Beschlüssen er durch Verwaltungsanordnungen Wirksamkeit verlieh.

Bischof Ossius begab sich auf seiner Mission zunächst nach Alexandrien, wo er sich mit Bischof Alexander verständigte. Alexander erhielt die Unterstützung des römischen Bischofs um den Preis, daß er das Homousios tolerierte. Anschließend reiste Ossius nach Antiochien und erschien auf der Synode, die sich dort zur Bischofswahl versammelt hatte. Aber zunächst wurde nicht gewählt, sondern theologisch disputiert. Die Origenisten hatten sich gespalten. Die Alexandriner, der Vertreter des römischen Bischofs und die der römischen Theologie nahestehenden Kleinasiaten hatten sich zu einer Majorität zusammengefunden, der die Theologie des Arius ebenso undiskutabel erschien wie des Euseb leichtfertiges Eintreten für ihn. Euseb sah sich bald wegen Häresie angeklagt und verurteilt; bis zu einer umfassenden Synode, die man für das folgende Jahr nach Ankyra in Kleinasien plante, sollte er sich bekehren. An einen Einfluß auf die anschließende Bischofswahl war nicht zu denken; er konnte nicht verhindern, daß mit Eustathios ein dem Sabellianismus nahestehender Theologe und erbitterter Gegner der origenistischen Theologie den antiochenischen Bischofsstuhl bestieg, und von der Synode in Ankyra, wo der ebenfalls dem Sabellianismus zugeneigte Markell Bischof war, konnte er nicht viel Gutes erwarten.

Doch gelang es ihm, wieder Boden unter die Füße zu bekommen. Der Kaiser kam zu der Erkenntnis, daß er die Sache selber in die Hand nehmen müsse. Er hatte erkannt, daß er seine religionspolitischen Ziele besser verwirklichen konnte, wenn er sich auf die griechischen Bischöfe stützte, statt auf die jede Einmischung des profanen Kaisers in den religiösen Bereich eifrig zurückweisende römische Kirche. Was er noch nicht wußte, war, daß der Begriff „homousios" – er verstand darunter die Beziehung zwischen dem Logos endiathetos und prophorikos, dem göttlichen Gedanken und dem göttlichen Wort – für die Mehrzahl der griechischen Bischöfe unannehmbar war. Die geplante Synode berief er nach Nicäa in die Nachbarschaft seiner Residenz Nikomedien und nahm selber die Lenkung der Angelegenheit in die Hand. Die Synode sollte eine glänzende Demonstration der Kirche im konstantinischen Gesamtreich werden und ihres Friedens, um den freilich noch gerungen werden mußte.

Der Kaiser sorgte dafür, daß aus diesem Ringen die äußerliche Einheit der Kirche hervorging. Zu Beginn der Verhandlungen bekam Euseb Gelegenheit zur Rehabilitation. Die Synodalen konnten erkennen, daß der Kaiser ihm freundlich gesonnen war. Euseb legte das Taufbekenntnis seiner Gemeinde vor, an dem nichts Häretisches war und um dessentwillen man ihn in Antiochien verketzert hatte. Bevor es zur theologischen Diskussion kam, hatte der Kaiser bereits seine Zustimmung erklärt; das halte auch er für rechtgläubig. Als Basis für die weiteren Verhandlungen wurde nicht das Bekenntnis von Cäsarea gewählt, sondern ein diesem eng verwandtes, das ebenfalls aus dem gegen Paul von Samosata gerichteten Bekenntnis hervorgegangen war. Aber man suchte nach einem Kompromiß, der dem Anliegen der Theologen in Rom und Kleinasien Rechnung trug. Das umstrittene Homousios wurde wie ein erratischer Block in die Aussagen über die Gottheit des Sohnes hineingestellt. Euseb sagte hernach, man sei damit einem Wunsch des Kaisers gefolgt. Es war ein fauler Kompromiß; das Wort war für die Mehrzahl der Bischöfe unannehmbar und wurde zur Ursache eines das Jahrhundert kennzeichnenden Streites, bis es 381 der Synode von Konstantinopel gelang, eine rechtgläubige Interpretation des Begriffs zu finden, die sowohl die volle Gottheit wie die selbständige Existenz des Sohnes auszudrücken vermochte. Indessen hat Euseb sich hernach doch sehr winden müssen, als er seiner Gemeinde erklärte, warum er dem Kompromiß zugestimmt habe.

Die folgenden anderthalb Jahrzehnte zeigen uns Euseb als den angesehensten und einflußreichsten Kirchenpolitiker der östlichen Kirche, stets bestrebt, das Ansehen seines Bischofssitzes Cäsarea zu heben und die alte origenistische Theologie durchzusetzen. Sein Erfolg beruhte auf der Gunst Konstantins. Der feierte im Anschluß an das Konzil seine Vicennalien, sein zwanzigjähriges Regierungsjubiläum, und Euseb durfte die Festrede halten. Dazu kam weiter, daß die Mehrzahl der griechischen Bischöfe der Formel von Nicäa nur widerwillig zugestimmt hatte und daß auch dem Kaiser zwar der Frieden in der Kirche, aber keine bestimmte Interpretation des Homousios am Herzen lag. Schließlich traf es sich glücklich für ihn, daß in Alexandrien der Bischof Alexander nach dem Konzil gestorben war und daß sein Nachfolger Athanasius zunächst große Mühe hatte, seine Autorität in Alexandrien und Ägypten durchzusetzen.

Euseb ließ sich den Mangel an Vorsicht, der ihm in Antiochien die Verurteilung als Ketzer eingetragen hatte, nicht mehr zuschulden kommen. Damals hatte er nicht verhindern können, daß Eustathios antiochenischer Bischof geworden war. Eustathios war einer der wenigen Bischöfe, die wirklich das Homousios vertraten. Er bedauerte, daß man in Nicäa Frieden geschlossen und einen Kompromiß gefunden hatte. Euseb wartete fünf Jahre, bis sich soviel Vorwürfe gegen Eustathios angehäuft hatten, daß eine Synode in Antiochien zusammentreten konnte, die ihn absetzte und Eusebs Freund und Parteigenossen Paulinus von Tyrus zum Bischof wählte. Von den Schriften des Eustathios ist das meiste verloren. Erhalten ist eine hermeneutische Abhandlung über die Hexe von Endor (1. Sam 28). Sie ist gegen Origenes und seine allegorische Auslegung gerichtet und darum reizvoll, weil Origenes in dieser Geschichte ausnahmsweise nicht allegorisch, sondern buchstäblich ausgelegt hatte. Dem Ausleger stellte sich das Problem, wie eine von Dämonen besessene Hexe einen heiligen Mann – Samuel – auf die Erde zwingen konnte. – Eustathios wurde schon zu Ende des Jahrhunderts rehabilitiert. Chrysostomus feierte ihn mit lokalantiochenischem Pathos, und die zweite Synode von Nicaea (787) sah in ihm den heroischen Vorkämpfer gegen den Arianismus. Eusebs Erfolg über Eustathios war zunächst noch nicht von Dauer. Paulinus starb schon ein halbes Jahr danach, der Nachfolger brachte es auch nur auf anderthalb Jahre Amtszeit, und als die nächste Bischofswahl anstand, kam es zu heftigen Unruhen, die schließlich dadurch ihr Ende fanden, daß die zerstrittenen Parteien sich auf Euseb einigten. Euseb lehnte aber ab, vermutlich hatte er vom Hof, wo man den Frieden nicht aufs Spiel setzen wollte, einen Wink erhalten. Dafür durfte er die beiden neuen Kandidaten vorschlagen, so daß die Wahl für ihn in jedem Fall wunschgemäß verlief, und der Kaiser belohnte seine Einsicht mit einem huldvollen Dankschreiben.

Der nächste Gegner, der sich ihm stellte, war Markell von Ankyra. Markell war, wie Eustathios, ein leidenschaftlicher Anhänger des Homousios. Er machte von der Möglichkeit, das Wort modalistisch zu interpretieren, exzessiven Gebrauch. Nach Usia und Dynamis, meinte er, seien die göttlichen Personen ungeschieden; die Entfaltung von der Einheit zur Dreiheit sei ein heilsgeschichtlicher Akt und geschehe nur nach der Energeia. Das heißt, er vertrat die alte kleinasiatische Trinitätslehre. Damit erschien er den griechischen Bischöfen als Sabellianer und konnte nur in Rom als rechtgläubig gelten.

Markell kam dem Angriff des Euseb zuvor. Unter Berufung auf die Formel von Nicäa holte er zu einem Rundumschlag gegen die Vertreter der Dreihypostasentheologie aus. Er begab sich nach Konstantinopel und übergab dem Kaiser eine Klageschrift. Namentlich nannte er außer den Arianern auch Euseb; ungenannt, aber getroffen war auch die alexandrinische Theologie. Athanasios brauchte noch über 20 Jahre, bis er unter schwerem politischem Druck sich bereit fand, dem Homousios zuzustimmen, weil er anders nicht die Unterstützung durch Rom gefunden hätte. Er tröstete sich damit, daß der Begriff für die Arianer völlig unannehmbar war, und damit hatte er recht. Denn das griechische Wort bedeutet „wesensgleich", und gerade die Wesensgleicheit bestritten die Arianer. Markell hingegen wollte das Wort als „wesenseins" verstanden wissen, auf eine Art, die den Griechen nicht nur als Gleichheit, sondern als Identität erscheinen mußte.

Markell meinte, weil der Kaiser die Aufnahme des Homousios in das Bekenntnis erzwungen hatte, müsse ihm auch an dessen richtiger Interpretation gelegen sein. Konstantin verstand aber das Homousios anders als Markell. Bald nach dem Konzil hat er einen Brief an die nikomedische Gemeinde geschrieben und sich dahin erklärt, daß er unter dem Sohn den ungeteilten und beim Vater verbleibenden Willen verstehen wollte. Das lief auf die Art hinaus, in der Euseb sich den Begriff zurechtgelegt hatte, um die Formel von Nicäa unterschreiben zu können. Markells Theologie war keineswegs die Konstantins. Dazu kam, daß dem Kaiser alles am Kirchenfrieden und nichts an Versuchen gelegen war, die Basis des Friedens zum Streitpunkt zu machen. So veranlaßte er die in der Hauptstadt anwesenden Bischöfe, zu einer Synodos endemousa zusammenzutreten und sich mit Markells Anliegen zu befassen, und, wie zu erwarten, fand die Synode heraus, daß Markells Verständnis häretisch war. Nun wandte Konstantin viel Mühe darauf, Markell zu einem rechtgläubigen Verständnis zu bewegen. Markell gab nicht nach, und schließlich schickte ihn der Kaiser, um den Frieden zu erhalten, ins Exil. Weil der Kaiser durch seine vergeblichen Bekehrungsversuche verärgert war, wurde ein Nachfolger für ihn bestimmt; dessen Auswahl zeigt, daß Euseb bei dem Spiel die Fäden gezogen hatte. Markell hat nach Konstantins Tod mehrere vergebliche Versuche gemacht, auf seinen Sitz zurückzukehren. Nach seiner zweiten Verbannung begab er sich nach Rom und reichte zum Erweis seiner Rechtgläubigkeit ein Taufbekenntnis ein, von dem man nicht weiß, ob es das altrömische Bekenntnis ist oder das von Ankyra. Moglicherweise waren die beiden Bekenntnisse so ähnlich, daß sich die Frage nicht entscheiden läßt. In Rom galt Markell damals noch als rechtgläubig; eine römische Synode von 341 und die Synode von Serdica 343 haben ihm dies bestätigt. Es war ja die alte kleinasiatisch-abendländische Trinitätslehre, die er vertrat. Doch die zweite ökumenische Synode in Konstantinopel von 381 hat ihn zusammen mit den Sabellianern und dem eine ähnliche Lehre vertretenden Photin von Sirmium ausdrücklich verurteilt. Von der Abhandlung, mit der Markell sich an Konstantin gewandt hatte, sind zahlreiche Fragmente durch Eusebs Gegenschrift ›Contra Marcellum‹ auf uns gekommen. Auch Eusebs Nachfolger Acacius von Cäsarea hat in einer Schrift gegen Markell einige Fragmente aufbewahrt. Hieronymus wußte darüber hinaus noch von vielen Bänden, die Markell hauptsächlich gegen die Arianer geschrieben habe; die sind alle verloren.

In den kirchenpolitischen Auseinandersetzungen der dreißiger Jahre ist Euseb wenig in Erscheinung getreten, sondern hat von seiner sicheren Position aus dafür gesorgt, daß die Dinge sich in seinem Sinne entwickelten. Dabei bewährte sich, daß er, ohne selber Arianer zu sein, die Arianer unterstützte. Der Kaiser beharrte auf dem Standpunkt, daß rechtgläubig sei, wer die Formel von Nicäa unterschrieben habe und bejahe; ihre Auslegung überließ er den Gemeinden und deren Überlieferung. In den Kirchenfrieden waren auch die ehemaligen Arianer einschließlich des Arius aufgenommen, die in Nicäa verurteilt worden waren. Sie hatten sich unterwerfen müssen und waren daraufhin rehabilitiert worden; der Arianismus war und blieb verboten. Konstantin ließ ein Bekenntnis zum Arianismus ebensowenig zu wie den Vorwurf, jemand, der die Formel unterschrieben habe, sei insgeheim Arianer. Mit dieser Haltung unterdrückte Konstantin alle dogmatischen Streitigkeiten; Machtmißbrauch und Übergriffe in fremde Kompetenzen sind die Anklagen, die die Bischöfe einander vorwerfen.

Konstantin starb 337. Er war, bis er den Tod nahen fühlte, ungetaufter Christ geblieben. Ein Christ der Überzeugung nach, dem seine profanen Pflichten es verwehrten, sich so von allem Heidentum fernzuhalten, wie das die Taufe erforderte. Er war immerhin Pontifex Maximus, oberster heidnischer Priester. Mit dem Amt war die Aufsicht über den heidnischen Kult verbunden; darum behielten es die christlichen Kaiser bis auf Gratian (367–383) bei. Möglicherweise hat Konstantin gerade dieses Amt im Auge gehabt, als er sich als den „Bischof für die Menschen außerhalb der Kirche" bezeichnete. So ließ sich Konstantin erst in dem Augenblick taufen, in dem er sicher war, daß sein Lebensende unmittelbar bevorstand.

Euseb hat in Konstantin von Anfang an eine messianische Gestalt gesehen, einen Beauftragten Gottes, und dabei ist er sein Leben lang geblieben. Seiner Kirchengeschichte fehlte ein Bild Konstantins; das Buch war zu früh abgeschlossen und war als Rahmen für ein Bild des Origenes konzipiert. Euseb wollte aber ein Bild seines Helden zeichnen. So schrieb er nach Konstantins Tod einen Panegyrikus. Wir nennen das aus vier Büchern bestehende Werk ›Vita Constantini‹, aber es ist keine Vita und war auch nicht als solche gedacht. Es war zum Preise Konstantins geschrieben; darum sind alle Schattenseiten dieser faszinierenden Persönlichkeit übergangen. Im 19. Jh., als es noch wirkliche Fürsten gab, sah man Parallelen zu zeitgenössischen Schmeicheleien gegenüber den Herrschern und hat Euseb darum herb getadelt. Sicher zu Unrecht; Konstantin war tot, und Euseb hat in der Begeisterung für seinen Kaiser geschrieben, die ihn sein ganzes Leben lang nicht verlassen hat. Das Bild Konstantins in den Augen seiner Soldaten hat der Panegyriker von 310 durch einen Vergleich mit Apollo in Worte gefaßt: Tu es, ut ille, iuvenis et laetus et salutifer et pulcherrimus imperator. Anders hat ihn auch Euseb nicht gesehen. Es ist nicht recht, Euseb darum zu tadeln, daß er Treue mit Treue erwidert hat. Mit dem Konstantinbuch hat Euseb sein Lebenswerk abgeschlossen. Irgendwann zwischen Konstantins Tod um Pfingsten 337 und der Kirchweihsynode von Antiochien 341 ist er gestorben; auf dieser Synode wurde sein Nachfolger Acacius gewählt.

Neben der Geschichtsschreibung und der Apologetik nahm auch die Bibelauslegung Eusebs Interessen stark in Anspruch. Euseb hat als erster eine Art Synopse erstellt; seine ›Kanones‹ sind ein Verzeichnis der Parallelen in den Evangelien. Ferner verfaßte er ein vierbändiges Werk über die Geographie des Heiligen Landes. Davon ist das vierte Buch erhalten, das Onomastikon (der biblischen Ortsnamen) mit umfangreichen geographischen und historischen Mitteilungen zu den einzelnen Orten. Das Buch ist sowohl in seinem griechischen Urtext wie in der lateinischen Übersetzung des Hieronymus die wichtigste Quelle zur Geographie Palästinas geworden. An exegetischen Werken hat Euseb vor allem einen Kommentar zu den Psalmen und einen zu Jesaja hinterlassen. Beide Werke sind nicht unmittelbar überliefert, aber aus den zumeist in Catenen erhaltenen Fragmenten großenteils zu rekonstruieren. Von seinen Predigten und seinen Briefen ist nur je ein Stück vollständig erhalten. Den Brief hat er nach dem Konzil von Nicäa an seine Gemeinde gesandt, um sich dafür zu entschuldigen, daß er der Kompromißformel zugestimmt hatte. Die Predigt hat er zur Einweihung der neuen Kirche in Tyrus 314/15 gehalten; sie gefiel ihm so gut, daß er sie seiner Kirchengeschichte beigegeben hat.

IX. ATHANASIOS

1. Alexander von Alexandrien

In Antiochien war im dritten Jahrhundert auf der Grundlage der biblischen Anschauungen eine Theologie entstanden, die der Unvereinbarkeit des Schöpfers und der Kreatur Rechnung zu tragen versuchte. Zwischen Schöpfer und Geschöpf gab es keine Übergangsstufe; was nicht Schöpfer war, sondern einen Anfang hatte, war Geschöpf. Dieser Unterschied wurde auch zwischen dem Logos in Gott und dem aus Gott heraustretenden Logos gesehen. Der Logos, durch den sich Gott handelnd der Schöpfung zuwandte, hatte einen Anfang in der Zeit; es gab ihn nicht, bevor er aus Gott herausgetreten war. Er war ein Geschöpf Gottes. Anders als der ursprüngliche Logos in Gott war der aus ihm hervorgegangene Logos mit Gott nicht mehr durch das Wesen, sondern nur noch durch göttliche Eigenschaften verbunden. Dieser Versuch, die Einheit Gottes und den Unterschied von Schöpfer und Geschöpf zu wahren, war mit viel Scharfsinn unter Zuhilfenahme aristotelischer Kategorien entwickelt worden. Die platonisierenden Griechen beurteilten ihn als monarchianische Häresie. In den sechziger Jahren des dritten Jahrhunderts war es darüber zu einem Schisma gekommen, das sich in den Wirren der diokletianischen Verfolgung ohne viel Aufhebens wieder geschlossen hatte.

Der letzte hervorragende Gelehrte, der in Antiochien diese Auffassung vertreten hatte, war der Presbyter Lukian. Er war 311 als Märtyrer gefallen; von seinen Schülern waren einige durch die Flucht nach Alexandrien dem Martyrium entgangen. Darunter befand sich auch der Presbyter Arius. Er hatte an der wegen ihrer Flaschenform so genannten Baukaliskirche (Baúkalis = Weinkühler mit engem Hals) in Alexandrien Anstellung als Presbyter gefunden und hatte bei innerägyptischen Streitigkeiten Partei ergriffen und sich Gegner geschaffen. Die machten den Bischof Alexander darauf aufmerksam, daß Arius theologische Ansichten vertrete, die mit der in Alexandrien heimischen und seit dem Streit mit Paulus von Samosata im Taufbekenntnis festgelegten Lehre von der ewigen Geburt des Logos aus Gott nicht in Einklang standen. Dem Bischof Alexander blieb nichts übrig, als den Arius zu maßregeln, und damit flammte der Streit zwischen der Theologie Alexandriens und Antiochiens wieder auf. Arius, der Schüler Lukians, wandte sich an seine Mitschüler im Klerus der östlichen Kirchen. Das Eintreten des Eusebios, Bischof der kaiserlichen Residenz Nikomedien, gab der Partei Zusammenhalt und einen Führer. Bischof Alexander mußte sich gegen die Einmischung der Syllukianisten in seinen Sprengel und seine Angelegenheiten wehren. Er umgab sich mit einer Synode ägyptischer Bischöfe, die den Arius förmlich exkommunizierte. Beide Parteien wandten sich an die Bischöfe der östlichen Kirche, und ein gewaltiges Schisma drohte.

Von den Briefen, die Alexander in dieser Angelegenheit schrieb, haben sich nur zwei erhalten; dazu das Synodalurteil über Arius. Ferner gibt es eine Predigt über das Leiden Christi und Fragmente von weiteren Predigten. Alexander hebt gegen Arius vor allem die Lehre von der ewigen Geburt des Logos hervor. Hierin lag der Hauptgegensatz gegen Arius und seine Genossen. Zugleich betont er aber, daß der Logos eine selbständige Hypostase neben dem göttlichen Urgrund ist. Ob er sich damit gegen die arianische Vorstellung von dem ursprünglichen, in Gott ruhenden und verbleibenden Logos wandte oder gegen eine Theologie, die die hypostatische Selbständigkeit des Logos leugnete, ist nicht zu entscheiden. Arius schrieb zahlreiche Briefe zur Verteidigung seiner Anschauungen; zwei davon sind überliefert. Er hat seinen Standpunkt ferner in einer Schrift ›Thaleia‹ (etwa = „reichliche Mahlzeit“) dargelegt. Außerdem hat er „Schiffer-, Müller- und Wanderlieder“ zur Verbreitung seiner Ansichten gedichtet. Davon haben sich nur Fragmente erhalten.

Das Schisma verhinderte Konstantin durch sein entschlossenes Eingreifen. Auf dem Konzil von Nicäa zwang er der Kirche eine Friedensformel auf. Das nicäische Bekenntnis war für die Arianer ganz unannehmbar. Doch in dem Anathema am Ende der Formel setzte es die Begriffe Ousia und Hypostasis gleich und sprach von einer einzigen Hypostase; daraus ergab sich zwingend ein sabellianisches Verständnis des Homousios. Allein den Abendländern und einigen Kleinasiaten mit ihren dem Sabellianismus nahstehenden Ansichten galt das Symbol für rechtgläubig. Doch bis zum Tode Konstantins konnte niemand den Versuch wagen, die Formel durch eine andere zu ersetzen. Arius und seine Gesinnungsgenossen waren durch Konstantin zur Unterwerfung unter die Formel von Nicäa genötigt und durch eine Synode wieder in die Kirchengemeinschaft aufgenommen worden. Alexander verweigerte aber den Arianern die Rückkehr nach Alexandrien. Denn ursprünglich war es nicht um den rechten Glauben, sondern um die Autorität des alexandrinischen Bischofs gegangen. Konstantin begann, auf Vollzug der Rekonziliation zu drängen, weil er den Kirchenfrieden verwirklicht sehen wollte. Doch bevor es zur Konfrontation kam, starb Alexander am 17. 4. 328, und kurz danach, am 8. 6. des Jahres, wurde Athanasios zu seinem Nachfolger gewählt.

2. *Athanasios*

Athanasios gilt in der kirchlichen Überlieferung als der große Kämpfer für die Orthodoxie. Ursprünglich war er das nicht, weil es zu dieser Zeit noch keine Orthodoxie gab. Für die Abendländer und Kleinasiaten war der Logos mit Gott gleichrangig, aber nicht gleichewig, für die Origenisten war er gleichewig, aber nicht gleichrangig, und für die Arianer weder gleichrangig noch gleichewig. Die orthodoxe Auslegung des Nicänums versteht die Geburt des Sohnes und das Hervorgehen des Geistes als eine vollständig in der Transzendenz verlaufende Bewegung Gottes. Das orthodoxe Verständnis wurde reichlich ein Menschenalter nach Nicäa möglich, als der Neuplatonismus Einfluß auf die Kirchenlehre gewonnen und differenzierte Aussagen über das transzendente Sein gelehrt hatte. Athanasios ist erst seit den fünfziger Jahren für das Nicänum eingetreten. Von Anfang an kämpft er aber für die Freiheit der Kirche gegenüber den religionspolitischen Entscheidungen des Staats. Während der 45 Jahre seines Episkopates wurde er fünfmal wegen seines Ungehorsams gegen die Anordnungen des Kaisers in Verbannung geschickt; niemals ist es den staatlichen Behörden gelungen, ihn zum Nachgeben zu bewegen. Seine große Autorität beruhte auf seiner kompromißlosen Haltung gegenüber dem Staat und den Arianern, nicht auf seiner anpassungsfähigen Theologie.

Athanasios ist etwa 295 geboren. Er will als Diakon am großen Konzil von Nicäa teilgenommen und sich dort bei Diskussionen mit den Arianern hervorgetan haben; man wird die Angabe als Erinnerung eines alten Kämpfers zu beurteilen haben. Seine Bischofswahl 328 veranschaulicht, warum Alexander den Arius nicht zurückkehren ließ. Sie geschah gegen den Widerstand einer starken alexandrinischen Partei. Deren Anfeindungen machten dem Athanasios das Leben schwer und gaben seinen Gegnern außerhalb Alexandriens den Vorwand, ihn auf einer Synode in Tyrus 335 für abgesetzt zu erklären. Wir vermuten, Euseb von Cäsarea sei dabei der Drahtzieher gewesen, aber der hielt sich im Hintergrund. Konstantin verlieh dem Synodalurteil dadurch Wirksamkeit, daß er Athanasios nach Trier in die Verbannung schickte. Der Tod des Kaisers 337 erlaubte ihm die Rückkehr, doch die kirchenpolitische Situation war unverändert. Eine antiochenische Synode setzte ihn abermals ab, und Athanasios, der eingesehen hatte, daß auch der Bischof von Alexandrien Bundesgenossen brauchte, ging nach Rom. Dort gelang es ihm, Papst Julius I. für sich zu gewinnen und die Verbindung zu sichern, die Ossius zwischen Alexander von Alexandrien und Silvester I. von Rom hergestellt hatte. Eine römische Synode sprach ihn 342 von den Anklagen frei, und die abendländische Synode von Serdica 343 bestätigte ihm ausdrücklich, daß er der rechtmäßige Bischof von Alexandrien sei. Das war ein bittersüßer Erfolg, denn diese Synode hatte zugleich ein klares Bekenntnis zur Einhypostasenlehre, das heißt zum Sabellianismus abgelegt, der damals im Abendland noch für rechtgläubig galt. Das Urteil der Synode blieb fürs erste wirkungslos. In Alexandrien saß Bischof Gregor als rechtmäßiger Bischof fest auf seinem Stuhl, und als er 345 starb, mußte sich erst der in Rom regierende Kaiser Constans energisch bei dem im Osten regierenden Kaiser Constantius für Athanasios verwenden, bis dieser reichlich ein Jahr später seinen Bischofsstuhl in Alexandrien einnehmen konnte.

Der Rückhalt, den Athanasios an dem römischen Bischof Iulius und dem Kaiser Constans besaß, ging mit dem Tode des Kaisers (350) und des Bischofs (352) verloren. Constantius wurde Herrscher über das Gesamtreich, und der neue römische Bischof Liberius wurde vom Hofe so hartem Druck ausgesetzt, daß er nichts mehr für Athanasios tun konnte. Synoden in Arles (353) und Mailand (355) erklärten ihn wieder für abgesetzt, und er mußte zu den Einsiedlern in die ägyptische Wüste fliehen, um der drohenden Verhaftung zu entgehen. Das Jahr 361 brachte eine Wende. Kaiser Julian trat die Herrschaft an und erlaubte, wohl in der Absicht, den Unfrieden in der Kirche zu mehren, allen Bischöfen die Rückkehr, die unter Constantius verbannt worden waren. Die Kirche nahm die Gelegenheit wahr, neue Positionen zu beziehen und ihre Angelegenheiten ohne staatliche Eingriffe zu ordnen. Der Neuorientierung war es dienlich, daß der römische Bischof Liberius erhebliche Autoritätseinbußen erlitten hatte und auf der Maßgeblichkeit der römischen Theologie nicht beharren konnte. So begriffen die Lateiner, daß die Griechen nicht drei Substanzen meinten, wenn sie auf den drei Hypostasen bestanden, und den Griechen ging auf, daß der Personbegriff der Lateiner nicht sabellianisch als Prosopon gemeint war, sondern dem entsprach, was sie Hypostasis nannten. Man lernte, das Bekenntnis von Nicäa als Bekenntnis zu der einen Usia und den drei Hypostasen der Gottheit zu verstehen, und in dem umstrittenen Homousios, das sich als wesenseins oder wesensgleich verstehen ließ, rückte der Akzent von der Einheit auf die Gleichheit.

Die theologische Neuorientierung ist nicht das Werk des Athanasios, aber an der Einigung der Kirche hat er erheblichen Anteil. Ihm war klar geworden, daß sich auf dem Boden des neuen Verständnisses die Kirchen gegen einerseits die Arianer und andererseits gegen die heidnische Restauration Iulians zusammenschließen konnte. Kaiser Iulian sah rasch ein, daß Athanasios mit seinem Eintreten für den Kirchenfrieden nicht die Erwartungen erfüllte, die er in seine Rückberufung gesetzt hatte, und sandte ihn von neuem in Verbannung. Athanasios soll bei dieser Gelegenheit von einem rasch vorbeiziehenden Wölkchen gesprochen haben. Knapp ein Jahr danach war Iulian gegen die Perser gefallen, und Athanasios konnte zurückkehren (363). Noch ein fünftes Mal, im Winter 365/6, mußte er unter Kaiser Valens für ein Vierteljahr in die Verbannung; doch das Volk erzwang seine Rückberufung, und danach konnte er bis zu seinem Tode 373 unangefochten auf seinem Platz in Alexandrien bleiben.

Für die Kirchengeschichte wurde Athanasios zum unbeugsamen Verteidiger des rechten Glaubens. Es gibt darum kaum einen Autor, dem so viel fremde Schriften unterschoben wurden. Andererseits hat die hohe Achtung, die ihm dargebracht wurde, nicht verhindert, daß manche seiner Schriften verlorengingen. Wir wissen nicht, wann der arianische Streit ausbrach; ob 318 oder 323 ist nicht zu entscheiden. Athanasios müßte die unter seinem Namen überlieferte zweiteilige Apologie ›Oratio contra gentes‹ und ›Oratio de incarnatione verbi‹ vorher verfaßt haben, denn sie enthält keinen Hinweis auf den Streit. Die Gedankengänge und Argumente gehen über die der Apologeten nicht hinaus; bemerkenswert ist, daß in dem zweiten Buch die Angleichung des Erlösers an die leibhaften Menschen zur Ermöglichung der Offenbarung stark betont ist. Diese Angleichung dient nicht, wie bei Irenaeus, der Heiligung der Menschen, sondern der Anpassung an ihre sinnliche Wahrnehmung. Die übrigen für echt geltenden Schriften des Athanasios stehen durch ihr Thema oder die Umstände ihrer Entstehung mit dem arianischen Streit in Beziehung. Das Hauptwerk sind die ›Drei Reden gegen die Arianer‹. Athanasios skizziert, auf die Thaleia gestützt, die arianischen Anschauungen; danach erklärt er die Bibelstellen, auf die sich die Arianer berufen. Die Vermutungen über die Abfassungszeit fallen in den Zeitraum zwischen 335 und 360; die frühere Zeit läßt sich besser begründen. Nachträglich ist eine vierte antimonarchianische Rede angehängt worden, die Markell von Ankyra zwischen Paulus von Samosata und Sabellios einordnet und allen dreien arianisierende Tendenzen nachweisen will. Markell war 335 und 338/9 durch Synoden in Konstantinopel verurteilt und durch eine römische Synode 341 und die Synode von Serdica 343 rehabilitiert worden. Die Rede dürfte zu dieser Zeit entstanden sein in der Absicht, auf die Verwandtschaft zwischen der abendländischen Trinitätslehre und dem Arianismus hinzuweisen. Beide widersprechen der Lehre von der ewigen Geburt und kommen darin überein, daß sie die Existenz einer Zeit behaupten, in der der Vater noch keinen Sohn hatte und der Logos noch nicht aus Gott hervorgegangen war.

Die bisher genannten Arbeiten sind nicht so charakteristisch für Athanasios als Schriftsteller wie seine zahlreichen mit Quellenbelegen versehenen Veröffentlichungen zur Geschichte des arianischen Streits. Euseb hatte in der Kirchengeschichte damit begonnen, durch Textbeispiele seine Ausführungen zu belegen und zu illustrieren. Athanasios übernahm das Verfahren, freilich nicht mit der Redlichkeit des Historikers. Vielmehr sind die von ihm produzierten Urkunden zum Teil verfälscht. Dem heutigen Leser kirchengeschichtlicher Quellen geht die Erkenntnis schwer ein, daß die großen Persönlichkeiten der Geschichte gegenüber der faktischen Wahrheit häufig ein anderes moralisches Empfinden hatten als wir. Man muß sich aber klar darüber sein, daß diese großen Persönlichkeiten zu ihrer Zeit Politiker und Journalisten waren und mehr daran interessiert, die Meinung ihrer Zeitgenossen zu beeinflussen, als ihren Nachfahren zutreffende historische Kenntnisse zu überliefern. Dazu kommt besonders bei Athanasios, daß auch er sich gegen Vorwürfe zu wehren hatte, die völlig frei erfunden waren. Einmal war er genötigt, sich gegen eine bei dem Kaiser erhobene Anklage wegen Mordes dadurch zu verteidigen, daß er den angeblich Ermordeten in seinem Versteck aufspürte.

Die wichtigste unter diesen durch Urkunden illustrierten Schriften ist seine ›Apologia contra Arianos‹, wohl in den späten vierziger Jahren geschrieben und ein Jahrzehnt danach durch ein Schlußkapitel ergänzt. Wichtig ist ferner seine an den Kaiser Constantius gerichtete Verteidigungsschrift (357); die Verteidigung war nötig, weil man ihm Hochverrat, nämlich Conspiration mit dem Gegenkaiser Magnentius, vorgeworfen hatte. Derartige Anschuldigungen waren kennzeichnend für das politische Klima dieser Auseinandersetzungen um theologische Fragen. Athanasios hatte triftige Gründe, als er sich dem Zugriff des Kaisers Constantius durch die Flucht zu den Mönchen in der Wüste entzog. Er begründete seinen Entschluß in einer eigenen Schrift. Bei dieser Apologie ›De fuga‹ wandelte er eine alte Gattung ab. Die ›Flucht vor dem Amt‹ war ein Topos, der in der alttestamentlichen Prophetie entstanden war und den die Bischöfe übernahmen, nachdem sich gegen Ende des 2. Jh. die Deutung des Bischofsamtes als geistliches Amt durchgesetzt hatte. Bei den Bischöfen des vierten Jahrhunderts ist die

Flucht vor dem Amt ein nostalgisches Element beim Amtsantritt, und die Verteidigung wegen dieser Flucht eine dementsprechend häufig vorkommende Stilübung.

Zuflucht und verläßliche Bundesgenossen hatte er bei den Mönchen in der Wüste gefunden. Auch an sie wandte er sich mit einer eigenen Darstellung des arianischen Streites, der ›Historia Arianorum ad monachos‹ (nach 357). Vorher hatte er bereits als Werbeschrift – für das Mönchtum, aber auch für sich selber bei den Mönchen – das Leben des Wüstenheiligen Antonius beschrieben, der gerade (356) im Alter von 105 Jahren gestorben war. Das Buch traf den Stil der Mönchsliteratur; es ermöglichte, Verhaltensregeln aus dem Beispiel der Alten abzuleiten. So fand es rasch Verbreitung; früh wurde es ins Syrische übersetzt, noch wichtiger waren zwei Übersetzungen ins Lateinische, die jüngere durch den Presbyter Euagrios aus Antiochien. Sie erweckten im Westen eine gewaltige Begeisterung für das Mönchtum. In den Confessiones Augustins lesen wir, daß zwei junge Offiziere in Trier, Angehörige des kaiserlichen Feldjägercorps, durch die Antoniusvita veranlaßt wurden, auf der Stelle aus dem Dienst auszuscheiden, und der Bericht von diesem aufsehenden Ereignis leitete seinerseits Augustins Bekehrung ein (Conf. 8,6,11f.).

Die Schriften des Athanasios sind Propagandaschriften in seinem Kampf gegen die Arianer. Daher gibt es keine Grenze zwischen historischen Berichten, Rundschreiben und Briefen. Nach seiner zweiten und dritten Vertreibung aus Alexandrien (340 und 356) wandte sich Athanasios in enzyklischen Briefen an die Bischöfe, um gegen seine Verbannung zu protestieren und vor den Arianern zu warnen. Noch weniger Brief ist seine ›Epistola de decretis Nicaenae synodi‹, eine umfänglich eingeleitete Urkundensammlung zur Geschichte des arianischen Streits, etwa 351 verfaßt. Die Bedeutung dieser Schrift liegt darin, daß Athanasios hier zum ersten Mal das im Nicänum beschlossene „Homousios“ aufnimmt. Damit zeichnet sich die Wende in seinem kirchenpolitischen Verhalten ab; von nun an sind Friede und Einigung als sein Ziel zu erkennen. Im Jahre 350 hatte der mit den Arianern sympathisierende Constantius die Alleinherrschaft erlangt. Die Vereinheitlichung der Religion in der Form des Arianismus war sichtlich das Ziel der kaiserlichen Kirchenpolitik. Athanasios begann, einen Weg zu suchen, der den Antiarianern im Osten und Westen den Zusammenschluß ermöglichte. Die Bischöfe des Ostens konnten die Dreihypostasenlehre nicht aufgeben, und der lateinische Westen hielt am Homousios fest. Athanasios erkannte die Möglichkeit, zugleich das in Nicäa kanonisierte Homousios zusammen mit den in Nicäa anathematisierten drei Hypostasen zu lehren, und trat nun zum ersten Mal für das Homousios ein. Ausschlaggebend war für ihn, wie er ausführte, daß der Ausdruck den Arianismus ausschloß, während die Vertreter der Dreihypostasentheologie ihn in ihrem Sinne interpretieren konnten. Die Religionspolitik des Constantius hatte dem Arianismus ein derartiges Übergewicht verschafft, daß er die Sammlung aller Antiarianer als das Gebot der Stunde erkannte.

Dieses Einlenken des Athanasios kommt in seiner ›Epistola de decretis Nicaenae synodi‹ zum Ausdruck. Bald darauf sah er sich gezwungen, in einer zweiten Veröffentlichung ›Epistola de sententia Dionysii‹ die Entscheidung seines großen Vorgängers gegen das Homousios zu erklären. Bald danach schrieb er noch eine dritte als Brief bezeichnete Abhandlung über die Verhandlungen auf der noch nicht abgeschlossenen Doppelsynode von Rimini in Italien und Seleukia in Isaurien (359). Die Einigung zwischen der östlichen Dreihypostasenlehre und der abendländischen Theologie scheint darin schon in greifbare Nähe gerückt; daß der Streit noch über zwei Jahrzehnte dauern werde, war nicht vorherzusehen.

Athanasios hat danach noch viele Briefe geschrieben, um die Arianer zu bekämpfen und ihre Gegner zu einigen. Dabei tauchen neue theologische Probleme auf. Es gibt eine Gruppe von sechs Briefen an Serapion, einen Mönch, der 339 Bischof von Thmuis in Unterägypten geworden war. Vier davon behandeln die Gottheit des Heiligen Geistes gegen die Pneumatomachen; sie mußte erörtert werden, sobald man sich über die volle Gottheit des Sohnes geeinigt hatte. Der zweite Brief enthält die unerträglich geschmacklose Erzählung vom Tode des Arius.

Das Auftreten der Pneumatomachen zeigt an, daß die neue Trinitätslehre, die die Entfaltung Gottes zur Dreiheit als eine Bewegung des transzendenten Geistes verstand, nicht mehr geeignet war, das Erlösungswerk zu beschreiben. Die Verlagerung des Problems in die Christologie zeigt ein Brief des Athanasios an den Bischof Epiktetos von Korinth. Dort hatte eine Synode gegen christologische Irrtümer stattgefunden, die man zu Unrecht dem Apollinaris von Laodikeia angelastet hatte. Apollinaris hat die Antwort des Athanasios ausdrücklich gebilligt. Athanasios hat in dieser Angelegenheit ferner Briefe an einen Bischof Adelphios und an einen Philosophen Maximos geschrieben. Der Brief an Epiktetos hat durch eine Würdigung der Väter von Chalkedon hernach nahezu kanonisches Ansehen erlangt. Neben den dogmatischen Briefen hat Athanasios eine ganze Reihe von Schriften und Briefen zu Fragen der Askese und Seelsorge verfaßt; die wichtigste darunter war die bereits genannte Lebensbeschreibung des Einsiedlers Antonius.

Briefe besonderer Art sind die Festbriefe. Das Urchristentum hatte Ostern nach dem Mondkalender am jüdischen Passa gefeiert. Wann und wo man begonnen hat, den Ostertermin nach dem Sonnenjahr zu bestimmen, ist unbekannt. Seit der Entstehung der altkatholischen Kirche, seit den sechziger Jahren des zweiten Jahrhunderts, suchte man nach Lösungen des Problems, das durch unterschiedliche Osterfeiern aufgrund unterschiedlicher apostolischer Traditionen in den verschiedenen Teilen der Kirche gegeben war. Doch selbst dort, wo man Ostern an dem ersten Sonntag nach dem Frühlingsäquinoktium feierte, gab es keine eindeutige Berechnung des Datums. In dieser Situation gingen einige Oberbischöfe dazu über, den Gemeinden, über die sie Autorität beanspruchten, das Osterdatum mitzuteilen. Eine solche Unternehmung des Bischofs Victor von Rom hatte gegen Ende des zweiten Jahrhunderts zum Osterstreit zwischen Rom und Kleinasien geführt.

Wann die Bischöfe von Alexandrien mit diesem Brauch begonnen haben, ist nicht überliefert; der erste, von dem wir wissen, daß er die Mitteilung des Osterdatums mit einem erbaulichen Hirtenbrief verbunden hat, war der oben genannte „große“ Dionysios von Alexandrien (247/8–265). Die Festbriefe des Athanasios wurden gesammelt, sind aber bis auf geringe Fragmente und orientalische Übersetzungen verloren gegangen. Besonders wichtig ist der 39. Brief für Ostern 367, weil er den Kanon der biblischen Bücher auf den uns geläufigen Umfang beschränkt. Die alttestamentlichen Apokryphen, dazu die Didache und der Hirt seien von den Vätern als außerkanonisch, doch lesenswert bezeichnet worden. Von den exegetischen Werken haben sich nur geringe Reste, meist in Catenen, erhalten.

X. DIE GRIECHEN ZWISCHEN KONSTANTINOPEL UND CHALKEDON

1. Kappadokier

Niemand unterrichtet uns so ausführlich über die Geschichte des trinitarischen Streits wie Athanasios, aber Athanasios macht all seine Gegner zu Arianern. Das verwirrende Bild, das die Kirchengeschichte des 4. Jahrhunderts abgibt, ist zum großen Teil durch das blinde Vertrauen verursacht, mit dem seine Behauptungen gelesen wurden. Im Jahre 1908 schrieb Eduard Schwartz von der „modernen Nachlässigkeit und Indolenz, die Athanasius Pamphlete für lautere Wahrheit nimmt". Gemeint waren die Kirchenhistoriker, die in Fragen der Rechtgläubigkeit dogmatisch statt historisch urteilten.

Einer, den Athanasios zum Arianer gemacht hat, war Georg von Laodikeia in Syrien. Dieser Georg war ursprünglich alexandrinischer Presbyter gewesen, das heißt einer jener städtischen Kleriker, deren Unbotmäßigkeit den äußeren Anlaß zum Ausbruch des arianischen Streites gegeben hatte. Dem Bischof Alexander war es gelungen, ihn zusammen mit Arius aus Alexandrien zu vertreiben. Georg war keineswegs Arianer. Sofort nach seiner Vertreibung hatte er zwar versucht, zwischen Alexander und Arius zu vermitteln. Dabei vertrat er eine rechtgläubige Theologie, d.h. die Lehre von der Einheit des göttlichen Wesens und der Dreiheit der Hypostasen. Damit wurde er seit dem Ende der fünfziger Jahre zum Gegner der Neuarianer und Wegbereiter der späteren Rechtgläubigkeit und kirchlichen Einheit. Seit Anfang der sechziger Jahre, seit dem Regierungsantritt Kaiser Julians, gibt es keine Nachrichten mehr über ihn in den Quellen. Die Anschauungen Georgs wurden von der Mehrzahl der orientalischen Bischöfe geteilt. Sie konnten das Homousios nur sabellianisch verstehen, und der Sabellianismus war für sie ebenso unannehmbar wie der Arianismus. Den Fortschritt in der theologischen Entwicklung hat nicht ihr politisches Einlenken gebracht, ihre Verständigung mit den auf dem Homousios bestehenden Abendländern. Dieser Fortschritt ist vielmehr das Werk einer neuen Theologengeneration, die von den Denkmöglichkeiten des Neuplatonismus Gebrauch machte und sich guten Gewissens zum Homousios bekennen konnte. Wenn die Dogmengeschichte von „Jungnizänern" spricht, verleiht sie dem Generationswechsel zutreffend Ausdruck.

Die wichtigsten Vertreter dieser neuen Richtung sind die drei großen Kappadokier, Basilius von Ankyra, Gregor von Nazianz und Gregor von Nyssa. Daß gerade drei gezählt werden, ist Willkür. Die drei waren Glieder einer reichen und angesehenen Sippschaft: Gregor von Nyssa war ein Bruder, Gregor von Nazianz ein Freund des Basilius. Ein vierter gehörte ebenfalls dazu, Amphilochius von Ikonium, Vetter des Gregor von Nazianz. Von einem weiteren Bruder des Basilius, Petrus von Sebaste, gibt es keine literarische Hinterlassenschaft, aber auch er war ein großer Mann im östlichen Kleinasien. Es geschieht zum ersten Mal in der Kirchengeschichte, daß die führende Schicht einer Provinz die kirchlichen Angelegenheiten in die Hand nimmt. Basilius hat mindestens vier seiner Verwandten zu Bischöfen und Metropoliten in Kleinasien gemacht.

a) Basilius

Basilius ist um 330 im kappadokischen Cäsarea als Sohn eines Großgrundbesitzers geboren; er studierte in Konstantinopel und seit 351 in Athen. Das Studium der Rhetorik verhalf ihm zu einer umfassenden klassischen Bildung und machte ihn mit den philosophischen Strömungen der Zeit vertraut. Doch sein Streben richtete sich nicht auf einen Platz im öffentlichen Leben. Er kehrte 356, zur Vita contemplativa entschlossen, in seine Heimat zurück. Das Mönchtum kam zu dieser Zeit allenthalben in Mode. Athanasios hatte gerade sein Antoniusleben geschrieben, und in der weiteren Heimat des Basilius warb Eustathios von Sebaste in Kleinarmenien für die mönchischen Ideale. Basilius ließ sich taufen, trat eine Bildungsreise zu den klassischen Stätten des Mönchtums an und suchte sich dann einen Platz in der Einsamkeit, auf eigenem Grund und Boden. Davon hatte er reichlich. Lange dauerte die Einsamkeit nicht. Genossen schlossen sich an, unterwarfen sich seiner Leitung, und Basilius hatte zu ordnen und zu verwalten. Neu an der Form des Mönchtums, das hier entsteht, ist der starke Akzent, der auf geistliche Bildung und Seelsorge fällt. Im Jahre 358 gelingt es Basilius, seinen Studienfreund Gregor von Nazianz zur Beteiligung zu gewinnen. Gregor unterstützte ihn beim Entwurf seiner Mönchsregeln, und beide verfaßten gemeinsam eine Blütenlese aus den Schriften des Origenes, die Philokalie.

Die dogmatischen Auseinandersetzungen der Zeit, der Streit zwischen den Vertretern der Dreihypostasenlehre und den Arianern, erlauben Basilius auf die Dauer nicht, beim beschaulichen Leben zu bleiben. 360 schon muß er Eustathios von Sebaste zu einer Disputation nach Konstantinopel begleiten. Im Jahre 362 erhält Cäsarea in Kappadokien einen neuen Bischof, Eusebios. Der fürchtet, mit seiner unzureichenden theologischen Bildung den Ansprüchen der Zeit nicht zu genügen. Er veranlaßt Basilius, in den Klerus einzutreten; 364 empfängt Basilius die Presbyterweihe, und als Bischof Eusebios 370 stirbt, wird er dessen Nachfolger im Amt des Bischofs und Metropoliten.

Drei Gegenstände sind für sein Wirken als Bischof kennzeichnend. Er war der erste, der das Kloster als Basis fur karitative Anstalten benutzte. Pilgerherberge, Krankenhaus und Armenhaus wurden dem Kloster zugefügt und von ihm aus betrieben. Pest und Hungersnot veranlaßten ihn, den Weg zu suchen, auf dem man die Not bekämpfen und den Kranken und Flüchtlingen helfen konnte. Hervorragend war Basilius weiterhin als Prediger. Er hat die Redekunst, die in seiner Zeit eine Blüte erlebte, auf die Kanzelrede angewandt und so der Kunstpredigt als Gattung zum Leben verholfen. Kirchengeschichtliche Bedeutung hat er drittens durch sein Bemühen um die Einigung der Antiarianer. Zwar zeichnete sich die Form, in der die Einigung allein möglich war, Beibehaltung des Homousios und der Dreihypostasenlehre, immer deutlicher ab, aber der Streitgegenstand hatte sich mit den kirchenpolitischen Interessen der großen Bischofssitze verquickt, und seine Überwindung forderte die Zeit und Kraft seines Bischofsamtes. Als Basilius im Jahre 379 starb, ließ sich noch nicht voraussehen, daß das Ziel des dornenvollen Weges bereits im übernächsten Jahr erreicht sein werde.

Nicht nur in kirchenpolitischer, sondern auch in dogmatischer Hinsicht kommt ihm das Hauptverdienst um die Überwindung des trinitarischen Streites zu. Seine wichtigste dogmatische Arbeit ist das Werk gegen Eunomius. Es handelt sich um insgesamt fünf Bücher; davon werden die letzten beiden Didymus dem Blinden zugeschrieben. Eunomios war zu dieser Zeit der geistige Führer der Arianer. Er hatte, vielleicht zu Beginn der sechziger Jahre, eine ›Apologie‹ veröffentlicht, in der er den erneuerten Arianismus klar dargestellt hatte. Darin versuchte er, die biblische Unterscheidung des Schöpfers von der Schöpfung mit dem Begriff der Agennesie zu erfassen; die Agennesie bedeutet beides, das Nichtgewordensein und das Nichtgeborensein Gottes. Basilius verfaßte seine Widerlegungsschrift um 364. Er arbeitet den Unterschied zwischen den beiden Bedeutungen der Agennesie heraus, die als Ungezeugtsein das Wesen des Vaters, als Ungewordensein das Wesen der Gottheit beschreibt. Die Homousie und hypostatische Selbständigkeit der drei göttlichen Personen ist hier zum ersten Mal in voller Klarheit gelehrt. Das Verhältnis der göttlichen Personen zu einander wird ferner in einer Schrift ›De spiritu sancto‹ aus dem Jahre 375 behandelt. – Seine große Bedeutung für die Gründung und Ausbreitung des Mönchtums im östlichen Kleinasien zeigt sich in einer Reihe von asketischen Schriften, die schon früh zu einer Sammlung vereinigt wurden und unter die viel Unechtes geraten ist. Die wichtigsten sind die ›Regulae morales‹, die Auslegung von achtzig dem Neuen Testament entnommenen sittlichen Vorschriften, und zwei in Katechismusform gehaltene Sittenregeln für Mönche (Regulae fusius, bzw. brevius tractatae).

An Predigten über biblische Stoffe sind zunächst die neun Homilien über das Sechstagewerk zu nennen. Basilios meidet darin die allegorische Auslegung und läßt in gewissem Maße sogar den moralischen Sinn zurücktreten, soweit das dem Prediger überhaupt möglich ist. Die Auslegung ist bestrebt, die Schönheit der Schöpfung und die Fürsorge des Schöpfers herauszuarbeiten. Stärker tritt die moralische Auslegung in den Psalmhomilien hervor, von denen 13 für echt gelten. Basilius hat bei ihrer Ausarbeitung den Psalmenkommentar des Euseb von Cäsarea benutzt. – Großen Einfluß auf den Umgang der Kirche mit der heidnischen Literatur hatte seine Abhandlung ›An die Jugend über die fruchtbare Benutzung der heidnischen Schriften‹. Sie setzt den Wert der klassischen Bildung voraus und lehrt, wie aus den heidnischen Tugendlehren moralischer Nutzen zu ziehen sei. – Eine besonders wichtige Quelle stellen die 365 Briefe dar, die von den Maurinern gesammelt wurden. – Schließlich geht unter seinem Namen die in der Ostkirche heute neben der Chyrysostomusliturgie gebrauchte Basiliusliturgie; sie dürfte in ihrem Kern auf eine von ihm unternommene Reform des Gottesdienstes zurückgehen.

b) Gregor von Nazianz

Anders als Basilius hat sein Freund Gregor von Nazianz einen großen Teil seiner Aufmerksamkeit auf sich selbst gerichtet. Er ist der erste Kirchenvater, der eine Autobiographie verfaßt hat. Die reichlichen Nachrichten über sein Ergehen und seine Empfindungen erwecken das Bild eines unentschlossenen, leicht gekränkten Menschen, ein Bild, das sich leicht ergibt, wenn ein begabter Mensch ein Leben lang durch seinen Platz neben einem begabteren und größeren Mühe hat, sich selbst darzustellen. Auch heute noch läßt sich seine Geschichte nur als Seitenstrang neben der Geschichte des Basilius schreiben. Gregor war ein wenig älter als Basilius. Er ist etwa 329 als Sohn des gleichnamigen

Bischofs in Nazianz im östlichen Kappadokien geboren. Sein Bildungsgang verlief ähnlich wie bei Basilius. Schließlich fanden sich beide auf der Hochschule in Athen und vertieften ihre Jugendfreundschaft. Basilius brach die Studien als erster ab und begab sich nach Pontus, wo er die Einsiedelei gründete, die sich bald zu einem Kloster auswuchs. Ein oder zwei Jahre danach traf auch Gregor dort ein und nahm an dem Vorhaben seines Freundes regen Anteil. In der gemeinsamen Zeit ist die Philokalie entstanden, eine Blütenlese aus Origenes, die wichtigste Origenesquelle in griechischer Sprache. Das Ansehen der Exzerptoren hat sie vor dem Untergang bewahrt.

Gregor kehrte nach Nazianz zurück und empfing Taufe und Presbyterweihe. Danach übte er die „Flucht vor dem Amt“ aus, mit der der Neugewählte demonstrieren konnte, daß er die Ehre nicht gesucht habe. Anschließend rechtfertigte er sein Verhalten in zwei Reden, in denen er die Zeit der Flucht sachgemäß als Zeit der Selbstprüfung und Vorbereitung auf das Amt deutete. Die erste Rede ist Ostern 362 oder 363 gehalten. In den folgenden Jahren unterstützte er seinen Vater in der Verwaltung der Diözese; in einer Reihe von Reden nimmt er zu den Ereignissen Stellung, mit denen er sich in dieser Zeit auseinanderzusetzen hatte.

Auch für den Fortgang seiner Geschichte sind seine Reden die wichtigste Quelle. Basilius war Metropolit von Cäsarea. Als die Regierung die Provinz teilte und damit den Metropolitansprengel der ursprünglich weit ausgedehnten Provinz Kappadokien erheblich einschränkte, versuchte Basilius, ein größeres Stück dadurch für sich zu retten, daß er in der nah der Grenze gelegenen Stadt Sasima ein Bistum einrichtete. Als Bischof weihte er seinen Freund Gregor. Der aber versagte. Zwar ließ er sich zum Bischof weihen, nahm auch anschließend wieder eine Flucht vor dem Amt vor, über die er sich diesmal in drei Reden aussprach, aber er trat das wenig glanzvolle Amt nicht an, sondern begab sich wieder nach Nazianz, wo er seinem bald hundert Jahre alten Vater bei dessen Amtspflichten beistand. Das war etwa Ende 372. Im Frühjahr 374 starb der Vater, bald darauf auch die Mutter, und danach verließ Gregor die Stadt, um sich in Seleukia in Isaurien (im südöstlichen Kleinasien am Meer) der Vita contemplativa zu widmen.

Unentschlossenheit und mangelnde Kampfbereitschaft charakterisiert auch seinen letzten und glanzvollsten Versuch, sich dem öffentlichen Leben zuzuwenden. Am 1. Januar 379 war Basilius gestorben. Zu Anfang dieses Jahres nahm die Kirchengeschichte eine unerwartete Wendung. Am 19. Januar erhob Kaiser Gratian den in Spanien beheimateten Magister militum Theodosius zum Augustus und übergab ihm die

Praefectura Oriens samt der östlichen Hälfte des Balkans. Damit fand die bisherige Arianerfreundschaft der Regierung ein Ende. Theodosius begann sofort damit, die Glaubenseinheit herzustellen. Dafür kam nur der katholische Glaube in Frage. Das war für Theodosius als Abendländer zunächst der römische Glaube. Doch war die Einigung zwischen der römischen Auffassung und dem orthodoxen Glauben, wie ihn die Kappadokier gelehrt hatten, soweit gediehen, daß die Kirchenlehre keine Schwierigkeiten mehr machte. Nur kirchenpolitische Streitigkeiten waren noch zu überwinden.

Die kleine orthodoxe Gemeinde in Konstantinopel berief den durch Orthodoxie und Rednergabe ausgezeichneten Gregor als künftigen Bischof. Gregor griff die aussichtsreiche Aufgabe zunächst tapfer an. Er mußte als Zugereister einige Mißhelligkeiten durch den christlichen und unchristlichen Pöbel erdulden, und Mönche, Bettler und Huren machten ihm zu schaffen. Seine orthodoxe Gemeinde blieb nicht klein, sondern nahm als Partei der Sieger, wie das nach politischen Wenden zu geschehen pflegt, ständig zu. Unter den Neueintretenden war auch ein aus Alexandrien stammender kynischer Philosoph Maximus, für den Gregor sich derart begeisterte, daß er sogar eine Lobrede auf ihn hielt. Maximus war jedoch als Agent des alexandrinischen Patriarchen Petrus nach Konstantinopel geschickt worden. Überraschend kam eine Anzahl Bischöfe aus Ägypten an und weihte den Maximus zum hauptstädtischen Bischof, und der war sogar frech genug, nach Thessaloniki zum Kaiser zu reisen, wo er vergeblich um eine Bestätigung seiner Wahl nachsuchte. Gregor litt unter der heimtückischen Intrige des alexandrinischen Amtsbruders und ließ sich nur schwer durch die Bitten seiner Gemeinde zum Ausharren bewegen. Im November dieses Jahres 380 kam der Kaiser selber nach Konstantinopel und machte sich daran, den orthodoxen Glauben zunächst in der Hauptstadt, sodann im Reichsgebiet als alleinberechtigte Form des Christentums zu installieren. Der arianische Bischof Demophilos zog es vor, die Stadt zu verlassen, und Theodosius übergab selber dem Gregor die Apostelkirche, die hauptstädtische Bischofskirche. Im Januar erging ein Reichsgesetz, das allen Bischöfen den orthodoxen Glauben vorschrieb. Zum Abschluß lud Theodosius nach dem Vorbild Konstantins die Bischöfe zu einem Reichskonzil nach Konstantinopel ein, auf dem die Kirche die Glaubensfrage endgültig entscheiden sollte.

Das Konzil setzte zunächst Gregor als Bischof ein. Als solcher mußte er die Leitung der Synode übernehmen. Eine der wichtigsten Aufgaben war die Beseitigung eines Schismas in Antiochien. Gregor machte dafür einen nahliegenden, der Situation am besten entsprechenden Vorschlag, konnte sich aber bei den schwer verfeindeten Parteien nicht durchsetzen. Dazu kamen heftige Angriffe der ägyptischen Bischöfe, die seine Wahl für unkanonisch erklärten, weil er doch bereits Bischof jener kleinen Gemeinde Sasima in Kappadokien war. So kapitulierte Gregor, legte das Amt nieder, hielt eine Abschiedsrede und zog sich zunächst nach Nazianz zurück, um dort für ein bis zwei Jahre die Gemeinde zu leiten, bis sich ein Nachfolger gefunden hatte. Danach begab er sich auf sein Landgut Arianz, den Ort, an dem er geboren war, und nahm das beschauliche Leben wieder auf, das er ungern unterbrochen hatte. 389 oder 390 ist er dort gestorben.

Gregors literarische Hinterlassenschaft ergibt ein ganz anderes Bild als bei den bisher besprochenen Kirchenvätern. Das Hauptwerk sind seine 45 Reden, die den hohen Ansprüchen der Zeit an Kunst und Technik der Rhetorik genügten, aber durch ihre klare Gedankenführung und den Verzicht auf Schwulst auch uns Eindruck machen können. Das ist um so erstaunlicher, als es sich in erster Linie um die Darstellung der Glaubenslehren handelt. Besonders große Bedeutung haben die fünf theologischen Reden, die er 380 in Konstantinopel gehalten hat. – Daß Gregor nicht nur seinen Redestil, sondern auch seinen Briefstil gepflegt hat, zeigt die von ihm selbst begonnene Sammlung von 245 Briefen, bei denen in der Regel die sorgfältig ausgearbeitete Form den Inhalt an Bedeutung übersteigt. Die Briefe entstammen überwiegend der letzten Zeit, als er sich gänzlich vom öffentlichen Leben zurückgezogen hatte. – In diesem letzten Abschnitt sind auch seine Gedichte entstanden, gleich den Reden Ausdruck meisterhafter Beherrschung der Sprache. Man hat sie später in zwei Gruppen eingeteilt. Die eine besteht aus den lehrhaften Gedichten dogmatischer und moralischer Art, die andere aus den „historischen“ Gedichten, die sich teils unmittelbar mit ihm, teils mit seinen Beziehungen zu andern Menschen beschäftigen. Das längste unter diesen Gedichten ist eine Lebensbeschreibung in 1949 Versen.

c) Gregor von Nyssa

Dieser Gregor war ein jüngerer Bruder des Basilius; er ist etwa 335 geboren. Unter den kappadokischen Vätern besitzt er die stärkste spekulative Begabung. Über seinen Bildungsgang wissen wir nichts; das Ergebnis war eine überreiche und umfassende philosophische Bildung. Gregor hat sich erst nachträglich, dem Beispiel und der Ermahnung der älteren Freunde folgend, für die Askese entschlossen. Auch er mußte das beschauliche Leben in der Mönchskolonie seines Bruders Basilius wieder aufgeben, als dieser versuchte, in seinen Angehörigen zuverlässige Bischöfe für seinen Metropolitansprengel zu finden. Er wurde zum Bischof des kleinen Städtchens Nyssa in Kappadokien geweiht (371). Während er Mühe hatte, sich in den Verwaltungsaufgaben zurechtzufinden, die den Alltag des Bischofsamtes ausmachten, war er zugleich den Mißhelligkeiten und Intrigen des Kirchenkampfes ausgesetzt. Der Vicar der politischen Diözese, das ist die den Provinzen übergeordnete Verwaltungseinheit, fand einen Vorwand, ihn in Anklage zu setzen und verhaften zu lassen, und weil Gregor floh, ließ er ihn 376 durch eine Synode absetzen. Erst nach der mit dem Tode des Kaisers Valens sich vollziehenden Wende konnte er zurückkehren. Etwa 380 wurde er zum Metropoliten von Sebaste in Kleinarmenien gewählt. Auf dem Konzil von 381 erscheint er als einer der führenden Theologen der Orthodoxie, und das Gesetz des Kaisers Theodosius, das die Kirche endgültig vom Arianismus befreien sollte, nannte ihn als Normalbischof für die politische Diözese Pontus. Von seinem Ansehen sprechen Trauerreden, die er für Mitglieder des Kaiserhauses zu halten hatte. Seine Anwesenheit auf einer Synode des Jahres 394 in Konstantinopel ist bezeugt; bald danach muß er gestorben sein.

In der zweiten Hälfte des 4. Jahrhunderts steht die Theologie der griechischen Väter durchweg unter neuplatonischem Einfluß. Bei Gregor von Nyssa ist die platonische Formung der Gedanken besonders deutliche ausgeprägt. Nach Platon haben ihn Philon, Origenes und Plotin beeinflußt. Mit allen Neuplatonikern gibt Gregor die ekstatische Gottesschau als Ziel der theologischen Bemühung an; neuplatonisch ist ebenfalls der breite Raum, den die negative Theologie in seinem Denken beansprucht. Die orthodoxe Trinitätslehre mit ihrer Gleichrangigkeit der göttlichen Hypostasen und ihrer Unterscheidung der Opera ad extra und ad intra hat bei ihm die endgültige Gestalt erlangt. Nur in ihrem Verhältnis zueinander unterscheiden sich die göttlichen Personen; der Heilige Geist geht vom Vater durch den Sohn aus. Nach außen offenbart sich allein der eine, dreieinige Gott.

Das Hervorgehn des christologischen Problems aus der Lösung des trinitarischen Problems wird bei Gregors neuem christologischem Interesse sichtbar. Die eigentliche Aufgabe der Theologie, die Beschreibung der Zuwendung Gottes zum Menschen, war von der Trinitätslehre auf die Christologie übergegangen. In dogmengeschichtlicher Hinsicht war das Problem durch Apollinaris von Laodicea gestellt, der eine Lösung durch Verkürzung der menschlichen Natur des Erlösers versucht hatte: der göttliche Logos tritt in der menschlichen Person als Hegemonikon an die Stelle des Nous. Die Situation Gregors zwischen trinitarischem und christologischem Streit ist dadurch gekennzeichnet, daß er einerseits noch gegen Makedonianer und Pneumatomachen für die Gottheit des Heiligen Geistes, andererseits bereits gegen Apollinaris für die Vollständigkeit der menschlichen Natur Christi eintritt.

Der Hauptgegner, mit dem sich Gregor auseinanderzusetzen hat, ist wie bei allen Kappadokiern der erneuerte Arianismus in der Form, die ihm Eunomius gegeben hatte. Gegen diesen schrieb er vier Schriften, die in der Form von zwölf Büchern überliefert wurden. Neben den eben erwähnten antihäretischen Abhandlungen gibt es eine Reihe von positiven Darlegungen der Trinitätslehre. Besonders interessant ist darunter die ›Große Katechese‹, eine Darstellung der Glaubenslehren für die Bekehrung von Heiden, Juden und Häretikern. Man kann sie nach Inhalt und Zielsetzung mit den Werken der Apologeten vergleichen. Als Unterschied gegenüber diesen oder den Apologien des Klemens oder Laktanz springt zunächst ins Auge, daß die Darlegungen nicht mit der Unfähigkeit des Menschen zur Gotteserkenntnis einsetzen, sondern mit der Gotteslehre, und in recht enger Beziehung zum Bekenntnis stehen. Neu ist auch das Selbstbewußtsein, in der die Unterweisung gehalten ist. Es wird nicht nur vom Wahrheitsanspruch des Christentums gespeist, sondern man merkt auch, daß das katholische Christentum inzwischen Staatsreligion und verbindliche Weltanschauung geworden ist. Die Grenze zwischen dogmatischen und asketischen Schriften ist bei einem Neuplatoniker nicht sehr scharf gezogen, weil die Askese den Weg zur Erkenntnis Gottes darstellt. Dahin gehört ein bald nach dem Tode des Basilius (379) geführter Dialog mit der Schwester Makrina, die selber schon dem Ende ihres Lebens nahgekommen war. Er lehnt sich an Platons Phaidon an und beschäftigt sich mit der Seele, dem Tod, der Auferstehung und verwandten Gegenständen. Das Leben dieser Schwester ist ferner Gegenstand einer erbaulichen Schrift geworden. Dazu kommen noch einige kürzere überwiegend asketische Schriften.

An exegetischen Schriften gibt es zunächst zwei Ergänzungen zu den Homilien des Basilius über das Sechstagewerk und eine Reihe von Homilien über zusammenhängende Themen wie das Vaterunser und die Seligpreisungen. Ferner hat Gregor in zusammenhängenden Homilien den Prediger und das Hohelied ausgelegt. Weitere Reden nehmen zu Tagesfragen Stellung, wie dem Taufaufschub und dem Zinsnehmen. Die Bereitschaft, sich schwierigen Fragen zu stellen, zeigt seine Abhandlung über die Hexe von Endor; die Exegeten des Textes (außer ihm haben Origenes, Methodios von Olympos und Eustathios von Antiochien die Perikope behandelt) mußten erklären, wie eine Hexe mit dämonischer Macht den frommen Samuel aus der Unterwelt heraufholen konnte. Besonders interessant ist eine den Aufstieg der Seele darstellende Lebensbeschreibung des Mose; sie besteht aus einem ausführlichen historischen Bericht und einer darüber angestellten erbaulichen Betrachtung. Schließlich werden dreißig Briefe (nicht alle echt oder von ihm) überliefert.

d) Amphilochios von Ikonion

Amphilochios war ein jüngerer Vetter des Gregor von Nazianz. Er dürfte eine ähnliche Schulbildung wie die andern Kappadokier empfangen haben, begab sich aber für sein Studium der Rhetorik nach Antiochien, wo er Libanios hören konnte, den berühmtesten und gebildetsten Rhetor des Jahrhunderts. Von 364 an war er sieben Jahre als Rechtsanwalt in Konstantinopel tätig und entschied sich dann für das asketische Leben. Doch Basilios – auf der Suche nach zuverlässigen Mitstreitern – veranlaßte auch ihn, in den Klerus einzutreten und sich zum Bischof von Ikonion wählen zu lassen. Ikonion wurde die Hauptstadt der in dieser Zeit neugebildeten Provinz Lykaonien, und Amphilochios dementsprechend Metropolit. Als solcher verteidigte er den orthodoxen Glauben in den letzten Jahren des arianischen Kirchenregiments. Er nahm am Konzil von Konstantinopel teil, und das Gesetz des Kaisers Theodosius vom 30.7.381 erklärte ihn zu einem der Normalbischöfe für die politische Diözese Asien. Die letzte Nachricht über ihn stammt aus dem Jahre 394.

Amphilochios bekämpfte außer dem Arianismus die Mesallianer und ähnliche unkirchliche Spiritualistengemeinschaften. Von seinen zahlreichen Schriften ist ein großer Teil untergegangen. Erhalten haben sich die ›Jamben an Seleukos‹. Es handelt sich um ein Lehrgedicht, Lebens- und Studienregeln in 333 jambischen Senaren. Vielleicht hatten ihn die dichterischen Bemühungen seines Vetters Gregor von Nazianz zu der Form inspiriert. Erhalten sind ferner 11 Predigten und viele Fragmente.

2. *Schriftsteller aus Syrien und Palästina*

a) Kyrill von Jerusalem

Kyrill von Jerusalem gehört noch zu der älteren Generation rechtgläubiger Theologen, die das sabellianische Homousios vermieden. Wie Athanasius scheint er seit den fünfziger Jahren seine Bedenken gegen den Gebrauch des Worts zurückgestellt zu haben. Er ist, vermutlich gegen 310, in oder bei Jerusalem geboren und früh in den Klerus der Stadt eingetreten. Im Jahre 348 wurde er dort Bischof. Als entschiedener Vertreter der Lehre von der vollen Gottheit des Sohnes wurde er von den Arianern heftig befehdet und dreimal, als die kaiserliche Kirchenpolitik den Arianern günstig war, in die Verbannung geschickt. Dabei spielten auch Steitigkeiten mit dem arianerfreundlichen Metropoliten Acacius von Caesarea (dem Nachfolger des Kirchenhistorikers Euseb) um die besondere Ehrenstellung des Jerusalemer Bischofs eine Rolle. An der Synode von Konstantinopel nahm er an führender Stelle teil. Im Jahre 386 ist er gestorben.

Kyrill genoß großen Ruhm als Prediger, sowohl bei seiner Gemeinde, wie im Exil zu Tarsus, wo er zum Mißfallen der Arianer seine Hörer in Begeisterung versetzte. Seine Katechesen, obwohl sie nicht von ihm selber herausgegeben, sondern von einem Hörer mitgeschrieben wurden, sprechen auch uns an; das kommt bei den Predigten der Kirchenväter selten genug vor. Diese Katechesen sind sein Hauptwerk. Er soll sie 348, bald nach seiner Bischofsweihe, in der Grabeskirche zu Jerusalem gehalten haben. Sie gehören zu den wichtigsten Quellen der Liturgiegeschichte.

Von den 24 Reden richten sich die ersten 19 an die Taufbewerber, die letzten fünf an die Neophyten. Weil sie in das Verständnis der Mysterien (Taufe, Salbung, Eucharistie) einführen, werden sie mystagogische Katechesen genannt. Als Verfasser oder Mitverfasser kommt auch Kyrills Neffe und Nachfolger Johannes von Jerusalem in Frage. Ferner gibt es von Kyrill eine Homilie über den Gichtbrüchigen (Joh 5) und Fragmente von andern Homilien über das Johannesevangelium. Schließlich haben wir noch einen Brief an den Kaiser Constantius, der von der mehrere Stunden sichtbaren Erscheinung eines Lichtkreuzes über Jerusalem berichtet.

b) Apollinaris von Laodikeia

Apollinaris ist etwa 310 im syrischen Laodikeia als Sohn eines Presbyters geboren. Während der Regierung Kaiser Julians, etwa 361, wurde er als entschiedener Antiarianer Bischof seiner Vaterstadt. Gegen 392 ist er gestorben. Unter Kaiser Julian ist er auf merkwürdige Art als Schriftsteller hervorgetreten. Der Kaiser hatte am 17.6. 362 den Christen verboten, Unterricht in den heidnischen Klassikern zu erteilen. Daraufhin verfaßten Vater und Sohn in kürzester Zeit Lehrbücher und Nachdichtungen biblischer Stoffe zu Unterrichtszwecken. Über die literarische

Qualität dieser Arbeiten haben wir nur Vermutungen, weil alles verloren ist. Ein Jahr nach seinem Edikt war Kaiser Julian in der Schlacht gefallen, und die Klassiker standen den christlichen Lehrern wieder zur Verfügung. Eine Nachdichtung des Psalters in Hexametern unter seinem Namen ist unecht.

Apollinaris veranschaulicht uns den Übergang von der trinitarischen zur christologischen Fragestellung. In seiner Trinitätslehre war er rechtgläubig und Gegner des Arianismus. Seine Christologie hat mit dem Arianismus gar nichts zu tun, aber rechtgläubig war sie keineswegs. Er stellte sich bei der Vereinigung von Gottheit und Menschheit in der Person Christi die Gottheit unverkürzt vor. Für die Menschheit nahm er jedoch an, daß in der menschlichen Natur Christi der göttliche Logos an die Stelle des menschlichen Geistes als Hegemonikon getreten sei. Das heißt, er vertrat eine monophysitische Christologie. Das monophysitische Schlagwort, daß zwei vollkommene Wesen nicht eins werden können, ist bereits von ihm geprägt. Ein anderes Argument ist seine Meinung, daß mit dem menschlichen Nous zwangsläufig Willensfreiheit und mit der Willensfreiheit zwangsläufig Sündhaftigkeit gegeben sei und daß der sündlose Erlöser darum nicht durch einen menschlichen Nous geleitet gewesen sein könne. Darum habe – und damit formulierte er den zentralen monophysitischen Grundsatz – der göttliche Logos nach seiner Fleischwerdung nur eine Natur gehabt.

Diese Anschauung wurde seit 362 mehrfach durch Synoden als Häresie verurteilt, insbesondere durch das große Konzil in Konstantinopel. Dennoch haben sich Schriften des Apollinaris und seiner Anhänger erhalten, weil sie rechtgläubigen Vätern unterschoben wurden. Verloren sind hingegen nicht nur seine zahlreichen Kommentare, sondern auch seine apologetischen Werke. Dazu gehört vor allem ein sehr umfangreiches Werk in 30 Büchern gegen die gefährliche Kampfschrift, die Porphyrios gegen das Christentum geschrieben hatte, und eine Schrift gegen Kaiser Julians ›Drei Bücher gegen die Galiläer‹.

c) Epiphanios von Salamis

Epiphanios ist etwa gleichaltrig mit Kyrill von Jerusalem und Apollinaris, hat aber erheblich länger gelebt. Für das Geburtsjahr haben wir die Mitteilung des Hieronymus, er habe 392 im höchsten Greisenalter gestanden; darunter ist etwa das achtzigste Lebensjahr zu begreifen. Danach hat er aber noch über zehn Jahre aktiv und ohne Verständnis in die Kirchenpolitik eingegriffen. 403 ist er gestorben. Epiphanios ist in

Besanduk bei Eleutheropolis in Judäa geboren. Seine Jugend fällt in die Zeit, in der die Öffentlichkeit begann, sich für die mönchische Lebensweise zu begeistern. Dem Zug der Zeit folgend, gründete er – vermutlich in den späten dreißiger Jahren – ein Kloster in seiner Heimat, dem er jahrzehntelang als Archimandrit vorstand. Der Ruhm, den er sich durch seinen asketischen Eifer erwarb, bewog die Bischöfe Zyperns, ihn 367 zum Metropoliten von Salamis zu wählen. So eifrig, wie er bisher für Weltflucht und mönchische Ideale eingetreten war, wandte er sich nun der kirchlichen Öffentlichkeit zu. Er begann zu schreiben und nahm aktiv an der Kirchenpolitik teil. Für die Schriftstellerei war er nicht begabt. Er war unfähig, einen Gedankengang konsequent durchzuführen und logisch zu denken, und rühmte sich seiner Unfähigkeit. Zur Lehrentwicklung konnte er darum nicht beitragen, auch wenn er mit seinem großen moralischen Ansehen in den Kampf gegen Arianismus und Apollinarismus eintrat.

Es gibt kaum einen Bischof der alten Kirche, der ebensoviel Zwietracht gesät und Streit in Gang gebracht hat wie er. In der Regel bekämpfte er Persönlichkeiten, die ihm moralisch überlegen waren. Im Jahre 376 reiste er nach Antiochien; das Schisma in der Stadt war das Haupthindernis für die Einigung der östlichen Kirche. Es gab in Antiochien die rechtgläubige Partei unter Meletius. Ferner gab es einen arianischen Gemeindeteil. Außerdem war die römische Trinitätslehre durch Paulinus mit einem kleinen Gemeindeteil vertreten, der sich mit Hilfe des römischen Bischofs Damasus halten konnte. Damasus meinte damals noch, mit Hilfe der Ägypter die römische Auffassung durchsetzen zu können. Daß auch die Apollinaristen dort eine kleine Gemeinde mit einem Bischof an der Spitze hatten, trug weiter zur Konfusion bei. Da Epiphanios für Paulinus eintrat, blieben die Verhandlungen ohne Erfolg. Konsequenterweise nahm Epiphanios darum auch nicht am Konzil von Konstantinopel teil, sondern ging zusammen mit Paulinus im folgenden Jahr zu einem von Damasus und Ambrosius einberufenen römischen Gegenkonzil, das vergeblich gegen die Beschlüsse der ökumenischen Synode von Konstantinopel protestierte.

Zehn Jahre danach, im Jahre 392, begann Epiphanios den (ersten) origenistischen Streit. Er kam nach Jerusalem in den Sprengel des Bischofs Johannes, der ein großer Verehrer des Origenes war, und predigte in der Grabeskirche gegen den Origenismus. Dadurch kam es zu heftigen Kämpfen, in deren Verlauf Epiphanios die Bischöfe Palästinas gegen Johannes aufzuhetzen suchte. Überdies weihte er im Sprengel des Johannes unter Mißachtung der kirchlichen Ordnung einen Presbyter. Auf der Rückreise nach Zypern begann er einen neuen Streit. Er fand in einer Kapelle in dem Flecken Anablatha bei Bethel einen Vorhang, auf dem das Bild – so schreibt er – Christi oder eines Heiligen dargestellt war. Den zerriß er und machte viel böses Blut. Epiphanios gab als Grund seiner Bilderfeindschaft das alttestamentliche Bilderverbot vor. Er dürfte aber wohl gewußt haben, daß nach griechischer Auffassung das Urbild im Abbild real gegenwärtig ist und daß er die Christen des Landes empfindlich in ihrer Frömmigkeit beleidigte.

Seine Hauptgegnerschaft gegen Origenes und den Origenismus erklärt sich aus seiner mönchischen Haltung. Origenes hatte schon zu seinen Lebzeiten nicht nur begeisterte Anhänger, sondern auch erbitterte Feinde gehabt, und dabei war es auch in den anderthalb Jahrhunderten nach seinem Tod geblieben. Mit dem Aufschwung des Mönchtums seit der Mitte des vierten Jahrhunderts war es auch innerhalb dieses Standes zu einer Polarisierung gekommen. Das hing damit zusammen, daß Origenes den mittelplatonischen Standpunkt teilt und die Materie dem Nichtseienden zurechnet. Der Neuplatonismus hatte demgegenüber den Bereich des Seins auf die Materie ausgedehnt und ihr in dem Maß ihrer Gestaltung Teilhabe am Sein zugesprochen. Der Unterschied zwischen diesen beiden Auffassungen wirkte sich im Mönchtum aus. Für eine schroffe Askese traten beide Richtungen ein. Aber die Origenisten unter den Mönchen vertraten einen extremen Spiritualismus; der Leib war nicht Gegenstand der Heiligung, sondern allein der Mortifikation. Die Feinde des Origenes strebten demgegenüber nach einer Heiligung des Leibes – beidemale auf dem Weg schroffer Askese – und waren dementsprechend nicht mehr auf reine Weltflucht ausgerichtet. Daraus ergab sich die Bereitschaft des ungelehrten und bildungsfeindlichen Teils der Mönche, sich kirchenpolitisch zu engagieren. Es kommt zu den unerfreulichen Szenen der östlichen Kirche, wo mit Knüppeln bewaffnete Mönchshaufen, von demagogischen Bischöfen verhetzt, Synoden tyrannisieren und Synodalentscheidungen erzwingen. Die Entwicklung wäre auch ohne Epiphanios eingetreten, aber er hat sie befördert.

Einer, der den Zug der Zeit erkannt hatte, war der Bischof Theophilos von Alexandrien. Der hatte sich, um das Engagement der Mönche für seine kirchenpolitischen Absichten nutzen zu können, aus einem Anhänger zu einem Gegner des Origenes entwickelt, und damit gelang es ihm, Epiphanios mit seiner großen Autorität und seinem Mönchsanhang gegen den antiochenischen Bischof zu mobilisieren. Der mißlungene Versuch der Abendländer, Einheit und Frieden, die das Konzil von 381 hergestellt hatte, zu zerstören, hatte das Prestige des antiochenischen Bischofs gesteigert und dazu geführt, daß im Jahre 398 der später „Chrysostomos" benannte Bischof Johannes aus Antiochien auf den hauptstädtischen Bischofsthron berufen wurde. Im Jahre 403 hatte eine Gruppe origenistischer Mönche aus Ägypten in der Hauptstadt Schutz vor der Verfolgung gesucht. Es gelang dem Epiphanios und dem ägyptischen Patriarchen, gestützt auf die Mönche, Johannes Chrysostomus zu stürzen. Epiphanios war überstürzt abgereist; er habe, hieß es, erkannt, daß Bischof Theophilos ihn für seine Kirchenpolitik eingespannt und mißbraucht hatte. Während der Heimfahrt erreichte ihn auf dem Meer sein Lebensende.

Im Jahre 374 verfaßte Epiphanios eine Darstellung des rechten Glaubens gegen die Arianer und nannte sein Buch ›Der Festverankerte‹ (Ancoratus). An das Ende hat er zwei Glaubensbekenntnisse angefügt. Das kürzere ist der 381 in Konstantinopel beschlossenen Form eng verwandt; es ist anzunehmen, daß Epiphanios es in dieser Form aus der Diözese Jerusalem nach Zypern mitgebracht hat und daß ein Bekenntnis dieses Typs in Nicäa (325) als Vorlage gedient hat. Das längere Bekenntnis ist eine gegen Apollinaristen und Pneumatomachen gerichtete Paraphrase. Danach begann er mit der Abfassung seines Hauptwerks, des ›Arzneikastens‹ (Panarion). Das ist eine antihäretische Schrift von gewaltigem Umfang. Epiphanios stellt 20 vorchristliche und 60 christliche Häresien dar. (Das griechische Wort Hairesis bedeutet nicht nur Ketzerei, sondern auch Philosophenschule und Religionsgemeinschaft.) Es handelt sich um eine unkritische Sammlung alles für ihn erreichbaren Materials. Einerseits finden wir darin wichtige Nachrichten aus der alten Kirche, die nirgends sonst überliefert sind. Andererseits hat Epiphanios sich nicht gescheut, zu den von der kirchlichen Polemik bereits erfundenen Ketzereien neue zuzufügen und Erfindungen seiner Phantasie als Erlebnisse hinzustellen. Auch dieses Werk schließt mit einer umfangreichen Darstellung des Glaubens. – Zu dem Panarion gibt es einen bald danach verfaßten Auszug, mit dessen Hilfe man sich leichter in dem Riesenwerk zurechtfindet.

›Über Maße und Gewichte‹ (nur syrisch vollständig erhalten) behandelt im ersten Teil Kanon und Übersetzungen des Alten Testaments, im zweiten Teil die biblischen Maße und Gewichte, im dritten Teil die biblischen Ortsnamen. – Die Abhandlung ›Über die zwölf Edelsteine‹ legt die Edelsteine auf dem Brustschild des Hohenpriesters allegorisch auf ihre Wirksamkeit hin aus. (Nur georgisch vollständig überliefert.) Zwei Briefe sind in lateinischer Übersetzung erhalten. Schließlich haben wir in Konzilsakten Fragmente dreier bilderfeindlicher Schriften.

3. Die Antiochener

Die Theologie, die sich in Antiochien seit der Mitte des dritten Jahrhunderts entwickelte, hatte sich bewußt von der platonisierenden Spekulation abgewandt und strebte nach größerer Nähe zum biblischen Denken. Der Unterschied zwischen dem Schöpfer und dem Geschöpf war in der griechischen Theologie als gradueller Unterschied in der Intensität des Seins gesehen worden. In Antiochien hatte man jedoch den fundamentalen Unterschied zwischen dem Sein des Schöpfers und dem der Kreatur nicht aus den Augen verloren. Die Kluft, nach deren Überbrückung die alexandrinische Theologie strebte, wurde im Ausgangspunkt der antiochenischen Spekulation als unüberbrückbar vorausgesetzt. Das heißt, daß die Erlösung, die Angleichung der menschlichen an die göttliche Natur, nicht als physische Vereinigung vorgestellt werden konnte, sondern auf sittlichem Weg als Angleichung und Vereinigung des Willens zu denken war. Eben darum hatte der in Antiochien heimische Arianismus versucht, den Erlöser als sittliches Vorbild zu verstehen und ihn als veränderlich und leidensfähig beschrieben. Bei den trinitarischen Streitigkeiten hatte sich jedoch gezeigt, daß damit unvermeidlich eine Verkürzung der Gottheit des Erlösers gegeben war, und diese Verkürzung war in dem Dogma von Nicäa ausgeschlossen worden. So richtete sich nun das theologische Interesse der Antiochener auf die menschliche Natur des Erlösers, die nicht eingeschränkt gedacht werden durfte, damit sie als sittliches Vorbild brauchbar blieb. Die platonisierende Spekulation hatte die Erlösung als Angleichung des Menschen an Gott, als Vergottung, verstanden und der menschlichen Natur wenig Aufmerksamkeit geschenkt. Jetzt, nach dem Abschluß der trinitarischen Streitigkeiten, bestanden die Antiochener darauf, daß die menschliche Natur des Erlösers unverkürzt und der Natur der Menschen gleich gedacht wurde. Sie leistete einen eigenen Beitrag zur Erlösung, und in dieser Leistung war sie das Vorbild, dem die Menschen nachstreben konnten. Wie aber die Vereinigung einer vollständigen und vollkommenen menschlichen Natur mit einer vollständigen und vollkommenen göttlichen Natur zu einer einzigen und einheitlichen Person zu denken war, war das Problem, das sich nun stellte, das christologische Problem. Im Unterschied von dem trinitarischen Problem ist es nicht gelöst worden, weil die Fragestellung einen logischen Widerspruch enthielt. Der Unterschied zwischen Schöpfer und Geschöpf konnte nicht gleichzeitig als überbrückbar und unüberbrückbar gedacht werden, und die menschliche Natur des Erlösers konnte nicht gleichzeitig den Menschen als Vorbild dienen und in der Einheit mit der göttlichen Natur aufgehen.

Der Gegensatz zwischen der alexandrinischen und der antiochenischen Theologie war nicht auf die Christologie beschränkt. Der enge Zusammenhang zwischen Theologie und Hermeneutik zeigte sich daran, daß in Antiochien seit den Zeiten des Paulus von Samosata die allegorische Auslegungsweise abgelehnt wurde. Stattdessen suchte man neben dem Literalsinn die prophetische oder typische Deutung zu finden. Hinter der Ablehnung der allegorischen Exegese verbirgt sich die Feindschaft gegen den Platonismus als das der griechischen Theologie zugrundeliegende Weltbild. Zu manchen Zeiten haben nationale Emotionen die Gegensätze verschärft.

Die Verurteilung des Arianismus bedeutet in der Dogmengeschichte ein Zäsur; es ist sinnvoll, von einer jüngeren antiochenischen Schule zu sprechen, die mit Diodor von Tarsus einsetzt. Diese jüngeren Antiochener waren nach ihrer Trinitätslehre überzeugte Anhänger des Nicänums. Die Lehre von der vollen und uneingeschränkten Gottheit des Logos war gerade die Voraussetzung, die sie zu der Trennung der menschlichen und der göttlichen Natur in dem Gottmenschen veranlaßte.

a) Diodor von Tarsus

Von den Lebensdaten Diodors wissen wir, daß er vor 394 gestorben ist und daß Kaiser Julian im Winter 362 in ihm einen der gefährlichsten Feinde seiner heidnischen Restaurationspläne gesehen hat. Sein Kampf gegen den Arianismus nötigte ihn unter Kaiser Valens zur Flucht nach Armenien. Nach dem Tode des Valens wurde er 378 Bischof von Tarsus in Kilikien, und das Konzil von Konstantinopel 381 erklärte ihn zum Normalbischof für die Diözese Oriens.

Sein Auftreten gegen den Apollinarismus stellt den Anfang der christologischen Streitigkeiten dar. Apollinaris hatte erklärt, die Einheit der gottmenschlichen Person des Erlösers komme dadurch zustande, daß der göttliche Logos in dem Menschen an die Stelle des Hegemonikon, des Nous, getreten sei. Damit war eine Verkürzung der menschlichen Natur des Gottmenschen gegeben; der Erlöser war nach seiner Menschheit kein Wesen, das den andern Menschen gleich war. Diodor brachte gegen Apollinaris das antiochenische Interesse an der unverkürzten Menschheit des Erlösers zur Geltung. Damit stellte er die Einheit der Person in Frage. Er sah nur eine Einheit des Willens; eine physische Einheit schloß er aus. Der Erlöser sei nach seiner göttlichen Natur wahrer, physischer Sohn Gottes; seiner menschlichen Natur komme die Gottessohnschaft nur durch einen Willensakt Gottes zu. Diese Auffassung war zwar biblisch, aber Diodor setzte sich mit ihr in Gegensatz zur allgemeinen Frömmigkeit. Denn es war seit langem üblich, die Jungfrau Maria als Muttergottes-Theotokos zu bezeichnen. Aus Diodors Christologie ergab sich, daß das Muttergottes-Prädikat nur uneigentlich galt. Die Einbeziehung der Frömmigkeit ist eine Ursache für die heftigen Emotionen, die die christologischen Kämpfe kennzeichnen.

In diesen Kämpfen war Diodor nicht das Hauptziel der monophysitischen Angriffe. Zwar hat 438 Kyrill von Alexandrien eine Streitschrift gegen ihn gerichtet, und eine Synode hat ihn mit dem Anathem belegt. Doch die christologischen Kämpfe hatten die Folge, daß von seinen zahlreichen Schriften das meiste untergegangen ist. Diese Schriften betrafen nicht nur theologische Gegenstände. Diodor muß vielmehr ein Polyhistor gewesen sein. Hieronymus behauptet, er sei dem Vorbild des Euseb von Emesa gefolgt, habe aber, wegen seiner mangelnden Bildung in den weltlichen Wissenschaften, dessen Eloquenz nicht erreicht (Vir. 119). Auch Diodor ist ein Beispiel für einen Schulgründer, dessen Bedeutung wir nicht kontrollieren können, weil zu wenig von ihm überliefert ist. Zu seinen Schülern gehörten Theodor von Mopsuestia und Johannes Chrysostomus.

b) Theodor von Mopsuestia

Theodor von Mopsuestia war der selbständigste und scharfsinnigste Exeget der alten Kirche. Er ist ein Menschenalter jünger als sein Lehrer Diodor, etwa 350 geboren, und stammt gleich diesem aus einer angesehenen und wohlhabenden antiochenischen Familie. Neben Diodor war der heidnische Rhetor Libanios sein Lehrer. Man kann den Einfluß des Libanios auf das Bildungsmodell der Kirchenlehrer seinerzeit gar nicht hoch genug einschätzen. Nach einiger Zeit des Schwankens zwischen weltlichem und asketischem Leben entschied sich Theodor für die Askese als Voraussetzung für den späteren Eintritt in den kirchlichen Dienst. Etwa 383 empfing er die Presbyterweihe und war zunächst als Lehrer in Antiochien tätig. 392 wurde er Bischof von Mopsuestia in Kilikien. Der Streit um Johannes Chrysostomus, seinen Mitschüler und Freund, für den er entschlossen eintrat, fällt in seine Amtszeit. Gestorben ist er im Jahr 428.

Das große Ansehen, das Theodor als Exeget zu seinen Lebzeiten genoß, haben ihm die Nestorianer bewahrt. Die dem Monophysitismus zuneigende Reichskirche hat ihn jedoch auf dem 5. ökumenischen

Konzil (Konstantinopel 553) zum Ketzer erklärt. Dadurch ist der größere Teil seiner Werke verloren gegangen. Erhalten blieben große Teile des Psalmenkommentars und der Kommentar zu den kleinen Propheten, der Kommentar zum Johannesevangelium und von seiner Paulusauslegung ein Kommentar zu den zehn kleineren Briefen (ohne Röm, Kor, Hebr). Von der großen Zahl seiner nichtexegetischen Werke haben sich mit zwei Ausnahmen nur Fragmente erhalten. Überliefert sind die 16 katechetischen Homilien, die wie alle derartigen Werke dazu bestimmt waren, Täuflinge in Glauben und Liturgie einzuführen, und außerdem eine Disputation gegen die Makedonianer.

Durch seine Hermeneutik unterscheidet sich Theodor erheblich von den griechischen Vätern. Er teilt nicht ihr platonisierendes Weltbild und ihre Überzeugung von der Verbalinspiration der Heiligen Schrift. Damit entfallen die Voraussetzungen für die allegorische Exegese. Seine Auslegungsweise steht dem Denken der Bibel näher. Neben dem Literalsinn, dem er eine überraschend breite Aufmerksamkeit schenkt, sucht er den typischen oder prophetischen Sinn. Die Abkehr von der Verbalinspiration erlaubt ihm eine kritische Beurteilung der Kanonizität einzelner biblischer Bücher, der Chronik, Esra, aber auch der katholischen Briefe.

In seiner Christologie vertritt er die antiochenische Zweinaturenlehre. Sie setzt eine der unseren gleiche menschliche Natur des Erlösers voraus. Eine menschliche Natur, die schon im Mutterleib mit der göttlichen Natur physisch vereinigt ist, kann nicht mehr als eine der unsern gleiche Menschennatur angesehen werden. Mit der scharfen Trennung der beiden Naturen wird die Einheit der Person zum Problem. Theodor scheint über die im biblischen Denken vorgegebene Einheit des Willens hinaus eine zumindest hypostatische Einheit gelehrt zu haben, die mit der Annahme der menschlichen durch die göttliche Natur zustandegekommen sei. Damit war freilich noch nicht die Frage beantwortet, inwiefern Maria die Theotokos sei, die Mutter Gottes. Theodor nimmt zur Lösung eine Trennung der Kategorien vor. Nach der Physis ist Maria die Gebärerin eines Menschen. Weil die Natur dieses Menschen aber mit der göttlichen Natur geeint war, ist nach der Beziehung zu ihrem Kind Maria die Mutter Gottes. Der Vater ist Vater nach seiner Natur, die Mutter ist Mutter Gottes nach ihrer Beziehung, das heißt, nach ihrer Verhaltensweise. Es ist der Gehorsam, der die jungfräuliche Maria zur Mutter Gottes macht.

c) Johannes Chrysostomos

Johannes Chrysostomos entstammt demselben sozialen und geistigen Milieu wie sein Freund Theodor von Mopsuestia, nämlich der wohlhabenden Oberschicht Antiochiens. Er ist um 344 geboren und studierte in Antiochien zunächst bei Libanios Rhetorik, danach bei Diodor. Von Anfang an für den kirchlichen Dienst entschlossen, empfing er 369 die Taufe, verbrachte aber noch einige Jahre als Eremit, bis er 381 in den antiochenischen Klerus eintrat. Nach der Presbyterweihe 386 begann er, an der Hauptkirche Antiochiens zu predigen. Seine Predigten begeisterten die Menge, und wegen seines Rufes als Prediger veranlaßte Kaiser Arcadius, daß er 397 zum Nachfolger des Patriarchen Nektarios von Konstantinopel berufen wurde. Der Patriarch Theophilos von Alexandrien, der die Besetzung des hauptstädtischen Bischofsstuhls durch einen Antiochener als Schlappe seiner Religionspolitik ansah, mußte ihm die Bischofsweihe erteilen. Durch seine unerschrockenen Mahnpredigten zog sich Chrysostomus bald die Abneigung der Kaiserin Eudoxia zu. Dadurch ergab sich für Theophilos die Möglichkeit, gegen Chrysostomus vorzugehen. Als Theophilos sich 402/403 wegen der Klagen ägyptischer Bischöfe in der Hauptstadt verantworten sollte, benutzte er die Gelegenheit, auf der „Eichensynode" – so nach dem Tagungsort, einem Landgut, genannt – 36 Bischöfe zu versammeln und Chrysostomus für abgesetzt zu erklären. Dem Kaiser war der Prediger längst unbequem geworden. Er bestätigte das Urteil und sandte Chrysostomus ins Exil. Das Volk erzwang zunächst seine Rückberufung, aber nach einer Reihe von Wirren und Tumulten gelang es dem Kaiser schließlich, ihn nach Kukusus in Kleinarmenien zu verbannen. Weil er von dort aus mit seinen Freunden in Antiochien und Konstantinopel Verbindung halten konnte, erreichte Theophilos, daß ihm Pithyus an der Ostküste des Schwarzen Meeres am Fuße des Kaukasus als Verbannungsort zugewiesen wurde. Auf dem Weg dahin ist er 407 gestorben.

Von den Werken des Chrysostomus hat sich mehr erhalten als von jedem andern der griechischen Väter. Die Hauptmenge besteht aus fortlaufenden Erklärungen biblischer Bücher in Homilienform. Die umfangreichsten dieser Werke sind eine Erklärung der Genesis in 67 Homilien, des Matthäusevangeliums in 90 Homilien, des Johannesevangeliums in 88 Homilien, der Apostelgeschichte in 55 Homilien und sämtlicher Paulusbriefe einschließlich des Hebräerbriefs. Dazu kommt eine große Zahl von Homilien über einzelne Abschnitte der Bibel und von Gelegenheitspredigten aus besonderem Anlaß. Die „Säulenpredigten" sind darunter berühmt. Die Antiochener hatten 397 einer Steuererhöhung wegen die Standbilder des Kaisers und seiner Familie gestürzt, das heißt, den Umsturz proklamiert. Nachdem sie zur Besinnung gekommen waren, warteten sie ängstlich auf den Erfolg der Reise, die der Patriarch Flavian an den Hof unternommen hatte, um die Verzeihung des Kaisers zu erbitten. In dieser Zeit tröstete und ermahnte Chrysostomus die Bevölkerung, bis er schließlich, in der letzten Rede, die freudige Nachricht bringen konnte, daß der Zorn des Kaisers besänftigt sei. Neben Fest- und Heiligenpredigten sind ferner Mahnpredigten zu nennen und schließlich eine Reihe von Kontroverspredigten, 12 Predigten gegen die Anhomöer und 8 Predigten gegen die Juden und die Christen, die die jüdischen Feiertage hielten. – Daneben gibt es eine Reihe von Abhandlungen. Die meisten dienen der Verteidigung und Empfehlung der Askese. Große Verbreitung fanden auch zwei Schriften über Priesteramt und über Kindererziehung. Schließlich ist seine Briefsammlung zu erwähnen, deren 236 Stücke er in der Verbannung zum Troste seiner Anhänger geschrieben hat.

d) Nestorios

Kirchen- wie Dogmengeschichte haben es schwer, die Geschichte der Streitigkeiten um Nestorios zu beschreiben, weil ihren Verlauf Machtkämpfe zwischen den Patriarchaten bestimmt haben und weil das Ergebnis dieser Streitigkeiten weder der Sieg der guten Sache noch ein Fortschritt in der Erkenntnis der Wahrheit ist. Für die Frömmigkeitsgeschichte stellen sich die Dinge etwas übersichtlicher dar. Der Streit ist als ein Streit um das Theotokos-Prädikat für die Jungfrau Maria in Gang gekommen und hat nicht ohne innere Folgerichtigkeit (Apg 19,23f.) durch eine Parteisynode in Ephesus seinen Abschluß gefunden, die hernach zu den ökumenischen Konzilien gerechnet wurde. Für die Christologie ist der Streit insofern von Bedeutung, als es dabei um die Frage ging, ob die in der Person Christi verkörperte menschliche Natur durch die göttliche Natur des Erlösers im Augenblick ihres Zusammentreffens im Leib der Jungfrau zur Vergottung gebracht werde oder ob der Unterschied von Schöpfer und Geschöpf weiterhin fortbestehe. Der Streit ist nicht entschieden worden; die nestorianischen Kämpfe endeten mit einer Union, die beide Parteien in ihrem Sinne auslegen konnten.

Das Geburtsjahr des Nestorios ist nicht überliefert. Geboren ist er in Germanicia, in der Provinz Syria Euphratensis. Er war nach Antiochien gegangen, hatte eine Ausbildung in der dort herrschenden Theologie empfangen, war in den Klerus der Stadt aufgenommen worden und lebte in einem Kloster vor den Toren. Da er in dem Ruf ungewöhnlicher Beredsamkeit stand, wurde er, in Erinnerung an Johannes Chrysostomus, im Jahre 428 auf den Bischofsthron der Hauptstadt berufen. Nestorios zeigte sich von Anfang an als Eiferer für die Rechtgläubigkeit, und die schloß die antiochenische Christologie ein. So betonte er, daß die Muttergottes anthropotokos sei, menschliche Mutter der menschlichen Natur Christi, und wandte sich gegen den Marienkult und die göttliche Verehrung der heiligen Jungfrau. Statt dessen empfahl er das Prädikat christotokos, das auf beide Naturen Christi verweist.

Den Streit, der dann mit der Niederlage des Nestorios enden sollte, setzte Kyrill von Alexandrien in Gang. Er suchte, sich mit dem Hof und mit dem römischen Bischof zu verbünden und hatte Erfolg, auch in Rom. Die dyophysitische Anschauung des Nestorios stand zwar der abendländischen Christologie nah und nicht die dem Monophysitismus zugeneigte Christologie Kyrills. Aber Kyrill erreichte, daß der römische Bischof ihn ermächtigte, das Anathema über Nestorios auszusprechen. In Rom war man dem Nestorios auch darum feind, weil die aus dem Abendland vertriebenen Pelagianer bei ihm Schutz gefunden hatten. Die Pelagianer wollten in der Erbsünde keine wirkliche Sünde sehen, sondern allenfalls eine Geneigtheit zu sündigen. Die Antiochener waren gegenüber der Erbsündenlehre recht zurückhaltend, weil sie Wert darauf legten, daß die menschliche Natur Christi unserer Natur völlig gleich sei; diese menschliche Natur Christi mußte aber völlig sündlos, auch ohne Erbsünde, gedacht werden. Dazu kam, daß man im griechischen Osten keine Ahnung davon hatte, daß das abendländische Ringen um Schuld und Gnade ebenso um das Verständnis der Erlösung bemüht war, wie die Suche nach der rechten Christologie.

Der Streit wurde zunächst auf dem Wege einer Korrespondenz aller an alle Beteiligten und Interessierten geführt. Über den Verlauf informieren uns die vielen Aktenstücke, die zum Teil – einseitig ausgewählt – in die Synodalakten aufgenommen wurden. Zur Beendigung des Streites schlug Nestorios dem Kaiser ein allgemeines Konzil vor; der Kaiser stimmte zu und forderte die Metropoliten auf, an Pfingsten 431 mit wenigen geeigneten Bischöfen sich in Ephesus zu versammeln. Die Bischöfe erschienen in großer Zahl, kamen aber in getrennten Synoden zusammen, von denen jede das Haupt der anderen mit dem Bann belegte. Der Kaiser stimmte den Urteilen beider Synoden zu, ließ aber den Kyrill in sein Bistum zurückkehren, während Nestorios durch einen Nachfolger ersetzt und nach Ägypten verbannt wurde. Dort ist er nach

451, d.h. nach der Synode von Chalkedon, gestorben. Der Streitgegenstand war unerledigt geblieben. Der Kirchenfriede wurde durch die 433 zwischen Antiochien und Alexandrien geschlossene Union fürs erste hergestellt. Von den zahlreichen Schriften des Nestorios sind fast nur die Fragmente auf uns gekommen, die als Belege mit den Akten der Konzile von Ephesus und Chalkedon überliefert wurden. Erhalten blieb in syrischer Übersetzung der ›Liber Heraclidis‹, den Nestorios in der Verbannung zum Nachweis seiner Rechtgläubigkeit geschrieben hat.

e) Theodoret von Kyros

Wie die Mehrzahl der in diesem Zusammenhang besprochenen Theologen stammt auch Theodoret aus einer angesehenen und wohlhabenden antiochenischen Familie. Er ist 393 geboren, dem Todesjahr des Libanios, empfing eine vorzügliche klassische Bildung und war früh für die Askese und vielleicht auch für den Eintritt in den Kleros entschlossen. Ungewöhnlich jung, im Jahre 423, wurde er Bischof der Stadt Kyros (auch Kyrrhos), nördlich von Antiochien an der Straße nach Samosata und an der Grenze nach Kommagene gelegen. Als Bischof nahm er energisch den Kampf gegen die Häresien auf und wandte sich besonders gegen Kyrill von Alexandrien, weil er in dessen Thesen gegen Nestorios den monophysitischen Kern erkannte und in ihnen eine Erneuerung der Häresie des Apollinaris erblickte. Auf dem Konzil von Ephesos war er der theologische Führer der Antiochener und setzte auch nach der Rückkehr den Kampf zunächst fort; der fand durch die Union von 433 ein vorläufiges Ende. Die Unionsformel war von ihm entworfen und ausgearbeitet; diese Formel hat später auf die Gestalt der Formel, die man in Chalkedon beschloß, großen Einfluß ausgeübt. Theodoret trat aber der Union zunächst nicht bei, weil er die Verurteilung des Nestorios für unrecht ansah.

Auf ihn als den führenden Vertreter der antiochenischen Theologie richtete seit 448 Dioskur von Alexandrien seine Angriffe, als er versuchte, die Führung der griechischen Kirche an sich zu reißen. Da er die Unterstützung des Eunuchen Chrysaphios besaß, des mächtigen Ministers des Kaisers Theodosius II., gelang es ihm, 449 in Ephesus abermals eine Synode zu versammeln, die Theodoret und alle andern führenden Bischöfe der Antiochener absetzte. Nach einer von Papst Leo I. geprägten Bezeichnung spricht man von dem Latrocinium, der Räubersynode. Trotz seinem Sieg in Ephesus scheiterte Dioskur. Denn Kaiser Theodosius II. starb schon im Jahr darauf (450), und der neue Kaiser

Marcian berief nach Konstantins Vorbild, um den Frieden der Kirche wiederherzustellen, eine große Synode nach Chalkedon. Diese Synode erhob die abendländisch-antiochenische Zweinaturenlehre zum Dogma und restituierte samt den andern in Ephesus vertriebenen Bischöfen auch Theodoret. Der letzte Abschnitt seines Lebens verlief friedlich. Gestorben ist er in der Regierungszeit Kaiser Leos I. (457–474); das genaue Todesjahr hat Gennadius, dem wir die Nachricht verdanken, nicht mitgeteilt.

Theodoret ist der scharfsinnigste Vertreter der antiochenischen Theologie und Exegese, und von seinen zahl- und umfangreichen Schriften hat sich relativ viel erhalten. Aber trotz allem Scharfsinn – seine Zeit ist eine Zeit der Epigonen, und das wird auch an ihm deutlich – seine Arbeiten führen fort, was vor ihm gedacht und durchgeführt war. Das Bewußtsein, Weiterführer einer rechtgläubigen Tradition zu sein, zeigt sich an einem eigentümlichen Beweisverfahren, das mit seinem Gegner Kyrill aufgekommen ist, dem Beweis aus den Vätern. Die Richtigkeit einer Lehre kann durch die Übereinstimmung mit einem als orthodox anerkannten Vater bewiesen werden. Vätertestimonien gehen hinfort, wie schon Schrifttestimonien, als Argumente in die dogmatischen Abhandlungen ein, und Enchiridien und Testimoniensammlungen liefern das Material in handlicher Form.

Unter Verwendung einer derartigen Sammlung ist der ›Eranistes‹ entstanden, der Bettler, in dem Theodoret beweisen will, daß der Monophysitismus aus alten Häresien zusammengestoppelt sei. Eine Reihe von Streitschriften gegen ältere Häresien ist verloren. Unter dem Namen Kyrills von Alexandrien ist ein Doppelwerk zur Gotteslehre erhalten ›De sancta trinitate‹ und ›De incarnatione domini‹. Unter dem Namen des Apologeten Justin ist seine ›Expositio rectae fidei‹ überliefert. Die letzte große Apologie gegen das Heidentum stammt aus seiner Feder, die ›Heilung der griechischen Krankheiten‹. Theodoret hat das Werk aus den beiden umfangreichsten apologetischen Werken der griechischen Väter zusammengestellt, den ›Teppichen‹ des Klemens und der ›Evangelischen Beweisführung‹ Eusebs. Er war sich klar darüber, daß seine Darlegungen ein anderes Weltbild voraussetzen als seine Vorbilder, und hat seinen Stoff anders disponiert. Sein Ausgangspunkt ist der Glaube, der zum Wissen führt; aus dem Wissen folgt das rechte Handeln. Die Moral dient nicht der Vorbereitung der Erkenntnis, sondern folgt aus ihr. Der Glaube hat seinen letzten Sinn im rechten Handeln. Die Antworten der Philosophie und des Christentums auf die Grundfragen des Glaubens sind einander gegenübergestellt; die Apologie beschreibt nicht den Weg vom Dunkel zum Licht, sondern zeigt den Menschen in der Entscheidung zwischen Gut und Böse. Ein anderes apologetisches Werk sind die ›Zehn Reden über die Vorsehung‹, die nach physiko-teleologischem Gottesbeweis und Theodizee auf die Menschwerdung Gottes als überzeugendsten Beweis für die Existenz und das Walten der Vorsehung hinauslaufen. Von seinen exegetischen Werken hat sich mehr erhalten als von Diodor und Theodor. Sie zeigen ihn als typischen Vertreter der antiochenischen Exegese: er bevorzugt den Literalsinn und den prophetisch-anagogischen Sinn und läßt die Allegorese zurücktreten. Theodoret schrieb Kommentare zu den Psalmen, zum Hohenlied, zu den Propheten und zu den 14 Paulusbriefen. Er hat ferner Einzelstellen in der Form der Quaestiones et reponsiones ausgelegt.

Die größte Bedeutung für uns haben drei historische Werke, die Mönchsgeschichte, die Kirchengeschichte und die Ketzergeschichte. In der Mönchsgeschichte schildert er das Leben von 30 Asketen, darunter drei Frauen, um ihrem Beispiel mit der größeren Verbreitung eine größere Wirksamkeit zu sichern. Im Interesse der Glaubwürdigkeit beschränkt er sich dabei auf Heilige der eigenen Zeit oder der jüngsten Vergangenheit. Die Kirchengeschichte will die des Euseb fortsetzen; Theodoret beginnt mit dem Ausbruch des arianischen Streits 323 und endet mit dem Tod Theodors von Mopsuestia 428. Er hat in seine nicht besonders sorgfältige oder kritische Arbeit reichliche Quellenstücke aufgenommen. Die Ketzergeschichte bemüht sich mit wenig Erfolg, das Material in geordneter Form darzulegen. Von den 5 Büchern behandelt das erste die Gnostiker, das zweite die Antitrinitarier, das dritte die älteren Häresien, die sich in den ersten beiden Büchern nicht unterbringen ließen, und das vierte die neueren Häresien. Das fünfte Buch ist eine Darstellung des orthodoxen Glaubens. Von Theodorets Predigten ist nur wenig übriggeblieben. Im byzantinischen Mittelalter besaß man noch über 500 Briefe; davon sind 236 auf uns gekommen. Sie sind sorgfältig stilisiert und sind darüber hinaus eine wichtige kirchen- und kulturgeschichtliche Quelle.

4. Die Alexandriner

a) Didymus der Blinde

Der bedeutendste Gelehrte Alexandriens im vierten Jahrhundert war Didymus (313–398). Als vierjähriges Kind verlor er sein Augenlicht, doch wußte er, durch Fleiß und Konzentration Herr über den Mangel zu werden. Während langer Zeit leitete er die „Katechetenschule“, die kirchliche Hochschule Alexandriens. In seinen Anschauungen folgte er Origenes und vertrat hinsichtlich der Weltdauer, des vorexistenten Falls der Seelen und der Auferstehung der Toten dessen Ansichten. Darum hat ihn die Synode von 553 mit Origenes als Häretiker verurteilt, und der größte Teil seiner vielen Schriften ist untergegangen. Doch wurden 1941 in der Nähe von Tura (einer Ortschaft östlich von Kairo) acht Papyruscodices mit Schriften des Origenes und des Didymus gefunden; sie enthalten von Didymus einen Kommentar zum Oktateuch und den Königsbüchern, zu Sacharja, zu Ps. 20–44 und zu Hiob. Dazu kommen Katenenfragmente. An dogmatischen Schriften gibt es in der Übersetzung des Hieronymus drei Bücher „De spiritu sancto“, ferner eine kurze Schrift gegen die Manichäer. Die Bücher 4 und 5 der Schrift des Basilius gegen Eunomius stammen von Didymus. Unsicher ist die Zuweisung einer „Auseinandersetzung zwischen einem Montanisten und einem Orthodoxen“ und dreier gegen Arianer und Makedonianer gerichteter Bücher „Über die Trinität“. – Als Schüler des Origenes legt Didymus die Bibel allegorisch aus. Dabei folgt er gern den seit Philon überlieferten Erklärungen, so daß die grundsätzliche Freiheit der Allegorese eine deutliche Einschränkung durch die Tradition erfährt. Mit diesen Erklärungen hat Didymus einen starken Einfluß auf die ihrerseits an die Tradition gebundene allegorische Exegese der späteren Väter ausgeübt.

Die alexandrinischen Patriarchen spielen in der Kirchengeschichte des ausgehenden vierten und des fünften Jahrhunderts eine große Rolle. Als theologischer Schriftsteller hat sich nur einer ausgezeichnet, Kyrill, der von 412 bis 444 auf dem Bischofsstuhl saß.

b) Theophilos

Kyrills Vorgänger, sein Onkel Theophilos, hatte die lange Zeit seines Episkopates (385–412) dazu benutzt, die Macht seines Amtes zu festigen und auszubauen. Ursprünglich war er Origenist und hatte als solcher sich in seinem Osterfestbrief gegen die „Anthropomorphiten“ gewandt, die sich Gott in menschlicher Gestalt dachten, ein Gottesbild, das als Ziel der Erlösung unter den nach der Angleichung an Gott strebenden Mönchen sehr verbreitet war. Die ersten Feindseligkeiten der Mönche zeigten ihm, daß er sich falsch orientiert hatte. Theophilos änderte seine Einstellung, wurde zum Antiorigenisten und brachte damit die Mönche auf seine Seite. Die sichere Machtbasis, die die Mönche für ihn bedeuteten, ermöglichte ihm den großen Sieg, den er mit der Absetzung und Vertreibung des Patriarchen Johannes Chrysostomus von Konstantinopel über die Antiochener errang. Von seinen zahlreichen Schriften haben sich viele Fragmente erhalten, Reste aus einem Dutzend Osterfestbriefen und anderen Briefen. Interessant ist das Bruchstück eines Osterkanons für die Jahre 380–479, den Theophilos dem Kaiser Theodosius übergab, um ihn für die alexandrinische Berechnung zu gewinnen. Die Echtheit einer Reihe von Predigten, in orientalischen Sprachen – hauptsächlich armenisch – überliefert, ist sehr fraglich.

c) Kyrill von Alexandrien

Sein Neffe Kyrill setzte in seiner langen Amtszeit (412–444) die Religionspolitik seines Onkels konsequent fort; sein Sieg über Nestorios zeigte ihn auf dem Höhepunkt seiner Macht. Er verdankte diesen Erfolg nicht zuletzt dem Geschick, mit dem er trotz seiner monophysitischen Ansichten den römischen Bischof Cölestin für sich einzunehmen vermochte. Das von Kyrill 431 in Ephesus gehaltene Konzil wurde später als ökumenisches Konzil anerkannt. Seine Folge war die Verurteilung des Nestorios, ohne daß sich daraus eine Klärung der christologischen Probleme ergab.

Kyrill hat sehr viel geschrieben, und davon hat sich viel erhalten. An exegetischen Arbeiten gibt es eine allegorische Erklärung der kultischen Anweisungen im Pentateuch in 17 Büchern und die „Glaphyra", das sind 'anmutige' Betrachtungen einzelner Pentateuchstellen in 13 Büchern. In Fragmenten sind Auslegungen der folgenden Bücher erhalten: Psalter, Könige, Sprüche, Hoheslied, Jeremia, Hesekiel und Daniel. Von Auslegungen des Neuen Testaments gibt es den größeren Teil eines Johanneskommentars und einen Homilienzyklus zum Lukasevangelium, dazu Fragmente von einem Matthäuskommentar und Erklärungen des Römerbriefs, der Korintherbriefe und des Hebräerbriefs.

Zur Trinitätslehre hat er sich in einer positiven Darlegung „De sancta et consubstantiali trinitate" geäußert. Der „Thesaurus" zum selben Thema ist eine Abweisung der arianischen Ansichten. Ferner hat er eine Unmenge großer und kleiner antinestorianischer Schriften verfaßt. Die wichtigste davon, weil sie seine Christologie am deutlichsten formuliert, ist der Dialog „Daß Christus einer ist"; hierin sucht Kyrill, seine Ansichten gegen Nestorianismus und Apollinarismus abzugrenzen. Auf dem ephesinischen Konzil hatte Kyrill „Zwölf Thesen gegen die östlichen Bischöfe" formuliert; sie erfuhren durch Theodoret und Andreas von Samosata eine vernichtende Kritik. Zu ihrer Verteidigung hat Kyrill eine ganze Reihe von Schriften verfaßt, darunter eine „In Ephesus vorgetragene Erklärung der 12 Thesen". Diese Schrift hat für die Dogmengeschichte und Patrologie darum besondere Bedeutung, weil Kyrill darin seine Ansichten durch Dicta probantia anerkannt rechtgläubiger Väter gestützt und so den Väterbeweis in Übung gebracht hat. Erwähnung verdient ferner eine Widerlegung der christenfeindlichen Schrift Kaiser Julians „Gegen die Galiläer". Julians Schrift bestand aus drei Büchern; Kyrill hat wahrscheinlich für seine Gegenschrift dreißig Bücher verfaßt. Davon sind die ersten zehn Bücher ganz erhalten, von der zweiten Dekade Fragmente und von der dritten gar nichts. Kyrill hat für seine Widerlegung Julians Werk satzweise ausgeschrieben; darum läßt sich das erste Buch des Kaisers aus seiner Schrift fast ganz rekonstruieren. Kyrill hat 29 Osterfestbriefe – „Homiliae paschales" – geschrieben; von seinen übrigen Briefen sind reichlich 90 erhalten. Außerdem haben wir an die zwanzig Predigten; die wichtigste davon ist eine auf die Gottesmutter, die er 431 in Ephesus gehalten hat.

Kyrills Christologie ist als gemäßigter Monophysitismus anzusehen. Die göttliche und die menschliche Natur haben sich bei der Zeugung zu einer einzigen Natur vereinigt, und Kyrill scheut sich nicht, wie Apollinaris von der „einen Natur des fleischgewordenen Logos" zu sprechen. Dementsprechend lehnt er es ab, die Einheit auf die Einheit des Verhaltens oder des Willens zu bechränken. Zugleich hat er die Vollständigkeit der menschlichen Natur behauptet, konnte aber keine befriedigende Antwort auf die Frage der Dyophysiten geben, wie eine vollständige göttliche und eine vollständige menschliche Natur überhaupt zu einer einzigen Natur vereinigt werden könnten.

d) Dioskuros

Schon unter Kyrill war die dogmatische Frage zu einem Instrument der Kirchenpolitik herabgesunken. Dies trat unter seinem Nachfolger, dem Patriarchen Dioskuros (Jakob) unverhüllt in Erscheinung. Er kam 444 in das Amt und ging daran, die wichtigsten Bischofsstühle des Ostens mit seinen Anhängern zu besetzen. Gestützt auf das monophysitische Mönchtum, gab er die vorsichtige Haltung seines Vorgängers Kyrill auf und vertrat offen eine monophysitische Theologie. Die Hilfe, die er am kaiserlichen Hofe fand, erlaubte ihm, die wegen der eutychianischen Streitigkeiten 449 nach Ephesus einberufene Synode unter seine Kontrolle zu bringen und dort alle ihm mißliebigen Bischöfe einschließlich des Papstes Leo I. für abgesetzt zu erklären. Mit Dioskur bekannte sich die Synode zu der „einen Natur des fleischgewordenen Logos". Im Jahr darauf (450) starb Kaiser Theodosius II.; die Synode von Chalkedon (451) sprach über ihn Absetzung und Anathema aus, und Kaiser Markian schickte ihn nach Paphlagonien ins Exil, wo er 454 starb. Von Dioskur haben sich Briefe und Brieffragmente erhalten, dazu koptisch eine Gedächtnisrede unsicherer Echtheit auf den Bischof Makarios von Tkou.

XI. DIE LATEINER IM VIERTEN JAHRHUNDERT

1. Antiarianer

a) Hilarius von Pictavium

Hilarius ist um 310 als Kind wohlhabender Eltern in Pictavium (Poitiers) geboren. Die gute Bildung, die er gemäß seinem Herkommen empfing, führte ihn über die platonische Philosophie zum Christentum und zur Taufe. Etwa 350 wurde er zum Bischof seiner Vaterstadt gewählt und dadurch in den arianischen Streit hineingezogen. Dem Arianismus begegnete er als Platoniker mit Abneigung. Als der Metropolit Saturninus von Arles den Anschluß der Kirche Galliens an den Arianismus betrieb, vereinigte Hilarius die rechtgläubigen Bischöfe des Landes und brach die Kirchengemeinschaft mit den Arianern. Saturninus exkommunizierte ihn seinerseits auf einer Synode in Biterrae (= Béziers) 356, und Kaiser Constantius verhalf dem Urteil dadurch zur Wirksamkeit, daß er Hilarius nach Kleinasien verbannte. Hier nahm er an verschiedenen Synoden teil und erwarb Verständnis für das theologische Anliegen der griechischen Orthodoxie. Die Arianer sollen seinen Eifer für die Sammlung der Orthodoxie als derart lästig empfunden haben, daß sie den Kaiser veranlaßten, ihn wieder in den Westen zu schicken.

Die Rückkehr des Hilarius geschah zu der Zeit, zu der Julian die von Constantius verbannten Bischöfe heimkehren ließ. Hilarius sammelte die Bischöfe Galliens zu einer Synode in Paris, die die Absetzung des Saturninus beschloß, und führte so die gallische Kirche der Orthodoxie zu. Danach ging er über die Alpen und versuchte, auf dieselbe Weise den Metropoliten Auxentius von Mailand zu beseitigen. Auxentius hatte aber die besseren Beziehungen zum Kaiserhof, und es gelang ihm, den Kaiser davon zu überzeugen, daß es dem Kirchenfrieden dienlich war, wenn Hilarius in sein Bistum zurückkehrte. Bald danach, etwa 367, ist er dort gestorben.

Hieronymus hat seinem Hilariusartikel (vir. ill. 100) ein Schriftenverzeichnis beigegeben. Bevor er sich mit dem arianischen Streit befaßte, schrieb Hilarius einen auf dem lateinischen Text fußenden Matthäuskommentar, in dem er, ohne sich an bestimmte hermeneutische Regeln zu halten, allgemein nach einem geistigen Sinn strebte. Erheblich später hat er einen Psalmenkommentar geschrieben, für den er auch den Septuagintatext heranzog. Er meinte, die inspirierten Übersetzer hätten den Psalter in drei Büchern von je fünfzig Psalmen angeordnet und dabei das platonische Bekehrungsschema zugrunde gelegt, um beim Leser zuerst die Umkehr, sodann die sittliche Erziehung und schließlich die Erleuchtung zu bewirken. Der Kommentar ist unvollständig erhalten, ebenso ein Hiobkommentar.

Das Hauptwerk des Hilarius sind zwölf Bücher ›Über die Trinität‹, die aber nur die Gottheit des Sohnes behandeln. Das erste Buch beginnt mit einem sehr schematischen, für die Biographie unergiebigen Bekehrungsbericht; am Ende des ersten Buches steht eine Skizze des Gedankengangs. Der Verfasser sucht, die Lehre von der wahren Gottheit des Sohnes vollständig zu behandeln, und bespricht nicht nur die formulierten arianischen Einwände, sondern auch alle Schriftstellen und Argumente, die gegen die Lehre von der vollen und wesentlichen Gottheit des Sohnes eingewandt werden könnten.

Zu den wichtigen dogmatischen Schriften gehört ferner der zweiteilige ›Liber de synodis‹. Der erste Teil richtet sich an die Bischöfe in Gallien, Germanien und Britannien, um ihnen zu einer über die Schlagwörter hinausgehenden Kenntnis des arianischen Streits zu verhelfen. Darum behandelt Hilarius die wichtigsten Bekenntnisse, die nach dem Nicänum entstanden sind. Der zweite Teil richtet sich an die rechtgläubigen orientalischen Bischöfe und empfiehlt ihnen die Annahme des Homousios, um dem überflüssigen Streit um Worte ein Ende zu machen. In einer Reihe von weiteren polemischen Schriften hat Hilarius zu Tagesfragen des arianischen Streites Stellung genommen, an denen er beteiligt war. Hilarius ist der erste Hymnendichter der lateinischen Kirche. Wahrscheinlich erkannte er bei seinem Aufenhalt im Osten, welche Bedeutung die Lieder in Glaubenskämpfen erhalten können. Von seinen Hymnen sind drei – unvollständig – erhalten.

b) Marius Victorinus

Marius Victorinus ist im römischen Africa in den letzten Jahrzehnten des 3. Jahrhunderts geboren. Unter Constantius – der 337 zur Regierung und 353 zur Gesamtherrschaft kam – lehrte er in Rom Rhetorik und kam zu solchem Ansehen, daß ihm im Jahre 353 auf dem Trajansforum eine Statue gesetzt wurde. 355 trat er, „im höchsten Alter“ (vir. ill. 101), zum Christentum über und erregte damit Aufsehen. Ein

Menschenalter danach wurde Augustin auf sein Beispiel hingewiesen. Kaiser Julians Lehrverbot für die Christen gab ihm im Jahre 362 Gelegenheit, sein Lehramt feierlich niederzulegen. Das Todesjahr ist nicht bekannt.

Als Philosoph bekehrte sich Marius Victorinus nach grammatischen und logischen Studien allmählich zum Neuplatonismus und von da aus weiter zum Christentum. Augustin erzählt die Bekehrungsgeschichte des Marius Victorinus recht ausführlich als Einleitung und Modell für seine eigene Bekehrungsgeschichte (Confessiones 8,2 ff.). Marius Victorinus wird wohl auch Übersetzer der Bücher jenes Platonikers gewesen sein, deren Lektüre Augustin veranlaßte, sich von der Astrologie abzuwenden und sich dem Neuplatonismus und der Suche nach dem geistigen Sein zuzuwenden.

Von den Schriften, die er als Christ verfaßte, sagt Hieronymus, er habe gegen Arius geschrieben und nach dialektischem Brauch so dunkle Bücher, daß nur Gelehrte sie verstehen könnten, und außerdem Pauluskommentare. Drei antiarianische Schriften sind auf uns gekommen, ›De generatione divini verbi‹, ›De homousio recipiendo‹ und ›Adversus Arium‹. Die Trinitätslehre des Victorinus ist der Neuplatonismus, wie ihn etwa Porphyrios lehrte, in christlicher Gewandung. Der Unterschied zwischen dem philosophischen und dem christlichen Platonismus läßt sich so angeben, daß die christliche Spekulation über die Gottheit bei dem Vater als dem Ausgangspunkt und Urheber einsetzt, die heidnische bei dem göttlichen Sein. Weil mit dem Nus die Vielheit von Denkendem und Gedachtem gegeben ist, oder mit dem Vater die Vielheit von Zeugendem und Gezeugtem, ist oberhalb von Vater oder Nus ein göttlicher Urgrund zu denken, von dem sich nicht einmal das Sein, sondern nur noch die Einheit aussagen läßt. Victorinus steht mit seiner Spekulation dem heidnischen Neuplatonismus näher als dem christlichen. Die Trinität erscheint bei ihm als eine geistige Substanz, die sich als Sein, Leben und Denken aktualisiert; in einer Bewegung des Sichselbstzeugens und im Erzeugten Sichselbsterkennens entfaltet sich die Substanz und kehrt zu sich selber zurück. Mit diesem Gedankengang hat hernach Augustin der abendländischen Trinitätslehre zu ihrer endgültigen Form verholfen. Von den Pauluskommentaren des Victorinus sind die zum Galater-, Epheser- und Philipperbrief erhalten geblieben, wissenschaftliche Arbeiten, die nach dem buchstäblichen Sinn fragen, ohne ihn praktisch oder erbaulich anzuwenden.

c) Weitere Antiarianer

Nachdem Constantius 353 die Gesamtherrschaft angetreten hatte und die Reichskirche im arianischen Glauben vereinigen wollte, erwachte im Westen auch in Gallien und Italien das Interesse an der Trinitätslehre. Man kann nicht sagen, daß die Ursache ein neues Verständnis für subtile theologische Fragen gewesen wäre; die lateinische Theologie war und blieb eine Domäne der Africaner. Mit deren Bildung konnten die übrigen Lateiner nicht mithalten. Das Interesse kam vielmehr daher, daß der Kaiserhof unter Constantius und unter den auf Julian folgenden Herrschern den Arianismus begünstigte, so daß das Bekenntnis zum Katholizismus zugleich ein Bekenntnis für die Freiheit der Kirche von staatlichen Eingriffen war. Im Eintreten für den Katholizismus kam der römischer Frömmigkeit entsprechende Gedanke der Trennung von Staat und Kirche und der Autonomie des religiösen Bereichs zum Ausdruck.

Im Zusammenhang mit dieser Bewegung ist eine Reihe von Autoren geringerer Bedeutung mit antiarianischer Polemik hervorgetreten. Dahin gehört als ältester *Ossius von Corduba*, der zu Beginn der Regierung Konstantins für diesen in kirchlichen Angelegenheiten tätig geworden war. Trotz seinem hohen Alter hat er in den vierziger und fünfziger Jahren aktiv am arianischen Streit teilgenommen und ist 358 nahezu hundertjährig gestorben.

Eusebius von Vercelli (Vercellae) ist auf Sardinien geboren und war seit ca. 345 Bischof von Vercellae. Unter Constantius wurde er wegen seines Widerstandes gegen die kaiserliche Religionspolitik in den Osten verbannt; nach seiner Rückkehr unter Julian versuchte er vergeblich, den vom Hof gestützten arianischen Bischof Auxentius von Mailand abzusetzen. Ein sardinischer Bischof derselben Richtung und desselben Schicksals war *Lucifer von Calaris (Calgiari auf Sardinien)*, der ebenfalls unter Constantius in den Osten verbannt wurde. Nach seiner Rückkehr unter Julian war er bemüht, eine Versöhnung der streitenden Parteien zu verhindern. Dazu gehörte, daß er das Schisma in Antiochien dadurch befestigte, daß er den Paulinus dort zum Bischof weihte. Schließlich gründete er eine schismatische Kirche.

Ein Angehöriger dieser Kirche war der römische Presbyter *Faustinus*, der 380 noch gegen die Arianer geschrieben hatte und danach für die Luciferianer eintrat. In diesem Zusammenhang könnte noch eine ganze Reihe von Verfassern antiarianischer Schriften geringerer Bedeutung genannt werden.

2. *Ambrosius von Mailand*

Bei Ambrosius läßt sich erkennen, daß es im arianischen Streit dieser Zeit im Westen nicht mehr um die dogmatischen Probleme geht, sondern um die Unabhängigkeit der Kirche von außerkirchlichen Instanzen, zu denen hier auch der Kaiser zu rechnen war. Wie weit dabei auch Abneigung gegen die Germanen im Spiel war, deren Eindringen in die politische und gesellschaftliche Struktur des Landes sich abzeichnet, ist schwer zu schätzen.

Ambrosius ist mit Hieronymus, Augustin und Gregor dem Großen einer der großen lateinischen Väter. Seine eigentliche Bedeutung hat er nicht als Schriftsteller, sondern als Kirchenpolitiker. Er entstammt einer der ersten römischen Familien. 339 (oder früher) ist er in Trier geboren, wo sein Vater als oberster Beamter (Praefectus praetorio Galliarum) residierte. In der seinem Herkommen entsprechenden Beamtenlaufbahn hatte er es 370 zum Consularis Liguriae et Aemiliae gebracht. Als solcher versuchte er, in dem Streit zu vermitteln, der 374 um die Nachfolge des Bischofs Auxentius von Mailand ausgebrochen war. Dabei einigte sich die Menge plötzlich auf ihn. Ambrosius sträubt sich, wie es die Schicklichkeit verlangte, ließ sich zur Annahme der Wahl bestimmen und empfing noch im Jahre 374 die Taufe und eine Woche danach die Bischofsweihe.

Die Kämpfe, die er in seinem Episkopat zu bestehen hatte, könnten nach dem altkirchlichen Schema als Kämpfe gegen Häretiker, Heiden und Juden bezeichnet werden. In Wahrheit kämpfte Ambrosius jedoch für die Freiheit der Kirche von dem Einfluß der weltlichen Zentralgewalt. Schon vor der konstantinischen Wende hatte das Verhältnis der Kirche zu Kaiser und Reich sich in Ost und West unterschiedlich entwickelt. Während im Osten das Amt des Kaisers religiös gedeutet wurde und Staat und Kirche als gemeinsamer Gipfel verband, blieb der Westen bis zum Ende des weströmischen Reiches bei der scharfen Scheidung des religiösen vom weltlichen Bereich, die römischer Frömmigkeit entsprach. So konnte die Kirche den Untergang des antiken Roms überleben und sein geistiges Erbe bewahren und weitergeben, während Staat und Kaisertum in den Stürmen der Völkerwanderung untergingen. Das heidnische Rom schwand dahin, das christliche Rom bestand fort. Ambrosius hat mit seiner Kirchenpolitik diese Entwicklung eingeleitet.

Im ersten Jahrzehnt seines Episkopates hatte Ambrosius sich noch verschiedentlich mit dem Arianismus auseinanderzusetzen. Eine Gefährdung des katholischen Glaubens ging nicht mehr von ihm aus. Aber er war die Religion der Germanen, die das Reich nicht nur von außen bedrängten, sondern auch innerhalb zunehmend an Macht und Bedeutung gewannen, und war zugleich die Religion des auf die Germanen sich stützenden Hofes. Ambrosius stand mehrfach vor der Aufgabe, die Beschlagnahme von Kirchengebäuden für die Arianer zu verhindern. Die Kämpfe konnten sich dramatisch zuspitzen. Zweimal war er genötigt, mit seiner Gemeinde eine von Truppen umstellte Kirche besetzt zu halten. Er förderte Eifer und Ausdauer seiner Gemeinde dadurch, daß er nach dem Vorbild der Griechen Antiphonien und Hymnen singen ließ. – Arius hatte die Sitte der Kampflieder für die Glaubenskämpfe aufgebracht, und Ambrosius hatte bei ihrer Einführung den Erfolg, der dem Hilarius noch versagt geblieben war. Zum Sieg des Ambrosius trug nicht wenig bei, daß sich im richtigen Augenblick die Reliquien der Heiligen Gervasius und Protasius finden ließen und würdig beigesetzt werden konnten.

Der Arianismus verlor endgültig seine Bedeutung für die katholische Bevölkerung, als Theodosius I. durch Kaiser Gratian in die Herrschaft aufgenommen und zum Augustus des Ostens erhoben wurde. Für Ambrosius ergab sich als nächster Gegner das absterbende Heidentum. Gratian, der 367 den Thron bestiegen hatte, war der erste Kaiser im Westen, der nicht mehr das Amt des Pontifex Maximus übernommen hatte (Zos. hist. 4,36,5). Mit diesem Amt war in Rom die Aufsicht über die römische Priesterschaft verbunden, und Gratian zeigte durch seinen Verzicht, wie gering er die politische Bedeutung des Heidentums schätzte.

382 hatte der Kaiser im Zusammenhang mit andern Maßnahmen gegen das Heidentum auch die Entfernung des Victoriabildes aus dem Sitzungssaal des römischen Senats verfügt. Die heidnische Minorität der Senatoren schickte eine Gesandtschaft unter Führung des berühmten und verdienten Q. Aurelius Symmachus, des am meisten gefeierten Rhetoren der Zeit, an den Hof nach Mailand, um den Kaiser zur Rücknahme zu bewegen; Stellungnahme und Einfluß des Ambrosius vereitelten das Unternehmen. Nachem Gratian im folgenden Jahr bei dem Kampf gegen den Usurpator Maximus umgekommen war, wiederholte die heidnische Partei vergebens ihren Versuch bei dem minderjährigen neuen Kaiser Valentinian II. Die „dritte Relation des Symmachus" an die Kaiser gilt als das eindrucksvollste Zeugnis des sterbenden Heidentums. Die ›Relationes‹ sind die Briefe, die der 384 und 385 als Praefectus urbi amtierende Symmachus an den Kaiser richtete. Einen dritten Versuch unternahm die heidnische Partei 390/91, der ebenfalls abgeschlagen wurde.

Bei dem Kampf gegen die Usurpatoren, die sich im Westen erhoben, hat Ambrosius die Kaiser unterstützt. Das gute Verhältnis hielt sich, als Theodosius nach dem Untergang Valentinians II. Alleinherrscher geworden war (393). Der Kaiser ließ es sich gefallen, daß ihm im Westen der Platz im Presbyterium der Kirche, der ihm im Osten zukam, durch Ambrosius verweigert wurde. Zweimal gab es Meinungsverschiedenheiten zwischen dem Kaiser und dem Bischof; sie hatten beidemale darin ihre Ursache, daß der Bischof für den Mob gegen kaiserliche Entscheidungen Stellung nahm. Die Angelegenheiten lagen in beiden Fällen weit außerhalb der Zuständigkeit des Ambrosius; es handelte sich vielmehr um Machtproben, bei denen Ambrosius den Kaiser zum Nachgeben zwang.

Zunächst ging es um die jüdische Synagoge von Kallinikum (in der Osrhoene, am oberen Euphrat gelegen). Die Synagoge war 388 durch die Christen unter Führung des Bischofs zerstört worden. Der Kaiser ordnete Wiedergutmachung an: die Verursacher des Schadens sollten die Synagoge auf ihre Kosten wieder aufbauen. Ambrosius konnte diese Entscheidung nicht mit seinem Rechtsempfinden vereinbaren. Durch Predigt, Brief und Verweigerung des Altardienstes nötigte er den Kaiser, sein Urteil zurückzunehmen. Der zweite Fall betraf ein Massaker, das Theodosius unter den Besuchern der Rennbahn in Thessalonich veranstaltet hatte. Der dortige Oberkommandierende war ein General Butherich. Der hatte einen Rennfahrer wegen Päderastie verhaften lassen. Der Mob war durch das Vorgehen gegen seinen Liebling aufgebracht und hatte den General und einige seiner Beamten ermordet. Theodosius hatte daraufhin die Rennbahn durch Soldaten umstellen lassen und den Mord blutig bestraft. „Wie man sagt, wurden siebentausend Menschen niedergemacht, ohne daß eine gerichtliche Untersuchung vorausgegangen wäre und ohne daß eine Verurteilung der Urheber jener Frevel stattgefunden hätte" (Theodoret, Kirchengeschichte 5,18,5). Das war im Frühjahr 390 geschehen. Ambrosius verweigerte daraufhin in Mailand dem Kaiser die kirchliche Gemeinschaft, bis dieser eine gerichtliche Überprüfung der Ereignisse angeordnet und förmliche Kirchenbuße getan hatte. Erst an Weihnachten empfing der Kaiser die Rekonziliation. Theodosius war Abendländer und brachte Verständnis für die Haltung des Ambrosius auf, den er in diesen Zeiten des Zerfalls zu den zuverlässigen Stützen der Ordnung rechnen konnte. Der Kaiser starb 395; zwei Jahre danach, im April 397, starb auch der Bischof. Ambrosius war, wie Cyprian von Karthago, ein Bischof, der Pflichtbewußtsein und Selbstbewußtsein der römischen Magistrate in die Führung seines kirchlichen Amts einbrachte.

Mit seiner rhetorisch-juristischen Ausbildung war Ambrosius für den Staatsdienst vorbereitet, nicht den Kirchendienst. Seine Schriften, insbesondere seine exegetischen Werke, sind großenteils aus Predigten hervorgegangen, die er diktiert und überarbeitet hat. Als Abendländer erweist er sich darin, daß der Spekulation in seinen Ausführungen weniger Gewicht zukommt als dem moralischen Zweck. Das stets erkennbare Ziel der Auslegung ist die Paränese. In seiner Exegese ist er von den Griechen abhängig, Philon von Alexandrien, Origenes und Basilius. Von diesen übernimmt er auch die allegorische Auslegung. Bei der Themenwahl ist Philon als Vorbild unübersehbar, auch bei dem Versuch, die Bibel von ihrem Anfang her auszulegen. Am bekanntesten unter seinen vielen alttestamentlichen Auslegungen ist das stark von Basilius abhängige Exameron; das umfangreichste Werk ist ein Lukaskommentar. Unter den moralischen Schriften die wichtigsten sind die an Cicero angelehnten drei Bücher ›De officiis ministrorum‹ (Über die Pflichten der Kirchendiener). Das Werk handelt in sehr lockerer Ordnung vom Sittlichguten, vom Nützlichen und vom Besseren. Sinn der Pflichterfüllung ist die ewige Seligkeit. Unter den dogmatischen Schriften sind die fünf Bücher ›De fide ad Gratianum‹ zu nennen. Ambrosius hatte für den Kaiser zunächst zwei Bücher geschrieben, war aber nicht hinreichend auf die Lehre vom Heiligen Geist eingegangen. Auf Wunsch des Kaisers hängte er zunächst noch drei Bücher an die erste Schrift an. Weil aber auch darin der Heilige Geist zu kurz gekommen war, schrieb er danach, im Jahre 381, ›Drei Bücher über den Heiligen Geist an Kaiser Gratian‹. Das Thema war aktuell, weil der Streit mit den Makedonianern um die Gottheit des Heiligen Geistes noch nicht zu Ende gekommen war. – Vielgelesen sind seine mystagogischen Katechesen ›Über die Mysterien‹, in denen Neugetaufte über Taufe und Eucharistie unterrichtet werden. Nicht ganz sicher ist die Echtheit der ›Sechs Bücher über die Sakramente‹, die außerdem auf das Gebet, besonders das Vaterunser, eingehen. Beide Werke sind wichtige liturgiegeschichtliche Quellen, zumal der Verfasser sich nicht mehr, wie bis dahin üblich, an die Arkandisziplin hält.

Von Ambrosius stammen die ältesten überlieferten christlichen Leichenreden, darunter zwei auf seinen Bruder Satyrus, eine zum Tod Kaiser Valentinians und eine ›Rede zum Tode des Theodosius‹. Die Briefsammlung, die von Ambrosius selber veranstaltet wurde, ist unvollständig überliefert; sie umfaßt heute 91 Stücke. – Ambrosius hat nicht nur den Hymnengesang im Abendland eingeführt, sondern auch selber Hymnen gedichtet. Seit dem siebten Jahrhundert wurde es üblich, kirchliche Hymnen als „ambrosianisch“ zu bezeichnen. Wir haben mindestens zwölf sicher echte Hymnen von ihm. Sie bestehen aus vierzeiligen Strophen von jambischen Dimetern. Die Hymnen sind noch nach den Regeln der klassischen Dichtkunst abgefaßt, aber der Umschwung kündigt sich in ihnen an. Wortakzent und Verston fallen häufig zusammen, und der Reim wird zwar nicht gesucht, aber auch nicht vermieden. Nicht von Ambrosius stammt der sogenannte ambrosianische Lobgesang Te deum laudamus. – Hieronymus erwähnt den Ambrosius gegen Ende seines Katalogs (vir. ill. 124): „Ambrosius, Bischof von Mailand, schreibt bis heute. Mein Urteil will ich als überflüssig zurückstellen, um mir nicht den Vorwurf der Heuchelei oder der Wahrheit zuzuziehen." Offensichtlich konnte er ihn nicht leiden. Vielleicht war er als Autor eifersüchtig, vielleicht brachte er auch die Stimmung zum Ausdruck, die man in Rom gegenüber dem erfolgreichen Mailänder Bischof hegte. Oder war ihm Ambrosius mit derselben bischöflichen Zurückhaltung begegnet wie dem jungen Professor Augustin?

3. Papst Damasus I.

Daß Ambrosius und nicht der römische Bischof die führende Rolle in der abendländischen Kirche spielte, lag nicht allein an der starken Persönlichkeit des Mailänders. Der römische Bischof Damasus I. (366–384) hatte in den ersten Jahren seines Episkopates schwere Kämpfe zu bestehen. In Rom hatte es ein Schisma unter zwei Bischöfen (Liberius und Felix) gegeben; die Häupter waren zwar kurz nacheinander (365–366) gestorben, aber das Schisma bestand fort, und beide Parteien versuchten, einen Bischof in das Amt zu bringen. Es kam zu bürgerkriegsartigen Unruhen in der Stadt, in denen Damasus sich nur langsam durchsetzen konnte. Überdies wurden ihm schwere Verbrechen vorgeworfen. Er wurde zwar von dem Gericht Kaiser Gratians freigesprochen, war aber zunächst durch diese Mißhelligkeiten in seiner Amtsführung behindert. In seine Amtszeit fällt die Anerkennung der päpstlichen Gerichtshoheit über die Metropoliten des Abendlandes durch ein Reskript Gratians. Daß die Anerkennung des päpstlichen Primats durch ein Kaisergesetz auch eine problematische Seite hatte, machte der dritte Kanon deutlich, den drei Jahre danach das große Konzil in Konstantinopel beschloß, „daß der Bischof von Konstantinopel den Ehrenrang nach dem römischen Bischof einnehmen soll, weil seine Stadt das neue Rom ist". Der römische Bischof hatte seinen Primatsanspruch bisher mit dem Vorrang des Apostels Petrus begründet. Nun nannte der Kanon eines ökumenischen Konzils den Vorrang der Hauptstadt als

Grund; die Welt sollte mit ihrer Struktur maßgeblich die Struktur der Kirche bestimmen. Damasus hat zum Ausdruck seines Protestes unmittelbar danach in Rom eine Synode gehalten, deren Beschlüssse in das sogenannte Decretum Gelasianum eingegangen sind, eine zu Anfang des 6. Jahrhunderts in Südgallien entstandene Rechtsquelle. Nicht durch Synodalbeschlüsse, erklärte er, sondern durch den Herrn Christus habe die römische Kirche den Primat erhalten. Im übrigen stelle die Beziehung zu dem Apostel Petrus eine Rangordnung der obersten Bischofssitze her: den zweiten Platz nehme Alexandrien, den dritten Antiochien ein. Konstantinopel verdient in diesem Zusammenhang offensichtlich keine Erwähnung.

Außer diesem ältesten Teil des Gelasianischen Dekretes gehen auf Damasus kirchenrechtlich wichtige Briefe und Synodalschreiben zurück. Ferner ist zusammen mit einem Brief an Paulinus von Antiochien eine Confessio fidei catholicae überliefert, aus 24 Anathematismen bestehend. Besondere Hervorhebung verdient die Fürsorge des Papstes für die Gräber der Märtyrer. Er ließ die Zugänge zu den Katakomben freilegen und verfaßte literarisch beachtliche Inschriften, von denen 59 als echt gelten. Die Inschriften wurden durch den Kalligraphen Furius Dionysius Philokalus in Marmortafeln eingemeißelt. Das größte Verdienst erwarb sich der Papst aber dadurch, daß er Hieronymus mit der Revision der lateinischen Bibel beauftragte.

4. *Hieronymus von Stridon*

In der Kunst wird Hieronymus als zurückgezogener Pilger und Einsiedler dargestellt. Doch die Ruhe und den Frieden, die sein Bild ausströmen, hat der Gelehrte kaum angestrebt und nie gefunden; er trug sie nicht in sich. Er ist zwischen 340 und 350 in Stridon im nordwestlichen Dalmatien geboren. Man sucht den Ort zwischen Aquileia und Emona = Laibach. Als Kind wohlhabender Eltern erhielt er eine gute Bildung. In Rom hatte er Unterricht bei dem berühmten Aelius Donatus, nach dessen Lehrbuch das Abendland über tausend Jahre lang Latein lernte. Am Ende seiner Studien empfing Hieronymus die Taufe und drückte damit die Absicht aus, sich dem Kirchendienst oder der Askese zuzuwenden. Der Entschluß verfestigte sich auf einer Reise nach Gallien an den Rhein; vielleicht hat das Beispiel der Trierer Mönche, das für Augustins Bekehrung wichtig war, auch ihn beeindruckt. In Aquileia bereitete er sich im Freundeskreis auf die künftige Lebensform vor und trat dann um 373 die Fahrt in den Orient an, in die Heimat des Mönchtums.

In Antiochien hielt ihn Krankheit fest. Er nutzte die Unterbrechung, um Griechisch zu lernen und bei Apollinaris von Laodikeia Exegese zu studieren. Nach seiner Genesung ließ er sich in der Wüste Chalkis östlich von Antiochien als Einsiedler nieder (375–378). Ein getaufter Jude gab ihm Unterricht im Hebräischen, und der schismatische Bischof Paulinus in Antiochien, der die Unterstützung des römischen Bischofs besaß, erteilte ihm die Presbyterweihe. Dann begab sich Hieronymus nach Konstantinopel, wo er Gregor von Nazianz hörte und die Bekanntschaft Gregors von Nyssa machte; schließlich kehrte er nach Rom zurück. Papst Damasus hatte ihn zu der Synode von 382 eingeladen, die sich offiziell mit dem antiochenischen Schisma befassen und in Wahrheit die Beschlüsse des ökumenischen Konzils korrigieren sollte, und behielt ihn danach in seiner Umgebung. Der Papst regte ihn damals zur Revision des lateinischen Bibeltextes an.

Gunst des Papstes und Beziehungen zur römischen Oberschicht machten ihn zu einem einflußreichen Mann, aber nach dem Tod des Papstes (384) zeigte sich, daß er keine Freunde hatte. Der plötzliche Tod eines jungen Mädchens aus der römischen Gesellschaft ließ das Gerücht aufkommen, die Todesursache sei das unvernünftige Fasten gewesen, das er empfohlen habe, und die Volksstimmung richtete sich gegen ihn. Hieronymus sah ein, daß seine Rolle in Rom ausgespielt war. Er kehrte in den Orient zurück, nach Jerusalem, und die reiche Dame Paula und ihre Tochter Eustochium, die er für die Askese begeistert hatte, folgten ihm. Die Reise führte schließlich nach Bethlehem. Paulas Geld erlaubte die Verwirklichung großzügiger Pläne, die Stiftung dreier Frauenklöster und eines Männerklosters mit Pilgerherbergen und Klosterschule (386 f.). Hieronymus hat in diesen Jahren rastlos gearbeitet, aber wenig Frieden genossen. Es kam zum ersten origenistischen Streit, an dem hauptsächlich er schuld war. Weitere Streitigkeiten folgten, die er nicht immer gesucht, aber auch nie vermieden hat. Viel Unfrieden herrschte damals in der Kirche; zu den eigentümlich orientalischen Kämpfen waren mit Pelagius und Caelestius deren Probleme in den Osten gekommen, und wenn die Orientalen auch von der abendländischen Gnadenlehre nicht mehr verstanden, als die Abendländer von der Theologie – ein Anlaß zum Streit war gegeben, Hieronymus nahm ihn wahr und erntete Sturm, wo er Wind gesät hatte. 419 oder 420 starb er nach einem Leben, in dem das Streben nach Ruhe und der Mißerfolg dieses Strebens in seltsamem Kontrast stehen.

Nach Augustin ist Hieronymus der fruchtbarste unter den lateinischen Vätern. Er ist kein spekulativer Kopf und hat, auch wenn er mit Streitschriften in theologische Kämpfe – den origenistischen und den pelagianischen Streit – eingegriffen hat, keine theologischen Abhandlungen verfaßt. Abgesehen von seinen exegetischen Bemühungen richtete sich sein Interesse vornehmlich auf Fragen der Geschichte und der Askese. Großes Verdienst hat er durch zahlreiche Übersetzungen aus dem Griechischen erworben, vor allem von Werken des Origenes, für den er sich ursprünglich begeistert hatte und den er später im origenistischen Streit bekämpfte.

Seine wichtigste und folgenreichste Arbeit war aber die Revision der lateinischen Bibel. Sie nahm fast zwanzig Jahre in Anspruch. Hieronymus begann mit den Evangelien und verglich ihren Text mit griechischen Handschriften, über die wir nicht viel Sicheres wissen. Danach wandte er sich dem Psalter zu. Zunächst stützte er sich auf die Septuaginta, aber nachdem er in den Orient gekommen war, nahm er Einsicht in die Hexapla des Origenes und sah sich nach seiner Niederlassung in Bethlehem (386) zu einem Neuanfang veranlaßt. Von dieser Revision des Alten Testaments sind heute noch der Psalter und Teile des Hiob vorhanden. Ein großer Teil des Manuskripts kam dem Hieronymus vor der Veröffentlichung „durch einen heimtückischen Menschen" abhanden. Diese neuere Psalmenrevision hat sich zuerst in Gallien durchgesetzt und heißt darum ›Psalterium Gallicanum‹ im Unterschied von dem zuvor erwähnten ›Psalterium Romanum‹.

Vor Abschluß dieser Arbeiten griff Hieronymus noch einmal das Alte Testament an, legte diesmal aber den hebräischen Text zugrunde. Die von längerer Krankheit unterbrochene Arbeit hielt ihn bis 406 fest. Hieronymus beschränkte sich mit Ausnahme der aus dem Aramäischen übersetzten Bücher Tobias und Judith auf den jüdischen Kanon. Sein Ziel war das Ziel jeder guten Übersetzung: den vertrauten Wortlaut unter Wahrung der Verständlichkeit zu schonen und im Rahmen des Möglichen nach dem guten Ausdruck zu suchen. Der Text des Hieronymus hat sich nur langsam durchgesetzt. Zur Zeit Gregors des Großen stehen die alte und die neue Bibel gleichberechtigt nebeneinander, und seit dem 8./9. Jahrhundert ist der Text des Hieronymus der übliche Text. Der Name „Vulgata" ist erst seit dem 13. Jahrhundert von ihrer Vorgängerin auf die Bibel des Hieronymus übergegangen.

An eigenen exegetischen Arbeiten erklärt Hieronymus den Psalter, den Prediger und fast alle Propheten, das Matthäusevangelium und vier Paulusbriefe. Von seinen polemischen Schriften verteidigen einige die Askese, die andern beziehen Stellung in den Streitigkeiten der Zeit. An historischen Schriften ist zunächst eine Übersetzung und Weiterführung der Chronik des Euseb und eine Bearbeitung seines Onomastikons der biblischen Ortsnamen zu nennen. Dazu kommen drei

Mönchsbiographien der Heiligen Paulus von Theben, Hilarion und Malchion. – Mit dem Schriftstellerkatalog De viris illustribus – Titel und Form folgen Suetons gleichnamigem Werk – will Hieronymus nachweisen, daß es der Kirche nicht an in Wahrheit erleuchteten Persönlichkeiten fehle. Außerdem gibt es von ihm 85 Predigten und 117 Briefe und eine gewaltige, von seinem Ansehen sprechende Zahl unechter Schriften.

XII. AUGUSTIN

1. Leben

Unter den lateinischen Vätern ist Augustin der bekannteste, und keiner hat einen größeren Einfluß auf die abendländische Kirchen- und Kulturgeschichte ausgeübt. Ungewöhnlich sind der Reichtum und die Tiefe seiner Empfindung, ungewöhnlich die Schärfe und Selbständigkeit seines Denkens, ungewöhnlich aber auch seine Ausdruckskraft. Die Spur seines Wirkens läßt sich durch die Geistesgeschichte bis auf diesen Tag verfolgen.

Augustin stammt, wie fast alle bedeutenden lateinischen Kirchenväter, aus dem römischen Nordafrica. Er ist 354 in dem kleinen Städtchen Thagaste in Numidien geboren. Sein Vater Patricius gehörte dem kleinbürgerlichen Mittelstand an. Die Mutter Monnica war durch ihre Frömmigkeit ausgezeichnet. Die Eltern hatten früh die überragende Begabung des Kindes erkannt und kümmerten sich um eine gute, ihre Verhältnisse überfordernde Ausbildung. Augustin besuchte zu Hause in Thagaste die Grundschule und im benachbarten Madaura die Oberschule. Das Studium der Rhetorik an der Universität in Karthago, das Augustin als Siebzehnjähriger begann (371), wurde durch die Hilfe eines wohlhabenden Freundes der Familie möglich.

Augustins Bekehrung ist kein einmaliger Akt zu einem bestimmten und angebbaren Zeitpunkt des Lebens, sondern ein das Leben über andauernder, von der Materie zum Geist und zur Vergeistigung führender Erkenntnisprozeß. Um eine einmalige und plötzliche Bekehrung nach dem Beispiel des Paulus in seine platonische Bekehrungsgeschichte einbauen zu können, hat Augustin als Höhepunkt beschrieben, wie er eine plötzliche Umkehr seines Willens erlebt habe. Er war sich aber klar darüber, daß der eigentliche Bekehrungsprozeß mit dieser Verwandlung des Willens noch nicht zu seinem Abschluß gekommen war. Wir versperren uns das Verständnis, wenn wir unsern Bekehrungsbegriff in die antiken Bekehrungsgeschichten eintragen und da einen einmaligen Akt suchen, wo wir nach dem Verlauf eines ganzen Lebens fragen müßten. Nach Augustins eigener Sicht beginnt seine Bekehrung damit, daß er auf der Universität in Karthago Ciceros ›Hortensius‹ kennenlernte. Die Schrift ist nicht vollständig überliefert und muß aus Fragmenten rekonstruiert werden. Durch sie wurde er sich bewußt, daß er als geistiges Wesen zur Erkenntnis der Wahrheit berufen war. Auch der Hortensius hält es für das Ziel der menschlichen Existenz, nach Möglichkeit den Göttern ähnlich zu werden. Von dieser seine Bekehrung einleitenden Erkenntnis wich Augustin alsbald ab. Er schloß sich den Manichäern an. Die Manichäer waren zu dieser Zeit eine dem Christentum nahestehende Sekte, die für die Kirche die Rolle spielte, die im zweiten Jahrhundert die Gnosis eingenommen hatte. Vom Platonismus unterschieden sie sich vor allem dadurch, daß sie einen echten Dualismus lehrten, bei dem die Finsternis nicht die Abwesenheit von Licht ist, sondern ein eigenes gegensätzliches Prinzip.

Für Augustins geistige Entwicklung bedeutet der Anschluß an die Manichäer, daß er auf die ihn bedrängende Frage nach dem Ursprung des Bösen eine leicht faßliche und auf den ersten Blick überzeugende Antwort erhielt: als Prinzip war das Böse ursprungslos. Die neuen Probleme, die diese Grundvoraussetzung mit sich brachte, konnten seinem scharfem Verstand auf die Dauer nicht verborgen bleiben. Durch die Auseinandersetzung mit dem manichäischen Dualismus hat seine Gnadenlehre ihre Schärfe und Konsequenz erlangt. Die Frage nach dem Ursprung des Bösen, die ihn den Manichäern in die Arme getrieben hatte, trennte ihn schließlich wieder von ihnen.

Diesen Schritt hatte er innerlich bald vollzogen, aber die äußerliche Verwirklichung brauchte ihre Zeit. Nach seinem Studium hatte er versucht, sich zu Hause in Thagaste als freier Lehrer der Rhetorik niederzulassen, aber erkannt, daß er in der Kleinstadt, und dazu seiner Vaterstadt, keinen Wirkungskreis für seine Begabung und kein Feld für seinen Ehrgeiz finden konnte; darum war er als Privatdozent an die Universität Karthago zurückgekehrt. Hier verbrachte er acht Jahre mit zunehmendem Unbehagen; denn einerseits bekam er in geistiger – und vermutlich auch wirtschaftlicher – Hinsicht keinen Boden unter die Füße, andererseits bedrückte es ihn, daß er sich innerlich von den Manichäern losgesagt hatte, während er äußerlich auf ihre weitreichenden Verbindungen angewiesen blieb. So entschloß er sich 383, in die Reichshauptstadt zu übersiedeln. Die Hoffnungen, die er auf diesen Wechsel gesetzt hatte, erfüllten sich. Schon im folgenden Jahr erreichte ihn ein Ruf als Professor der Rhetorik an die Universität der Residenz Mailand. Während seines römischen Aufenthalts war Augustin innerlich zur platonischen Philosophie zurückgekehrt, nämlich zu dem akademischen Skeptizismus auf jener späten Stufe, auf der die prinzipielle Unerreichbarkeit der Wahrheit nicht die Möglichkeit ausschließt, vernünftig zu handeln. Der Manichäismus hatte sich als Irrweg erwiesen und konnte für ihn hinfort die Rolle der falschen Religion und Philosophie spielen, von der er sich abwenden mußte, um sich der Wahrheit zuzuwenden.

Mit dem Ruf nach Mailand hatte er das Ziel seiner langen Ausbildung erreicht, eine angesehene Stellung, die ihm und seiner Familie ein sicheres Auskommen gewährte. Bald nach Beginn seines Studiums hatte er in Karthago eine Lebensgefährtin gefunden, die ihm im Jahr darauf einen Sohn, Adeodatus, geboren hatte. Sein Vater Patricius war schon 371 gestorben. Mutter Monnica war ihm mit den Geschwistern nach Mailand gefolgt. Sie drängte ihn, zur Sicherung seines weiteren Fortkommens eine standesgemäße Ehe einzugehen, fand auch eine Braut für ihn, und Augustin, der vor seiner Mutter fliehen, aber ihr nicht widerstehen konnte, schickte die Mutter seines Kindes zurück nach Africa. Er empfand, daß er im Begriff war, sich unlösbar an seine bürgerliche Existenz zu binden und daß diese Bindung unvereinbar war mit der Freiheit, zu der er sich berufen wußte. Der Platonismus hatte ihn gelehrt, daß die Wahrheit sich dem Menschen offenbart. Die Predigten des Ambrosius mit ihrer allegorischen Auslegung erschlossen ihm die Heilige Schrift als Wahrheitsquelle. Er fand Zugang zum Neuplatonismus, lernte, was er längst wußte: daß Gott Geist ist und daß die Zuwendung zur geistigen Welt die entschlossene Abwendung von der materiellen Welt voraussetzt. Religion und Philosophie forderten beide denselben Entschluß, sie forderten beide die Askese. Verständlicherweise fiel ihm die Verwirklichung dieses Entschlusses auch dann noch schwer, als er die Notwendigkeit eingesehen hatte. Vorbilder traten ihm vor Augen. Ihn erreichten Nachrichten von Einsiedlern und Philosophen, die das vermocht hatten, wozu ihm sein Wille zu schwach schien.

In diesem inneren Zwiespalt erlebte er die bekannte Gartenszene, die wir seine Bekehrung nennen. Aus dem Nachbargarten drang eine Kinderstimme an sein Ohr, die in gleichmäßigem Singsang die Worte „tolle, lege" wiederholte; das Kind mag Steinchen oder Hölzchen vom Boden aufgelesen haben. Augustin zweifelte nicht daran, daß die Kinderstimme an ihn gerichtet war und sich auf das Buch bezog, das ihn beschäftigte und das seine inneren Kämpfe auslöste. Das waren die Paulusbriefe; er schlug sie auf, und seine Augen fielen auf Röm 13, 13 f.: „Nicht in Fressen und Saufen, nicht in Kammern und Unzucht, nicht in Hader und Neid; sondern zieht an den Herrn Jesum Christum und wartet des Fleisches nicht so, daß es geil wird." In dem Bewußtsein, eine unmittelbare Ansprache Gottes erfahren zu haben, erlebte Augustin die Umwandlung seines Willens; plötzlich fiel ihm leicht, wozu er bis dahin zu schwach war. Er verzichtete auf sein Lehramt und begab sich mit den Seinen nach Cassiciacum auf das Landgut eines Freundes. Dort bereitete er sich auf den Empfang der Taufe vor und empfing sie in der Osternacht des Jahres 387. In jener Zeit, in der der Taufaufschub noch Sitte war, ließ man sich taufen, wenn man das Lebensende nahen fühlte oder wenn man sich zu Askese oder Kirchendienst verpflichten wollte.

Während er in Ostia auf die Gelegenheit zur Überfahrt nach Africa wartete, starb Monnica. Im Herbst 388 kehrte er nach Thagaste zurück. Seinen Entschluß zur Askese verwirklichte er, indem er sich mit Freunden zum gemeinsamen Leben verband. Doch die Kirche, in die er durch die Taufe eingetreten war, forderte jetzt seinen Dienst. Als er im Jahre 391 am Gottesdienst in der kleinen Hafenstadt Hippo Regius teilnahm, verlangte der Bischof samt dem Kirchenvolk von ihm, daß er in den Klerus eintrat und die Priesterweihe auf sich nahm. Seine Begabung und seine Neigung entfalteten sich im geistlichen Amt. Der Bischof wollte ihn seiner Gemeinde erhalten, ließ ihn zum Mitbischof weihen und bestimmte ihn dadurch zu seinem Nachfolger.

Augustins Interessen richteten sich auf seine Amtspflichten. Predigt und Seelsorge nehmen hinfort den ersten Rang ein. Doch dem Bischof kommt es auch zu, die Kirche nach außen zu vertreten und den Kampf gegen ihre Feinde zu führen. Wie die meisten Menschen bewältigte Augustin seine Vergangenheit dadurch, daß er sich polemisch mit ihr auseinandersetzte. Schon in Cassiciacum hatte ihn die neugefundene Gewißheit zur Auseinandersetzung mit dem Skeptizismus gedrängt. Als nächste Aufgabe stellte sich ihm der Kampf gegen den Manichäismus. Unvermeidlich war ferner, da die Kirche im römischen Africa seit dem Anfang des Jahrhunderts in Katholiken und Donatisten gespalten war, die Begegnung mit dem Donatismus. Diese Kämpfe gegen Manichäer und Donatisten beschäftigen ihn im letzten Jahrzehnt des vierten und dem ersten des fünften Jahrhunderts. Mit dem Jahr 412 beginnt sein Kampf gegen den Pelagianismus, in dem er seine Gnadenlehre entwickelte und damit den Höhepunkt seiner theologischen Leistung erreichte. Als er am 28. August 430 starb, hinterließ er ein unvollendetes Werk gegen den Pelagianer Julian von Aeclanum.

Aus unserer Sicht erreicht die Geistesgeschichte des christlichen Altertums in Augustin ihren Höhepunkt. Danach folgt ein jäher Abbruch. Zur Zeit seines Todes belagerten die Vandalen seine Stadt. Im lateinischen Westen beginnt mit der Völkerwanderung, die die Germanen nach Africa gebracht hatte, eine neue Epoche der Geschichte und der Kirchengeschichte.

2. Schriften

Im Jahre 427, drei Jahre vor seinem Tode, hat Augustin seine nach seiner Bekehrung verfaßten Schriften einer kritischen Durchsicht unterzogen und das Ergebnis in den zwei Büchern ›Retractationes‹ festgehalten; die Bischofsweihe bezeichnet die Grenze zwischen den beiden Büchern. Er hatte 93 Schriften mit 232 Büchern aufzuzählen. Von diesen Werken sind zehn nicht auf uns gekommen. Seinen Plan, auch die Briefe und Predigten zu mustern, konnte er nicht mehr verwirklichen.

Seine ›Bekenntnisse‹ gehören zu den bekanntesten Werken der Weltliteratur. Der Form nach handelt es sich um ein einziges langes Gebet; dem Inhalt nach um eine Lebensbeichte. Sie spricht von dem Lobopfer, das im Psalter der fromme Beter darbringt; Augustin will Gott für seine gnädige Führung danken. Der Gattung nach ist es ein Bekehrungsbericht, wie wir ihn seit den Apologeten in der Väterliteratur finden. Augustin führt in dem Werk dem Leser seine Gnadenlehre am Beispiel seines eigenen Lebens vor. Daß dieser Bericht gleich jeder Autobiographie kein objektives Bild zeichnen kann, ist selbstverständlich. Im Licht der die Umkehr allein bewirkenden Gnade erscheinen die jugendlichen Fehltritte in übertrieben hartem Kontrast. Die Lebensbeichte nimmt die ersten neun Bücher ein; Buch zehn betrachtet den derzeitigen Zustand Augustins, der sich auf dem Wege weiß, doch noch weit vom Ziel. Die Bücher 11–13 enthalten Gedanken über die Welt und den Menschen, die Zeit und die Ewigkeit.

Die Entwicklung, die sich in seinen Schriften abzeichnet, erlaubt uns eine gewisse Kontrolle dessen, was er in den Confessiones über seinen Bildungsgang berichtet. ›De pulchro et apto‹ (Über das Schöne und das Nützliche) ist die erste Schrift Augustins, von der wir wissen. Er hat sie als Lehrer der Rhetorik in Karthago (380/1) verfaßt. Als er sie in den Confessiones erwähnte, besaß er sie selbst nicht mehr. – Aus den Gesprächen mit den Hausgenossen in Cassiciacum sind vier Werke hervorgegangen. Das erste, ›Drei Bücher gegen die Akademiker‹, wendet sich gegen den Skeptizismus der mittleren und neueren Akademie, der ihm zum ersten Mal in Ciceros ›Hortensius‹ begegnet war. Augustin steht darin auf dem Standpunkt des Mittelplatonismus. Die Wahrheit ist erkennbar, und die Erkenntnis ist Inhalt der Glückseligkeit. Eben dies erklärt auch ›De vita beata‹. Neuplatonischer Einfluß wird zuerst in den zwei Büchern ›Über die Ordnung‹ sichtbar: das Böse ist Gott unter- und zugeordnet und hat seinen Platz in Gottes Welt. Die zwei Bücher ›Soliloquia‹ sind ein Gespräch mit der eigenen Vernunft über Gott und die Unsterblichkeit der Seele.

Während der Wartezeit in Rom begann Augustin die ›Drei Bücher über den freien Willen‹, konnte das Werk aber erst 395 abschließen. Die Tendenz ist antimanichäisch; die Bedeutung, die das Thema für ihn bekommen sollte, war ihm damals noch nicht bewußt. Augustin suchte, den Ursprung des Bösen in einer verkehrten Entscheidung des freien Willens nachzuweisen. Das war noch ganz aristotelisch gedacht; der Mensch hat die Möglichkeit, Gut und Böse als solche zu erkennen und kraft der Freiheit seines Arbitriums den Willen auf eines von beiden zu richten. – Den entscheidenden Fortschritt machte Augustin im folgenden Jahr, in dem er sich intensiv mit Paulus beschäftigte. Wir finden seine neue Erkenntnis in den ›Zwei Büchern an Simplician über verschiedene Fragen‹. Simplician war in Mailand ein wichtiger Mann im Hintergrund. Als Ambrosius im Jahre 375 ohne Vorbereitung auf das geistliche Amt Bischof wurde, war der Presbyter ihm als theologischer Berater an die Seite getreten. 397 folgte er ihm im Bischofsamt. An diesen Simplician hatte sich Augustin gewandt, um eine kirchliche Instanz auf seine Bekehrungsbereitschaft aufmerksam zu machen; der vielbeschäftigte Ambrosius, den er zuerst aufsuchte, hatte nur ein sehr zurückhaltendes Interesse für seine Seelenkämpfe gezeigt. Simplician nahm sich mehr Zeit und wies den jungen Professor Augustin auf das Beispiel des alten und hochangesehenen Professors Marius Victorinus hin, dessen Bekehrung zum Christentum vor reichlich zwei Jahrzehnten Aufsehen erregt hatte. – Die Freundschaft zwischen den beiden Männern hatte Bestand. Simplician hatte den Augustin, der vor ihm Bischof geworden war, nach dem Sinn von Röm 10, 9–29 befragt. Bei Auslegung der Stelle gelang Augustin dadurch der Durchbruch zu seinem neuen Gnadenverständnis, daß er die Prädestination Gottes in seine Gedanken einbezog. Bis dahin hatte er gemeint, Gott belohne durch seine Prädestination unsere guten Werke, die er vorhergesehen hatte. Nun begriff er, daß eine in das Vorherwissen Gottes verlegte menschliche Entscheidung keine Prädestination ist. Der Begriff der Prädestination verlangt vielmehr, daß Gott belohnt, was er selber gewirkt hat. Gott bewegt den menschlichen Willen, und der Mensch kann dem Willen Gottes nicht widerstehn. Die Prädestination zum Heil ist ein reines Werk Gottes.

Diese Erkenntnis hatte für Augustin fundamentale Bedeutung. Wenn wir ein einmaliges Ereignis seines Lebens seine Bekehrung nennen können, dann ist es der Augenblick, in dem ihm aufging, daß „Gnade" unverdiente Gnade ist, gratia gratis data. Augustins Biographen haben dieser Erkenntnis, fasziniert durch die Gartenszene, unzulänglich Aufmerksamkeit geschenkt. Augustin selber hat angemessen reagiert. Die

Abfassung der Confessiones ist seine Antwort auf diese Erkenntnis, dieses Bekehrungserlebnis. In den Bekenntnissen dankt Augustin Gott dafür, daß er durch einen übernatürlichen Eingriff seinen Willen umgeformt hat. Bis zum pelagianischen Streit hat er dann nicht weiter über Gnade und Willensfreiheit geschrieben.

Zwischen 388/89 und 399 hat Augustin dreizehn antimanichäische Schriften verfaßt. Die Nähe zum Christentum, in der sich im lateinischen Westen die Manichäer befanden, machten sie zu einer Gefahr für den Glauben. Augustin hatte hinlänglich Erfahrung mit und bei ihnen gesammelt. – Durch seinen Eintritt in den Klerus (393) kamen die Interessen der Kirche in seinen Blick. Mit diesem Jahr setzt seine antidonatistische Polemik ein. Augustin hat bis 420 zwanzig Schriften gegen die Donatisten verfaßt und großen Eifer auf ihre Rückgewinnung gewandt. Die Donatisten beanspruchten, die wahren Katholiken zu sein. Sie machten die Wirksamkeit der Sakramente von der persönlichen Würdigkeit der Spender abhängig; die Heiligkeit der Kirche hatte für sie ihren Grund in der Heiligkeit des Klerus. Ursprünglich hatte das Schisma, die Existenz zweier Kirchen in Africa, Augustin zu seinem Kampf gegen den Donatismus veranlaßt. Aber in dem Maße, in dem seine Gedanken über das Verhältnis zwischen der Gnade und dem menschlichen Willen sich vertieften, wurde ihm der Gedanke unerträglich, daß die Wirkung der Gnade, des unwiderstehlichen göttlichen Willens, von den Eigenschaften des Menschen abhängig sein solle, den Gott mit der Verwaltung seines Willens beauftragt hat.

Der Kampf, in dem Augustin persönlich am stärksten beteiligt war, ist der Kampf mit dem Pelagianismus. Die Pelagianer vertraten den Standpunkt, den Augustin in seiner ersten Schrift über das Liberum arbitrium selber eingenommen hatte, nämlich daß der Mensch mit der Fähigkeit, zwischen Gut und Böse zu wählen, die Fähigkeit besitze, über sein Heil zu entscheiden. Nach seiner Gerechtigkeit belohnt Gott die guten Werke der Guten und bestraft die bösen Werke der Bösen. Dies ist Pelagianismus in seiner schroffen Form. Bei der Anschauung, die wir Semipelagianismus nennen, kommt es zu einer Kooperation von Gnade und freiem Willen derart, daß die Gnade den guten, aber schwachen Willen des Menschen unterstützt und vollendet, was er begonnen hat. – Augustin hat von 412 an 15 Schriften gegen den Pelagianismus geschrieben. Da die Pelagianer eine Mitwirkung des Menschen bei seinem Heil forderten und die Erbsünde nicht als Sünde, sondern als Geneigtheit zu sündigen ansahen, lehnten sie die Säuglingstaufe ab. Augustin hat darum verschiedentlich in antipelagianischer Absicht die Säuglingstaufe verteidigt.

Es ist bemerkenswert, daß Augustin fortfuhr, den menschlichen Willen auch nach dem Fall Adams als frei zu bezeichnen, obwohl seine Gnadenlehre die Unwiderstehlichkeit der Gnade lehrt. Dafür hatte er zwei Gründe. Er mußte fürchten, daß in der Konsequenz seiner Anschauungen Gott zum Urheber der Sünde gemacht werde, und weiter, daß man neben der Prädestination zum Heil auch eine Prädestination zum Unheil annehmen müsse. Beide Konsequenzen vertrugen sich nicht mit seiner neuplatonisch bestimmten Grundansicht: der allein gute Gott kann auf keine Weise als Urheber von Bösem vorgestellt werden. Augustin empfand, daß er nicht redlich verfuhr, wenn er den unfreien Willen „frei" nannte. In einer Schrift aus dem Jahr 421 (›Gegen zwei Briefe der Pelagianer‹) ringt er sich zu der paradoxen Formel des „liberum arbitrium captivatum" durch, und weil er bei diesem Widerspruch nicht stehnbleiben konnte, spricht er in der im selben Jahr verfaßten Schrift Contra Iulianum vom „servum arbitrium". In diesem Jahr hat er ferner das nicht gegen die Pelagianer gerichtete ›Enchiridion de fide, spe et charitate‹ geschrieben und führt darin aus, daß der Mensch durch die Sünde das liberum arbitrium verloren habe. – Mit der Bestreitung der Willensfreiheit hatte er Unruhe unter den Asketen verursacht, die ihn zur Vorsicht in seiner Ausdrucksweise zwang und zur Abfassung weiterer Schriften veranlaßte. Bei seinem Tod am 28. August 430 war er mit der Widerlegung einer Abhandlung des Pelagianers Julian von Aeclanum beschäftigt, die unvollendet blieb, dem Opus imperfectum contra Iulianum.

Das bekannteste Werk Augustins nach den Confessiones sind seine 22 Bücher ›De civitate dei‹. Der Titel läßt sich nicht ins Deutsche übersetzen. Der Name bezieht sich auf Ps 46,5: „Dennoch soll die Stadt Gottes fein lustig bleiben." Die Civitas ist der antike Stadtstaat, wie ihn Athen oder, auf die Welt ausgedehnt, Rom verkörperten. Das Werk ist stückweise in den Jahren 413–426 veröffentlicht worden. Es besteht aus zwei Hauptteilen. Die Bücher 1–10 sind eine Apologie aus aktuellem Anlaß. Alarich hatte 410 Rom erobert, und die Römer suchten die Ursache des Unglücks darin, daß der Kult der alten Götter aufgegeben war, deren Segen die Stadt jahrhundertelang bewahrt hatte. Gegen diesen römischer Frömmigkeit naheliegenden Gedanken zeigt Augustin, daß der Götterkult weder für das irdische, noch das jenseitige Leben nützt. Der zweite Teil, Buch 11–22, ist eine Geschichtstheologie auf der Basis des apokalyptischen Weltbildes. Reste des manichäischen Dualismus und Erkenntnisse aus seiner Gnadenlehre sind nicht vollständig mit seinem neuplatonischen Weltbild ausgeglichen. Besonders undeutlich ist die zwiespältige Bewertung des weltlichen Staats, der gut ist als Ordnungsmacht im Dienste Gottes, böse durch seine Beziehung zu der auf dem Aufruhr gegründeten Civitas terrena. Den Inhalt der Weltgeschichte macht den Kampf zwischen der Civitas dei und der Civitas terrena aus. Diese beiden Staatswesen sind nicht äußerlich voneinander abgegrenzt, sondern durchdringen einander. Die Bürger des Gottesstaates sind die Erwählten Gottes, die Glieder der unsichtbaren Kirche. Diesen Staat hat Gott mit der Erschaffung der Engel gegründet. Die Civitas terrena ist durch Aufruhr entstanden, durch den Abfall der bösen Engel. Der Gegensatz der beiden Reiche erscheint mit Kain und Abel zum ersten Mal auf der Erde. Von da an existieren die beiden Reiche nebeneinander, bis das Weltgericht sie voneinander scheiden und die Bürger der Civitas terrena zu ewiger Pein sich selber ausliefern wird. Die Bürger des Gottesreiches werden dann die ewige Seligkeit in der unmittelbaren Anschauung Gottes erlangen. – Die Civitas dei ist nicht mit der irdischen Kirche und die Civitas terrena nicht mit dem weltlichen Staat gleichzusetzen. Die irdische Kirche ist als Corpus permixtum ein vorläufiges und unvollkommenes Abbild der Civitas dei, das sich auf das Urbild hin entwickelt. Bei dem weltlichen Staat ist im Auge zu behalten, daß sein nächstliegender Repräsentant für Augustin das christianisierte Imperium Romanum ist und daß in Augustins Gedanken sowohl die positive Würdigung des Staatswesens als Ordnungsmacht durch Paulus (Röm 13) eingegangen ist, als auch die Funktion, die das Imperium Romanum als Bollwerk gegen das Chaos bei den römischen Historikern hat. Der Staat ist dazu berufen, durch Aufrechterhaltung der Ordnung auf Erden dem Gottesreich zu dienen und seine Bürger zu beschützen.

Das Enchiridion De fide, spe et caritate (421) ist einem uns sonst unbekannten Laurentius gewidmet, der Augustin um eine handliche Anweisung zum christlichen Leben gebeten hatte. Augustin schreibt darin in erster Linie über den Glauben und richtet sich nach dem Inhalt des Taufbekenntnisses. Der Versuch, ein kleines Buch über ein umfassendes Thema zu schreiben, erlaubte Augustin nirgends, in die Tiefe zu gehen, aber dennoch ist es unverkennbar seine Theologie, die er ausbreitet.

Um 397 hatte Augustin zweieinhalb Bücher einer Predigtlehre ›De doctrina christiana‹ geschrieben und zunächst unfertig liegengelassen. Erst 426 brachte er das Werk in vier Büchern zum Abschluß. Als Anregung hatte ihm eine Hermeneutik des Donatisten Ticonius (oder Tyconius) gediehnt. Ticonius war in den siebziger Jahren wegen seines Kirchenbegriffs von den Donatisten exkommuniziert worden, genoß aber wegen der Unabhängigkeit seines Denkens bei Donatisten und Katholiken Ansehen. Dieser Ticonius hatte um 380 in seinem Liber regularum sieben Regeln zur Auslegung der Heiligen Schrift aufgestellt. Die Regeln leiten zu einer spiritualisierenden Auslegung an. Ihnen liegt eine heilsgeschichtliche, nämlich apokalyptische Geschichtsauffassung zugrunde. Ferner war er Verfasser eines Kommentars zur Johannesapokalypse, der zwar verloren ist, aber aus seinen Benutzern – am wichtigsten darunter der Kommentar des Spaniers Beatus von Liébana (um 786) – rekonstruiert werden kann.

Augustin hat den Liber regularum im dritten Buch seiner Abhandlung ausgiebig besprochen. In De doctrina Christiana beschäftigt sich das erste Buch mit den „res", die als Gegenstand der Unterweisung aus der Heiligen Schrift zu erheben sind: der dreieinige Gott, Christus und die Kirche, Gottes- und Nächstenliebe. Das zweite Buch handelt von den „signa", den Zeichen; das sind zunächst die Worte und Begriffe, sodann aber auch die Symbole, durch die bei der allegorischen Erklärung vom Namen auf die Sache verwiesen wird. Folgerichtig handelt das dritte Buch von der Symbolfindung, das ist die Feststellung, was der Text mit dem Wortlaut meint. Das vierte Buch bringt eine Homiletik.

Der Vorliebe Augustins für methodische Fragen und einem Wunsch des karthagischen Diakons Deogratias verdanken wir eine Abhandlung zur Katechetik ›De catechizandis rudibus‹ (= Vom ersten Religionsunterricht, um 400). Die Schrift spricht im ersten Teil vom Lehrstoff, den Formen der Darbietung und der inneren Bereitschaft des Katecheten. Der zweite Teil bringt als Beispiele eine längere und eine kürzere Katechese.

In den letzten vier Büchern der Confessiones hatte Augustin seine Blickrichtung gewechselt; er hatte sich von seiner Entwicklung und seinem Zustand abgewandt, um sich mit der Beziehung zwischen Gott und der Welt zu beschäftigen. Das Gespräch mit der Mutter am Fenster in Ostia am Ende des neunten Buches schloß den Bekehrungsbericht ab. Dieses Gespräch geht über den Aufstieg der Seele, den Weg von der sinnlichen zur geistigen Wahrnehmung bis hin zur ekstatischen unmittelbaren Gottesschau. Augustin muß, als er das Gespräch mit der Mutter in den Confessiones beschrieb, den Gedanken gefaßt haben, den Aufstieg der Seele in einem wissenschaftlichen Werk zu behandeln. Das ist in den 15 Büchern ›De trinitate‹ geschehen. Augustin begann diese Arbeit sogleich mit der Fertigstellung der Confessiones um 400 und hat über 15 Jahre daran gewandt. In den ersten vier Büchern führt er den Schriftbeweis und entfaltet in den Büchern 5–7 daraus die Lehre. Im zweiten Teil sucht er Analogien im geschöpflichen Sein, die den gedanklichen Aufstieg zum ungeschaffenen Sein ermöglichen. Unter diesen Analogien kommt dem Weg der Seele von der sinnlichen Wahrnehmung über die geistige Wahrnehmung bis zum Selbstbewußtsein besondere Bedeutung zu, weil hier auf jeder Stufe der Wahrnehmung immer drei voneinander unterscheidbare Momente angegeben werden können. Jedes dieser Momente ist konstitutiv für den ganzen geistigen Akt. Mens, Notitia und der beide verbindende Amor, oder Memoria, Intelligentia, Voluntas sind solche Tripel: wenn sie überhaupt gegenwärtig sind, dann alle drei zugleich. Es ist nicht möglich, sich eines ohne die beiden anderen vorzustellen. Das Denken kann sich auf die im Gedächtnis gespeicherten immateriellen Abbilder materieller Dinge richten oder auf abstrakte Begriffe oder als Selbstbewußtsein auf sich selbst. Auf jeder dieser Stufen findet eine analoge Bewegung des Geistes statt, bei der der Geist aus sich heraustritt und zu sich zurückkehrt. Der Weg von der sinnlichen Wahrnehmung zum Selbstbewußtsein ist ein Aufstieg, bei dem sich der denkende Geist von der Materie entfernt.

Die bisher betrachtete Analogie erlaubt es, sich auch den göttlichen Geist in analoger Bewegung vorzustellen, bei der der Vater in der Person des Sohnes aus sich heraustritt und wieder zu sich zurückkehrt, der Geist aber den Vater mit dem Sohn und den Sohn mit dem Vater verbindet. Augustins trinitarische Spekulationen haben der abendländischen Trinitätslehre zu ihrer endgültigen Form verholfen. Offensichtlich ist dabei – das ist das neuplatonische Erbe, Gedanken Plotins, die Augustin durch Porphyrios vermittelt wurden – die Einheit stärker betont als die Dreiheit; bei den Griechen trug die Dreiheit den stärkeren Akzent. In Augustins De trinitate erreicht die trinitarische Spekulation der Kirche ihren abschließenden Höhepunkt.

Augustins exegetische Bemühungen waren zwar auf die ganze Bibel gerichtet, hatten aber zwei ihn kennzeichnende Schwerpunkte in der Schöpfungsgeschichte und den johanneischen Schriften. Schon 389 hatte er damit begonnen, den Anfang der Genesis gegen die Manichäer zu verteidigen. (Zwei Bücher De Genesi contra Manichaeos.) Die Arbeit gedieh nicht zu seiner Zufriedenheit, weil er seine allegorische Auslegungsweise als Mangel an Mut empfand. Darum entschloß er sich zu einer Auslegung des Wortsinns, erkannte aber bald, daß er dieser Aufgabe noch nicht gewachsen war, und brach das Unternehmen nach dem ersten Kapitel ab. (De Genesi ad litteram imperfectus liber 393/4.) Augustins Rückkehr von den Manichäern zum Platonismus zeigte sich darin, daß bei ihm die Frage nach dem Ursprung des Seins als Grundproblem die frühere Frage nach dem Ursprung des Bösen ersetzte. Der Gegenstand beschäftigte ihn nach seiner Bekehrung weiter, und als er in seiner Lebensbeichte mit dem neunten Buch zu einer Beschreibung seines derzeitigen Zustands gekommen war, beschloß er das Werk durch eine Paraphrase der Schöpfungsgeschichte in den Büchern 11–13. Dies war aber kein wissenschaftlicher Kommentar. Er wandte sich darum nach Abschluß der Confessiones von neuem einer ›Wörtlichen Auslegung der Genesis‹ (De Genesi ad litteram libri XII) zu und brachte es bis zur Erklärung der ersten drei Kapitel. Die Arbeit nahm ihn von 401 bis 415 in Anspruch. – Seine umfangreichste exegetische Arbeit sind die ›124 Abhandlungen über das Johannesevangelium‹, fortlaufende Predigten aus den Jahren 416–417, die das ganze Evangelium auslegen. Dazwischen beschäftigte er sich mit dem ersten Johannesbrief: „In epistolam Ioannis ad Parthos tractatus decem."

Erhebliche Ausmaße haben die Predigt- und die Briefsammlung. Augustin genoß als Prediger einen einzigartigen Ruf. Bei der Lektüre seiner Predigten wird dem Leser bewußt, daß die Begeisterung, die ein Prediger erweckt, in der Regel nicht ihren Grund in der Qualität der Predigten hat, sondern eher in der Stimmung der Hörer. Von den überlieferten Predigten gelten 363 als echt. – Die Briefsammlung ist eine der wichtigsten Quellen für die Zeit nach dem Abschluß der Confessiones; sie liefert uns ein lebendiges Bild, nicht allein von Augustin, sondern auch von den Lebensverhältnissen und Aufgaben eines Bischofs. Wir besitzen 230 Briefe von seiner Hand aus den Jahren 386/7 bis 429. Die Grenze zwischen Brief und Abhandlung ist in einigen Stücken der Sammlung überschritten, wie das bei Gelehrten nicht selten der Fall ist.

XIII. DER WESTEN NACH AUGUSTIN

1. Reaktionen auf Augustins Gnadenlehre

Augustin hatte gelehrt, daß der Mensch nach Adams Fall nicht frei sei, sich für das Heil zu entscheiden, sondern ohne sein Zutun oder Verdienst von Gott für das Heil erwählt werde. Damit hatte er unter den Asketen viel Unruhe erzeugt. Von Pelagianern wie Asketen gab es Protest, und der hielt auch nach seinem Tode an.

a) Praedestinatus

Aus pelagianischen Kreisen ist der Praedestinatus gegen Augustin gerichtet. Der Verfasser ist unbekannt; die Schrift ist nach Augustins Tod vor 440 entstanden. Sie bekämpft in drei Büchern vom Standpunkt einer vorgetäuschten Rechtgläubigkeit aus die augustinische Gnadenlehre und beschreibt sie unter dem Namen Praedestinatianismus als Häresie. Augustin hatte einen Ketzerkatalog geschrieben oder veranlaßt, der als ›De haeresibus‹ überliefert ist. Daran lehnt sich der Verfasser an und fügt als 89. Häresie den Nestorianismus, als 90. den Praedestinatianismus hinzu und beruft sich dabei auf fingierte antihäretische Väter. Im zweiten Buch entwirft er eine stark übertreibende Praedestinationslehre und behauptet dazu, diese Lehre sei von den Häretikern dem Augustin unterschoben worden. Im dritten Buch wird diese Lehre ausführlich widerlegt.

b) Vincenz von Lerinum

Ein Zentrum des Widerstandes gegen die augustinische Gnadenlehre stellten die Klöster in Südgallien dar. Die dort vertretenen Anschauungen, die ein Zusammenwirken von Gnade und menschlichem Willen bei der Erlösung behaupteten, haben als Semipelagianismus einen Platz in der Dogmengeschichte gefunden. Der Presbyter Vinzenz, Mönch im Kloster Lerinum (vor der südgallischen Küste), wollte Augustins Gnadenlehre als häretische Neuerung erweisen. Zu diesem Zweck verfaßte er um 434 zwei Schriften; er nannte sie ›Commonitorien‹, weil er vorgab, sie für sich selber als Gedächtnisstütze und nicht in polemischer Absicht geschrieben zu haben. Eine der beiden Schriften ist nur in der Capitulatio (kapitelweise Übersicht) enthalten, die Vinzenz hergestellt hatte. Er hat darin dem längst bekannten Prinzip der Katholizität zu seiner klassischen Formel verholfen: quod semper ubique ab omnibus creditum est. Der Autor wird ferner als Sammler eines antinestorianischen Florilegiums aus Augustinschriften genannt (Excerpta ex Sancto Augustino); nach Gennadius ist er während der Herrschaft des Theodosius (II.) und Valentinian (III.) gestorben, d.h. spätestens 450.

c) Prosper Tiro

Erwähnung verdient in diesem Zusammenhang Prosper Tiro aus Aquitanien. Er taucht zuerst 428/9 als Mönch in Massilia auf. Unter Leo I. (440–461) kam er nach Rom und wurde in der päpstlichen Kanzlei angestellt. Nach Gennadius (84/219) hat er die Schreiben des Papstes gegen den eutychianischen Monophysitismus verfaßt, ein angesichts der hervorragenden stilistischen Fähigkeiten des Papstes eindeutiges Lob. Sein Tod fällt in die Zeit um 450 oder bald danach. Prosper verfocht die augustinische Gnadenlehre, insbesondere gegen Johannes Cassianus, der unter den Gründern des Mönchtums in Südgallien die wichtigste Rolle spielt (De gratia dei et libero arbitrio contra collatorem). Seine wichtigste Schrift ist eine Chronik; er ist der erste Chronist nach Hieronymus. Bis zum Jahr 378 hat er nur diesen benutzt; von da an, bis 411, hat er weitere Quellen zugezogen. Von 412 an schreibt Prosper unmittelbar und aus erster Hand. Man sieht deutlich, wie mit seiner Übersiedlung von Gallien nach Rom Standpunkt und Perspektiven sich verlagern. Nach seinem Tod haben zunächst ein römischer, sodann ein africanischer Verfasser die Arbeit bis 457 weitergeführt. Daran wurde später eine Geschichte des Vandalenreiches angehängt, die bis zu dessen Zerstörung 534 reichte. – Häufig wird Prosper auch als Verfasser der Schrift De vocatione omnium gentium in Anspruch genommen. Diese Schrift bemüht sich um Vermittlung zwischen dem strengen Augustinismus und einem gemäßigten Semipelagianismus. Das heißt: sie lehrt semipelagianisch. Ob man Prosper diesen Gesinnungswandel zutrauen soll, nachdem er zuvor der energischste Vertreter des strengen Augustinismus gewesen war, ist eine offene Frage. Er hat sonst keinen Anlaß gegeben, ihm eine Charakterlosigkeit vorzuwerfen.

2. *Papst Leo I. der Große*

Auch in dem Papst Leo I. hat man den Verfasser dieser Abhandlung vermutet, wohl ebenfalls zu Unrecht. Der Papst war kein Freund der Pelagianer und hat vor seinem Pontifikat und zu dessen Beginn sich energisch gegen sie gewandt, aber seine Interessen galten der Kirchenpolitik und nicht der Gnadenlehre. Die Verhältnisse brachten es mit sich, daß er auf den Gang der monophysitischen Streitigkeiten entscheidenden Einfluß nahm. Leo ist zu Ausgang des 4. Jahrhunderts in der Toscana geboren. Früh, ohne daß wir näheres wüßten, ist er nach Rom gekommen und dort in den Klerus eingetreten. Dabei kam er bald zu Ansehen und Einfluß, und im Jahre 440 schickte ihn die Kaiserin Galla Placidia – eine Tochter Theodosius I., bekannt durch ihr Grabmal in Ravenna – in schwieriger politischer Mission nach Gallien. Während seiner Abwesenheit starb Papst Sixtus III., und der römische Klerus wählte ihn zum Nachfolger.

Leo I. ist einer der beiden Päpste, die mit dem Beinamen „der Große" ausgezeichnet wurden. Er vertrat konsequent die römischen Primatsansprüche und verstand es, aus den Versuchen, ihn im Kirchenstreit als Bundesgenossen zu gewinnen, Appellationen an seine oberhirtliche Autorität zu machen. In unserem Zusammenhang erscheint er als Autor der Epistola dogmatica an den Patriarchen Flavian von Konstantinopel, in der er der abendländischen Zweinaturenlehre klaren Ausdruck verlieh. Sein Lehrbrief wurde die Grundlage der christologischen Entscheidung auf dem Konzil von Chalkedon.

Ausgangspunkt für diese entscheidende Phase der christologischen Kämpfe ist der eutychianische Streit. Eutyches war der alte Archimandrit eines Klosters bei Konstantinopel, der den Monophysitismus offen aussprach, den die Griechen in Konstantinopel und Ägypten, und ganz besonders die Mönche, glaubten, auch wenn manche ihn vorsichtiger formulierten: daß Christus nach der Einigung der Gottheit und Menschheit nur eine einzige Natur gehabt habe und daß bei der Vereinigung der Naturen die menschliche von der göttlichen aufgesogen worden sei. In Antiochien lehrte man demgegenüber die Unversehrtheit der beiden Naturen auch nach ihrer Vereinigung. Der aus Antiochien kommende Patriarch Flavian von Konstantinopel hatte 448 durch eine Synodos endemousa den Eutyches exkommunizieren lassen. In dem nun entstehenden Streit hatten die Parteien allenthalben Bundesgenossen gesucht und sich darum auch an Papst Leo gewandt. Als der Kaiser zur Beilegung der Kontroverse ein allgemeines Konzil 449 nach Ephesus ausschrieb, gab Leo den Legaten, die ihn dort vertreten sollten, einen an Flavian gerichteten Lehrbrief mit. Darin formulierte er die abendländische Zweinaturenlehre, nicht anders, als ihr Tertullian ursprünglich Ausdruck verliehen hatte. Nur daß Tertullian von den beiden Substanzen gesprochen hatte (Adversus Praxean 26, 11.13), wo Leo von den beiden Naturen sprach (Ep. Lectis dilectionis c.3).

Auf der Synode in Ephesus tyrannisierte Dioskur von Alexandrien alle, die nicht seiner Meinung waren. Leos Legaten verlangten vergeblich die Verlesung des Briefes an Flavian. Sie konnten sich nur dadurch retten, daß sie unter Zurücklassung ihres Gepäcks Ephesus fluchtartig verließen. Flavian wurde abgesetzt und starb kurz danach an den Mißhandlungen, die er erlitten hatte. Leo hat die Zustände auf der Synode dadurch charakterisiert, daß er von einem Latrocinium sprach. Er wollte damit verhindern, daß die von Teilnehmern aus dem ganzen Reich besuchte Synode ebenso zum Rang eines anerkannten Konzils erhoben wurde, wie das achtzehn Jahre zuvor Kyrill ebenfalls in Ephesus erreicht hatte. Kyrill war allerdings vorsichtiger gewesen als Dioskur. Es war ihm gelungen, den römischen Bischof Caelestinus auf seine Seite zu bringen, und dem war an der Anerkennung des römischen Primates durch Kyrill mehr gelegen als an der abendländischen Zweinaturenlehre. Dioskur hingegen im Bewußtsein seiner Macht glaubte, den Dyophysiten in Rom und Antiochien gewachsen zu sein, und im Jahr 448 war er das in der Tat. Aber damit erreichte er, daß seine Gegner sich einigten und die Orientalen in Leo ihren Bundesgenossen suchten. Weil Kyrills Synode ein klares Bekenntnis zum Monophysitismus abgelegt und das Anathem über alle abweichenden Lehren ausgesprochen hatte, fanden die abendländische und die antiochenische Zweinaturenlehre zueinander.

Die Wende ließ nicht lang auf sich warten. Kaiser Theodosius II. fiel vom Pferd und starb an den Folgen (450). Die Kaiserin Pulcheria verband sich mit dem General Markian, und der beseitigte sofort den Klüngel am Kaiserhof, in dessen Händen sich Theodosius befunden hatte und der für die Kirchenpolitik verantwortlich gewesen war. Die bisherigen Parteigänger Dioskurs beeilten sich, von diesem abzurücken, und zeigten ihren Gesinnungswandel dadurch, daß sie dem Lehrbrief Leos zustimmten. Leo hatte seinerzeit nach dem Räuberkonzil in Ephesus von Theodosius die Einberufung eines neuen Konzils in Rom verlangt. Markian zielte mit seiner Kirchenpolitik auf einen Ausgleich zwischen Monophysiten und Dyophysiten. Er kam dem Papst soweit entgegen, daß er ein allgemeines Konzil einberief, freilich nicht nach dem Westen, sondern ursprünglich nach Nikaia; das wurde dann, um den Einfluß des Kaisers auf die Verhandlungen zu sichern, nach Chalkedon verlegt, nicht weit von Konstantinopel auf der asiatischen Seite des Bosporus. Die Absicht der kaiserlichen Religionspolitik tritt in der straffen Leitung des Konzils deutlich hervor. Man wollte die Beschlüsse im Einklang mit den vorausgegangenen Konzilien von Nicäa, Konstantinopel und Ephesus (mit der Union von 433) fassen. Die Einigung der Kirche sollte auf einer mittleren Linie erfolgen unter Ausschluß der Extremisten; dafür galten die Nestorianer und die Eutychianer. Der gemäßigte Monophysitismus Kyrills und der abendländische Dyophysitismus sollten einen Kompromiß miteinander schließen. So einigte man sich auf einen Widerspruch; er war die Voraussetzung für die schweren Kämpfe der folgenden Zeit.

Die Formel, die in Chalkedon beschlossen wurde, war ein Konglomerat aus dem Unionssymbol von 433 und dem Tomus Leos. Der Text ist nicht rein überliefert, sondern in einer vom fünften Konzil (555, Konstantinopel) monophysitisch interpolierten Gestalt. Das ursprüngliche, unter dem Druck der kaiserlichen Beamten beschlossene „in zwei Naturen" wurde nachträglich ersetzt durch „aus zwei Naturen". Die Adverbien „unvermischt und unverwandelt, ungetrennt und ungeschieden", die ursprünglich die Art der Vereinigung der beiden Naturen zu einer Person beschrieben hatten, wurden von der Art ausgesagt, in der die eine Person Christi zu erkennen war; sie wurden auf das menschliche Erkenntnisvermögen und nicht auf das Wesen der gottmenschlichen Person bezogen.

Die Formel war widersprüchlich, weil sie zwei unvereinbare christologische Entwürfe zusammenfassen wollte. Aber sie enthielt eine eindeutige Aussage darüber, daß in der einen gottmenschlichen Person (prosopon) und Hypostase zwei Naturen zusammengekommen und ihre unterschiedlichen Eigenschaften behalten hatten. Leos Legaten hatten darauf bestanden. Damit entsprach die Formel dem biblisch begründeten Denken der Antiochener; sie wahrte den Unterschied zwischen Schöpfer und Geschöpf. Sie entsprach erst recht dem stoisch begründeten Denken der Abendländer mit der Unterscheidung handelnder und leidender Substanz. Sie widersprach aber dem platonisch begründeten Denken der Griechen, für die die Wirksamkeit der Erlösung geleugnet war, wenn der Erlöser nicht einmal seine eigene Menschennatur zur Vergottung bringen konnte.

In Leos Zeit steht das weströmische Reich kurz vor seinem Untergang. Im Sommer des Jahres 451 war es dem römischen Feldherrn Aetius gemeinsam mit dem Westgotenkönig Theoderich gelungen, in der Schlacht auf den catalaunischen Feldern (südlich von Châlons-sur-Marne) Attila mit seinen Hunnen, der sein Reich bis Gallien ausdehnen wollte, zu besiegen und zurückzudrängen. Im folgenden Jahr richtete Attila einen erneuten Vorstoß nach Italien. Auf Veranlassung des weströmischen Kaisers Valentinian III. begab sich Leo zu dem Hunnenkönig und bewog ihn, gegen Tributzahlung von dem Einfall in Italien und der Eroberung Roms abzulassen. Weniger Erfolg hatte er drei Jahre danach (455) bei dem Vandalenkönig Geiserich; er konnte die Plünderung der Stadt nicht verhindert. – Von dem Papst sind rund 125 Briefe erhalten und 97 Predigten.

In diesen Zeiten befindet sich das weströmische Reich in unaufhaltsamem Zerfall. Allenthalben haben Germanenvölker Teilreiche auf seinem Boden errichtet, und wenn sie in der ersten Phase der Landnahme nur danach strebten, sich bei kurzen Aufenthalten zu bereichern, so suchen sie gegen Ende des Jahrhunderts nach Stabilität und Ordnung. Für die politischen Verhältnisse stellt das Jahr 476 die Zäsur dar, als der Germanenkönig Odoaker den letzten weströmischen Kaiser Romulus „Augustulus" absetzte und als faktischer Herrscher seine Nachfolge antrat.

Die gesellschaftlichen und kulturellen Verhältnisse verändern sich nicht so plötzlich, zumal die Germanen, die jetzt miteinander um die Macht ringen, keine eigene Kultur und kein neues Wirtschaftssystem aufbringen, sondern in die Nachfolge der Römer treten, so gut es geht. Ein Staat, in dem Römer und Germanen miteinander leben, ist das Ziel Odoakers wie das Theoderichs des Großen, der ihn beseitigt und an seine Stelle tritt. Zwischen 480 und 490 sind drei Männer geboren, deren Geistigkeit als repräsentativ für das folgende Jahrhundert gelten kann, Cassiodor, Boethius und Benedikt von Nursia.

3. Cassiodor

Flavius Magnus Aureolus Cassiodorus Senator (ca. 485–ca. 580) entstammte einem alten angesehenen Geschlecht, dessen Mitglieder in den letzten drei Generationen hohe Staatsämter wahrgenommen hatten. Sein Vater war Praefectus praetorio unter Theoderich. Er ist in Apulien in Syllacium geboren und trat in jungen Jahren in den Dienst des Ostgotenkönigs. Dabei zeichneten ihn seine Kenntnisse und Fähigkeiten derart aus, daß er in kurzem die höchsten Stufen der Ämterbahn erstieg (507–538). Zuletzt (533–537) war er Praefectus praetorio und führte den Titel Patricius. 538 löste er sich vorsichtig aus den weltlichen Geschäften und zog sich in ein Kloster zurück, das er in seiner Heimat errichtet hatte. Das Kloster hieß nach nahgelegenen Fischteichen Vivarium. Hier lebte er noch über vierzig Jahre der geistigen Arbeit, bis er gegen 580 im Alter von fast 95 Jahren starb.

Cassiodorus unterstützte das politische Ziel der Gotenkönige, die Vereinigung von Römern und Germanen. Das kommt besonders in seinen beiden Geschichtswerken zum Ausdruck. Auf Veranlassung des Eutharich, den Theoderich als Schwiegersohn und Thronfolger ausgewählt und mit der Amalasuntha verheiratet hatte, schrieb er eine Weltchronik, die bis auf den Konsulat des Eutharich 517/8 hinabreichte. Die Weltchronik ist nur literarische Form; Zweck der Schrift ist, durch die Liste der Consuln und Amtsvorgänger des Eutharich die Goten als legitime Nachfolger der Römer zu erweisen. Auf Veranlassung Theoderichs begann er eine Gotengeschichte in zwölf Büchern, die er unter Athalarich zum Abschluß brachte. Als junges Volk litten die Goten unter ihrer Geschichtslosigkeit. Cassiodor konstruierte darum eine bis in die graue Vorzeit zurückreichende Gotengeschichte. Das Werk ist in der Bearbeitung des Iordanes erhalten.

Iordanes ist ein gotischer oder alanischer Mönch, der im Jahr 551 Cassiodors Gotengeschichte überarbeitete und bis zum Tode des Witigis ergänzte. Außerdem verfaßte er eine Weltchronik. Iordanes propagiert nicht die Verbindung der Goten mit den Römern, sondern mit Byzanz. Ferner schrieb Cassiodor eine Kirchengeschichte (Historia ecclesiastica tripartita). Ursprünglich hatte er geplant, den Auszug ins Lateinische zu übersetzen, den Theodorus Lector aus den Kirchengeschichten des Socrates, Sozomenus und Theodoret angefertigt hatte. Er änderte aber seinen Plan. Epiphanius Scholasticus (den wir nur als Übersetzer griechischer Quellen kennen) stellte in seinem Auftrag eine Übersetzung der Quellen her, und aufgrund dieses Materials verfaßte Cassiodor seine in 12 Bücher geteilte Kirchengeschichte. Cassiodors Hauptwerk unter seinen weltlichen Schriften sind die Variae, eine Sammlung von 468 Briefen, Erlassen und Formularen in zwölf Büchern (1–5 Erlasse Theoderichs, 6–7 Formulare von Ernennungsdekreten, 8–10 Erlasse der Könige Athalarich, Theodahad und Witigis, 11–12 eigene Verfügungen als Praefectus praetorio). Als dreizehntes Buch hat Cassiodor eine Schrift ›Über die Seele‹ angefügt, in der er Erkenntnisse der antiken Psychologie zusammenfaßte.

An exegetischen Arbeiten lieferte Cassiodor vor allem einen Psalmenkommentar auf der Grundlage der Enarrationes in Psalmos Augustins. Gemeinsam mit seinen Schülern überarbeitete er einen Pauluskommentar des Pelagius. Ferner schrieb er ein umfassendes theologisches Lehrbuch, die Institutiones. Er hatte geplant, in Rom eine Hochschule für den theologischen Unterricht zu gründen. Die Kriegszeiten ließen dies nicht zu. Darum schrieb er wenigstens ein Lehrbuch. Das erste der beiden Bücher dient der Einführung in den theologischen Unterricht. Es ist zunächst eine Anleitung zum Studium der Heiligen Schrift, die Hilfsmittel und Verfasser nennt und ergänzende Lektüre empfiehlt. Hier findet sich die folgenreiche Anweisung, daß Mönche, die nicht studieren wollen oder können, sich nicht nur mit Feld- und Gartenarbeit, sondern auch mit dem Abschreiben heiliger Bücher beschäftigen sollen. Der zweite Teil ist ein knapper Entwurf, der das Studium der freien Künste erläutert. – Gegen Ende seines Lebens schrieb Cassiodor für seine Mönche eine kurze Abhandlung ›Über die Rechtschreibung‹. Er hat ihr ein Verzeichnis der Schriften beigegeben, die er in seiner Klosterzeit verfaßte. Die Kirchengeschichte hat er nicht aufgenommen – vielleicht darum, weil er seinen Anteil an der Arbeit nicht für erwähnenswert hielt.

4. *Boethius*

Anicius Manlius Severinus Boethius ist der bedeutendste Vermittler der antiken Philosophie an das Mittelalter. Er entstammt dem römischen Uradel und ist etwa gleichaltrig mit Cassiodor um 580 geboren. Wie dieser trat er in den Dienst Theoderichs und kam in die höchsten Staatsämter. Durch sein erfolgreiches Eintreten für römische Interessen geriet er 524 in den Verdacht, an einer Conspiration des römischen Adels mit dem oströmischen Hof zur Beseitigung der Gotenherrschaft in Italien beteiligt zu sein, und Theoderich ließ ihn nach mehrmonatiger Haft ohne Prozeß hinrichten.

Boethius hat Lehrbücher für die Fächer des Quadriviums verfaßt. Trivium und Quadrivium sind die Teile der allgemeinen Bildung (Enkyklios paideia, Septem artes liberales). Man zählte aus ästhetischen Gründen sieben Disziplinen, davon die „trivialen“ Grammatik, Rhetorik, Dialektik und die vier Fächer des Quadriviums Arithmetik, Geometrie, Astronomie, Musiktheorie. Von seinen Lehrbüchern sind die für Arithmetik und Musikunterricht erhalten. – Er hatte begonnen, sämtliche Werke des Platon und Aristoteles zu übersetzen und zu erklären. Durch sein jähes Ende wurde der Plan nur zum Teil verwirklicht. Erhalten sind von seiner Bearbeitung des Organons: Übersetzung und Kommentar zu den Kategorien, zwei Kommentare zur Hermeneutik, einer für Anfänger und einer für Fortgeschrittene. Zur Isagoge des Porphyrios hat er ebenfalls einen Anfängerkommentar und einen für Fortgeschrittene verfaßt. Teilweise erhalten ist ein Kommentar zu den Topica Ciceros. – Daneben verfaßte er auch eigene Schriften zur

Logik: Zwei Bücher über den logischen Schluß, zwei Bücher über den hypothetischen Schluß; ›Über die Einteilung‹; ›Vier Bücher über die Unterschiede der Topoi‹. Vier weitere Schriften sind verloren. – An theologischen Schriften verfaßte er: ›Über die Heilige Trinität‹, ›Über das Verhältnis der drei Personen zur göttlichen Substanz‹, ›Über das Verhältnis von Sein und Gutsein bei den Dingen‹, ›Gegen Eutyches und Nestorius‹.

Sein bekanntestes Buch schrieb er im Kerker: ›Über den Trost der Philosophie‹, eine vielgelesene und einflußreiche Erbauungsschrift. Er hat die Entfaltung seiner Gedanken nach dem Bekehrungsschema vorgenommen. Der Trost der Philosophie besteht darin, daß sie die Blickrichtung des Leidenden umkehrt. Der Mensch leidet nicht an seinem Unglück, an dem plötzlichen Verlust zeitlicher Güter, sondern an seinem Mangel an Erkenntnis, an Zuwendung und Ausrichtung auf die Scheingüter und Abwendung von den wahren Gütern. Die Philosophie zeigt ihm nicht nur den Trug der Scheingüter, sondern lehrt ihn auch, die scheinbaren Güter als Abbilder der wahren Güter und Hinweise auf sie zu erkennen. Sie lehrt den Menschen vor allem, sich von der Betrachtung des Schicksals als Fatum abzuwenden, um es neu im Lichte der Providentia zu betrachten und sich so der beglückenden Erkenntnis Gottes zu nähern. Dabei erfährt er seine Willensfreiheit als die der göttlichen Erkenntnis zugeordnete Form des Menschseins.

5. *Benedikt von Nursia*

Benedikt (480–547) ist gleichaltrig mit Cassiodor und Boethius. Auch er hat ein zentrales Stück römischen Geistes an das Mittelalter weitergegeben, den Sinn für Ordnung. Wenn man sich vergegenwärtigt, daß die römischen Historiker und Politiker in der Verteidigung der Ordnung gegen das anbrandende Chaos das Telos des römischen Imperiums gesehen haben, den Sinn seiner Existenz und seine Rechtfertigung, dann läßt sich Benedikt als authentischer Interpret römischen Wesens verstehen. Durch seine Regula monasteriorum hat er in solchem Maße den Geist des abendländischen Mönchtums bestimmt, daß man ihn – ungeachtet aller Begeisterung für die Askese vor ihm – als dessen Gründer bzeichnen kann. Als Kind einer vornehmen Familie wurde er zu Nursia in Umbrien geboren. Das Studium in Rom, das er begonnen hatte, brach er ab, um Mönch zu werden. In einer Mönchsgemeinschaft bereitete er sich vor und ging dann als Eremit in das Tal des Anio bei Subiaco. Der mißlungene Versuch, eine Mönchsgemeinde in der Nachbarschaft zu reformieren, veranlaßte ihn, selber im Aniotal ein Kloster zu gründen. Dabei hatte er Erfolg; seine Reformbewegung griff um sich, und weitere Klostergründungen in der Umgebung schlossen sich an. Zwischen 523 und 526 entwarf er für diese Klöster seine Regel. Als er aus dem Aniotal vertrieben wurde, gründete er auf dem Berg Cassinus das berühmte Kloster, das zum Ursprung des benediktinischen Mönchtums wurde.

Das Merkmal, das die Regel kennzeichnet, ist die von ihr geforderte Disziplin. Benedikt erklärt es als seine Absicht, eine Truppe für den Dienst des Herrn (schola servitii) aufzustellen. Die Regel gilt mit der Unverbrüchlichkeit einer militärischen Dienstvorschrift, aber wie bei einer Dienstvorschrift ist das Maß der Anforderungen wohlbedacht. Sie ist ein Gesetz, das gehalten werden kann und gehalten werden muß. Benedikt hat alles berücksichtigt, was es an mönchischen Überlieferungen zu seiner Zeit gab, aber sich vor Einseitigkeit gehütet. Sein Regelwerk ist ein imposantes Zeugnis für die ordnende Kraft des römischen Denkens, ein Werk, das in dem Maße Bewunderung erweckt, in dem man darüber nachdenkt.

6. *Gregor der Große*

Papst Gregor der Große ist etwa 540 in Rom geboren. Er entstammt der Gens Anicia, einer alten und reichen Familie des senatorischen Hochadels, die außer in Rom selbst vor allem in Sizilien begütert war. Wo er seine für die Zeit gute Bildung empfangen hat, wissen wir nicht. Gleich vielen seiner Vorfahren und Angehörigen wurde er Beamter, und in jungen Jahren, etwa 573, wurde er zum Praefectus urbi berufen. In seiner Jugend endeten die relativ ruhigen Zeiten, die unter den Ostgoten geherrscht hatten. Dem oströmischen Kaiser Justinian war es gelungen, 535 die Vandalen in Africa und 553 die Ostgoten in Italien zu besiegen und für einige Jahre ein den Osten und den Westen umfassendes Imperium wiederherzustellen. In Wahrheit hatte er mit der Vernichtung der Ostgoten nur den Langobarden den Weg geöffnet, die 568 bis 774 große Teile Italiens beherrschten.

Der Tod seines Vaters, etwa 574/5, ermöglichte Gregor, sein Leben von neuem einzurichten. Er stiftete in Sizilien auf seinem Grund sechs Klöster und ein siebtes in dem Palast, den er in Rom geerbt hatte. In dieses Kloster trat er selber als Mönch ein. Doch er konnte die Ruhe nicht lange genießen. Papst Benedikt (574–579) zog ihn in den Kirchendienst, und sein Nachfolger Pelagius II. (579–590) sandte ihn (bis 585) als Apokrisiar nach Konstantinopel an den Kaiserhof. Bei der wirren politischen Lage war das ein heikles Amt. Die Langobarden hatten nur Teile Italiens erobert, aber andere Teile, Venetien, die Romagna, den Ducatus Romanus und Sizilien, unter byzantinischer Hoheit gelassen. Doch der Kaiser konnte in Italien keine Macht ausüben und die ihm verbliebenen Länder nicht verteidigen, weil er selber zu dieser Zeit von den Persern hart bedrängt war. Dies hatte zur Folge, daß der in seinem Namen regierende Exarch in Ravenna eigene politische Ziele anstrebte und einen friedlichen Ausgleich mit den Langobarden verhinderte. Nach seiner Rückkehr aus Konstantinopel zog Gregor wieder in sein Kloster auf dem Mons Scaurus ein, blieb aber in den Geschäften des Papstes. 590 starb der Papst an der Pest, die damals die Stadt heimsuchte, und Gregor wurde zum Nachfolger gewählt.

Seine Bestrebungen als Papst waren weitgefächert. Von großer Bedeutung war die Reorganisation des kirchlichen Grundbesitzes. Die römische Kirche war in den vergangenen Jahrhunderten zum größten Grundherrn in Italien geworden, und ihre Ländereien lagen überwiegend in den Gebieten, in denen weder Goten noch Langobarden den Besitzstand verändert hatten. Gregor zog die Verwaltung der Güter an sich, statt sie zu verpachten, und steigerte damit erheblich den Ertrag. Dazu kam die politische Macht, die mit der Ausübung der Grundherrschaft verbunden war; in seiner Zeit bildet sich ein feudales Wirtschaftssystem aus, bei dem die politische und vor allem die militärische Macht dem Großgrundbesitz zufällt. In einer Zeit knappen Geldumlaufs bedeutete die Mehrung der Einnahmen einen erheblichen Machtzuwachs.

Die Eroberung Italiens durch die Langobarden hatte den Druck gemindert, mit dem Justinian sein staatskirchliches Konzept im Westen zu verwirklichen suchte. Bis zum Amtsantritt Gregors war der Kaiser in schwere Kämpfe mit den Persern verwickelt; der Exarch in Ravenna konnte zwar Gregors Politik gegenüber den Langobarden behindern, aber die Selbständigkeit des Papstes nicht wirksam einschränken. Im Jahre 591 fanden die Kämpfe des Kaisers mit den Persern ein Ende, aber in der Zwischenzeit waren Awaren und Slawen aus dem Balkan vorgedrungen und bedrohten Konstantinopel. Die Kriege mit ihnen zogen sich hin und führten schließlich dazu, daß 602 der Kaiser Maurikios gestürzt und ein Subalternoffizier, Phokas, zum Kaiser proklamiert wurde. Phokas suchte Anlehnung an Rom. In den vorausgegangenen Jahren hatte Gregor einen Streit mit dem Patriarchen Johannes IV. Nesteutes wegen des Titels „ökumenischer Patriarch“ begonnen, den die Patriarchen von Konstantinopel schon seit längerer Zeit führten und der einen gesamtkirchlichen Leitungsanspruch enthalten konnte. Gregor hatte demgegenüber seine römischen Primatsansprüche durch einen Anklang an Mk 10,41 („und wer der erste unter euch sein will, der sei aller Knecht") mit dem Titel Servus servorum Christi ausgedrückt. Phokas richtete 607 an Gregors Nachfolger Bonifatius III. einen Erlaß, in dem die römische Kirche als Haupt aller Kirchen anerkannt wurde.

Gregors Weitblick zeigte sich darin, daß er sich um die Katholisierung der Germanenvölker bemühte. Schwierig waren die Beziehungen zum Frankenreich. Bei den fränkischen Bischöfen hatte er keine Autorität, und seine Versuche, mit Hilfe der Frankenherrscher seinen Primatsansprüchen Anerkennung zu verschaffen, führten zu freundlichen Beziehungen, aber nicht zu einem greifbaren Ergebnis. – Die von den Westgoten unterworfenen Sueven in Aquitanien wurden während seines Pontifikates endgültig katholisch. – Die Westgoten in Spanien hatten unmittelbar vor Beginn seines Pontifikates den Übertritt zum Katholizismus beschlossen. Aufgrund seiner Freundschaft mit dem Primas der westgotischen Nationalkirche, dem Erzbischof Leander von Sevilla, stieß er hier bei der Demonstration seines Primatanspruchs nicht auf Schwierigkeiten. – Bei den teils arianischen, teils heidnischen Langobarden hatte er zunächst offene Feindschaft zu überwinden. Erst gegen Ende seines Pontifikates gelang es ihm, mit der Gewinnung des Königshauses den Übergang zum Katholizismus einzuleiten.

Seit 596 hatte Gregor erfolgreich die Bekehrung der Angelsachsen angegriffen. In England bestand seit den Zeiten der Römer die altbritische Kirche. Die Angelsachsen, die danach das Land erobert hatten, waren Heiden. Sie bildeten einen lockeren, von Teilkönigen regierten Staatenbund; einer der Häuptlinge übte als Bretwalda die Oberherrschaft aus. Bretwalda war zu dieser Zeit Aethelbert, Herrscher von Kent. Der hatte Bertha geheiratet, die katholische Tochter des Königs Charibert von Paris, und Bertha durfte aufgrund ihres Ehevertrags den fränkischen Bischof Liudhard nach England mitnehmen. Damit waren die Voraussetzung für die englische Mission gegeben. Gregor schickte Augustinus, den Prior seines Andreasklosters, mit 40 Mönchen nach England. Augustinus wurde auf dem Wege in Lugdunum durch den Metropoliten zum Bischof geweiht. Durch die Unterstützung Aethelberts breitete sich das Christentum unter den Angelsachsen rasch aus. Bekannt ist die erbauliche Geschichte, Gregor sei zur Missionierung Englands durch den Anblick junger englischer Sklaven auf dem Forum Romanum inspiriert worden. Weniger unwahrscheinlich ist, daß Gregor junge englische Sklaven, vielleicht sogar auf dem Forum, gekauft hat, um sie für den kirchlichen Dienst in England auszubilden.

Die Kirche hat Gregor wegen seiner Bedeutung als theologischer Autor zu den Doctores ecclesiae und zusammen mit Ambrosius, Hieronymus und Augustin zu den großen abendländischen Vätern gerechnet. Bald nach seinem Amtsantritt, etwa 591, verfaßte er den Liber regulae pastoralis. Das Thema, wie ein Seelenhirte beschaffen sein müsse, wird in der Antike nicht selten erörtert. Wichtige Vorgänger sind die Schriften des Gregor von Nazianz ›Über die Flucht‹ und des Johannes Chrysostomus ›Über das Priesteramt‹. Gregors Werk ist in vier Teile gegliedert: Wie man zum Hirtenamt kommt, wie man sein Leben einrichtet, wie man das Lehramt verwaltet und wie man täglich seine Schwachheit erkennt. Der letzte Gegenstand wird in einem von den 65 Kapiteln abgehandelt. Einen ungewöhnlich breiten Hiobkommentar (Moralia in Iob) hat Gregor schon in Konstantinopel begonnen und ca. 595 abgeschlossen. In den vier Büchern ›Gespräche über Leben und Wundertaten der italienischen Väter‹ hat Gregor eine Menge merkwürdiger Geschichten zusammengetragen. Buch 1 behandelt einige weniger bekannte Heilige, Buch 2 Benedikt von Nursia, Buch 3 einige Wundertäter, von denen Paulinus von Nola der bekannteste ist, Buch 4 berichtet über Erscheinungen, die das Fortleben der Seele nach dem Tod und das Fegefeuer beweisen. – Von seinen Briefen sind 854 erhalten; sie sind eine wichtige Quelle für sein Leben und die Kirchengeschichte seiner Zeit. Von seinen Predigten haben sich 40 kurze Homilien über Evangelienperikopen und 22 Predigten über Hesekiel 1–3 und 40 erhalten.

7. *Isidor von Sevilla*

Isidor von Sevilla ist ein Zeitgenosse Gregors des Großen. Über seinen Lebensgang wissen wir nicht viel. Seine Familie stammte aus Cartagena, das 552 von den Goten zerstört wurde; vermutlich übersiedelte sie damals nach Hispala = Sevilla. Sein älterer Bruder war der Erzbischof Leander, in dessen Amtszeit die Goten katholisch wurden. Isidor folgte 600 seinem Bruder im Amt; er ist 636 gestorben. Seinen Zeitgenossen galt er als der größte lebende Gelehrte; mit Boethius und Cassiodor ist er der wichtigste Vermittler des Wissens der Antike an das Mittelalter. Freilich des Wissens, das in Spanien im sechsten Jahrhundert noch vorhanden war. Seine Interessen sind nicht auf Theologie oder Philosophie beschränkt, sondern umfassen alle Wissensgebiete. Die wichtigste unter seinen Schriften hat den Titel ›Etymologien‹ und wird auch ›Origines‹ genannt. Der Name kommt daher, daß die Begriffe aus ihren Namen abgeleitet werden. Es handelt sich um eine Realenzyklopädie, die versucht, das gesamte menschliche Wissen systematisch zu ordnen. Der Plan des Verfassers ist erkennbar. Er steigt mit

Hilfe der erkennenden Wissenschaft zu Gott hinauf und steigt dann über die Kirchen und Menschen zur Materie ab. – Den großen Umkreis seines Wissens und seiner Interessen zeigen die Titel seiner weiteren Schriften. De differentia verborum ist ein Synonymenlexikon, De differentia rerum behandelt verwandte Begriffe, besonders solche aus der Theologie. Zwei Bücher ›Synonyme‹ sind eingekleidet in ein Gespräch zwischen dem sein Elend beklagenden Menschen und seiner Vernunft, die ihm die Tugend als Ausweg aus dem in der Sündhaftigkeit begründeten Elend empfiehlt. De natura rerum handelt von der Zeiteinteilung, den Himmelskörpern, von Klima und Wetter, von Meer und Festland und stellt eine Art physikalische Geographie dar. De ordine creaturarum ist ein Überblick über die geistige und materielle Welt in ihrer Gesamtheit.

Die Weltchronik fußt auf Iulius Africanus, Euseb-Hieronymus und vielen anderen. Sie reicht bis zum Jahr 615. In den Etymologien steht ein Auszug daraus, der bis 627 hinabgeführt ist. Die ›Geschichte der Goten, Vandalen und Sueben‹ ist eine Chronik der Westgoten mit zwei kurzen Anhängen über die beiden anderen Völker. ›De viris illustribus‹ schließt sich an Gennadius an und zeigt besonderes Interesse für die spanischen Schriftsteller. – Eine ›Einleitung in die Bücher des Alten und Neuen Testaments‹ bringt kurze Vorworte zu den biblischen Büchern. ›Über Geburt und Tod der Väter‹ sind biographische Angaben über 64 alttestamentliche und 21 neutestamentliche Personen. Das Buch der ›Zahlen, die in den heiligen Schriften vorkommen‹ erläutert die mystische Bedeutung der Zahlen 1–16, 18–20, 24, 30, 40, 46, 50, 60. ›Mysticorum expositiones sacramentorum‹ sind Erörterungen der alttestamentlichen Typen. ›Quaestionum in vetus testamentum libri II‹ sind eine Exzerptensammlung zur Erklärung ausgewählter Stellen aus den Vätern von Origenes bis zu Gregor dem Großen.

Die ›Drei Bücher Sentenzen‹ sind nach Titel und Inhalt das erste dogmatische Lehrbuch des Mittelalters. Buch 1 ist eine Dogmatik, Buch 2 eine allgemeine und Buch 3 eine spezielle Ethik. Isidor hat sich darin stark an Origenes und an die Moralia Gregors des Großen angelehnt. – De fide catholica contra Iudaeos zeigt, daß im Alten Testament die Verwerfung der Juden und die Berufung der Heiden geweissagt sind. De haeresibus ist eine Ketzergeschichte. De ecclesiasticis officiis behandelt im ersten Buch den christlichen Gottesdienst, im zweiten die Kleriker und christlichen Stände. Eine Regula monachorum fußt auf den Regeln Benedikts und Cassians. Schließlich gibt es noch die Tituli, Inschriften, die auf die Wände und Schränke der Bibliothek und anderer Räume in Isidors Wohnung gemalt waren.

XIV. DIE GRIECHISCHEN VÄTER NACH CHALKEDON

1. Dionysios Areopagita

Nach Apostelgeschichte 17 hat der Apostel Paulus in Athen den Ratsherrn Dionysios bekehrt. Unter dessen Namen schrieb in der zweiten Hälfte des 5. Jahrhunderts ein Unbekannter eine Reihe von Schriften, die für die mittelalterliche Mystik grundlegende Bedeutung erhielten. Diesen Schriften liegt das Weltbild des späten Neuplatonismus zugrunde. Der Verfasser hat Plotin (203–269, Gründer des Neuplatonismus) und Proklos (410–483, wichtigster Vertreter der Spätzeit) benutzt. Er hat biblische und kirchliche Motive in die Grundkonzeption und die Denk- und Ausdrucksweise des Neuplatonismus eingetragen. Die mystische Art, über Gott zu reden, traf auf ein Bedürfnis, das von der Väterliteratur nicht hinreichend befriedigt wurde. So galten die Schriften, die etwa 530 in der theologischen Diskussion auftauchen, zumeist für echte Werke ihres fiktiven Verfassers; erst in der Renaissance, im 15. Jahrhundert, hat Laurentius Valla den Zweifel an ihrer Echtheit ausgesprochen.

Das ursprüngliche Corpus umfaßt vier Abhandlungen und zehn Briefe; weitere Schriften, auf die in den Texten Bezug genommen wird, sind literarische Fiktion. Die Schrift ›De divinis nominibus‹ betrachtet die in der Heiligen Schrift offenbarten Namen Gottes, um aus den Namen zu Erkenntnissen über die Eigenschaften und das Wesen Gottes aufzusteigen und sich dem namenlosen und vielnamigen Gott zu nähern. Das Doppelwerk ›Über die himmlische Hierarchie‹ und ›Über die kirchliche Hierarchie‹ setzt die Beschreibung der geistigen Welt fort, mit deren unerkennbarem Gipfel die erste Schrift den Anfang gemacht hatte. In der ›Himmlischen Hierarchie‹ redet der Verfasser von der unsichtbaren Welt und zählt die Ordnungen der Engel auf, die den Raum zwischen Gott und der Kirche einnehmen. Diese Struktur wiederholt sich in der kirchlichen Hierarchie. Der Verfasser bespricht die drei Sakramente (Taufe, Eucharistie, Salbung), die drei Priesterstände (Bischof, Presbyter, Diakon) und die drei untergeordneten Stände (Mönche, Gemeindechristen, Katechumenen und Büßer). Ein Anhang handelt über Bestattung und Kindertaufe. Die vierte Abhandlung ›Über die mystische Theologie‹ lehrt die mystische Vereinigung der

Seele mit Gott; die Seele verzichtet auf alle eigene Tätigkeit und Bestrebung, um die unmittelbare Vereinigung mit Gott als ekstatisches Erlebnis zu erfahren. Die zehn Briefe sind an Männer der apostolischen Zeit gerichtet und nehmen mehrfach auf die Abhandlungen Bezug. Zu den genannten echten Schriften des fiktiven Verfassers sind, meist zu Anfang des Mittelalters, noch eine ganze Reihe von sekundären Schriften gekommen, die durchweg der legendaren Ausschmückung und der Lust am Fabulieren dienen.

2. *Kaiser Justinian I.*

Die Beschlüsse von Chalkedon hatten in Alexandrien und Antiochien zu Schismen und Streitigkeiten geführt, die die zweite Hälfte des 5. und den Anfang des 6. Jahrhunderts einnehmen. Dabei verbinden sich hier wie dort in eigentümlicher Weise religiöse mit nationalen Bestrebungen. Es sind vorwiegend die Mönche, die als radikale Monophysiten den Kampf gegen die in Konstantinopel maßvoll monophysitisch interpretierte Formel von Chalkedon aufnehmen. Die Einigung der beiden Richtungen, der Anhänger und Gegner des Chalcedonense, wurde zu einer der Hauptaufgaben der Kaiser, nachdem es 488 gelungen war, die Ostgoten zum Abzug nach Italien zu bewegen. Schon 482 hatte der Kaiser Zenon in dem sog. Henotikon eine Einigungsformel angeboten, die keine von beiden Seiten befriedigte, aber zu einem fünfunddreißig Jahre dauernden Schisma zwischen Rom und Byzanz führte. Der von 491–518 regierende Anastasios hatte immer stärker den Monophysitismus begünstigt. Sein Nachfolger wurde Justin I. (518–527), der von Anfang an seinen Neffen und Nachfolger Justinian (527–565) als Berater zu sich genommen hatte. So hat Justinian fast ein halbes Jahrhundert lang Politik und Religionspolitik des oströmischen Reiches bestimmt.

Sein Ziel war die Widerherstellung des christlichen Imperiums, wie es einst der große Konstantin entworfen hatte. Das war eine romantische und anachronistische Idee. Durch Tributzahlungen an die Perser im Osten und Zugeständnisse an die Slawen auf dem Balkan hatte er sich zwar freie Hand verschafft, um im Westen die Reiche der Vandalen und Ostgoten zu vernichten, erreichte aber damit nicht mehr, als daß andere Germanenvölker, Langobarden, Westgoten und Franken, nachrückten. Er erbaute ein Kartenhaus, das nach seinem Tode zusammenbrach. Wie Konstantin suchte Justinian, die Kirche durch Religionsgesetze vor ihren äußeren und inneren Feinden zu schützen und den Glauben zu vereinheitlichen. Das bedeutete einen Balanceakt zwischen Dyo- und Monophysitismus, bei dem er sich den Osten wie den Westen entfremdete. Im Sinne des konstantinischen Entwurfs, doch unvorsichtiger als sein großer Vorgänger, war er an die Spitze des aus Staat und Kirche bestehenden Imperiums getreten, fand aber nur dort Anerkennung, wo seine Gewalt, sie zu erzwingen, ausreichte. Sein Platz auf dem Staat und Kirche gemeinsamen Gipfel verlangte von ihm, daß er seine Befähigung als Lehrer durch die Abfassung theologischer Schriften nachwies, die nach Lage der Dinge zugleich Gesetze und Abhandlungen waren. Die Unterstützung gelehrter Theologen machte dies für ihn möglich. – Die Aufgabe, die sich ihm stellte, bestand darin, von seinem eigenen gemäßigten Monophysitismus aus die eigentlichen Monophysiten zu gewinnen. Daraus ergibt sich die einheitliche Maxime seiner widersprüchlich scheinenden Kirchenpolitik. Bei seinen Entscheidungen mag auch die Kaiserin Theodora mitgewirkt haben, die von Anfang an den Monophysitismus begünstigte.

Zu den ersten religionspolitischen Vorhaben Justinians nach seinem Eintritt in die Regierung gehörte die Beseitigung des Schismas zwischen Rom und Konstantinopel, das 484 durch das Henotikon, die „Vereinigungsformel", ausgebrochen war. Er erreichte das Einlenken Roms dadurch, daß er den Primat des römischen Papstes und das Chalcedonense samt dem Lehrbrief Leos anerkannte. Gleichzeitig führte er eine Verfolgung der Monophysiten in Kleinasien durch; für eine Ausdehnung der Verfolgung auf Syrien und Ägypten reichte seine Macht nicht aus. – Die Monophysiten waren ihrerseits gespalten in einen Teil, der die Vereinigung der beiden Naturen Christi zu einer Natur erst mit der Auferstehung beginnen ließ, und einen radikaleren, der die Einheit der Natur von der Fleischwerdung an lehrte. Justinian versuchte, die gemäßigten Monophysiten und den gemäßigten Flügel der Anhänger des Chalcedonense zu vereinigen; dabei vertrat er selber zunehmend monophysitische Ansichten.

Unmittelbar nach der Aufhebung des Schismas ließ sich Justinian in den „theopaschitischen" Streit ziehen. Als „theopaschitisch", d.h. von Gott ein Leiden aussagend, erscheinen zwei Formeln. Zunächst handelt es sich um den Zusatz „Der du um unsertwillen gekreuzigt bist" zum Dreimalheilig der Liturgie. Die Formel war in trinitarischer und christologischer Hinsicht bedenklich. Die Trinitätslehre erlaubte nur Aussagen über die innertrinitarischen Beziehungen der göttlichen Personen. Hier wurde aber ein Opus ad extra von einer der drei Personen ausgesagt. Für die Christologie ließ sich der Zusatz so verstehen, daß in Christus schon vor der Auferstehung die göttliche und die menschliche

Natur vereinigt waren. Eben darum wurde sie in den Kämpfen zum Losungswort der radikalen Monophysiten.

Um 519 erschien in Konstantinopel die Gruppe der „skythischen" Mönche und verfocht den aus der genannten Zufügung abgeleiteten Satz: „Einer aus der Heiligen Trinität hat im Fleisch gelitten." Der Kaiser nahm damals, um die kirchliche Vereinigung nicht zu gefährden, einen prononciert chalkedonensischen Standpunkt ein und wollte von der Formel nichts wissen. Während die skythischen Mönche aber nach Rom gingen, um beim Papst ihre Rechtgläubigkeit zu verteidigen, kam Justinian zu der Meinung, auf der Grundlage des Satzes sei die Einigung mit den Monophysiten möglich. Er eignete sich die Formel für seinen eigenen Glauben an und veranlaßte den Papst Johannes II. (533–535), ihm zuzustimmen. Dem Papst fiel es leicht, dem Kaiser zu gehorchen. Er erklärte in einem an die Senatoren Konstantinopels gerichteten Schreiben von 534, daß Christus zweifellos eine Person der Trinität sei und nicht minder zweifellos im Fleisch gelitten habe. Daß die Addition dieser beiden Sätze die abendländische Trennung des Handelns der beiden Naturen aufhob, übersah der Papst, vermutlich absichtlich. Er konnte das um so leichter, als die Lehre vom getrennten Handeln der beiden Naturen Christi nicht aus dem Lehrbrief Leos in die Formel von Chalkedon übernommen worden war.

Nach einem ersten Sieg über die Goten (541) wandte Justinian sich erneut der Glaubensfrage zu. Um die ägyptischen Mönche zu gewinnen, verurteilte der Kaiser in einem Edikt den Origenes und zählte dessen häretische Irrtümer auf. Die Monophysiten gedachte Justinian durch die Verurteilung der ›Drei Kapitel‹ zu gewinnen. Die Drei Kapitel sind Person und Schriften Theodors von Mopsuestia, die antikyrillischen Schriften Theodorets und ein Brief des Ibas von Edessa an den Perser Maris. Theodoret und der Brief des Ibas waren aber in Chalkedon ausdrücklich als rechtgläubig anerkannt worden; die Verurteilung der Drei Kapitel bedeutete mithin ein Abrücken von den Beschlüssen des Konzils. Das Edikt des Kaisers hatte im Westen viel weitreichendere Folgen als im Osten. Da Papst Vigilius in seiner Stellungnahme schwankte, kam es zu Schismen innerhalb der abendländischen Kirche, die bis 700 andauerten. – Der Kaiser brachte die Angelegenheit dadurch zum Abschluß, daß er nach dem Endsieg über die Goten (Anfang 553) ein allgemeines Konzil nach Konstantinopel berief, das sein Edikt von 543 zum Konzilsbeschluß erhob und den Origenes ebenso verurteilte wie die Drei Kapitel.

3. *Energie und Wille*

a) Kaiser Heraklius

Das Chalcedonense war von Anfang an ein Pfahl im Fleisch der Griechen. Die Kategorien, die es benutzte, entstammten dem abendländischen, stoischen Materialismus. Mit der Behauptung, die beiden Naturen Christi hätten auch nach der Vereinigung zu einer Person oder Hypostase fortbestanden, stellte es für die Griechen die Wirksamkeit der göttlichen Natur Christi und damit die Wirklichkeit der Erlösung in Frage. Das Konzil von Konstantinopel hatte hier nur eine Korrektur anbringen können. Weil in Chalkedon klar von nur einer Hypostase gesprochen war, folgte daraus, daß die menschliche Natur keine eigene Hypostase besitzt, sondern ihr konkretes Sein ausschließlich in der göttlichen Natur hat. Das ist die Lehre von der Enhypostasie.

Durch die Enhypostasie unterscheidet sich aber die menschliche Natur Christi von der Natur aller Menschen. Zwar hatte das Konzil von Chalkedon erklärt, Christus sei uns homousios. Auf Lateinisch: consubstantialis nobis secundum humanitatem; das war die alte abendländische Christologie. Aber aus dieser Gleichheit der Substanz folgte nichts weiter, weil kein anderer Mensch außer Jesus Christus seine persönliche Existenz in der göttlichen Hypostase hat. Wie man auch immer die Vereinigung der göttlichen und der menschlichen Natur Christi zu einer Person oder Hypostase dachte, für die Erlösung der Menschen ergab sich hinfort nichts mehr aus der Christologie.

Indessen blieb die Spaltung der Religion in Monophysiten und Anhänger des Chalcedonense bestehen. Das Reich erfuhr nach Justinians Tod einen vollständigen Zusammenbruch. Daß es ihn überstand, verdankte es der Selbständigkeit der Exarchate in Africa und Norditalien, die dem Mutterland zu Hilfe kamen. Der Wiederaufbau, bei dem aus dem oströmischen das byzantinische Reich wurde, war ein Werk des Kaisers Heraklius (610–641). Nach einer Reihe von Rückschlägen hatte er 622 seine Kräfte soweit gesammelt, daß er die Gegenoffensive gegen die Perser beginnen konnte. Um den Glaubensstreit zu beseitigen, suchte er nach einer Formel, auf die sich die Parteien einigen konnten. Der Patriarch Sergius von Konstantinopel bot ihm dafür den Satz an, Christus habe das Werk der göttlichen und der menschlichen Natur mit seiner einen gottmenschlichen „Energie“ gewirkt. Der Ausdruck kommt in dieser Form bereits bei Ps. Dionysios (Brief 4) vor, und auf ihn berief sich auch die 433 geschlossene Union. „... daß der eine Christus und Sohn nach dem heiligen Dionysios das Göttliche und das Menschliche mit einer einzigen gottmenschlichen Energie gewirkt hat ..." (Unionsformel des Kyros von Alexandrien).

Die Vokabel energeia bedeutet nicht das, was Physik und Technik bei uns unter „Energie" verstehen, sondern die Verwirklichung einer von vielen Möglichkeiten. Das heißt, die Formel griff an dem Satz aus dem Lehrbrief Leos an, der keine Aufnahme in das Bekenntnis von Chalcedon gefunden hatte. Das war die originale abendländische Christologie. Tertullian hatte in dem Traktat gegen Praxeas erklärt: spiritus agit virtutes, caro fungitur passiones. Nahezu wörtlich hatte das Leo aufgenommen: agit utraque forma cum alterius communione quod proprium est. Das heißt, daß bereits der Lehrbrief Leos zwei Handlungsweisen der beiden Naturen unterschieden hatte. Wie der Papst zwei Naturen unterschieden hatte, so auch zwei Energien. Die Formel, auf die sich im Jahre 633 Monophysiten und Dyophysiten einigten, sprach hingegen nur von einer Energie.

Indessen gab es Unruhe auf beiden Seiten. Einerseits sah man, daß die Formel dem Chalcedonense widersprach. Andererseits meinten die Monophysiten, daß das Reden von einer einzigen Wirkungsweise zwei unterschiedliche, gegeneinander gerichtete Willen impliziere. Darum verzichtete Heraklius auf die ursprünglich von ihm propagierte Formel und verbot im Jahre 638 in einem Edikt das Reden von einer oder zwei Energien. Statt dessen solle es nur erlaubt sein, von dem einen gottmenschlichen Willen zu reden. Dieses ›Ekthesis‹ genannte Edikt ließ der Kaiser im Narthex der Sophienkirche in Konstantinopel anschlagen, und der Papst Honorius in Rom (625–638) bekannte sich ausdrücklich zu dem einen Willen in Christus.

Dies war biblische Lehre, und man hätte es dabei belassen können. Daß der Streit weiterging, lag – abgesehen von der sich an immer gegenstandsloseren Formeln festbeißenden Streitlust – am Wechsel der politischen Verhältnisse. Ägypten und Syrien waren unter die Herrschaft der Araber geraten und damit schwand die Notwendigkeit, dem Monophysitismus entgegenzukommen. 641 war Heraklius gestorben. Der Kaiser Konstans Pogonatus hatte mehrere Niederlagen gegen die Araber erlitten. Ein Gegenkaiser in Nordafrika, Gregorios, war 647 im Kampf gegen die Araber umgekommen. In dieser Situation hielt es der Kaiser für richtig, alle Erörterung der Energien und Willen Christi unter Strafandrohung durch ein Edikt zu verbieten, den ›Typos‹ (648). Betroffen wurden als erste die päpstlichen Apokrisiare, die gegen den Typos protestierten.

b) Papst Martin I.

Um die Mitte des Jahrhunderts erlebt der Mittelmeerraum den nahezu gleichzeitigen Verfall aller Mächte, begleitet von einem grausigen Verfall der Sittlichkeit. In Byzanz wurde zum ersten Mal der abgesetzte Herrscher verstümmelt, um ihn als künftigen Thronprätendenten auszuschließen. Im Jahre 649 wurde Martin I. römischer Papst. Er war früher Apokrisiar in Konstantinopel gewesen, kannte darum nicht nur die Verhältnisse, sondern unterhielt auch persönliche Beziehungen zu den führenden Theologen des Ostens. Der Papst nahm von Anfang an eine feindselige Haltung gegen Byzanz ein, um gegen den Monotheletismus ebenso zu protestieren wie gegen die Einmischung des Kaisers in dogmatische Fragen. So verzichtete er darauf, seine Wahl vor seiner Konsekration dem Exarchen in Ravenna anzuzeigen und von ihm bestätigen zu lassen. Sobald es ihm möglich war, im Oktober 649, versammelte er im Lateran eine große Synode. Die beschloß ein Symbol, das die Lehre von den zwei Naturen wiederholte und um die Lehre von zwei Energien (operationes) und Willen ergänzte.

Noch vor Abschluß der Synode erschien der Exarch Olympios in Rom, um den Papst zu verhaften. Die Stimmung der Truppe und der Bevölkerung veranlaßten ihn jedoch, eine vom Reich unabhängige Herrschaft in Italien zu errichten. Die war nicht von Dauer; der Exarch fiel 652 auf Sizilien im Kampf gegen die Araber. Der an seiner Stelle eingesetzte Nachfolger führte den Auftrag durch und brachte den Papst nach Konstantinopel (653). Dort wurde er wegen Hochverrats zum Tode verurteilt. Der Kaiser wandelte das Urteil in Verbannung um. Der Papst wurde nach der Chersones geschickt, wo man ihn (655) verhungern ließ.

c) Maximus Confessor

Das Schicksal des Maximus Confessor ist mit dem des Papstes verwoben. Maximus stammte aus vornehmer Familie in Konstantinopel und stand einige Jahre im Dienste des Kaisers Heraklius. Um 630 legte er das hohe Staatsamt nieder, das er bis dahin bekleidet hatte, und wurde Mönch. Noch zu Lebzeiten des Kaisers Heraklius tat er sich literarisch als Gegner des Monophysitismus hervor; nach dem Tod des Kaisers wandte er sich auch gegen die monergetische und monotheletische Theologie. 645 erschien er in Karthago, dessen Exarch Gregorius nach Unabhängigkeit strebte und darum den dyotheletischen Standpunkt begünstigte. Maximus veranstaltete Disputationen und mehrere Synoden, auf denen der Monotheletismus abgelehnt wurde, und es gelang ihm, ein Einvernehmen mit dem Papst Theodor I. (642–649) herzustellen und so den Dyotheletismus zu einigen. Als Gregorios gegen die Araber gefallen war, ging Maximus nach Rom. Er nahm an der Lateransynode von 649 teil und wurde 653 wie der Papst verhaftet und nach Konstantinopel gebracht. Sein Prozeß begann erst 654 nach der Verurteilung des Papstes und dauerte über zwei Jahre, weil der Regierung wegen seines großen Ansehens daran gelegen war, ihn zur Anerkennung des Typos zu bringen und damit die kirchliche Einigung voranzutreiben. Die Nachrichten über sein weiteres Schicksal sind unsicher; sicher ist aber, daß er 662 im Exil gestorben ist, wahrscheinlich an den Mißhandlungen und Verstümmelungen, die er zuletzt erdulden mußte.

d) Das Trullanum

Seit 663 waren die Araber jedes Jahr nach Kleinasien eingefallen, und 670 hatten sie sich sogar auf der Halbinsel Kyzikos festgesetzt; von 674 an erschienen sie jedes Jahr mit ihrer Flotte unter den Mauern Konstantinopels und belagerten die Stadt. Im Jahr 678 erlitten sie zur See schwere Verluste und zu Land in Kleinasien eine vernichtende Niederlage. Sie mußten abziehn und einen Friedensvertrag schließen, in dem sie sich zur Tributzahlung verpflichteten. Der Kaiser Konstantin IV. (668–685) erhielt dadurch die Ruhe, die er zur Neuordnung der kirchlichen Angelegenheiten brauchte. Die monotheletische Politik hatte sich nicht bewährt, und Rücksicht auf die Monophysiten in den von den Arabern eroberten Provinzen war nicht mehr erforderlich. Hingegen mußten Anstrengungen unternommen werden, um Italien beim Reich zu halten. Darum berief der Kaiser ein allgemeines Konzil nach Konstantinopel, das den Ertrag der monergistischen und monotheletischen Streitigkeiten mit dem Chalcedonense in Einklang bringen sollte. Die Verhandlungen fanden in dem Kuppelsaal (Troullos) des Kaiserpalastes statt; daher wird das Konzil Trullanum genannt. Der Kaiser führte auf zwölf der achtzehn Sitzungen den Vorsitz. Die Verteidigung des Monotheletismus hatte der Patriarch Makarios von Antiochien übernommen, der vor den Arabern nach Konstantinopel geflohen war. Papst Agathon (678–681) hatte seinen Legaten einen Lehrbrief mitgegeben, der auf der achten Sitzung verlesen wurde, und der Presbyter Georg, der an Stelle des zurückgestellten Patriarchen Theodor mitwirkte, stimmte dem päpstlichen Schreiben zu. Dieses sechste Konzil war insgesamt eine wiederholende Darstellung der fünf vorausgegangenen großen Konzilien.

Die monotheletischen Patriarchen Konstantinopels und Papst Honorius wurden anathematisiert und eine Ekthesis beschlossen, in der die vorausgegangenen Glaubensformeln um die Lehre von den zwei Willen und zwei Energien in Christus ergänzt wurden.

XV. DER BILDERSTREIT

1. Der Ikonoklasmus

Die Beziehung zwischen Gott und der Welt zu ihrer Erlösung wurde ursprünglich von der Trinitätslehre beschrieben. Nachdem das Konzil von Konstantinopel 381 die Entfaltung Gottes von der Einheit zur Dreiheit als eine vollständig in der Transzendenz verlaufende Bewegung interpretiert hatte, war die Trinitätslehre nicht mehr für Aussagen über die Erlösung zu brauchen. Darum war mit Abschluß der Trinitätslehre ihr ursprüngliches Anliegen von der Christologie übernommen worden. Die Begegnung zwischen göttlicher und menschlicher Natur zur Erlösung des Menschen wurde am Beispiel der gottmenschlichen Person Christi beschrieben und durchdacht. Nachdem das 4. Konzil in Chalkedon die Zweinaturenlehre befestigt und das 5. Konzil in Konstantinopel ihre Geltung mit der Lehre von der Enhypostasie auf die Person des Gottmenschen Christus beschränkt hatte, war auch die Zweinaturenlehre nicht mehr für Aussagen über die Erlösung zu brauchen.

Anders als die antiochenische und die abendländische Theologie, bei denen die Erlösung als Erlösung von Schuld beschrieben wurde, verstand die griechische Theologie die Erlösung als Erlösung von der Materie oder als Erlösung der Materie. Nach dem Vorbild der platonischen Philosophie finden wir zur Beschreibung des Vorgangs zwei Modelle. Dem Mittelplatonismus entspricht der Origenismus oder Spiritualismus. Er versteht die Materie privativ als das Nichtseiende; die Erlösung wurde dementsprechend als Befreiung von der Materie und ihren Fesseln beschrieben. Der Neuplatonismus hatte demgegenüber die Materie in den Bereich des Seins einbezogen. Soweit sie geformt war, hatte sie teil am Sein. Dieser Philosophie entsprach der Monophysitismus, bei dem die menschliche Natur von der göttlichen verwandelt und vergottet wurde.

Da die Anwendbarkeit der Christologie auf die Frage nach der Heiligung der Materie durch die Konzilsdefinitionen ausgeschlossen war, mußte das Problem auf einem anderen Weg gelöst werden. Das geschah im Bilderstreit, bei dem es um die Frage geht, ob das Heilige im materiellen Bild gegenwärtig sei, das heißt, ob die als Abbild von Heiligem gestaltete Materie durch das Urbild geheiligt werde. Der Streit schloß sich an den christologischen an, und in dem für die Lösung des Problems zentralen Gedankengang wird die menschliche Natur Christi als Abbild der göttlichen verstanden. Aber die Heiligung, die der Menschheit widerfährt, wenn sie das göttliche Urbild abbildet, wird nicht nur für die Person Christi, sondern allgemein für jede Abbildung des Heiligen bewiesen.

Im Bilderstreit standen sich Bilderfeinde (Ikonoklasten) und Bilderverehrer (Ikonodulen) gegenüber. Aufmerksamkeit verdient, daß nicht nur die Bilderfreunde, sondern auch die Gegner der Bilder eine starke Partei im Griechenreich darstellten und daß der Streit an Heftigkeit und Brutalität den christologischen Kämpfen nichts nachgab. Dieser Sachverhalt erklärt sich so, daß bei den Bildergegnern der Spiritualismus wieder auflebte. Die Monophysiten hatten ihn als Origenismus ebenso bekämpft, wie sie sich gegen das Chalcedonense gewandt hatten. Die Bilderfreunde hatten sich das Anliegen der Monophysiten zu eigen gemacht.

Der Kaiser Leon III. (717–41), „der Isaurier" genannt – doch er war weiter östlich, in Germanicia-Germanikeia zu Haus in der Kommagene – war nach zwanzigjährigen Thronwirren zur Regierung gekommen. Im ersten Jahr hatte er einen entscheidenden Seesieg über die Araber errungen, die Byzanz wieder unmittelbar bedroht hatten, aber zu Lande hatte er viele Jahre den Abwehrkampf zu führen, bis ein großer Sieg (740) wieder Ruhe schaffte. Seit 726 trat der Kaiser offen gegen die Bilder auf. Was ihn dazu bewogen hat, war schon den Zeitgenossen unklar; man nannte jüdische oder arabische Einflüsse. Kurz davor hatte bei den Arabern ein großer Bildersturm stattgefunden.

Die Bilderfeindschaft war für den Kaiser eine Glaubensfrage. Er begann mit Predigten gegen den Bilderkult, erregte aber durch seine Stellungnahme so heftigen Widerstand, daß er sein weiteres Vorgehen planmäßig vorbereitete. Nachdem er vergeblich versucht hatte, den Patriarchen Germanos von Konstantinopel und den Papst Gregor II. (715–731) zu gewinnen, veranstaltete er 730 ein „Silention", eine repräsentative Versammlung der geistlichen und weltlichen Großen seines Reiches, und legte ihm ein Edikt zur Annahme vor, das die Vernichtung aller Kultbilder befahl. Das Edikt Leons III. veranlaßte Johannes von Damaskus zu ihrer Verteidigung in den ›Drei Reden für die heiligen Bilder‹.

2. *Johannes von Damaskus*

Johannes von Damaskus, der berühmteste unter den byzantinischen Theologen, ist schätzungsweise 675 geboren und um 749 gestorben. Er stammt aus Damaskus, aus einer christlichen Familie, in der das zur Selbstverwaltung der christlichen Bevölkerung gehörende Amt des Logothetes erblich war. In diesem Amt folgte er seinem Vater, sein arabischer Name Mansur kam ihm als Amtstitel zu. Zu einem nicht genau bestimmbaren Zeitpunkt wandte er sich von der Welt ab und wurde Mönch im Sabaskloster bei Jerusalem. Der Patriarch Johannes V. von Jerusalem erteilte ihm die Presbyterweihe, um ihn für seine Lehrtätigkeit kirchlich zu legitimieren. Den Rest seines Lebens widmete er schriftstellerischen Arbeiten. Er ist der abschließende Dogmatiker der griechischen Kirche; das heißt, daß mit ihm die Zeit der spekulativen Entfaltung der Lehre zu Ende geht und die Zeit der Scholastik, des intensiven Ausbaus und Ausgleichs einsetzt.

Das Hauptwerk des Johannes ist die ›Quelle der Erkenntnis‹. Unter diesem Namen finden wir drei Schriften zusammengefaßt, eine philosophische Einleitung, eine Ketzergeschichte und eine Dogmatik. Die drei Teile existieren je in einer kürzeren und einer längeren Fassung. Das Werk wurde vor 726 geplant, verschiedentlich umgestellt und lang nach 730 abgeschlossen. Die philosophische Einleitung, gewöhnlich als „Dialektik“ bezeichnet, soll die philosophischen Termini erklären, die für das Verständnis der Glaubenslehren wichtig sind. Die ›Haereses‹ sind ein Katalog von 100 Häresien, der Epiphanius und Theodoret als Quellen hat. Häresie 99 ist der Monotheletismus, Häresie 100 ist der Islam. Hundert Kapitel hat auch die ›Genaue Darlegung des orthodoxen Glaubens‹. Das Werk will eine Kompilation aus der Darlegung der Väter sein, ist aber in seiner souveränen Disposition und Stoffbeherrschung eine selbständige Leistung. Grundlegende Bedeutung für den Bilderstreit bekamen die ›Drei Reden gegen die Feinde der heiligen Bilder‹. Sie enthalten eine umfassende Theorie der Abbildung und ihrer theologischen Bedeutung und machen die zentrale Stellung verständlich, die die Bilder in Leben und Kultus der griechischen Kirche einnehmen. – Von besonderem theologischen Interesse aus seinem umfangreichen Schrifttum ist eine Abhandlung über das Dreimalheilig. Johannes führt darin aus, daß das Trishagion nicht dem Sohn allein, sondern der ganzen Trinität gilt und daß darum der theopaschitische Zusatz“ ... der du für uns gekreuzigt bist“ als häretisch abzulehnen ist.

3. Das siebte ökumenische Konzil

Konstantin V. (741–775), dem die Griechen wegen seiner Bilderfeindschaft den Beinamen Kopronymos gegeben haben, kämpfte in den ersten Jahren seiner Regierung glücklich gegen die Araber und konnte nach einem großen Sieg (752) an der Ostgrenze des Reiches stabile Verhältnisse schaffen. Auch im Westen klärten sich die Verhältnisse, freilich auf Kosten der Byzantiner. 751 eroberten die Langobarden Ravenna. Die Beziehungen zwischen dem Papst und dem Kaiser waren durch den Bilderstreit gespannt; mit dem Wegfall des Exarchates war auf das an seiner Nord- und Ostgrenze engagierte Byzanz nicht mehr als Schutzmacht für die Kirche gegen die Langobarden zu rechnen. In diesem Jahr 751 hatte Papst Zacharias aber in weiser Voraussicht bereits dem fränkischen Hausmeier Pippin moralischen Rückhalt gegeben, als er den letzten Merowingerkönig Karlmann ins Kloster schickte, und hatte nach der Königswahl durch die fränkischen Großen eine erste Salbung nach alttestamentlichem Vorbild durch Bonifatius vornehmen lassen. Darum begab sich 754 Papst Stephan II. (752–757) zu Pippin, um ihn zur Verteidigung der römischen Kirche gegen die Langobarden zu gewinnen, und der König leistete ein Schutzversprechen, dem danach auch die fränkischen Großen ohne Begeisterung zustimmten. Der Kaiser trennte daraufhin die griechischen Provinzen Italiens (Calabrien und Sizilien) samt Illyrien von Rom und unterstellte sie dem Patriarchen von Konstantinopel.

In seiner Bilderfeindschaft gab Konstantin V. seinem Vater in nichts nach. Er suchte für sein Vorgehen nach einer noch breiteren Grundlage. Vielfach veranstaltete er Versammlungen, Disputationen und Kundgebungen gegen die Bilderverehrung. Ferner verfaßte er selber 13 theologische Schriften. Mit dem allem wollte er das Konzil vorbereiten, das nach seinem Willen in der Bilderfrage den endgültigen Beschluß fassen sollte. Dieses Konzil, an dem 338 Bischöfe teilnahmen, trat 754 in Hiereia gegenüber Konstantinopel zusammen. Bei ihren Verhandlungen ging die Synode sachgemäß von der christologischen Fragestellung aus und zeigte, daß die Verehrung der Bilder eine Konsequenz aus der monophysitischen Häresie sei, wenn im Bild Christi die unvermischbaren Naturen Christi abgebildet seien, oder der nestorianischen Häresie, wenn von den untrennbaren Naturen nur die menschliche Natur abgebildet werde. Die Synode untersagte die Bilderverehrung, ordnete die Vernichtung der Bilder an und anathematisierte unter anderen auch Johannes von Damaskus, den sie mit seinem arabischen Titel „Mansur" bezeichnete. – Der Bildersturm wurde mit großer Heftigkeit durchgeführt. Für die Verteidigung der Bilder setzten sich besonders, wie zuvor für den Monophysitismus, die Mönche ein. Darum dehnte sich die Verfolgung auch auf Teile des Mönchtums aus. Klöster wurden aufgehoben und ihr Besitz konfisziert. Die Mönche wanderten in Scharen nach Unteritalien aus, das auf diese Weise eine neue Gräzisierungswelle erlebte. Erst der Tod des Kaisers machte dem Bildersturm ein Ende.

Zur Wiederherstellung der Bilderverehrung kam es nach dem Tod des Kaisers Leon IV. (775–780), als die aus Athen stammende bilderfreundliche Kaiserin Irene die Regentschaft für ihren zehnjährigen Sohn übernahm. Die Kaiserin hatte im Jahre 786 ein Konzil nach Konstantinopel einberufen, das entsprechend beschließen sollte. Dieses Konzil wurde aber durch Soldaten der hauptstädtischen Garnison gesprengt, und dabei zeigte sich, daß die Bilderfeindschaft auch unter den Bischöfen großen Anhang hatte. Die Kaiserin wechselte die Truppen aus und berief im Jahre 787 ein neues Konzil nach Nikaia. Sie knüpfte damit nicht ungern an die Tradition des Ortes an. Das große Konzil – rund 350 Bischöfe hatten sich versammelt – faßte maßvolle Beschlüsse hinsichtlich der Kirchengemeinschaft mit den ehemaligen Ikonoklasten, die natürlich ihrer Häresie abschwören mußten, und machte sich bei der Verteidigung der Bilder und der Begründung der Bilderverehrung die Arbeiten des Johannes von Damaskus zu eigen. Die Bilderfeindschaft wurde widerlegt und als Häresie verurteilt, und die Bilderverehrung feierlich wiederhergestellt.

Die griechische Kirche zählt das Konzil von 787 als siebtes und letztes ökumenisches Konzil. Der Friede zwischen Bilderfreunden und Bilderfeinden war damit noch lange nicht herbeigeführt; es kam danach wieder zu einer ikonoklastischen Reaktion, die erst 842 ein Ende fand. Indessen ist es üblich, mit Johannes von Damaskus und dem siebten ökumenischen Konzil die Zeit der Kirchenväter und das kirchliche Altertum abzuschließen.

REGISTER